سوچ کا دائرہ

سوچ کے دھارے کو بدلنے والے

علمی، ادبی، معاشرتی مضامین اور مقالہ جات کا مجموعہ

ذوالفقار علی بخاری

Soch Ka Daaira (Essays)
by: Zulfiqar Ali Bukhari
Edition: May '2026
Publisher :
Taemeer Publications LLC (Michigan, USA / Hyderabad, India)

ISBN 978-93-5872-598-8
9 789358 725988

کتاب : **سوچ کا دائرہ** (مضامین)

مصنف : **ذوالفقار علی بخاری**

ترتیب / تہذیب : ذوالفقار علی بخاری

صنف : غیر افسانوی نثر

ناشر : تعمیر پبلی کیشنز (حیدرآباد، انڈیا)

سالِ اشاعت : ۲۰۲۶ء

صفحات : ۲۹۸

سرورق ڈیزائن : ذوالفقار علی بخاری

Distributed globally through IngramSpark
Printed on demand by Ingram Content Group through
regional printing facilities depending on order destination.

فہرست

انتساب

معین اختر
عمر شریف
نصرت فتح علی خان
شعیب منصور
پروین شاکر

شبانہ اختر
شرمین عبید چنائے
جان شیر خان
جہانگیر خان
اقبال مسیح

پیش لفظ

''سوچ کا دائرہ''اِس وقت آپ کے ہاتھوں میں ہے۔

اپنے مضامین اور مقالہ جات کو کتابی صورت میں پیش کرنے کا کبھی نہیں سوچا تھا۔قارئین اور علمی وادبی شخصیات کی بھرپور محبت نے اکسایا ہے کہ اپنی تخلیقات کو کتابی صورت میں منظر عام پر لایا جائے۔

میری روز اول سے یہی خواہش رہی ہے کہ قارئین کی سوچ کو بدلنے میں بطور تخلیق کار اہم کردار ادا کروں۔

زیرِنظر مجموعے کے لیے کئی تحریروں کو رد کر کے منتخب مواد منظر عام پر لا رہا ہوں تا کہ نہ صرف نئے لکھنے والے بل کہ علمی وادبی شخصیات اور تحقیق کرنے والوں کے لیے مشعل راہ بن سکیں۔آپ میرے نظریات سے اختلاف کرنے کا حق رکھتے ہیں۔لیکن اظہار رائے کی آزادی کے پیش نظر کسی بھی شخص کے پاس یہ حق نہیں ہے کہ وہ کسی تخلیق کار کو اپنی سوچ عیاں کرنے سے روکے۔مجھے یقین ہے کہ میرے نظریات تاریخ میں کہیں نہ کہیں بطور حوالہ پیش ہوتے رہیں گے اور مجھے سند پزیرائی ملتی رہے گی۔

''سوچ کا دائرہ''میں شامل مضامین اور مقالہ جات میری سوچ کو نہ صرف بھرپور انداز میں اُجاگر کرنے میں اہم کردار کریں گے بل کہ اردو ادب بالخصوص ادب اطفال کے فروغ کے لیے تحریک ثابت ہوں گے۔میری خواہش رہی ہے کہ میں اُن موضوعات پر کام کروں جن پر کوئی بات نہیں کرنا نہیں چاہتا ہے۔اگر گفتگو ہوتی ہے تو وہ کسی اور رنگ میں پیش کی جاتی ہے اور حقائق کو چھپانے کی کوشش ہوتی ہے۔میں اپنی کوشش میں کس حد تک کامیاب رہا ہوں۔اِس حوالے سے آپ کے تاثرات میرے لیے بے حد اہمیت کے حامل رہیں گے۔

میں آپ کے تبصروں اور تجاویز کے لیے منتظر رہوں گا۔

آپ کا خیر اندیش

ذوالفقار علی بخاری بتاریخ: 20 اپریل 2026

مدرس،ادیب،کالم نویس،مصاحبہ کار،محقق ادب اطفال

رحیم یار خان۔پنجاب(پاکستان)

برقی پتہ:zulfiqarali.bukhari@gmail.com

روبو کہانی، روبو نظم اور روبو ادب:
عہد مشینیت میں ادب کی نئی شناخت

انسانی ذہانت کے ساتھ ساتھ مشینی یا مصنوعی ذہانت کی تخلیقات بھی دور حاضر میں منظر عام پر آ رہی ہیں۔ اِن کی درجہ بندی ایک اہم ترین معاملہ ہے جسے یکسر نظرانداز کرنا سنگین مسائل کھڑے کر سکتا ہے۔ اِس حوالے سے بحث ایک الگ معاملہ ہے کہ مشینی ذہانت کی بدولت جنم لینے والی تخلیقات کا معیار کیا ہے۔

آج ہمارے سامنے ایک اہم ترین سوال ہے:

''جب تخلیق کار انسان نہ ہو تو ادب کی درجہ بندی کیسے کی جائے۔''

زیرِ نظر مقالہ اِسی سوال کے گرد گھومتا ہے۔ جس میں چند نئی اصطلاحات روبو کہانی، روبو نظم اور روبو ادب کے حوالے سے گفتگو کی جائے گی تاکہ مصنوعی ذہانت کی بدولت جنم لینے والی تخلیقات کو ادبی مقام دیا جا سکے۔

مصنوعی ذہانت کیا ہے؟ بقول خرم سہیل:

'''مصنوعی ذہانت (آرٹیفیشل انٹیلیجنس) سے مراد ایسے کمپیوٹر سسٹمز کی ترقی ہے جو ایسے کام انجام دے سکتے ہیں جن کے لیے عام طور پر انسانی ذہانت کی ضرورت ہوتی ہے، جیسے بصری ادراک، تقریر کی شناخت، فیصلہ سازی، اور قدرتی زبان کی پروسیسنگ۔ مصنوعی ذہانت سسٹمز کو ڈیٹا سے سیکھنے، پیٹرن کی شناخت کرنے، اور اس ڈیٹا کی بنیاد پر پیشین گوئیاں یا فیصلے کرنے کے قابل بناتا ہے۔ یہ اکثر مشین لرننگ الگورتھم کے استعمال سے حاصل کیا جاتا ہے جو مصنوعی ذہانت سسٹم کو نئے ڈیٹا کا مسلسل تجزیہ کر کے وقت کے ساتھ ساتھ اپنی کارکردگی کو بہتر بنانے کی اجازت دیتا ہے۔ اس کی بہت سی مختلف اقسام ہیں، بشمول اصول پر مبنی نظام، نیورل نیٹ ورک، جینیاتی الگورتھم، اور ماہر نظام۔ یہ نظام صحت کی دیکھ بھال اور مالیات سے لیکر نقل و حمل اور مینوفیکچرنگ تک، ہمارے رہنے اور کام کرنے کے طریقے میں انقلاب لانے کی صلاحیت کے ساتھ وسیع پیمانے پر شعبوں پر لاگو کیے جا سکتے ہیں۔''

مصنوعی ذہانت کی تیز رفتار ترقی نے دیگر شعبہ ہائے زندگی میں جہاں انقلاب برپا کیا ہے وہیں تخلیقی میدانوں میں بھی اِس کے اثرات دکھائی دیتے ہیں۔انگریزی ادب ہو یا اُردو ادب آپ کو ایسا مواد دکھائی دے گا جو اِسی کی وساطت سے تخلیق کیا گیا ہے یا اِسی کی آمیزش سے لبریز ہوگا۔

اردو ادب بالخصوص ادب اطفال کو سنگین خطرات لاحق ہو چکے ہیں جس کی اہم ترین وجہ یہ ہے کہ چند قلم کاروں نے مصنوعی ذہانت کے بل بوتے پر خود کو 'تخلیق کاروں' کی فہرست میں شمار کرنا شروع کر دیا ہے اور دوسری طرف ایسے احباب کی کمی نہیں ہے جو کہ 'نئے' لکھنے والوں کو قصوروار قرار دیتے ہیں کہ صرف وہی مصنوعی ذہانت کی بدولت 'تخلیق کار' تصور کیے جا رہے ہیں جو کہ بدترین المیہ قرار دیا جا سکتا ہے۔

بچوں کے لیے لکھی گئی کہانی ''روبو کہانی گھر'' میں بھی اِس کا تذکرہ ملتا ہے۔ذرا ملاحظہ کیجیے:۔

"ارے بھئی، وہاں ایک روبوٹ موجود ہے. میں نے اسے کچھ پرومپٹ یعنی اشارے دیے کہ مجھے بچوں کی دو کہانیاں چاہئیں۔اس نے فوراً مجھے یہ پرنٹ دے دیا۔ یہ دیکھو، اب میں ان کہانیوں کو اپنے نام سے مختلف اخبارات اور رسائل میں شائع کرواؤں گا۔"

ماہ نامہ ''قومی زبان''، کراچی کے نومبر 2025 کے اداریے میں مصنوعی ذہانت کا تذکرہ کچھ یوں کیا گیا ہے:۔

''مگر نئی دنیا کی سہولتوں اور ایک کلک پر دستیاب پر ٹیکنالوجی نے معلومات تک رسائی کو انتہائی سہل کر دیا ہے۔اس پر مستزاد مصنوعی ذہانت اور چیٹ جی پی ٹی جیسی سائٹس نے طلبہ اور محققین کو بالکل ہی آرام طلب بلکہ تحقیق سے دور کر دیا ہے۔اب سارا کام صرف ''کاپی پیسٹ'' ہے۔''

افسوس ناک حقیقت یہ ہے کہ سوشل میڈیا پر جن کا مواد پہلے 'غلطیوں' سے بھرپور دکھائی دیتا تھا اب وہ دلیری سے تخلیقات یکے بعد دیگرے پیش کر کے شہرت حاصل کر رہے ہیں۔

اگرچہ مصنوعی ذہانت (بشمول چیٹ جی پی ٹی وغیرہ) سے جزوی طور پر نفع حاصل کرنا جرم نہیں ہے۔لیکن کلی طور پر تخلیق کردہ مواد پر حق جتانا اصولی اور قانونی اعتبار سے درست نہیں ہے، جس کی مذمت ہونی چاہیے۔دورِ حاضر میں اگرچہ چند اصطلاحات Generative Literature، Electronic Literature،AI-generated Text مشینی ذہانت کے حوالے سے استعمال کی جاتی ہیں جو کہ فنی اعتبار سے قابل قبول ہیں لیکن تکنیکی طور پر خامیوں سے لبریز ہیں جیسا کہ

☆ادبی آہنگ نہ رکھنا ☆صنفی وضاحت کی عدم دستیابی

☆مصنفیت یعنی Authorship کو مرکزیت نہ دینا

تا حال ایسی کوئی اصطلاح وجود نہیں رکھتی ہے جو کہ مصنوعی ذہانت کی تخلیقات کو اپنے اندر سمونے کی طاقت رکھتی ہو۔روبو کہانی، روبو نظم اور روبو ادب کی اصطلاحات مصنوعی ذہانت کی بدولت منظر عام پر آنے والی تخلیقات کی نہ صرف درجہ بندی کرتی ہیں بل کہ اُنھیں ادب میں جذب کرتی ہیں۔اگرچہ مشینی ادب کے معیار پر گفتگو کی جا سکتی ہے۔لیکن پہلے اِسے ادبی دائرے میں مقید کرنا بہت ضروری ہے تاکہ مشین اور انسانی دماغ کی تخلیقات کے درمیان فرق رہے اور اُن کے موازنے پر حقائق کا اندازہ لگایا جا سکے۔

'روبو کہانی' اور 'روبو نظم' کی اصطلاحات واضح اعلان کرتی ہیں کہ اِنھیں مشین نے جنم دیا ہے۔

'روبو ادب' کی اصطلاح واضح کرتی ہے کہ مصنوعی ذہانت کی کوکھ سے پیدا ہونے والا مواد مراد لیا جا رہا ہے۔

خان حسنین عاقب نے مشینی ذہانت کی تخلیقات کو ایک نیا نام دے کر مصنوعی مصنفیت (Artificial Authorship) کو ادبی طور پر تسلیم کیا ہے۔اور ادبی نظریے کو انسان مرکزیت سے آگے بڑھاتے ہوئے مستقبل کی تحقیق کے لیے اصطلاحی بنیاد فراہم کی ہے جو کہ خوش آئند پیش قرار دی جا سکتی ہے۔

روبو کہانی، روبو نظم اور روبو ادب پر گفتگو سے قبل مصنوعی ذہانت کے منفی اثرات کا جاننا بے حد ضروری ہے۔

ماہ نامہ ''کرن کرن روشنی''، ملتان کے 'جاسوسی کہانی نمبر' کا اداریہ اہم ترین انکشافات کرتا ہے کہ مصنوعی ذہانت سے فیض اُٹھانے والوں میں کئی معتبر نام شامل ہیں۔اداریہ پڑھنے پر علم ہوتا ہے کہ:

''ادارے کو بے شمار جاسوسی کہانیاں موصول ہوئیں، اِن کہانیوں میں سے وہی کہانیاں شامل کی گئیں جو جاسوسی کے معیار پر پورا اترتی تھیں۔اِس میں ایک افسوسناک پہلو یہ رہا کہ بہت سے اہل قلم نے مصنوعی ذہانت کا سہارا لے کر جاسوسی کہانیاں لکھیں، یہ المیہ ہے۔اگر معتبر اہل قلم کا بھی یہی وتیرہ رہا تو ہمارے بچے اپنی ذہنی صلاحیتیں کھو دیں گے۔''

چند عناصر انسانی ذہانت کے مقابلے میں مصنوعی ذہانت کے زور پر خود کو سامنے لا رہے ہیں اور اُن کی صف میں کھڑے ہو رہے ہیں جو اپنی سوچ کو قلم کے ذریعے بڑی محنت سے منظر عام پر لاتے ہیں، کیا یہ طرز عمل درست ہے؟اِس حوالے سے سنجیدہ مباحثہ وقت کی اہم ضرورت بن چکا ہے۔

راقم کا نظریہ ہے کہ قارئین کسی طور ایسا مواد پڑھنے کے حق میں نہیں ہوں گے جس میں انسانی سوچ، تجربات اور مشاہدہ کا عکس دکھائی نہ دے۔ایسے میں اگر کچھ عناصر مشینی ذہانت کے بل بوتے پر خود کو صاحب کتاب

بنائیں گے اور غیر دل چسپ اور جذبات سے عاری مواد پڑھنے کو دیں گے تو کتب بینی کا رجحان مزید کم ہو جائے گا۔ مصنوعی ذہانت کے مواد کے بارے میں آگاہی ہر قاری کا بنیادی حق ہے تاکہ اُنھیں اندازہ رہے کہ وہ مشینی ادب پڑھ رہے ہیں یا انسانی ذہانت پر مبنی مواد۔

اِسی تناظر میں ریحان خان کے ناول ''الف سے AI تک'' کے درج ذیل اقتباسات ملاحظہ کیجیے:

''اسائمنٹس، خلاصے اور ریسرچ سب کچھ خودکار طور پر اے آئی سے کروایا جا رہا ہے۔ کتابوں کے مطالعے کی عادت کم ہوتی جا رہی ہے اور سرچ یا چیٹ بوٹس پر انحصار بڑھ رہا ہے۔ سمجھنے کی بجائے بس حاصل کرنے کا رجحان عام ہے اور استاد کا کردار بھی محدود ہو گیا ہے۔ آج کل اکثر کہا جاتا ہے 'جو پوچھنا ہے، اے آئی سے پوچھ لو۔' مختصر یہ کہ اصل قابلیت کو سمجھنے کی بجائے صرف نتائج ڈلیور کرنے پر زور ہے۔ انسان بظاہر ترقی یافتہ ہے لیکن اندر سے خالی۔''

ناول میں مصنوعی ذہانت سے جنم لینے والی تخلیقات کا تذکرہ بھی کیا گیا ہے:

''مکمل طور پر تو نہیں، مگر ہاں، جنریٹڈ کہانیاں اور افسانے وجود میں آنا شروع ہو گئے ہیں۔ بہت سے لوگ صرف اے آئی کی مدد سے لکھ رہے ہیں اور خود کو ادیب کہلوانے لگے ہیں جو کہ ایک خطرناک رجحان ہے۔ تم سمجھتے ہو کہ سامنے والا اچھا لکھاری ہے۔ مگر حقیقت یہ ہے کہ وہ محض مشین کی مدد سے لکھ رہا ہے۔ یہاں تک کہ خالص لکھنے والے بھی اب بڑی حد تک اے آئی کا سہارا لے رہے ہیں۔''

ریحان خان کی اِس بات سے متفق نہیں ہوں کہ خالص لکھنے والے مصنوعی ذہانت کا سہارا حاصل کر رہے ہیں۔ حقیقی ادیبوں یا شعراء کو کسی سہارے کی ضرورت کیوں ہوگی؟ مشینی ذہانت اُن کے لیے بہترین ذریعہ بن رہی ہے جو ذہنی طور پر بانجھ ہیں، لیکن تخلیق کار بننے اور پہچان کروانے کے خواہاں ہیں۔

مصنوعی ذہانت کا ابھی آغاز ہے اور مستقبل میں جدید تکنیکی حربوں سے انسانی ذہن اور مصنوعی ذہانت کا فرق انتہائی کم ہو سکتا ہے اور ایسے میں ادب کی پہچان مشکل ترین ہو سکتی ہے تاہم مذکورہ ناول میں بیان کردہ نقطے کے مطابق سب نہیں مگر کچھ تخلیق کار مشینی ذہانت پر توجہ مرکوز کر چکے ہیں۔

ناول ''الف سے AI تک'' میں ریحان خان لکھتے ہیں:

''اب کچھ ٹولز ایسے موجود ہیں جو پہچان لیتے ہیں کہ مواد انسانی ہے یا مشینی، لیکن پھر بھی لوگ بڑی حد تک اے آئی کا سہارا لیتے ہیں۔ فرق یہ ہے کہ انسان کا لکھا چاہے جتنا بھی کمزور ہو، اس میں خلوص اور انفرادیت ہوتی

ہے۔اس کے الفاظ کے پیچھے اُس کی شخصیت جھلکتی ہے۔ ہر لکھنے والا اپنے انداز سے پہچانا جاتا ہے جب کہ اے آئی کی تحریر بظاہر میچور لگتی ہے، مگر اس میں ایک مصنوعی پن جھلکتا ہے جو اچھے قاری کو فوراً کھٹک جاتا ہے۔''

روبو کہانی، روبو نظم اور روبو ادب کی اصطلاحات مشینی ذہانت کے ذریعے جنم لینے والی تخلیقی تحریروں کے لیے ایک مربوط، واضح اور پائیدار ادبی درجہ بندی فراہم کرتی ہیں، جو تیزی سے بدلتے ہوئے ادبی منظر نامے میں تاریخی اہمیت رکھتی ہیں جو کہ بھارت کے نامور شاعر، ادیب، مدرس اور مترجم خان حسنین عاقب کی وضع کردہ ہیں۔ادبی تاریخ میں وہی شخص یاد رکھا جاتا ہے جو نئے رجحانات کو نام دیتا ہے۔ اِس تناظر میں خان حسنین عاقب کو عہدِ مصنوعی ذہانت کے ادب کا ایک اہم فکری معمار کہنا بے جا نہ ہوگا۔آپ اِس سے قبل 'لوری کہانی'، انگریزی زبان میں نعت کے لیے 'prophiem'' اور 'معکوس ترجمہ نگاری' کی اصطلاحات کو متعارف کروا چکے ہیں۔'لوری کہانی' کا تذکرہ ہمیں سہ ماہی ''باغیچہ اطفال''، سیال کوٹ کے 'لوری نمبر' میں ملتا ہے۔خان حسنین عاقب کی وضع کردہ اصطلاحات نے ڈھال بن کر خالص ادب کے تحفظ کو یقینی بنایا ہے جو کہ وقت کی اہم ترین ضرورت تھی۔مزید براں حقیقی اور مصنوعی یا مشینی ذہانت کے مابین جاری جنگ کو ختم کرنے میں اہم کردار ادا کیا ہے جو کہ سنگین المیے کی جانب بڑھ رہی تھی۔ مصنوعی ذہانت کے تخلیق کردہ ادب کی نہ صرف درجہ بندی اہم ضرورت تھی بل کہ مواد کی تقسیم کے اعتبار سے منفرد اور قابل قبول ناموں کی بھی ضرورت محسوس کی جارہی تھی۔راقم کے علم میں آیا ہے کہ ایک پاکستانی طالبہ سمیرا تبسم نے بھی مشینی ذہانت کے لیے چند نام اپنے مقالے میں تجویز کیے ہیں۔اِس کی تفصیل ذیل میں پیش کی جارہی ہے۔

۔آدم مشینی ادب ۔الگورتھمی ادب

۔روبوٹک ادب ۔ڈیجیٹل ادب

۔ریڈی میڈ ادب

خان حسنین عاقب نے مصنوعی ذہانت کی پیش کردہ تخلیقات کو چند اہم اقسام میں تقسیم کیا ہے جو کہ درج ذیل ہیں:

ا۔روبو کہانی ۲۔روبو نظم ۳۔روبو ادب ا۔روبو کہانی

خان حسنین عاقب 'روبو کہانی' کی تعریف کچھ یوں کرتے ہیں:

''روبو کہانی اس کہانی کو کہا جائے گا جو کسی انسان نے نہیں بلکہ کسی مشین، کمپیوٹر یا مصنوعی ذہانت کے نظام نے

تخلیق کی ہو۔ یعنی تخلیق کا عمل انسانی قلم کے بجائے الگورتھم، ڈیٹا اور مشینی ذہانت کے ذریعے انجام پائے۔ اردو میں اس کے لیے روبو کہانی اور انگریزی میں Robo Story کی اصطلاح نہایت جامع، واضح اور بامعنی ہے۔''

'روبو کہانی' کی اصطلاح عام فہم اور قابل قبول ہے کہ مصنوعی ذہانت سے لکھی گئی کہانی یا افسانہ ہی مراد لیا جا رہا ہے۔ 'روبو کہانی' کے پیش کار کو 'روبو لکھاری' (Robo Writer) کہنا مناسب ہوگا۔ اِس میں یہ اہم ترین عنصر نظر انداز نہیں کیا جا سکتا ہے کہ انسانی ذہن کا عمل دخل کتنا ہوگا۔

جزوی یا کلی اعتبار سے 'روبو کہانی' کی اصطلاح انسانی و مشینی ذہانت کا باہمی ملاپ تصور ہوگی۔ اِس میں مشینی و انسانی ذہانت کی مقدار کا تعین جدید سوفٹ ویئرز سے کیا جا سکتا ہے، جو کہ مخصوص شرائط کے تابع ہوگا۔ جو مصنوعی ذہانت کے 'فن پارے' کی ساکھ متعین کرنے میں اہم کردار ادا کرے گا تاہم مصنوعی ذہانت کی مدد سے وجود پانے والی تخلیق 'روبو کہانی' کہلائے گی۔ اِس اصول کی بنیاد پر انسانی ذہن اور مشینی ذہانت کی تخلیقات کی تمیز بہت آسان ہو جائے گی۔

کیا کسی تخلیق کار کی ہر وہ تحریر 'روبو کہانی' یا 'روبو افسانہ' قرار پائے گی جس میں مصنوعی ذہانت کی مدد سے اضافہ کیا گیا ہو؟ ایسا بالکل نہیں ہوگا۔

'روبو کہانی' کی تعریف واضح طور پر اعلان کرتی ہے کہ وہ صرف اور صرف مشینی ذہانت کی جانب اشارہ کر رہی ہے۔ انسانی ذہانت کی شرح اگر تحریر میں پچاس فیصد سے کم ہو تو 'روبو کہانی' یا 'روبو افسانہ' کہلائے گی۔ اِسی طرح کہانیوں یا افسانوں یا دیگر اصناف کی پروف خوانی کے دوران اضافے کی شرح درجہ بندی کرنے میں اہم کردار ادا کرے گی۔

اگر مشینی ذہانت کی بدولت پچاس فی صد سے زائد تبدیلی تحریر میں رونما ہوگی تو وہ یقینی طور پر اِیسی تحریر کہلائے گی جو کہ 'روبو ادب' کے زمرے میں آتی ہے۔

اکثر آن لائن رسائل مصنوعی ذہانت کی پروف خوانی کو قبول نہیں کرتے ہیں۔ حالاں کہ تحریر لکھنے والا انسان ہوتا ہے اور وہ محض اپنی کوتاہیوں کو دور کرنے کے لیے مشینی ذہانت کی مدد لیتا ہے لیکن اُسے شک کی نگاہ سے دیکھا جاتا ہے کیوں کہ اضافہ مشینی ذہانت کی بدولت کیا گیا ہوتا ہے اور مخصوص پہچان کی بدولت مشکوک ٹھہرتا ہے۔ اِس نقطے کو سمجھنے کی ضرورت ہے کہ اصلاح کی خاطر مصنوعی ذہانت سے تحریر درست کروانا جرم نہیں ہے

البتہ مکمل تحریر لکھوا کر حق جتانا سنگین بددیانتی ہے۔

'روبو کہانی' کی اصطلاح واضح کرتی ہے کہ تحریر کس کی ہے اور یہی امر کسی تخلیق کار کو حقیقی ثابت کرنے کے لیے کافی ہے۔ اِس حوالے سے اولین ذمہ داری 'تخلیق کار' کی بنتی ہے کہ وہ رسالے کے مدیران کو آگاہ کرے کہ اُس کی تحریر میں کس قدر مشینی ذہانت کا استعمال کیا گیا ہے۔ اِس حوالے سے چند اہم شرائط کا لاگو کرنا بہترین نتائج سامنے لاسکتا ہے۔ مثال کے طور پر:

☆ حلف نامہ کے ذریعے تصدیق کی جائے کہ تحریر انسانی ذہانت پر مبنی ہے۔

☆ تحریر پر مالکانہ حقوق رکھنے والے کا انٹرویو لیا جائے۔

☆ تخلیق پر ایسے سوالات کیے جائیں جو حقیقی تخلیق کار ثابت کرنے میں معاونت کر سکیں۔

☆ جدید ٹیکنالوجی کا استعمال کر کے انسانی ذہانت کی شرح معلوم کی جائے۔

☆ مصنف کی پرانی اور تازہ تحریروں کا باریک بینی سے جائزہ لیا جائے۔

☆ مصنوعی ذہانت پر مبنی مواد ثابت ہونے پر تخلیق کار کو بلیک لسٹ میں شامل کیا جائے۔

☆ 'روبو کہانی' یا 'روبو نظم' کی اصطلاحات کے تحت تحریروں کو شامل کیا جائے تاکہ انسانی و مشینی ادب میں فرق قائم رہے۔

راقم الحروف تشہیری مقاصد کے لیے انسانی و مصنوعی ذہانت کے استعمال کو سودمند قرار دیتا ہے کہ اِس طرح بہتر انداز میں مصنوعات یا رسائل کی تشہیر کی جاسکتی ہے۔ یوں 'روبو کہانی' کو تشہیری رنگ میں ڈھالا جاسکتا ہے اور 'روبو تشہیر کہانی'، 'روبو مزاحیہ کہانی'، 'روبو اسلامی کہانی'، 'روبو سائنس فکشن' جیسی اصطلاح کی بدولت منفرد اور دل چسپ تحریریں قارئین کو پڑھنے کو مل سکتی ہیں۔ 'روبو کہانی' کی خصوصیات درج ذیل ہوسکتی ہیں جیسا کہ:

☆ منظّم بیانیہ (پلاٹ، کردار، ماحول) ☆ مشین بطور بنیادی تخلیقی عامل

☆ انسانی کردار صرف رہنمائی، سوال یا نظام کی تشکیل تک محدود

راقم الحروف ایک 'روبو کہانی' کو بطور مثال پیش کر رہا ہے تاکہ درج بالا خصوصیات کی روشنی میں انسانی اور مشینی ذہانت کو سمجھنے میں مدد مل سکے۔ چیٹ جی پی ٹی کی تحریر کردہ کہانی ''سچائی کا انعام'' کئی اہم انکشاف کرتی ہے۔ اِس کہانی کا نام اور چیٹ جی پی ٹی کی نشانیوں کو ختم کر کے سوشل میڈیا پر پیش کیا گیا تو دل چسپ تبصرے کیے گئے۔ جو کہانی کے اختتام پر پیش کیے جا رہے ہیں تاکہ کئی اہم چیزوں کو سمجھا جاسکے۔

☆......☆

ایک چھوٹے سے گاؤں میں سمیر نامی ایک لڑکا رہتا تھا۔ وہ بہت محنتی اور سادہ دل تھا لیکن سب سے اچھی بات یہ تھی کہ وہ ہمیشہ سچ بولتا تھا۔ اس کے والدین اسے اکثر کہتے تھے:

'بیٹا، ایمانداری سب سے بڑی دولت ہوتی ہے۔'

ایک دن سمیر اسکول سے واپس آ رہا تھا کہ راستے میں اسے ایک چمکتا ہوا بٹوہ ملا۔ اس نے بٹوہ اٹھا کر دیکھا تو اس میں کچھ پیسے اور ایک شناختی کارڈ تھا۔ سمیر کے دل میں ایک لمحے کو خیال آیا کہ ان پیسوں سے وہ نئی گیند خرید سکتا ہے مگر فوراً اسے اپنے والدین کی بات یاد آ گئی۔ سمیر نے خود سے کہا،

'یہ پیسے میرے نہیں ہیں، مجھے ان کے مالک کو ڈھونڈنا چاہیے۔'

وہ بٹوہ لے کر گاؤں کے بزرگ چودھری صاحب کے پاس گیا اور ساری بات سچ سچ بتا دی۔ چودھری صاحب نے شناختی کارڈ دیکھا اور معلوم کیا کہ بٹوہ گاؤں کے ایک غریب دکاندار، رحیم چاچا کا ہے۔ جب رحیم چاچا کو بٹوہ واپس ملا تو ان کی آنکھوں میں خوشی کے آنسو آ گئے۔ انہوں نے کہا،

'بیٹا سمیر، یہ پیسے میری بیٹی کی دوا کے لیے تھے۔ اگر یہ گم ہو جاتے تو مجھے بہت مشکل ہو جاتی۔'

رحیم چاچا نے سمیر کو انعام دینا چاہا، مگر اس نے مسکرا کر کہا، 'چاچا، میں نے اپنا فرض ادا کیا ہے۔'

یہ بات پورے گاؤں میں پھیل گئی۔ سب لوگ سمیر کی تعریف کرنے لگے۔ اسکول میں ہیڈ ماسٹر صاحب نے اسمبلی میں سمیر کو بلایا اور اس کی ایمانداری پر ایک خوبصورت سرٹیفکیٹ اور کتاب انعام میں دی۔ سمیر بہت خوش تھا، کیونکہ اس نے سچائی کا راستہ چنا تھا۔

سبق: ایمانداری ہمیشہ خوشی، عزت اور اعتماد لے کر آتی ہے۔ سچ بولنے والا کبھی نقصان میں نہیں رہتا۔

☆......☆

اِس کہانی کو پڑھنے کے بعد معروف تخلیق کار کیا فرماتے ہیں، ذرا ملاحظہ کیجیے:

محمد فیصل علی (کہانی نویس، مترجم) کے بقول: ''ضروری نہیں کہ بچوں کے لیے لکھی جانے والی ہر کہانی نئے خیال و نئے اسلوب پہ مبنی ہو۔ وہ بچے جو پڑھنا شروع کر رہے ہوں، دوسری جماعت کے بچے، ان کے حساب سے یہ ایک اچھی کہانی ہے، اسے مزید بھی بہتر بنایا جا سکتا ہے۔''

روبینہ شاہد (کہانی نویس) فرماتی ہیں کہ ''مجھے لگتا ہے یہ کہانی کسی مصنف کی نہیں ہے۔''

جاوید بسام (کہانی نویس، مترجم) لکھتے ہیں: ''اس ڈیجیٹل اور کمپیوٹرائز دور میں جب بچوں کی کہانیوں میں دلچسپی کم ہوتی جارہی ہے۔ ایسی نصیحت آمیز کہانی جس کا عنوان ہی ایک سبق اور تلقین پر مبنی ہو، اس میں کون بچہ دلچسپی لے گا؟ کہانی میں نصیحت بین السطور ہونی چاہیے۔ مگر یہ کہانی تو اس طرح وعظ زدہ ہے کہ لگتا ہے کسی بالکل نا آموز نے لکھی ہے۔ کہانی میں نہ کوئی ٹوئسٹ ہے نا دلچسپ کردار، نہ مکالمہ۔ معیاری رسائل عموماً ایسی کہانیاں یہ کہہ کر واپس کر دیے ہیں کہ کوشش جاری رکھیں۔''

صالحہ عزیز کی نظر میں ''12 سال کے بچے کو یہ اچھی لگے گی۔''

حسنین عاقب کے بقول: ''سچائی کا انعام، انتہائی روایتی، سپاٹ اور خط مستقیم کی طرح سیدھی کہانی ہے۔ کہانی میں کہانی پن بالکل نہیں ہے اس لیے کہ یہ کسی انسان کی تخلیق نہیں معلوم ہوتی۔ جملوں کی بندش میں تصنع اور بناوٹ معلوم ہوتی ہے۔ فطری بے ساختگی غائب ہے۔ ایسا لگتا ہے جیسے کسی مشین سے تحریر نکالی گئی ہو۔''

معتبر اہل قلم کی رائے اپنی اپنی جگہ بہت سے اہم پہلو آشکار کر رہی ہے۔ جو احباب یہ سمجھتے ہیں کہ مصنوعی ذہانت کو پرکھنا مشکل ہے تو ایسا ہرگز نہیں ہے لیکن مشکل ضرور ہے۔ راقم کی خواہش ہے کہ پاکٹ سائز میں 'روبو کہانی' شائع کی جائے بل کہ 'روبوناول' بھی منظر عام پر آنے چاہئیں۔ دور حاضر میں اگرچہ کئی قلم کاروں کے نزدیک یہ اقدام بچکانہ ہوگا لیکن یہ مستقبل میں کئی حوالوں سے اہمیت کا حوالہ ہوگا اور ٹیکنالوجی کی ترقی کے ساتھ ساتھ مشینی ادب کی ترقی کو بھی عیاں کرے گا۔ سہ ماہی باغیچہ اطفال، سیال کوٹ 'روبو کہانی نمبر' شائع کر چکا ہے جس میں انسانی اور مصنوعی ذہانت کی تحریر کردہ تخلیقات شامل ہیں جو کہ یقینی طور پر مستقبل کے لیے ایک اہم حوالہ ثابت ہوگا۔ ان شاءاللہ تعالیٰ

۲۔ روبو نظم

حسنین عاقب 'روبو نظم' کی تعریف درج الفاظ میں کرتے ہیں:

''روبو نظم۔۔۔ اس شاعری کو کہا جاتا ہے جو مصنوعی ذہانت کے ذریعے تخلیق کی جائے اور جس کے اشعار انسان نے براہِ راست نہ لکھے ہوں۔''

'روبو نظم' کی خصوصیات درج ذیل ہوسکتی ہیں:

شعری لسانیات کا استعمال (استعارہ، تشبیہ، آہنگ)

الگورتھمی یا ڈیٹا پر مبنی تخلیق

انسانی شاعری کی براہِ راست تخلیقی عدم موجودگی

مصنوعی ذہانت کی مدد سے منظرِ عام پر آنے والی شاعری کے حوالے سے مضمون ''اے آئی ٹولز اور اُردو ادب (خطرات، خدشات اور حقائق)''میں مضمون نگار لکھتے ہیں: ''میں نے چیٹ جی پی ٹی سے کہا کہ عشق کے عنوان پر ایک نظم لکھ دیجیے۔ چیٹ جی پی ٹی نے جو جواب دیا، ملاحظہ فرما لیجیے۔ کہتا ہے:''

''یہ رہی عشق کے موضوع پر ایک نئی اور دل سے لکھی گئی نظم۔''

عشق وہ آگ ہے جو بجھائے نہ بجھے
دل کی ویرانی کو امید کی گلی دے جائے
یہ وہ لمحہ ہے جو ٹھہر کر بھی گزر تا رہے
ایک خاموش سی خواہش کو صدا دے جائے
عشق دریا ہے بہتا ہوا بے انت سفر
جس کے پانی میں ہر احساس نیا اُبھرے
کبھی آنکھوں میں ٹھہر کر مسکرا دیتا ہے
کبھی پلکوں پہ نمی بن کے دعا دے جائے
یہ وہ جذبہ ہے جو لفظوں میں سماتا ہی نہیں
ہر دھڑکن کو زباں دے، ہر خیال کو جلا دے جائے
عشق وہ روشنی ہے جو اندھیروں میں چمکے
دل کے کانچ پہ امیدوں کا دیا دے جائے!

درج بالا اشعار کا تنقیدی جائزہ لیا جائے تو علم ہوگا کہ مصنوعی ذہانت نے شعری اوزان کا کس قدر خیال رکھا ہے۔ مشین کے پاس جذبات اور محسوس کرنے کی صلاحیت نہیں ہے۔ لیکن وہ دعوا کرتی ہے کہ تخلیقات کو دل سے لکھا گیا ہے جو کہ المیہ ہے۔

'روبو نظم' کے پیش کار کو 'روبو شاعر' (Robo Poet) قرار دیا جا سکتا ہے اور اُس کے لیے وہی مخصوص شرائط عائد ہوں گی جو کہ 'روبو کہانی' کے تحت راقم بیان کر چکا ہے۔

پرویز بلگرامی (مدیر، ماہ نامہ ''سرگزشت'' ڈائجسٹ، کراچی) فرماتے ہیں:

''اگر 1981 میں چھپنے والی قسط وار کہانی "مشین زادہ" پڑھی ہے تو آپ کو یاد ہوگا کہ کمپیوٹر نے دنیا پر قبضہ کر کے انسانوں کو غلام بنا لیا ہے۔ یا پھر 1995/96 میں بچوں کے لیے لکھی قسط وار تحریر "مریخ پر ہنگامہ" پڑھا ہو تو یاد ہوگا کہ جس مسئلہ پر آپ سوچ رہے ہیں کہ اس مسئلہ کا حل کیا ہوگا۔ ان سب پر لکھا جا چکا ہے۔۔ یاد رکھیں مشین یعنی کمپیوٹر۔۔۔ مصنوعی ذہانت سطریں لکھتا نہیں بناتا ہے۔ اس میں لطافت کا فقدان ہوتا ہے جو بہ خوبی نظر آ جاتا ہے۔۔ بس توجہ کی ضرورت ہوتی ہے۔ انجینئر، ڈاکٹر، پائلٹ یعنی کہ ہر پیشہ سیکھا جاتا ہے لیکن شاعر ادیب خود بنتا نہیں، بنا بنایا پیدا ہوتا ہے۔ اس کے ذہن میں آورد ہوتا ہے۔ مصنوعی طریقے سے آپ کہانی بنا سکتے ہیں لیکن اس میں لطف کا پہلو خود بخود کم ہو جائے گا کیونکہ جذبات نگاری کی قوت ابھی تک اے آئی پیدا نہیں کر سکا ہے، یہی بات شاعری میں ہے کہ قافیہ بندی تو ممکن ہے لیکن شاعری کی روح شعر میں پیدا نہیں کر سکتے۔ اگر کہیں سے میری تحریر کردہ کہانی "مریخ پر ہنگامہ" مل جائے تو دیکھیں۔ اس میں ان تمام باتوں پر بحث ہے۔ نوے کی دہائی کی یہ کہانی ہے جب بہت کم گھروں میں کمپیوٹر تھے لیکن بحث مکمل ہے۔ مشینی سوچ، انسانی سوچ کی طرح گداز پن نہیں لا سکتا۔ اسی کی دہائی میں سسپنس میں ایک کہانی پڑھی تھی جس میں یہ تھا کہ ہوا زہریلی ہوگئی ہے۔ آکسیجن دنیا سے ختم ہو چکا ہے۔ لوگ گھروں میں مقید رہتے ہیں۔ ہر کام ورک فرام ہوم ہوتا ہے۔ انٹرٹینمنٹ کے لیے گھر پر بیٹھ کر فٹ بال میچ دیکھتے ہیں۔ دونوں طرف کے پلیئر روبوٹ ہوتے ہیں، میچ چل رہا ہوتا، وبوٹ اپنے پروگرام پر کھیل رہے ہوتے ہیں کہ یکایک کھیل میں ایک نیا مزہ آنے لگتا ہے تب دادا چیختا ہے: ''اس نے یہ کیا کر دیا'' کیونکہ مرکزی کردار خود روبوٹ کا گیٹ اپ بنا کر میدان میں جا اترا تھا۔۔ نیا پن ذہن لاتا ہے، بنایا گیا پروگرام نہیں۔''

مصنوعی ذہانت کے حوالے سے ایک دل چسپ شہ سرخی روزنامہ اساس، راولپنڈی کے ادبی صفحے ''ادب نامہ'' میں پڑھنے کو ملی ہے۔

'''اے آئی لکھاری' ناپائیدار پروڈکٹ ثابت ہوں گے۔''

اے آئی کے دور پر گفتگو کرتے ہوئے محمد شاہد حمید فرماتے ہیں:

:''جو لوگ محض تقلید چاہتے ہیں وہ تو ٹیکنالوجی سے مدد لے سکتے ہیں اور رفتہ رفتہ معدوم بھی ہو جائیں گے، مگر جو اپنا راستہ خود تلاش کرتے ہیں، انھیں کوئی خطرہ نہیں۔ آنے والی نسلیں بھی انھی کو پڑھیں گی جو نیا اور سچا لکھیں گے۔''

صفدر علی حیدری اپنے مضمون ''مصنوعی ذہانت اور آج کا ادیب: ایک وجودی چیلنج'' میں لکھتے ہیں:

''مشین محسوس نہیں کرتی، بلکہ پروسیس کرتی ہے۔ وہ لفظوں کو سمجھتی نہیں، بلکہ ترتیب دیتی ہے۔ وہ سوالوں کو پراگمیٹک سطح پر لیتی ہے، وجودی سطح پر نہیں۔ اس فرق کو سمجھنا بہت ضروری ہے کیوں کہ یہی فرق تخلیق اور نقالی کے درمیان حد قائم کرتا ہے۔''

۳۔ روبوادب

'روبوادب' کی تعریف خان حسنین عاقب کچھ یوں کرتے ہیں:

''روبوادب ایک ہمہ گیر اصطلاح ہے جو مشین کے ذریعے تخلیق ہونے والی تمام ادبی اصناف پر محیط ہے، جن میں روبو کہانی اور روبونظم شامل ہیں۔''

روبوادب میں مشینی کہانیاں، مشینی نظمیں اور دیگر تخیلی نثری متون شامل ہیں۔ آپ فرماتے ہیں:

''ادبی رسائل اور جرائد کی روایت میں کسی خاص موضوع پر خصوصی اشاعت کو ''نمبر'' کہا جاتا ہے، جیسے افسانہ نمبر، ناول نمبر یا بچوں کا نمبر۔ اسی روایت کو آگے بڑھاتے ہوئے روبو کہانی نمبر یا روبوادب نمبر کی اصطلاح نہایت برمحل ہے، جس میں مشینی کہانیاں اور مشینی نظمیں دونوں شامل کی جاسکتی ہیں۔ یہ نہ صرف ادبی تجربے کو دستاویزی شکل دے گا بلکہ مستقبل کے محققین اور ناقدین کے لیے ایک واضح حوالہ بھی بنے گا کہ فلاں دور میں مشینی ادب کس سطح پر موجود تھا۔''

'روبو کہانی نمبر' اور 'روبوادب نمبر' کے حوالے سے خان حسنین عاقب نے اپنی سوچ کو عیاں کیا ہے جو ظاہر کرتا ہے کہ آپ مصنوعی ذہانت کے میدان میں برق رفتاری سے ہونے والی ترقی کو نگاہ میں رکھتے ہیں اور خواہش رکھتے ہیں کہ مشینی ذہانت سے تخلیق ہونے والے ادب کو خاص سمجھا جائے۔ اِس کے پیچھے یہی نظریہ ہے کہ دورِ حاضر اور آنے والے سالوں میں انسانی اور مصنوعی ذہانت کے بارے میں تحقیق ہوگی تو علم ہوگا کہ ماضی اور حال کے ادب میں کتنا نمایاں فرق آچکا ہے۔

مصنوعی ذہانت سے جنم لینے والی تخلیقات کو ادب میں تحلیل کرنے کے لیے ضروری تھا کہ اُنھیں رائج ادبی سانچوں میں ڈھالا جائے تاکہ درجہ بندی ہوتی رہے اور مخصوص موضوعات پر مواد بھی الگ شناخت رکھے۔ اِس لحاظ سے مصنوعی ذہانت پر مبنی مواد کے لیے 'روبو کہانی'، 'روبونظم' اور 'روبوادب' کی اصطلاح قابلِ ستائش ہے۔

حوالہ جات:

۱۔ خرم سہیل، ''مصنوعی ذہانت کا طلسم اور ہمارا آرٹ''،

بتاریخ 4 مئی 2023 https://www.dawnnews.tv/news/1202051

۲۔ ماہ نامہ ''قومی زبان''، کراچی۔ نومبر 2025

۳۔ لوری نمبر، سہ ماہی ''باغیچہ اطفال''، سیال کوٹ۔ جولائی تا ستمبر 2025

۴۔ جاسوسی کہانی نمبر، ماہ نامہ ''کرن کرن روشنی''، ملتان۔ اکتوبر 2025

۵۔ ریحان خان، الف سے AI تک، دسمبر 2025

۶۔ خان حسنین عاقب، ''اے آئی ٹولز اور اُردو ادب (خطرات، خدشات اور حقائق)''۔ روز نامہ سماج نیوز، دہلی بتاریخ 20 نومبر 2025

۷۔ مصنوعی ذہانت اور آج کا ادیب: ایک وجودی چیلنج، صفدر علی حیدری۔ روز نامہ جہان پاکستان، کراچی بتاریخ 14 جنوری 2026

۸۔ 'روبو کہانی گھر'، روز نامہ سرینگر جنگ، جموں بتاریخ 20 جنوری 2026

۹۔ 'اے آئی لکھاری' ناپائیدار پروڈکٹ ثابت ہوں گے'، روز نامہ اساس، راولپنڈی بتاریخ 22 جنوری 2026

☆==☆

افسانوی کردار ٹارزن، کہانی نویس اور ادب اطفال

ٹارزن ایک ایسا افسانوی کردار ہے جس نے دنیا بھر کے نہ صرف بچوں بل کہ نوجوانوں میں بے پناہ مقبولیت حاصل کی ہے۔ اِسے پہلی بار اکتوبر 1912ء میں امریکی مصنف ایڈگر رائس بورس (Edgar Rice Burroughs) نے کہانی ''بندروں کا ٹارزن'' (Tarzan of the Apes) کے ذریعے متعارف کرایا، جس نے بے پناہ مقبولیت حاصل کی جو کہ پلپ میگزین میں شائع ہوئی۔

ایڈگر رائس بورس بیک وقت ناول نگار، منظر نویس، سائنس فکشن مصنف، نثر نگار اور بچوں کے مصنف کے طور پر مشہور تھے۔ ایڈگر رائس بورس کی وجہ شہرت 'ٹارزن' ہے جو اِن کے ناولوں میں 1940 تک نظر آتا رہا۔ ایڈگر رائس بورس نے ٹارزن پر دو درجن سے زائد ناول لکھے ہیں۔ ایک ویب سائٹ (https://www.fantasticfiction.com/b/edgar-rice-burroughs/) پر ایڈگر رائس بورس کے کئی ناولز اور سیریز کا تذکرہ ملتا ہے جو ظاہر کرتا ہے کہ 'ٹارزن' کے علاوہ کسی اور کردار نے اُنھیں امر نہیں کیا۔ اِسے افسانوی کرداروں میں سب سے مقبول کردار قرار دیا جائے تو بے جا نہ ہوگا۔

دل چسپ بات یہ ہے کہ نہ صرف فلموں بل کہ بچوں کی کہانیوں، ٹی وی اور ریڈیو پروگرامز، تیل کے اشتہاروں، بچوں کے کھلونوں، کپڑوں اور کھیلوں کے جوتوں پر ٹارزن جلوہ گر ہوا۔ جو ظاہر کرتا ہے کہ یہ کردار کتنی شہرت رکھتا ہے اور دیگر افسانوی کرداروں کی بہ نسبت آفاقی شہرت یافتہ ہے۔

ٹارزن پر 1918ء سے لے کر 2014ء تک 200 فلمیں بنائی گئی ہیں، یہ اپنی جگہ ایک منفرد اعزاز ہے۔ ٹارزن کے علاوہ ایڈگر رائس بورس کا 'جون کارٹر' نامی کردار بھی بے پناہ شہرت کا حامل ہے لیکن اِسے ٹارزن جیسی مقبولیت حاصل نہیں ہوئی۔

ایڈگر رائس بورس کا جنم یکم ستمبر 1875 کو شگاگو میں ہوا۔ جب کہ دل کے دورے کے سبب وفات 19 مارچ 1950 میں ہوئی۔ ایڈگر رائس بورس امریکہ کے علاقے ٹارزانا (لاس اینجلس) میں مدفون

ہیں۔فلورنس گلبرٹ نامی خاتون سے شادی کی جو کہ ناکام رہی۔فلورس خاموش فلموں کے زمانے میں اداکاری کیا کرتی تھیں اگر چہ اُن کے کردار ثانوی نوعیت کے ہوا کرتے تھے۔ایڈگر کی دوسری شادی بھی زیادہ عرصہ نہیں چل سکی تھی۔

ایڈگر رائس بورس نے امریکی فوج میں بھی کام کیا۔طبی طور پر نااہل قرار پانے پر 1897 میں ملازمت سے سبکدوش کر دیے گئے اور بعدازاں مختلف کام کیے لیکن کامیابی حاصل نہیں ہوئی۔1911 میں تقریباً 36 سال کی عمر میں ایڈگر نے فکشن لکھنے کا فیصلہ کیا۔1929 میں بورس نے اِس حوالے سے کچھ یوں اظہار کیا:

"[...] if people were paid for writing rot such as I read in some of those magazines, that I could write stories just as rotten. As a matter of fact, although I had never written a story, I knew absolutely that I could write stories just as entertaining and probably a whole lot more so than any I chanced to read in those magazines."

ترجمہ:''اگر لوگوں کو جن کی بکواس میں نے جرائد میں پڑھی تھی، ویسی بکواس لکھنے کے پیسے مل رہے ہوں، تو میں بھی بالکل اتنی ہی بکواس کہانیاں لکھ سکتا ہوں۔حقیقت یہ ہے کہ اگر چہ میں نے کبھی کوئی کہانی نہیں لکھی تھی، پھر بھی مجھے پکا یقین تھا کہ میں میگزینوں میں جو کہانیاں پڑھتا تھا، ان سے کہیں زیادہ دل چسپ اور بہتر کہانیاں لکھ سکتا ہوں۔''

ایڈگر نے موت سے قبل لگ بھگ 20 لاکھ ڈالر کے قریب رائلٹی 27 فلموں سے حاصل کی جو کہ ایک بڑی خطیر رقم ہے۔

☆......☆

ایڈگر رائس بورس کی کہانی 'بندروں کا ٹارزن' کے مطابق ٹارزن کا اصل نام، جان کلایٹن ہے، جو کہ ایک امیر برطانوی کا بیٹا ہے۔اُس کے والدین افریقا کے ساحلوں کے قریب ایک بحری جہاز پر سوار تھے، جہاز کا عملہ کپتان کے خلاف ہو جاتا ہے۔پھر لڑائی شروع ہو جاتی ہے جس کے نتیجہ میں جہاز ایک افریقی ساحل پر آ رکتا ہے۔اِس کے بعد ٹارزن ابھی شیر خوار ہوتا ہے کہ والدین مر جاتے ہیں، مانجانی نسل کا ایک بندر اُس کا خیال

رکھتا ہے۔ اُسے ’ٹارزن‘ کا نام دیتا ہے، جس کا مطلب بندروں کی زبان میں ’سفید چمڑی‘ ہے، جو بندر ’ٹارزن‘ کو پالتے ہیں، وہ ایک خیالی نسل کے بندر ہوتے ہیں جو سائنس کے لیے نامعلوم ہیں۔ دل چسپ بات یہ ہے کہ اُسی خیالی نسل کے بندر کو ٹارزن کی کہانیوں میں پیش کیا گیا جسے ’منکو‘ کے نام سے یاد کیا جاتا ہے۔

امریکی مصنف فلپ فارمر جو سائنسی کہانیاں لکھنے کے لیے مشہور ہیں، اِنھوں نے ایک نظریہ وضع کیا۔ جس کے مطابق برطانیہ میں 13 دسمبر 1795ء کو ورلڈ نیوٹن نامی شہر پر ایک شہاب ثاقب گرا۔ جس کے اثر سے جائے حادثہ کے قریب بسنے والوں میں وراثتی تبدیلیاں رونما ہوتی ہیں۔ یہ تبدیلی اِن لوگوں کی آگے کی نسل میں غیر طبعی طاقتیں پیدا کرتی ہے۔ فارمر کے مطابق اِس شہر کے لوگوں کی نسل سے غیر طبعی طاقتوں کی حامل مشہور شخصیات پیدا ہوئیں جن میں ٹارزن، شرلاک ہولمز اور جیمز بانڈ شامل ہیں۔

حیران کن طور پر مذکورہ تاریخ کو اُس چھوٹے سے شہر میں واقعی ایک شہابِ ثاقب گرا تھا، تاہم فارمر کا نظریہ صرف ایک فرضی مفروضہ ہے، جسے اُنھوں نے اپنی لکھی گئی کہانیوں میں استعمال کیا۔

☆......☆

راقم الحروف اپنے بچپن میں یہی خیال کرتا تھا کہ واقعی ٹارزن جنگل کا بادشاہ ہوا کرتا تھا۔ جس کے بارے میں اتنی کہانیاں مشہور ہیں لیکن یہ محض افسانہ تھا جس نے عالمی شہرت حاصل کی۔ ہمارے ہاں حقیقی کرداروں پر افسانے لکھ دیے جائیں تو وہ ناقابل برداشت ہو جاتے ہیں، حالاں کہ نام بدل دیے جاتے ہیں۔ ایسے میں کسی حقیقی کردار کی عالمی سطح پر شہرت ناممکن دکھائی دیتی ہے کہ من وعن سچائی کو پردہ اسکرین پر پیش کرنا مشکل کام ہے۔ ماضی وحال میں کئی تخلیق کاروں نے اپنی آپ بیتیاں لکھی ہیں وہ اتنی مقبول نہیں ہوئی ہیں کہ اُنھیں زیر بحث لایا جائے۔

حیران کن طور پر ٹارزن جیسا افسانوی کردار نہ صرف کہانیوں بل کہ فلموں کی زینت بنایا گیا اور وہ حقیقی کرداروں کی بہ نسبت زیادہ بچوں میں مقبول ہوا۔ اگر چہ بچوں کی تعلیم وتربیت کے لیے کامیاب افراد کی زندگیوں پر بنائی گئی فلمیں شعور بیداری میں اہم کردار ادا کرسکتی ہیں لیکن اِس پر زیادہ کام نہیں کیا گیا۔ ایک افسانوی کردار کے مقابلے میں حقیقی کردار کو فلموں میں پیش کرنا وقت کی اہم ضرورت ہے تاکہ بچوں کو اپنی ذات بہتر بنانے کا موقع ملے۔ افسانوی کرداروں کی بہ نسبت حقیقی کردار زیادہ متاثر کرسکتے ہیں لیکن اِس پر توجہ مرکوز نہیں کی جارہی ہے۔ برصغیر میں ٹارزن جیسے کردار کی مقبولیت کئی اہم سوالات کو جنم دیتی ہے۔ افسوس ناک پہلو یہ ہے کہ اِس کردار پر

اعتراضات ہونے کے باوجود اِسے نونہالوں کی دسترس میں پہنچایا گیا جس نے مقبولیت کے ریکارڈز توڑ دیے۔ادب اطفال کی تاریخ کا یہ المیہ ہے کہ ٹارزن اور عمروعیار جیسے کرداروں کے مقابلے میں کوئی ایسا مسلمان کردار سامنے نہیں لایا گیا جو نونہالوں کی تعلیم وتربیت میں اہم کردار ادا کر سکتا۔

جنوں، بھوتوں، پریوں کو چھوڑ کر سب سے مقبول کردار عمروعیار اور ٹارزن قرار دیے جائیں تو غلط نہ ہوگا کہ اکثر بچوں کو انھی کے نام یاد ہیں۔اگرچہ ہمیں کچھ کہانیوں اور داستانوں میں ایسے کردار دکھائی دیتے ہیں جو مقبول ہیں۔لیکن اُن کی شہرت اُس پائے کی نہیں ہے کہ ٹارزن کی مانند کئی فلموں میں جلوہ گر ہوئے ہوں۔ٹارزن کی مانند عمروعیار، ہرکولیس، امیر حمزہ، افراسیاب، علی بابا اور حاتم طائی کے کرداروں نے نونہالوں کو متاثر کیا ہے۔عالمی شہرت یافتہ کرداروں میں Cinderella،Snow White،Peter Pan، Harry Potter،Pinocchio،Mickey Mouse، Dora the Explorer،Spider-Man،Elsa قابل ذکر ہیں۔ہمیں ایسے کئی افسانوی کردار دکھائی دیتے ہیں جنھوں نے اتنی شہرت حاصل کی کہ اُن کے تخلیق کاروں کا نام آج کوئی نہیں جانتا ہے لیکن وہ پھر بھی مقبول ہیں۔شرلاک ہومز اور ڈریکولا کے خالق سر آرتھر کانن ڈائل اور برام اسٹوکر کا شمار بھی اُنھی تخلیق کاروں میں ہوتا ہے جنھیں بہت کم لوگ جانتے ہیں۔

☆......☆

ٹارزن پر مختلف انداز میں کئی مصنفین نے قلم اُٹھایا۔لیکن وہ اُسے ایک ایسا رنگ دینے میں ناکام رہے جس سے عالم اسلام میں ٹارزن کو ایک مثبت کردار اور پسندیدہ ہونے کا درجہ حاصل ہوتا۔کہانی کاروں نے ٹارزن کو ایک مخصوص رنگ میں پیش کیا اور کرتے چلے گئے کہ وہی نونہالوں میں مقبولیت حاصل کر چکا تھا۔کسی معروف کردار کو اگر انفرادیت، دل چسپ اور مزے دار انداز سے سامنے لایا جائے تو وہ نونہالوں کی سوچ کا دھارا بدل سکتا تھا لیکن سوچ کے دائرے کو محدود رکھنے والوں نے اِس جانب قدم نہیں بڑھائے۔معروف کہانی نویس ٹارزن کو ایک ہی روپ میں پیش کر کے داد وصول کرتے رہے ہیں۔راقم نے ٹارزن کو ایک نئے انداز میں پیش کرنے کی کوشش کی ہے تاکہ بچوں کو دورِ حاضر کے تقاضوں کے مطابق تعلیم اور تفریح دی جا سکے۔اِسی تناظر میں سرائے اردو ادبی فورم کی جانب سے عمروعیار اور ٹارزن کے حوالے سے نئی اور منفرد انداز کی کہانیاں لکھنے کا مقابلہ کروایا گیا۔جس میں کئی قلم کاروں نے ٹارزن اور عمروعیار کو نئے رنگ میں پیش کیا۔اِن کہانی کاروں

میں محمد فواد انور (احسان کا قرض)، طیبہ شیریں (ٹارزن، عمر و عیار اور "طلسمِ مہنگائی)، نازیہ عروج (عمر و عیار اور جنگل کی صفائی)، رمشاء خالد (ٹارزن اور بسنت)، عامر عباس ناصر اعوان (عیاری کا آخری مشن۔ طلسمِ جنگلِ سیاہ)، ساجدہ نظر (جنگل کا نگہبان اور شہر کا ذہین)، بسمہ مجید (جنگل کا راز اور زنبیل کی روشنی)، شاہد نسیم چوہدری (طاقت اور چالاکی کا ملاپ)، شہلا کریم بھٹی (ٹارزن اور عمر و عیار)، سجل راجہ (جب جنگل نے فیصلہ سنایا)، ابن شبیر (ٹارزن اور عمر و عیار خزانے کی تلاش میں)، ساجد عباس ساجد (جنگل کا خزانہ)، شمائل عبداللہ (ٹارزن کی عید)، مقیتہ وسیم (جو درخت بولتا نہیں تھا)، امامہ انصاری (جنگل کا راز)، بینش ملک (زنبیل، جنگل اور جدید شکاری)، قیصر محمود قیصر (ٹارزن اور الہ دین)، حفیدہ نعیم (عمر و عیار، ٹارزن کی شادی میں)، سیدہ الماس فاطمہ (چالاک ٹارزن)، ماہم جاوید (چچا ٹارزن اور ہیبت ناک جانور)، محمد حامد مختار (ڈیجیٹل طلسم اور جنگل کا محافظ)، غلام عباس بھٹی (ٹارزن اور عمر و عیار ایک تقریب میں)، وجیہہ سجاد ہمدانی (سالگرہ کا دن آیا ہے) اور فائزہ شہزاد (سمر کیمپ) شامل ہیں۔ ناقدین کی جانب سے کئی کہانیوں میں مشینی ذہانت کے عنصر کی شمولیت پر سوال اُٹھایا گیا ہے جو کہ اپنی جگہ سنگینی رکھتا ہے۔ لیکن اہم بات یہ ہے کہ ٹارزن اور عمر و عیار کو قدرے مختلف رنگ میں پیش کرنے کی جسارت کی گئی ہے۔ ٹارزن اور عمر و عیار کو دورِ حاضر کے رنگ میں پیش کرنے کا تجربہ اِس اعتبار سے کامیاب رہا ہے کہ کہانی کاروں نے منفرد موضوعات پر کام کیا ہے۔ جو کہ نونہالوں کے لیے دل چسپ اور مطالعے کی جانب مائل کرنے کا سبب بن سکتا ہے، اِس لیے ضروری ہے کہ ماضی کے معروف کرداروں کو نئے رنگ میں پیش کرنے کے لیے رسائل خاص نمبر منظر عام پر لائیں۔

رشید عاطف نے ٹارزن کو اپنی کہانی 'جنگل کیسے بچا' میں منفرد انداز میں پیش کیا ہے، کہانی کا یہ جملہ بچوں کو درختوں کی اہمیت سے آگاہ کرتا ہے۔

''ٹارزن کے ہونٹوں سے بے ساختہ نکلا، یہ جنگل صرف لکڑی نہیں ... یہ زندگی ہے!''

راقم کی چند کہانیوں میں ٹارزن کے ساتھ ساتھ ایک بندر 'منکو میاں' کا تذکرہ کیا گیا ہے جن میں 'سیانے منکو میاں'، 'منکو میاں اور ٹنکو'، 'اور جنگل بچ گیا' قابل ذکر ہیں۔ 'اور جنگل بچ گیا' راقم الحروف کی اولین کہانی ہے جس میں ٹارزن کے مسلمان ہونے کا تذکرہ کیا گیا ہے۔

''ٹارزن ایک مہم سے رات کو ہی واپس آیا تھا اور نمازِ عشاء کے بعد سو گیا تھا۔ ایک تبلیغی جماعت افریقہ کے جنگلوں میں برسوں پہلے آئی تھی اور ننھا ٹارزن مشرف بہ اسلام ہو گیا تھا۔''

کہانی 'اور جنگل بچ گیا' تسنیم جعفری کے مرتب کیے گئے مجموعے 'زمین اداس ہے' میں شامل ہے۔

کہانی 'شہزادی زیب النساء اور چنکی دیو' میں نہ صرف ٹارزن بل کہ عمرو عیار کے حوالے سے اہم انکشاف کیا گیا تا کہ بچوں کو ایک اہم معاملے سے روشناس کرایا جائے، ملاحظہ کیجیے:-

''اُنھوں نے کوہ قاف میں داخلے سے قبل تہجد کی نماز ادا کی۔ وہ دونوں ایک تبلیغی جماعت کی بدولت مسلمان ہو چکے تھے۔ اور اب کسی بھی مشکل مہم سے قبل نفل نماز ادا کرنا اپنا معمول بنا چکے تھے۔''

'ٹارزن کی روزہ کشائی' کے نام سے کہانی کی اشاعت نے ادب اطفال میں ہلچل مچا دی۔ حالاں کہ ماضی میں ٹارزن کے حوالے سے کئی ایسی کہانیاں پیش کی جا چکی ہیں جب اُسے ایک مخصوص رنگ میں پیش کیا گیا لیکن اُس پر کبھی سنجیدہ نوعیت کے مقالے نہیں لکھے گئے اور نہ ہی مضامین کی شکل میں زیر بحث لایا گیا۔ قیام پاکستان کے بعد کئی مشہور ادیبوں نے ٹارزن اور عمرو عیار پر کہانیاں لکھی ہیں جنھوں نے بچوں میں بے پناہ مقبولیت حاصل کی ہے۔

خان حسنین عاقب (مترجم، مدرس، مصنف، شاعر۔ بھارت) کہانی 'ٹارزن کی روزہ کشائی' پر فرماتے ہیں:

''اس میں کوئی دو رائے نہیں کہ ٹارزن کو مشرف بہ اسلام کرنے والے ثواب دارین کے مستحق تو ہو ہی چکے ہیں۔ لیکن ایک پہلو یہ بھی ہے کہ ٹارزن کے کردار کی انفرادیت اس کے شہری یا سماجی زندگی گزارنے میں نہیں بلکہ جنگل کی زندگی سے ہی مشروط ہے ورنہ اگر وہ بھی عام انسانوں جیسی زندگی گزارنے لگے تو پھر وہ ٹارزن نہیں مولوی اکرم بن جائے گا۔ ویسے جو لوگ ٹارزن کو شہری زندگی اور سماجی زندگی کی بندشوں میں جکڑا دکھانا چاہتے ہیں، ان کے زاویہ نظر سے اختلاف بھی نہیں ہے البتہ کردار کا اختصاص اور انفرادا پنی جگہ قائم ہے۔''

عصمت اللہ شاہ (اسسٹنٹ پروفیسر (سرائیکی)۔ گورنمنٹ ایس ای کالج، بھاول پور) لکھتے ہیں:

''آپ نے کہانی کی روایت کو زندہ کرنے کی شاندار کوشش کی ہے۔ اس کہانی میں روزے کے مقاصد اور برکات کو بہت عام فہم اور دلچسپ انداز میں بیان کیا گیا ہے۔''

کہانی ''ادھورا خواب'' میں عمرو عیار کو دریائے ستلج کے کنارے وضو کرتے دکھایا گیا ہے جو کہ نونہالوں کے لیے دل چسپی کا سبب بنا ہے۔ 'ٹارزن اور عید' کے نام سے منظر عام پر آنے والی کہانی دل چسپ ہونے کے ساتھ ساتھ سبق آموز ہے، اقتباس ملاحظہ کیجیے:-

''شام کے وقت بستی کے بزرگ اور امام احمد بھی وہاں آئے۔ انہوں نے ٹارزن کو دعا دی اور سب نے مل کر

اللہ کا شکر ادا کیا۔ اس مرتبہ ٹارزن نے عید کی خوشیاں منانے کے ساتھ ساتھ زندگی کا یہ سبق بھی سیکھا کہ عید صرف نئے کپڑے پہننے یا شیر خورما، سویاں اور مٹھائی کھانے کا نام نہیں ہے، بلکہ یہ ایک دوسرے سے محبت کرنے، ایک دوسرے کے ساتھ سکھ دکھ بانٹنے اور اللہ کا شکر ادا کرنے کا دن ہے۔''

مذکورہ کہانی راقم کی لکھی گئی کہانی ''ٹارزن کی روزہ کشائی'' کے ردعمل میں منظرعام پر آئی ہے۔

☆......☆

آپ نے ٹارزن پر لکھی گئی کہانیوں کو پڑھا ہوگا اِسی وجہ سے بہ خوبی جانتے ہوں گے کہ اُس کی ایک خاص چیخ وحشی جانوروں کو ڈرا دیتی تھی۔ یہ چیخ پہلی بار ٹارزن کی اُس فلم میں شامل کی گئی تھی جس میں جونی ویزمل (1904–1984) نے ٹارزن کا کردار ادا کیا۔ جونی ویزمل نے 12 فلموں میں ٹارزن کا کردار ادا کیا۔ جونی ایک بہترین تیراک تھا جس نے تیراکی کے چار اولمپک میڈلز حاصل کر رکھے تھے۔

ٹارزن کی چیخ پر اختلاف پایا جاتا تھا کہ یہ جونی کے گلے کا کمال ہے یا ساؤنڈ افیکٹ کا کمال تھا۔ بعض احباب کا خیال ہے کہ چیخ درحقیقت کتے، وائلن اور اوپرا سنگر کی آواز کا مکسچر ہے۔ جب کہ بعض کی نگاہ میں، تین لوگ طویل ریاض کے بعد ٹارزن کی مذکورہ چیخ نکالنے میں کامیاب ہوئے جو ٹارزن کا ٹریڈ مارک بن چکی ہے، آج بھی ٹارزن کے لیے یہی چیخ استعمال کی جاتی ہے۔ بہرحال، جونی ویزمل نے 1932ء میں فلم ''ٹارزن، بندر آدمی'' میں ٹارزن کا کردار اِس مہارت سے ادا کیا کہ ایڈگر رائس بورس سمیت کئی لوگ حیران ہوگئے۔ ایک ٹی وی انٹرویو میں جونی ویزمل نے ٹارزن کی مشہور چیخ پر سے پردہ اٹھایا اور کہا کہ یہ آواز اونچی صوتی تہ کے حامل تین گانے والوں کی ہے اور اِس میں میرے گلے کا کوئی کمال نہیں ہے۔

18 جون 1999ء کو والٹ ڈیزنی نے ٹارزن پر ایک کارٹون فلم پیش کی۔ جس نے پوری دنیا میں 448 ملین ڈالر کا بزنس کیا۔ اگرچہ فلم ایڈگر رائس بورس کی اصل کہانی پر مبنی تھی تاہم کمپنی نے کچھ تبدیلیاں کیں جن میں کچھ یہ ہیں:-

☆ ٹارزن کا والد بڑے بندر کی بجائے چیتے کے ہاتھوں مارا جاتا ہے۔

☆ فلم میں گوریلا نسل کے بندروں کو دکھایا جاتا ہے۔ حالاں کہ اصل کہانی میں مانجانی نامی تصوراتی بندر ہوتے ہیں جو گوریلا سے مختلف ہیں۔

☆ فلم میں بحری جہاز جس میں ٹارزن کے والدین ہوتے ہیں۔ وہ تباہ ہونے کی وجہ سے جزیرے سے جا لگتا

ہے نا کہ جہاز پر لڑائی کی وجہ سے، جیسا کہ اصل کہانی میں ہے۔

☆فلم میں چیتے ٹارزن کے اصل دشمن ہوتے ہیں، جب کہ اصل کہانی میں شیر ہوتا ہے۔

☆فلم میں جزیرے کے اصل رہائشی افریقیوں کا کوئی کردار نہیں، جب کہ اصل کہانی میں متنازع افریقی قبائل کہانی کا مرکزی کردار ہوتے ہیں۔

والٹ ڈزنی کی تیار کردہ اِس کارٹون فلم کو بہترین گانے ''تم میرے دل میں رہو گے You"ll Be In My Heart'' کے زمرے میں آسکر ایوارڈ برائے سال 2000ء سے نوازا گیا۔ جب کہ اِسی گانے کو اُسی سال گولڈن گلوب Golden Globe ایوارڈ سے نوازا گیا۔

☆......☆

ماضی کی مانند دورِ حاضر میں ٹارزن کے کردار کو مختلف انداز میں پیش کرنے پر اعتراضات سامنے آئے ہیں۔ ٹارزن جیسے لافانی کردار کی مقبولیت کا یہی ثبوت ہے کہ جس بھی رنگ میں پیش کیا گیا اُس نے پزیرائی حاصل کی۔ تیس کی دہائی میں ٹارزن کا سب سے پہلا عربی سلسلہ لبنان سے شروع ہوا۔ دمشق میں ٹارزن کی کہانیوں کے 20 سے زائد سلسلے شروع ہوئے۔ اِن کہانیوں کے مصنف سوریا کے کمال ربقی تھے جو ساٹھ کی دہائی میں صوت دمشق (وائس آف دمشق) کے کاسٹر تھے۔ 'اسرا ٹارزن' کے جواب میں شروع کیا گیا۔ ٹارزن کا یہ سلسلہ یمن سے مصر تک تمام عرب ملکوں میں بے پناہ مقبول ہوا۔ ایک تاریخی تضاد یہ ہے کہ اِن کہانیوں کے مصنف کمال ربقی کو اسرائیل سے ہمدردی کے جرم میں سوریا کے حکام نے پھانسی پر چڑھا دیا گیا۔ دل چسپ بات یہ ہے کہ پچاس کی دہائی میں ٹارزن کی کہانی کو عرب اسرائیل تنازعہ میں استعمال کیا گیا۔ اُن دنوں اسرائیل میں ٹارزن کی کہانیاں لوگوں کا جنون بن گئیں تھیں۔ مزے کی بات یہ ہے کہ حقیقی کہانی کو تبدیل کر دیا گیا اور اصل سے مختلف ٹارزن کا ایک مزے دار سلسلہ شروع ہوا۔ جس میں ٹارزن زمین پر خلائی حملہ آوروں کے حملے روکنے کے لیے دیگر سیاروں میں، وقت کا سفر کر کے ماضی میں جاتا ہے اور قرونِ وسطیٰ کے جنگجوؤں سے لڑتا ہے۔ یہ حیران کن انکشاف ہے کہ ٹارزن کو خلائی حملہ آوروں سے مقابلہ کرتے ہوئے بھی پیش کیا گیا، آج ایسا کوئی کرے گا تو یقینی طور پر نام نہاد ناقدین طنز کے نشتر چلائیں گے۔

اسرائیل میں شائع ہونے والے اِس سلسلے میں دکھایا گیا کہ کیسے ٹارزن برطانوی دور میں غیر شرعی یہودی مہاجرین کو فلسطین میں داخلے کے لیے مدد کرتا ہے۔ جس کی وجہ سے انگریز ٹارزن کو جیل میں ڈال دیتے ہیں۔

ایک کہانی میں ٹارزن سوئیس میں مصری فوج کا حصار توڑ کر کئی مصری فوجیوں کو قتل کر دیتا ہے۔ ایک اور کہانی میں ٹارزن ایک نازی۔ مصری سازش کو ناکام بناتا ہے جس کا بنیادی مقصد افریقہ اور پوری دنیا پر قابض ہونا ہے۔ مصر اور سوریا (شام) میں اِسی طرز کی ملتی جلتی کہانیاں شائع ہوئیں اور ایک ایسا ٹارزن منظر عام پر آیا جو اسرائیلی ٹارزن سے الگ روپ رکھتا تھا۔ یہ ٹارزن نہ صرف مسئلہ فلسطین کے لیے نرم گوشہ رکھتا تھا بل کہ یہودیوں سے جنگ بھی کرتا تھا۔

درج بالا مثالیں واضح کرتی ہیں کہ کسی افسانوی کردار کو مخصوص سوچ کے تابع نئے رنگ میں پیش کرنا جرم نہیں ہے۔ اگر مغرب اور مشرق میں ایک کردار کو نئے رنگ میں پیش کرنا جرم نہیں ہے تو پھر دنیا کے ایک مخصوص خطے کے لیے اُسے قابل اعتراض کیوں بنایا جائے؟

ادب اطفال کی ترویج و ترقی کے لیے نہ صرف نئے کرداروں کی تخلیق بل کہ ماضی کے معروف کرداروں کو مثبت سوچ کے تابع منظر عام پر لانا بچوں کی تعلیم و تربیت میں اہم کردار ادا کر سکتا ہے۔

عمرو عیار اور ٹارزن بچوں میں بے پناہ مقبول ہیں تو اُن کو نئے رنگ میں دیکھنا نہ صرف دل چسپ تجربہ ہوگا بل کہ اُن کی سوچ بدلنے میں اہم کردار ادا کر سکتا ہے۔ جنھیں ٹارزن اور عمرو عیار سے نفرت اِس وجہ سے ہے کہ وہ غیر مسلم کردار ہیں، وہ اپنے بچوں کو کسی طور اُن کی کہانیاں پڑھنے نہیں دیں گے۔ اگر وہ نئے روپ میں سامنے آئیں گے تو یقینی طور پر معروف کرداروں کا نام سن کر بچے پڑھنے پر مائل ہوں گے۔ بل کہ دورِ حاضر کے اہم ترین مسائل سے نبرد آزما ہوتے دیکھ کر حیران ہوں گے اور حقائق کو تسلیم کرنے کے عادی ہوں گے۔ اگر ٹارزن اور عمرو عیار کو مسلمان کردار کے طور دکھایا جائے تو یہ سنگین جرم نہیں ہوگا۔ کیوں کہ اِس کی بدولت کئی اہم چیزوں سے بچوں کو متعارف کروانے کی راہ ہموار ہوگی۔ لیکن رسائل و جرائد کے مدیران محدود سوچ کے حامل ہوں گے تو ایک اہم پیش رفت میں حائل ہوں گے جس سے یقینی طور پر نونہالوں کو منفرد مزاج کا ادب پڑھنے کو نہیں ملے گا۔

بدقسمتی سے ادب اطفال کو حقیقی ناقدین اور تحقیقی میدان کے قابل جوہر نہیں مل سکے ہیں بصورت دیگر جس طرح ادب عالیہ کو شہرت حاصل ہے، اُسی طرح ادب اطفال بشمول تخلیق کاروں کو شہرت مل سکتی تھی۔ دورِ حاضر میں منفرد اور نئے انداز میں کام کرنے والوں کو سراہنے کی ضرورت ہے، وگرنہ ادب اطفال کو ماضی کی مانند منجمد بنا دیا جائے گا اور نئی آوازوں کی آمد وقت کے ساتھ ساتھ ناپید ہو جائے گی اور ادب اطفال کبھی جائز مقام حاصل

نہیں کر پائے گا۔ مستقبل میں ماضی کے معروف کرداروں کے ساتھ ساتھ نئے کرداروں کو نئے دور کے تقاضوں کے مطابق منظرعام پر لانے کی کوشش جاری رہی تو یقین کامل اِنھیں بچوں میں مقبولیت حاصل ہوگی اورادب اطفال مزید پھلے پھولے گا۔ان شاءاللہ تعالیٰ

حوالہ جات:

۱۔ٹارزن/https://ur.wikipedia.org/wiki

۲۔منکومیاں اورٹنکو، ماہ نامہ مسلمان بچے، لاہور۔جون 2024

۳۔سیانے منکومیاں ہفت روزہ دعوت، دہلی (بھارت)۔17دسمبرتا23دسمبر 2023

۴۔سیانے منکومیاں، ماہ نامہ بچوں کا باغ، لاہور۔دسمبر 2020

۵۔اور جنگل بچ گیا، بازیچہ اطفال، روزنامہ اساس، راولپنڈی۔14اکتوبر 2023

۶۔سیانے منکومیاں

https://www.youtube.com/watch?v=WA1E6Y6C5MU

۷۔اور جنگل بچ گیا، زمین اداس ہے، پریس فارپیس۔ستمبر 2022

۸۔منکومیاں (پاکٹ سائز کہانی)۔بزم ادب پبلی کیشن، کراچی۔ستمبر 2022

۹۔شہزادی زیب النساء اورچنگی دیوہفت روزہ جسارت، کراچی۔27اکتوبر 2024

۱۰۔منکومیاں۔، ہفت روزہ جسارت، کراچی۔15اکتوبر 2023

۱۱۔ٹارزن کی روزہ کشائی، بازیچہ اطفال، روزنامہ اساس، راولپنڈی۔15 مارچ 2026

۱۲۔ٹارزن اور عید، خان حسنین عاقب

https://saraiurdupublicationspakistan.blogspot.com/2026/03/blog-post_10.html

۱۳۔ادھورا خواب، ماہنامہ مجلّہ بزم قرآن، ملتان۔جون/جولائی 2025

۱۴۔جنگل کیسے بچا، رشید عاطف، روزنامہ ایکسپریس، کراچی۔4اپریل 2026

۱۵۔ایڈگر۔رائس۔بروروز/https://ur.wikipedia.org/wiki

۱۶۔/https://www.fantasticfiction.com/b/edgar-rice-burroughs

☆==☆

نونہالوں کا ادب عالیہ

بچوں کے لیے لکھنا ایک اہم فریضہ ہے لیکن ہمارے ہاں اِسے بے حد معمولی سمجھ لیا گیا ہے یا یوں کہ لیجیے کہ گزشتہ کئی برسوں سے اِس کے ساتھ یہی سلوک روا رکھا جا رہا ہے۔ اِس کی بہت سی وجوہات ہیں جس کی وجہ سے آج صورت حال گھمبیر ہو چکی ہے۔

راقم السطور کو گزشتہ چند برسوں میں کچھ ایسی کہانیاں پڑھنے کا اتفاق ہوا جنھیں ادب اطفال رسائل میں جگہ نہیں ملنی چاہیے تھی لیکن معروف رسائل کے مدیران نے اُنھیں بہ خوشی شائع کیا۔ اِن کہانیوں کے موضوعات ایسے تھے جو میری نظر میں نونہالوں کے لیے نامناسب تھے، یہی عنصر اس مقالے کی بنیاد بنا ہے۔

اگر گزشتہ چند برسوں کے رسائل میں اِس طرح کا مواد ہے تو کیا ہم اِس پر یقین کر سکتے ہیں کہ پہلے ایسا کچھ نہیں لکھا گیا ہوگا، جو کہ بچوں کے لیے نامناسب تھا۔

چند برس قبل کے رسائل میں نامور اور نئے لکھنے والوں کی ایسی کہانیاں معروف رسائل میں دکھائی دے سکتی ہیں جب پڑھنے والے کم ہیں اور لکھنے والے زیادہ ہو چکے ہیں تو ایسے دور میں جب پڑھنے والے زیادہ تھے اور لکھنے والے کم تھے تو تب کیا کچھ ایسی کہانیاں شائع ہوئیں، جو کسی لحاظ سے نونہالوں کے لیے نامناسب تھیں۔ اِس حوالے سے تحقیق پہلے اگر ہوئی تو کس حد تک ہوئی؟ کیا اُس تحقیق کی روشنی میں کوئی ایسا لائحہ عمل تیار کیا گیا کہ ویسا مواد پھر نونہالوں کے لیے پیش نہ ہو سکے۔

یہ ایک ایسا موضوع ہے جس پر بات کرتے ہوئے کئی ادیب/مدیران کتراتے ہیں کہ ایسا کرنے سے کئی تخلیق کاروں کے ادبی قد کاٹھ میں کمی ہو سکتی ہے۔ میرے خیال میں کسی کی قدر و منزلت میں کمی اُس نقصان سے کئی گنا کم ہے جس کی وجہ سے ادب اطفال کو زک پہنچ رہی ہے۔ مغرب میں کتب کی فروخت کی شرح آج بھی برقرار ہے جب کہ ہمارے ہاں کتب اور رسائل کی فروخت بے حد کم ہے۔ اِس کی وجوہات پر غور کیا جائے تو یہ بھی کہا جا سکتا ہے کہ غیر معیاری ادب کی فراہمی بھی اہم عنصر ہے۔

ڈاکٹر عادل حیات اپنے مضمون ''بچوں کا ادب: کل، آج اور کل'' میں ایک جگہ لکھتے ہیں:

''واضح رہے کہ اردو کے تقریباً تمام ادیبوں نے بچوں کے لیے لکھا ہے، لیکن ایسی چیزیں مقدار میں بہت کم ہیں جن پر صحیح معنوں میں بچوں کے ادب کا اطلاق ہو سکے۔ ایک سوال ذہن میں کلبلاتا ہے کہ ایسا کیوں ہوا؟ اس کا سیدھا سا جواب دینا چاہیں تو آپ کہہ سکتے ہیں کہ بچوں کے ادب کی کبھی تعریف متعین نہیں کی گئی۔ زبان و بیان اور موضوع و مواد پھر اس کی ضخامت کے حوالے سے گفتگو کے دروازے نہیں کھلے اور نہ ہی بچوں کے ادب کو قابلِ اعتنا سمجھا گیا کہ شاعر و ادیب پوری طرح توجہ کرتے۔ حیرت ہوتی ہے کہ اردو ادب کی تاریخ میں امیر خسرو سے لے کر آج تک ایک دو کو چھوڑ کر جن میں شفیع الدین نیّر کا نام پیش پیش ہے، کوئی ایسا چہرہ نظر نہیں آتا، جسے خالص بچوں کا شاعر یا ادیب کہا جا سکے۔ دوسری چیز یہ کہ ماضی میں ایسا کوئی پیمانہ نہیں تھا، جس کی روشنی میں حتمی طور پر فیصلہ کیا جا سکے کہ کس عُمر کے بچوں کے لیے کیسا ادب قابلِ فہم ہو سکتا ہے۔ میں سمجھتا ہوں کہ ماضی میں لکھے گئے بچوں کے ادب کو نئے تعلیمی اصول و نظریات کی چھلنی میں رکھ کر دیکھنا چاہئے کہ اس میں سے کنکر، پتھر اور ایسی تمام چیزیں الگ ہو جائیں جو بچوں کی پسند و ناپسند، فطری و نفسیاتی تقاضوں اور ان کی تہذیب و تربیت میں کسی طرح معاون نہ ہو سکیں۔ یقین جانیے چھلنی میں جو کچھ بھی بچے گا چاہے مقدار میں مٹھی بھر سے بھی کم ہوں، یقیناً وہ بچوں کی تعلیم و تربیت اور ان کی ذہنی و فکری ارتقا کے لحاظ سے جواہر پارہ کہلانے کا مستحق ہوگا۔''

بہر حال، ہم اِس موضوع پر بات کرنے سے پہلے چند اہم نکات کو زیرِ بحث لاتے ہیں تاکہ ادبِ اطفال کی حقیقی شکل کا کچھ اندازہ کیا جا سکے۔

بچوں کے لیے کہانی اور نظم کا مقصد کیا ہونا چاہیے؟

کہانی اور نظم کا مقصد مثبت سوچ بیدار کرنے، تفریح فراہم کرنے اور بہترین اخلاقیات اپنانے کا ہو تو بچوں کی زندگیوں کو بہتر بنانے میں بڑی مدد مل سکتی ہے۔ آپ اِس بات کو یاد رکھیں کہ آپ بے سر و پا کہانی یا عامیانہ جملوں سے کسی کو بہترین انسان بنانے میں کامیاب نہیں ہو سکتے، البتہ کسی کے اخلاق کو ضرور تباہ کرنے میں اہم کردار ادا کر سکتے ہیں۔ جو ادیب اپنے ناولز یا کہانیوں میں عامیانہ مزاح رکھتے ہیں اور خود کو بہترین مزاح نگار قرار دیتے ہیں۔ اُنھیں اِس حوالے سے مجرم ٹھہرایا جا سکتا ہے کہ اُنھوں نے نونہالوں کو سستی تفریح فراہم کرنے کی کوشش کی ہے۔ کہانیوں اور نظموں کا مقصد کسی بھی نونہال کو بہترین انسان بنانے کے ساتھ ساتھ اپنی ذات میں بہتری لانے پر مائل کرنا بھی ہوتا ہے۔ اگر کہانیاں / نظمیں ایسا کرنے میں ناکام رہتی ہیں تو ادب میں بلند

مقام پانے کا استحقاق نہیں رکھتی ہیں۔

کیا کہانی اور ذہانت کا کوئی تعلق ہے؟

کہانیوں میں مختلف واقعات ایسے دل چسپ انداز میں پیش ہوتے ہیں جو کئی سالوں تک ذہن پر نقش رہتے ہیں۔یوں کہا جا سکتا ہے کہ اچھی کہانی یاداشت بڑھانے میں اہم ترین کردار ادا کر سکتی ہے۔کہانی میں پیش ہونے والے مکالمات سے نونہالوں کو دوسرے بچوں سے بات چیت کرنے کے لیے الفاظ ملتے ہیں اور یوں وہ بات چیت میں مہارت حاصل کر لیتے ہیں جو کہ علمی زندگی میں بھی بہت مدد دیتی ہے۔کہانیوں میں پیش ہونے والے واقعات بچے کو سوچنے سمجھنے پر بھی مائل کرتے ہیں جسے وہ بروئے کار لائے تو اپنی ذہانت کو بہتر بنا سکتا ہے یعنی کہا جا سکتا ہے کہ اچھی کہانی ذہانت بڑھانے میں اہم کردار ادا کرتی ہے۔

کہانی اور ارتکاز:

کہانی پڑھتے وقت چوں کہ بچوں کی توجہ کہانی کی ابتدا سے انجام کی طرف مبذول رہتی ہے۔اِس طرح سے اُنھیں کسی چیز پر دھیان دینے اور سمجھنے کا موقع ملتا ہے جو کہ اُنھیں زندگی میں بے شمار مواقع پر کام دیتا ہے۔اکثر بچے کہانی سننا پسند کرتے ہیں۔اِس سے سننے کی صلاحیت بہتر ہوتی ہے اور اُنھیں کچھ تصور کر کے ایک نئی دنیا بسانے کی تحریک ملتی ہے۔

اخلاق، شاعری اور کہانی نویسی:

اخلاقیات کا درس کہانیوں اور شاعری کی بدولت خوب ملتا ہے اور یہی وہ چیز ہے جو بچوں کو بُرے سے اچھا انسان بننے کی جانب راغب کرتی ہے اور اُنھیں اچھی اور بُری عادات کے حوالے سے بھی تمیز کرنا سکھاتا ہے۔کہانیوں کے علاوہ بچوں کے لیے لکھی گئی شاعری بھی مثبت سوچ کے تابع ہو تو وہ بھی خاصی اہمیت کی حامل ہو جاتی ہے کہ اکثر نونہال اُنھیں عمر بھر یاد رکھتے ہیں۔

بے سروپا کہانیاں:

فضول کہانیاں کبھی بھی نونہالوں کو اچھا انسان نہیں بنا سکتی ہیں۔آپ یہ کیسے کہ سکتے ہیں کہ ایک ایسی کہانی جو بچے کی نظر میں جھوٹی ہو اور اِس کی سچائی اُسے فوراً علم ہو جائے وہ کیسے متاثر کن محسوس ہوگی۔

دل چسپ بات یہ ہے کہ لکھنے والے کی نظر میں وہ "شاہ کار" ہوگی۔لیکن قاری کی نظر میں اُس کی وقعت کچھ نہیں ہوگی۔ہر وہ کہانی جس سے بچے کی زندگی پر کوئی فرق نہ پڑے، وہ ایسی کہانی ہوگی جسے بلا مقصد تحریر کیا گیا

ہو۔ راقم السطور نے ایک ایسی کہانی پڑھی جس میں ایک جادوگر اپنے جادو کے زور کی بجائے اپنے دشمن کو چھت سے گرا کر مار دیتا ہے۔

اگر دورِ حاضر کے نونہال کو مذکورہ کہانی سنائی جائے تو اُس کے ذہن میں یہ سوال ضرور پیدا ہوگا کہ وہ کیسا جادوگر تھا جس نے جادو کے استعمال کی ضرورت محسوس نہیں کی۔ تفریح کے مقصد کے تحت لکھی گئی کہانیاں وقتی نفع دیتی ہیں جب کہ ایسی کہانیاں جو تفریح، تعلیم اور کچھ سوچنے پر مائل کرتی ہیں وہ تادیر نونہالوں کے ذہنوں میں ہلچل مچائے رکھتی ہیں۔ نونہالوں کو وہی کہانیاں تادیر یاد رہتی ہیں جو متاثر کن خصوصیات کی حامل ہوتی ہیں۔ کچھ ایسی خصوصیات کی حامل نظمیں بھی مقبولیت حاصل کرتی ہیں۔ علامہ محمد اقبالؒ کی شاعری کئی برس گزر گئے لیکن اثرات ہر دور میں یکساں ہیں یہی وجہ ہے کہ ہر نئی نسل اقبالؒ کی شاعری کی دلدادہ ہے۔

والدین کا ذوق مطالعہ:

والدین کا ذوق مطالعہ اچھا ہو تو بچوں کو بھی بہترین مواد پڑھنے کو ملتا ہے۔ لیکن افسوس کی بات ہے کہ آج والدین بچوں کو اول تو رسائل و جرائد خرید کر نہیں دیتے ہیں، پھر اگر وہ اُنھیں پڑھنے کو کچھ دیں تو وہ اُس پائے کا نہیں ہے کہ نونہالوں کو متاثر کر سکے جس کی وجہ سے اُن کا رجحان مطالعے کی جانب نہیں ہے۔

ایک اہم ترین سوال یہ ہے کہ **''بچوں کے لیے کس نوعیت کا مواد اور موضوع قابل قبول ہوسکتا ہے؟''**

بچوں کے لیے وہی مواد اور موضوع قابل قبول ہوسکتا ہے جو واقعی بچوں کے لیے ہو۔ جسے نونہال خود سمجھ سکیں یا اُس سے لطف اندوز ہوسکیں اور مسلسل مطالعے سے جڑے رہنے میں عافیت محسوس کریں۔

کسی ایسے موضوع پر جو خاص عمر کے بعد علم ہونا چاہیے وہ اُنھیں وقت سے پہلے بتانا ''ناقابل معافی'' جرم کہلایا جاسکتا ہے کہ یوں نونہال قبل از وقت ایسی معلومات جان لیں گے جو فوری طور پر نفع نہیں دیں گی، لیکن وہ اُس کے بارے میں مسلسل کھوج لگاتے رہیں گے۔ اگرچہ جدید دور میں معلومات کا حصول ناممکن نہیں۔ لیکن یہ کیا ضروری ہے کہ شادی، دوستی، محبت، زچگی، دہشت گردی، فرقہ پرستی کو کھلے عام بیان کر کے اُنھیں نوعمری میں ایک مخصوص روپ میں ڈھالنے کا آغاز کر دیا جائے؟

بچوں کے لیے کئی موضوعات ایسے ہیں جو اُنھیں بہت کچھ سوچنے سمجھنے پر مائل کرتے ہیں اُن پر لکھا جانا بے حد ضروری ہے۔ اگر بحیثیت مسلمان بات کی جائے تو اُنھیں اسلامی تاریخ کی معلومات دینا ضروری ہے۔ اِس طرح وہ دین کے حوالے سے بہت کچھ جان سکتے ہیں۔ یہ بات یاد رکھنے کی ہے کہ نونہالوں کا زیادہ تر وقت

تعلیمی ادارے میں گزرتا ہے جہاں وہ نصابی معلومات کو ازبر کرتے ہیں اور کہیں کہیں اُنھیں زندگی کے دوسرے معاملات سکھانے پر توجہ دی جاتی ہے لیکن جہاں نصاب سے ہٹ کر کچھ کہنے یا کرنے کی ممانعت ہوتی ہے تب یہ ضروری ہو جاتا ہے کہ اُنھیں تفریح سے ہٹ کر کچھ ایسی معلومات دی جائیں جو کہ دین سے جوڑنے کا سبب بنیں۔ اگرچہ اِس حوالے سے کئی احباب رائے رکھتے ہیں کہ اگر اُنھیں مخصوص نوعیت کی معلومات مسلسل پڑھنے کو ملیں تو وہ مخصوص سوچ کے تابع آ سکتے ہیں۔

یہ معلومات ایسے اختلافی موضوعات کے حوالے سے ہیں جنھیں عمومی طور پر مسلکی بنیادوں پر کچھ اور تناظر میں دیکھا جاتا ہے۔ اِسی وجہ سے بچوں کے ادب میں ''اسلامی ادب'' کی اصطلاح استعمال کرنے کی کوشش کی جاتی ہے اور اُنھیں بچوں کے ادب سے الگ کرنے کی کوشش ہوتی ہے۔ حالاں کہ ایسا تمام ادب جو کہ بچوں کے لیے لکھا گیا اور وہ بچوں کی زندگی کو بہتر بنانے کے لیے کارآمد ہو اُسے ''ادب اطفال'' کے زمرے میں لایا جانا چاہیے۔ لیکن کچھ اعلیٰ پائے کے ادیب اِس نظریے کی مخالفت کرتے ہیں۔ اِس حوالے سے احتیاط لازمی اختیار کرنی ہوگی کہ کچھ ایسے موضوعات جو ایک خاص عمر کے بعد نونہالوں کے علم لانا چاہیے وہ اُنھیں وقت سے پہلے آگاہ کرنے سے گریز کیا جائے۔

بہرحال، ''ادب اطفال'' کو اِس لحاظ سے تقسیم نہیں کیا جا سکتا ہے کہ اگر مخصوص نوعیت کا مواد نونہالوں کو پڑھنے کو دیا جائے گا تو وہ ''اسلامی ادب'' تصور ہوگا۔ بچوں کے لیے اگر مسلکی بنیاد پر کچھ ایسا مواد لکھا جاتا ہے اور اُنھیں پیش کیا جاتا ہے جسے پڑھ کر وہ اپنے عقائد کے مطابق علم حاصل کر سکتے ہیں تو اُنھیں اِس کی آزادی حاصل ہونی چاہیے تاہم ایسے مواد کی مسلسل فراہمی اُنھیں شدت پسندی کی جانب مائل کر سکتی ہے، جہاں کسی مخصوص فرقے کے خلاف اکسایا جائے گا۔ اِس حوالے سے قلم کاروں اور بالخصوص مدیران کو توجہ دینے کی ضرورت ہے تاکہ ایسا مواد شائع نہ ہو جو ادب اطفال کے دائرے سے ہی خارج ہو رہا ہو۔

اِس اہم نقطے کو یاد رکھنے کی ضرورت ہے کہ ایک کہانی جس رسالے میں شائع ہوگی، یہ ضروری نہیں کہ وہ مخصوص احباب میں پڑھا جائے گا۔ اِس لیے کوشش کی جانی چاہیے کہ ایسا مواد جسے دوسرے بچے پڑھ کر ذہنی طور پر منتشر ہوں، اُس کی اشاعت سے گریز کیا جائے۔ یہاں یہ وضاحت ضروری ہے کہ اگر مخصوص نوعیت کا مواد خاص سوچ کے حامل بچوں کی تفریح اور تعلیم کے لیے پیش کیا جا رہا ہے تو اُس پر انگلی نہیں اُٹھائی جا سکتی ہے کہ آزادی رائے کے حق کے تحت ایسا کرنا ضروری ہے تاکہ اُن نونہالوں کو اپنے عقائد کے مطابق علم اور تفریح

حاصل کرنے کا بھرپور موقع ملے ،تاہم ایسے رسائل جہاں تمام مکاتیب فکر کا خیال کر کے مواد شائع کیا جاتا ہے، اُنھیں احتیاط برتنی چاہیے کہ کسی خاص سوچ کے تابع نونہالوں کے ذہن کو منتشر کرنے کی ازخود ''شرارت'' نہ کی جائے۔لیکن یہاں یہ سوال ضرور کرنا چاہوں گا کہ کیا یہ لازمی ہے کہ مخصوص سوچ کے تابع بچوں کو ایسے موضوعات وقت سے پہلے پڑھنے کو دیے جائیں جو کہ متنازع ہوں۔

کہانی ''اندھیرے کا مسافر'' میں نامناسب جملوں کی اشاعت اپنی جگہ ایک خاتون کے ماں بننے اور دوسری شادی کے تذکرے نے راقم السطور کو چونکا دیا کہ کیا بچوں کو ایسی کہانیاں پڑھنے کی اجازت ہونی چاہیے۔

کہانی میں ایک جگہ کچھ یوں بھی لکھا ہے:

''گولی مرد کے سینے میں لگی اور بیوی چیخ مار کر بے ہوش ہوگئی۔''

ایک اور جملہ ملاحظہ کیجیے:

''پھر اس کے والدین نے اس کی شادی امیر علی سے کردی۔۔۔۔۔''

ایک اہم ترین قابل گرفت جملہ کچھ یوں ہے:

''اب بیگم امیر علی اپنے بچے ظفر کی ماں بن چکی تھی۔''

گزشتہ کئی برسوں سے مغرب میں بچوں کے لیے جو ادب لکھا جا رہا ہے، اُس میں محبت کی داستانیں اور شادی کا تذکرہ ہوتا چلا آرہا ہے اور ہمارے ہاں اُنھی کی پیروی کی جا رہی ہے اور یہ نہیں سوچا گیا کہ اسلامی معاشرے میں اِس طرح کی داستان نونہالوں کو پیش کرنا کیوں درست ہے؟

ہم بچوں کو وہ مواد کیوں پڑھا رہے ہیں جو کہ بڑوں کے لیے مفید ہے۔ اِس حوالے سے حقیقت کو سمجھنے کی ضرورت ہے تاکہ نونہالوں کو وہ مواد پڑھنے کو ملے جو ادب اطفال کی تعریف پر پورا اترتا ہے، افسوس کہ کئی برسوں سے احتیاط نہیں برتی جا رہی ہے۔

ماہ نامہ کھلونا، دہلی کے اپریل 1951 کے شمارے میں ایک تحریر شائع ہوئی جس کا عنوان کچھ یوں تھا:

''سکول میں لڑکیوں کی لڑائی''

''کپڑے پھاڑ دیئے' بال نوچ ڈالے' ایک عجیب وغریب جھگڑا۔''

مجھے اِس بات سے کوئی غرض نہیں ہے کہ یہ سچا واقعہ تھا یا نہیں، میں اِس بات پر حیران ہوں کہ کیا یہ ایسی چیز ہے جسے نونہالوں کی معلومات کے لیے پیش کیا جائے، اِس کا عنوان ہرگز نونہالوں کے لیے مناسب نہیں تھا۔ یہ

تعلیمی ادارے کی ساکھ مجروح کرنے والی خبر ہے، جسے سنسنی خیزی کے طور پر شائع کر دیا گیا۔

سعادت حسن منٹو نے معاشرے کے تلخ حقائق کو بیان کیا تب ایک زمانہ خلاف ہو گیا۔لیکن افسوس ناک امر یہ ہے کہ نونہالوں کے لیے پیش کی جانی والی کہانیوں پر کسی نے کھلے عام اعتراضات کرنے کی کوشش نہیں کی۔ جب بھی کسی نے جسارت کی ہے تو اُنھیں کہانیوں کے مجموعے تاثر کے حوالے سے گمراہ کرنے کی کوشش کی تا کہ اِس اہم عنصر کی نشاندہی نہ ہو سکے کہ بچوں کے لیے لکھتے ہوئے بے احتیاطی کی جا رہی ہے، یعنی کہانی کے ''مجموعے تاثر'' پر دھیان دیا جاتا ہے کہ اِس سے بہت اچھا سبق مل رہا ہے۔لیکن در حقیقت جو لکھا گیا، وہ ادب عالیہ کے زمرے میں آتا ہے۔ اگر نوعمری میں محبت کی داستان یا شادی کے تذکرے کہانیوں میں ملیں گے تو مجھے یہ بتائیں کہ پھر بچوں نے بڑے ہو کر کیا اپنی مرضی کی شادی کی جرات نہیں کرنی ہے۔ہم جو اُن کے ذہنوں میں انڈیل رہے ہیں، وہی باہر نکلے گا تو معاشرے کا ماحول خراب تر ہو جائے گا۔افسوس ناک بات یہ ہے کہ جن بھوت ہوں یا پھر انسان اُنھیں محبت اور شادی میں ملوث کرنا محبوب مشغلہ بن چکا ہے۔کیا یہ بات عقل تسلیم کرتی ہے کہ شہزادے اور شہزادیاں صرف شادی اور محبت کے لیے تاریخ میں شہرت رکھتے ہیں۔

''کیا یہ میری غلطی تھی؟'' ایک اور ایسی کہانی ہے جس میں نہ صرف بیٹیوں کی شادی کا تذکرہ ہے بل کہ کم جہیز کا شکوہ بھی پڑھنے کو ملتا ہے۔

''عبداللہ میرا اکلوتا بیٹا تھا دو بیٹیاں تھیں جو بیاہ کر دوسرے شہر جا چکی تھیں جو کبھی کبھار ہی آتیں اور دو چار دن رہ کر واپس چلی جاتیں۔مگر دبے دبے لفظوں میں کم جہیز کا گِلہ ضرور کرتیں، مجھے لگتا کہ بیٹے کے ساتھ ساتھ میری بیٹیاں بھی مجھ سے خوش نہ تھیں۔ میں جتنا اپنے ماضی کی طرف دیکھتا مجھے لگتا قصور شاید میرا ہی تھا۔''

کہانی میں ایک جگہ کچھ یوں بیان ہوا ہے:

''پنشن سے ملنے والی رقم سے میں نے دونوں بیٹیوں کی شادی کر دی۔اتنے پیسوں میں اچھا جہیز دینا مشکل تھا۔میں نے ضروریات زندگی کی چیزیں دے کر اُنہیں رخصت کر دیا۔''

سوال یہ پیدا ہوتا ہے کہ بچوں کے لیے لکھنے والوں کو کیا علم ہے کہ وہ جو لکھ رہے ہیں، اُس کے اثرات نونہالوں پر کس قدر منفی پڑ رہے ہیں۔ کیا کہانیاں لکھنے کے لیے شادی، جہیز اور میکے کا تذکرہ ادب اطفال کے لیے لازم و ملزوم ہے جو اِس کے بغیر کہانی نہیں لکھی جا سکتی ہے۔

کیا ایسی کہانیاں نہیں لکھی جا سکتی ہیں جن کے مرکزی کردار بچے ہوں اور موضوع اُن کی ذہنی استطاعت کے

مطابق ہو۔

شاہ تاج خان اپنے مضمون ''اردو ادب اطفال کا بدلتا منظر نامہ'' میں لکھتی ہیں:

''ادبِ اطفال کو معمولی اور آسان سمجھ کر کچھ بھی لکھنے کا خیال لے کر اِس میدان میں آئے ادباء کو دشواریوں کا سامنا کرنا پڑ رہا ہے۔ادبِ اطفال کو اچانک ملنے والے فوکس نے اردو ادبی دنیا کے برگدوں کو بھی متحرک کر دیا ہے۔وہ بھی اپنے تیر تلوار لے کر غیر متعلقہ میدان ادب کی جانب دوڑ پڑے ہیں۔عالم یہ ہے کہ اب کسی ادیب کو ادیب الاطفال کہلانے میں شرم نہیں بلکہ فخر محسوس ہونے لگا ہے۔بچوں کے نام پر اعزازت اور انعامات بٹورنے کی دوڑ میں، ادیب الاطفال کی اِس بھیڑ میں معصوم قاری (بچہ) کہیں نظر آتا ہے! کیا بچوں کے ادب کے متعلق بچوں کی رائے معلوم کرنے کی کوئی کوشش کی گئی ہے؟

دل کے بہلانے کو غالب یہ خیال اچھا ہے

اگر ایک ادیب نے کہہ دیا کہ یہ تحریر میں نے بچوں کے لیے لکھی ہے تو وہ تحریر کس بنیاد، کس معیار اور کس کسوٹی پر پرکھی جائے گی؟ یا پھر ادیب کے کہنے کے مطابق ادبِ اطفال میں شمار کر لی جائے گی؟

ریٹائرڈ ٹیچر عبدل ملک نظامی صاحب کا یہ کہنا کہ'' ہر لکھنے والا یہ اچھی طرح جانتا ہے کہ وہ کس کے لیے لکھ رہا ہے۔اگر کوئی ادیب کہتا ہے کہ وہ ادبِ اطفال لکھ رہا ہے تو وہ تحریر ادبِ اطفال ہی ہے۔'' اگر یہ بات مان بھی لی جائے تو کیا وہ تحریر جس میں عام فہم زبان نہ ہو، تلمیحات کا سہارا لیا گیا ہو، تشبیہہ واستعارات کی بھرمار ہو! اِس کے علاوہ تحریر میں ایسے موضوعات کا انتخاب کیا گیا ہو جن سے بچے کا کبھی سابقہ بھی نہ پڑا ہو۔تو بھی کیا وہ تحریر ادبِ اطفال کے زمرے میں شامل کی جائے گی؟

پرتھم ایجوکیشن سے منسلک فاؤنڈیشن فیاض احمد صاحب کو شکایت ہے کہ'' پریشانی یہی ہے کہ بچوں کی رائے کی عموماً کوئی اہمیت نہیں ہے۔اکثر یہی ہوتا ہے کہ ہم بچوں کے ادیب ہیں اور ہم جو لکھتے ہیں وہ ادبِ اطفال ہو جاتا ہے۔بہت کم ادیب ہیں جو واقعی بچوں کے پاس جاتے ہیں اور اُن کی رائے لیتے ہیں۔''

ایک تحریر'' میں حیران ہوں'' میں نونہالوں کو کیا سمجھایا گیا ہے، اسے سمجھنے کی کوشش کریں۔

''تم نے اخباروں، رسالوں وغیرہ میں نسلی امتیاز کی پالیسی کے متعلق بہت کچھ پڑھا ہوگا۔یہ نسلی امتیاز کی پالیسی یہی ہے، یعنی امریکا کے سفید فام لوگ سیاہ فام نیگروؤں سے نفرت کرتے ہیں۔بہت بُری بات ہے، لیکن یہ ساری سفید فام امریکی قوم ساری کی ساری ایسی نہیں ہے کچھ لوگ اس نفرت کے خلاف بھی ہیں، ہر قوم میں

اچھے بُرے لوگ ہوتے ہی ہیں۔''

نونہالوں کو نسلی امتیاز کے حوالے سے چاہے وہ مثبت سوچ کے تابع ہی کیوں نہ ہو، اُنھیں آگاہ کرنا درست طرز عمل نہیں ہے۔ حیران کن طور پر یہ تحریر اُس وقت شائع کی گئی جب نونہالوں کے لیے پاس ایسا کوئی ذریعہ نہیں تھا کہ وہ پڑھی جانے والی معلومات کی تصدیق کر سکتے۔ راقم السطور کے مشاہدے کے مطابق مذکورہ تحریر اُس وقت کے نونہالوں کو کیا آج کے بچوں کو بھی زیادہ متاثر نہیں کر سکے گی۔ یہ بات سمجھنے کی ضرورت ہے کہ بہترین نثر نگاری کا ہرگز یہ مطلب نہیں ہے کہ لفظوں کی جادوگری سے ننھے قارئین کو متاثر کیا جائے۔ جنھیں کسی بات کا مطلب سمجھنے میں تاخیر کا سامنا کرنا پڑے تو وہ اکتا کر کچھ اور پڑھنا شروع کر دیتے ہیں۔ اکثر یہ بھی دیکھنے میں آیا ہے کہ جو بیک وقت ادب اطفال اور ادب عالیہ کے لیے لکھ رہے ہیں۔ اُنھیں اِس بات کی خبر نہیں ہے کہ وہ بچوں کو کچھ ایسا پیش کر رہے ہیں جو اُن کے لیے غیر ضروری ہے۔

ایک کہانی جس کا نام ''باہمت بچہ'' ہے۔ اِس کی اختتامی سطور میں کہانی نویس نے کیا لکھا، اِسے ملاحظہ کیجیے:

''حسن نے اپنی بہن کی شادی اچھے گھرانے میں کر دی اور خود غریب گھرانے کی ایک لڑکی سے شادی کر لی اور اپنے گھر والوں کے ساتھ ہنسی خوشی زندگی بسر کرنے لگا۔''

شادی بیاہ کے موضوع کو ادب اطفال میں جس انداز سے شامل کر لیا گیا ہے۔ یہ ایک المیہ ہے اور حیران کن طور پر مدیران اِس حوالے سے ادیبوں کی رہنمائی نہیں کرتے ہیں۔ اگر ایسا کیا جاتا تو کم سے کم ہمیں نئے اور نامور لکھنے والوں کی کہانیوں میں شادی کے تذکرے نہ پڑھنے کو ملتے۔ شادی کا تذکرہ ہوا ہے تو جہیز کے حوالے سے بھی ایک نظم ''دلہن کا اصلی جہیز'' کے چند اشعار دیکھ لیجیے۔

ابا نے ہم کو کیا دیا؟

کپڑے دیے گہنا دیا　　جھومر دیا، جھمکا دیا

برتن دیے، بھانڈا دیا　　بہتر دیا، اچھا دیا

گھر بھر گیا، اتنا دیا

ساماں نیا اُن کو دیا　　گھر کا ''دیا'' اُن کو دیا

جو ہو سکا، ان کو دیا　　جو کچھ دیا اُن کو دیا

ابا نے ہم کیا دیا؟

اِس نظم کو پڑھ کر یہی کہا جا سکتا ہے کہ یہ نونہالوں کا ادب عالیہ ہے۔ جسے ادب اطفال کے طور پر پیش کیا جاتا ہے۔ کیا اِس نظم کو پڑھ کر کم عمر بچیاں یہ نہیں سوچ سکتی ہیں کہ شادی کے بعد جہیز زیادہ ملنا چاہیے، اُن کے والد کو وہ سب کرنا چاہیے جو اُن کی استطاعت میں ہے۔ ہمارے ہاں تصویر کا ایک رخ دکھایا جاتا ہے تاکہ کسی کی یا اپنی اصلاح کی نوبت نہ آسکے، لیکن آخر کب تک یہ سب ہوگا؟ کیا ہم اِس حقیقت کو تسلیم کریں گے کہ نامناسب مواد کی مسلسل اشاعت کے بعد نونہالوں کو رسائل و کتب پڑھنے سے والدین نے روک دیا ہے۔ گھر کی باتیں چوں کہ مدیران تک نہیں پہنچ پاتی ہیں۔ اِس لیے یہ ضروری نہیں ہے کہ رسائل میں جو شائع ہو رہا ہے وہ سب کے لیے قابل قبول ہوگا۔ اخبارات اور رسائل کے مالکان اگر از خود مدیران نہیں ہے تو کیا یہ اُن کا بنیادی فرض نہیں ہے کہ ادب اطفال کے چند بہترین لکھنے والوں کو جو مثبت سوچ کے تابع نونہالوں کی تربیت کر سکیں ،اُنھیں بطور مدیر گوشہ اطفال مقرر کریں۔ راقم السطور کو ایک نوجوان ادیب کا غیر مطبوعہ ناولٹ پڑھنے کا اتفاق ہوا۔ کیا آپ یقین کریں گے کہ اُس نے ایک جسم فروش عورت کا نہ صرف تذکرہ کیا تھا بل کہ اُن کے ساتھ ہونے والے ظلم وستم کے حوالے سے لکھا۔ اِس سنگینی کو دیکھتے ہوئے آگاہ کیا گیا کہ کس نوعیت کے موضوعات پر بچوں کے لیے لکھنا چاہیے۔ اگر راقم کو مذکورہ ناولٹ پڑھنے کو نہ ملتا اور وہ کہیں شائع ہو جاتا تو ذرا سوچیں کہ اشاعت کے بعد اُس نوجوان ادیب کے ساتھ کس نوعیت کا سلوک ہونا تھا۔ یہ سب اِس لیے ہو رہا ہے کہ نوجوان لکھنے والوں کو کوئی بہتر رہنمائی دینے کو تیار نہیں کہ بچوں کے لیے کس طرح کا اور کیسا مواد لکھنا چاہیے۔ ایک نظریہ یہ بھی ہے کہ جنھیں از خود علم نہیں ہے کہ ادب اطفال کے حقیقی معنی اور اُس کا مقصد کیا ہے، وہ کیسے کسی اور کو سمجھا سکتا ہے کہ بچوں کا ادب درحقیقت کیا ہے۔

ماہ نامہ آنکھ مچولی کے خاص شمارے ”مظلوم بچے نمبر“ میں شامل ”زاہدہ بتول کی کہانی“ کی درج ذیل سطور کو کیا کہا جا سکتا ہے کہ یہ واقعی بچوں کے لیے مناسب ہیں۔

”زاہدہ بتول سفید مسہری پر خون میں لت پت پڑی تھی۔۔۔“

” زاہدہ بتول مرگئی ہے۔۔۔اسکول سے نکل رہی تھی کہ سامنے سے آتی ہوئی گاڑی کی فائرنگ سے۔۔۔نامعلوم دہشت گردوں کے ہاتھوں۔۔۔۔“

”میں نے دیکھا موت زندگی کے پیچھے بھاگ رہی ہے۔“

” ہر چلنے والی گولی پر زاہدہ بتول مرجاتی ہے اس سے تو اچھا ہے کہ گولی کوئی مجھے ایک بار ہی پورا پورا

مار دے۔۔۔۔۔۔‘‘

اگر بچوں کو شہر کے حالات سے آگاہ کرنا ہو تو کچھ ایسے انداز میں کیا جانا چاہیے کہ وہ نفسیاتی طور پر مجروح نہ ہوں۔لیکن افسوس کی بات ہے کہ بچوں کو ٹارزن یا ہرکولیس سمجھ کر مواد سامنے رکھ دیا جاتا ہے تاکہ وہ ذہنی طور پر بالغ ہو جائیں اور سمجھنے لگ جائیں۔مغرب میں بچوں کے لیے لکھی جانی والی کہانیوں میں ’’بوسہ دینا‘‘ بے حد معمولی تصور ہوتا ہے لیکن مشرق میں ایسا لکھنے والے کو سنگین نتائج بھگتنے پڑتے ہیں۔اُنھیں بچوں کے ادب کے حوالے سے سوچ بچار کرنے کی ضرورت ہے کہ وہ اخلاقیات کا جنازہ کیوں نکال رہے ہیں، اِسی بنا پر معاشرے میں بے راہ روی دیکھنے کو مل رہی ہے۔جب بچوں کو کہانیوں اور ناولز میں قتل و غارت دکھائی دی جائے گی تو پھر وہ یہی کچھ تعلیمی اداروں میں کرتے دکھائی دیں گے اور ایسا ہو بھی رہا ہے۔راقم اپنے بچپن کو مدنظر رکھتے ہوئے کہہ سکتا ہے کہ خوف پیدا کرنے والا کوئی مواد کسی نونہال کو بہادر نہیں بنا سکتا اور اگر کسی کے ذہن میں ڈر بیٹھ گیا تو پھر عمر بھر تنہائی پسند رہے گا۔کیوں کہ گھر سے باہر نکلنے پر اندھی گولی کے شکار ہونے کا وہم آزادی سے نہیں جینے دے گا۔اگر بہترین نثر نگاری کے حامل کے ادب کو جو بڑوں کے لیے لکھا گیا ہو اور بدقسمتی سے بچوں کے رسائل میں شائع ہو گیا ہو، اگر بچوں کا ادب تسلیم کر لیا جائے کہ وہ خوب صورت لکھا گیا ہے تو یہ ادب اطفال کی بدترین توہین تصور ہو گی۔اِس نوعیت کی کہانیوں کو کتنے بچے آسانی سے سمجھ سکتے ہیں یہ ایک اہم سوال ہے۔اِس حوالے سے سنجیدہ اقدامات کرنے کی ضرورت ہے تاکہ نونہالوں کو وہی ادب مل سکے جو مناسب ہے بصورت دیگر ادب اطفال کو سنگین خطرات لاحق ہو سکتے ہیں۔یہ بات بھی سمجھنے کی ضرورت ہے کہ ادب اطفال اردو زبان کی بقاء کی ضمانت ہے۔اگر اِسے ناقابل تلافی نقصان پہنچایا گیا تو پھر نام و نشان ختم ہونے میں زیادہ دیر نہیں لگے گی۔

حوالہ جات:

۱۔ بچوں کا ادب: کل، آج اور کل، ڈاکٹر عادل حیات
پانچ دسمبر 2020 www.adbimiras.com

۲۔ اندھیرے کا مسافر، محمد عادل منہاج
ماہ نامہ پھول، لاہور جنوری 2024

۳۔ کیا یہ میری غلطی تھی؟، خالدہ قمر

ماہ نامہ پھول، لاہور فروری 2016

۴۔ اردو ادب اطفال کا بدلتا منظر نامہ، شاہ تاج خان

17 دسمبر 2023 www.dailychattan.com

۵۔ میں حیران ہوں، رشید احمد بٹ

ماہ نامہ ہمدرد نونہال، کراچی جنوری 1971

۶۔ باہمت بچہ، ملک محمد احسن

ماہ نامہ پھول، لاہور مارچ 2023

۷۔ دلہن کا اصلی جہیز، منظر صدیقی اکبر آبادی

ماہ نامہ ہمدرد نونہال، کراچی جون 1956

۸۔ زاہدہ بتول کی کہانی، فصیح باری خان

ماہ نامہ آنکھ مچولی، کراچی جون 1996

☆==☆

نونہالوں کا ساحرؔ لدھیانوی

گزشتہ دنوں ''بچّے من کے سچّے'' کے نام سے ایک شعری مجموعہ دیکھنے کا اتفاق ہوا۔ جسے ساحرؔ پبلشنگ ہاؤس ممبئی نے اکتوبر 1998 میں شائع کیا اور اِسے مرتب کرنے والی سرور شفیع ہیں۔ اُنھوں نے اِس مجموعے کے پیش لفظ میں ایک انکشاف کیا۔ اُنھوں نے لکھا کہ صاحب کتاب نے اپنے اولین مشاعرے میں جو نظم پڑھی وہ آج اردو کی مشہور ترین نظموں میں سے ایک ہے اور وہ ہے ''تاج محل''۔

اِس نظم کے خالق ہیں ساحرؔ لدھیانوی جن کا اصل نام عبدالحئی ہے۔

والد کا نام فضل محمد اور والدہ کا نام سردار بیگم تھا۔

ساحرؔ لدھیانوی سے اُن دنوں متعارف ہوا۔ جب مرحوم والد ''تلخیاں'' کو مطالعے کی غرض سے خرید کر گھر لائے۔ نوعمری میں ''تاج محل'' متاثر کن لگی اور اُن کا نام کبھی ذہن سے محو نہ ہوسکا جو ساحرؔ لدھیانوی کی لفظی جادوگری کا کرشمہ قرار دوں گا۔

کئی برس بعد ساحرؔ لدھیانوی ''بچّے من کے سچّے'' کی بدولت دل میں گھر کر گئے ہیں کہ اُنھوں نے اپنی انفرادیت اور اسلوب کو کچھ ایسا رکھا ہے کہ مجھے نہیں لگتا کہ جن موضوعات پر اُنھوں نے نونہالوں کو کچھ سمجھانے کی کوشش کی ہے وہ دیگر شعراء نے کی ہوگی۔ جس طرح سے فلمی شاعری میں اپنا لوہا منوایا ہے ویسے ہی بچوں کے لیے کچھ الگ مزاج کا لکھا ہے۔

ساحرؔ لدھیانوی اُن لوگوں میں سے تھے جو زمانے کے ساتھ چلنے کی بجائے زمانہ بدلنے کے خواہاں تھے۔ جس شعری مجموعے کا تذکرہ کیا ہے، وہ ساحرؔ لدھیانوی کی نظموں کا ہے۔

شاعری سے سحر کرنے والے ساحرؔ لدھیانوی کا جنم 8 مارچ 1921 کو ہوا۔ آپ نے بیک وقت ہندی اور اردو زبان میں شاعری کی اور فلمی گیت لکھے۔ اِسی مجموعے سے علم ہوا کہ لدھیانہ کی زراعتی یونیورسٹی نے ایک نیا پھول ایجاد کیا اور اُس کا نام ''گل ساحر'' رکھا۔ ساحرؔ کو دو مرتبہ فلم فیئر ایوارڈز ملے، ایک 1964 میں فلم

''تاج محل'' کے گیت پر اور دوسرا 1977 میں فلم ''کبھی کبھی'' کی شاعری پر حاصل ہوا۔ادبی خدمات پر 1971 میں ''پدم شری'' کا خطاب ملا، 1972ء میں مہاراشٹر حکومت کی طرف سے ''جسٹس آف پیس'' ایوارڈ، 1973ء میں ''آؤ کہ کوئی خواب بنیں'' پر ''سویت لینڈ نہرو ایوارڈ'' اور ''مہاراشٹر اسٹیٹ لٹریری ایوارڈ'' دیے گئے۔

ساحؔر لدھیانوی کی نظموں کے ترجمے مختلف زبانوں میں ہو چکے ہیں۔جب کہ 8 مارچ 2013ء کو ادبی خدمات کے اعتراف میں محکمہ ڈاک نے یادگاری ٹکٹ جاری کیا۔ساحؔر لدھیانوی کی وفات 25 اکتوبر 1980 کو ممبئی میں ہوئی۔

اِس کتاب کا انتساب کچھ یوں ہے۔

''محترم جناب اسحاق جمخانہ والا کے نام، جو میرے بھائی ساحؔر لدھیانوی کے عزیز دوست اور ہندوستان کے ایک عظیم تعلیمی ادارے انجمن اسلام کے صدر ہیں۔''

ایک خاص بات پیش لفظ میں پڑھنے کو ملی۔اُسے من وعن پیش کر رہا ہوں کہ اِن سطور نے کئی اہم انکشافات کر دیے ہیں جسے نہ صرف قارئین بل کہ شعراء/ادیبوں کو سمجھنے کی ضرورت ہے۔

''بچو! تم جانتے ہو ساحؔر صاحب اتنے مشہور کیوں تھے؟ بات صرف ہے کہ وہ اپنی شاعری میں صرف سچ بولا کرتے تھے۔انھوں نے زمیندار کو غریب کسانوں پر ظلم کرتے دیکھا تھا اس لئے انھیں زمینداروں، سرمایہ داروں غرض ہر اُس شخص سے نفرت ہوگئی جو دوسرے انسانوں پر زور زبردستی کرتا ہو، جو دوسروں کا حق چھینتا ہو،انہوں نے اپنی نظموں اور غزلوں میں ظالموں، دھنوانوں اور زمین داروں کے خلاف آواز بلند کی اور یہ آواز عام انسانوں کو بہت بھائی۔اس لئے وہ ساحؔر لدھیانوی سے پیار کرنے لگے۔''

سرور شفیع پیش لفظ میں لکھتی ہیں: ''پیارے بچّو! ساحؔر صاحب بچّوں سے بے انتہا پیار کرتے تھے۔جیسا کہ اس کتاب کے نام سے ظاہر یعنی بچّے، من کے سچّے۔یہ ساحؔر صاحب کے گیت کا مُکھڑا ہے اور اس کتاب کا پہلا گیت بھی۔تم جب یہ کتاب خوب اچھی طرح پڑھ لو گے تو تمھیں سمجھ میں آئے گا کہ ساحؔر لدھیانوی نے بچّوں کے لئے کتنی پیاری پیاری نظمیں لکھی ہیں۔''

بچے من کے سچے (نظم) میں ساحؔر لدھیانوی نے بہت سے خوب صورت درس دیے ہیں۔

جھگڑا جس کے سات کریں، اگلے ہی پل پھر بات کریں

ان کو کسی سے بَیر نہیں، ان کے لئے کوئی غیر نہیں

☆☆

انسان جب تک بچہ ہے، تب تک سمجھو سچّا ہے

جوں جوں اس کی عمر بڑھے، من پر جھوٹ کا میل چڑھے

ایک اور نظم ''بھارت کے بچّو'' کا شعر ملاحظہ کیجیے۔

یہ جو ہے اک چھوٹا سا بستہ

عِلم کے پھولوں کا گلدستہ

ساؔحر لدھیانوی کی ایک اور نظم ''بچوں کی سرکار'' کے یہ اشعار ملاحظہ کیجیے۔ جس میں کتنے بہترین اسباق بیان کیے جا رہے ہیں۔ جو یہ بھی عیاں کرتے ہیں کہ اُنھیں بچوں کی نفسیات کے بارے میں کتنا علم تھا۔

قومی دولت کے خزانے ہوں بھرے

خود ہی لے لے جس کو جو درکار ہو

عید دیوالی سبھی مل کر منائیں

آدمی کو آدمی سے پیار ہو

ملک میں بچوں کی گر سرکار ہو

''ہندوستانی بچے'' میں شامل دو اشعار نے میری توجہ حاصل کی ہے۔ یقین ہے کہ باذوق احباب اِس کے حقیقی پیغام کو سمجھ سکیں گے۔

بہت دنوں تک اس دنیا میں ریت رہی ہے جنگوں کی

لڑی ہیں دھن والوں کی خاطر فوجیں بھوکے ننگوں کی

☆......☆

رہ نہ سکے اب اس دنیا میں یگ سرمایہ داری کا

تم کو جھنڈا لہرانا ہے محنت کی سرداری کا

''بچّو بناؤ، نیا ہندوستان'' میں اِن اشعار کو دیکھیں تو بچوں کو بہت گہری بات سمجھانے کی کوشش کی جا رہی ہے۔

وہی ہے جب قران کا کہنا

جو ہے وید پُران کا کہنا

پھر یہ شور شرابہ کیوں ہے؟

اتنا خون خرابہ کیوں ہے؟

''انسان کی اولاد'' کے اشعار میں بھی بہت سے پیغامات چھپے ہیں۔

تو بدلے ہوئے وقت کی پہچان بنے گا

انسان کی اولاد ہے انسان بنے گا

☆......☆

تو امن کا اور صلح کا ارمان بنے گا

انسان کی اولاد ہے انسان بنے گا

''لوری'' کے اشعار دیکھیں کتنے مزے دار ہیں۔

چمپا بھی سوگئی، سلیمی بھی سوگئی

ابّا بھی محوِ خواب ہیں، آپا بھی سوگئی

گڑیا کی چور، کلموئی عذرا بھی سوگئی

لے اب تو تیری ننھی سی مینا بھی سوگئی

''سچّے کا بول بَالا'' میں سچائی کا پیغام اُجاگر کیا گیا ہے۔

سچّے کا ہے بول بَالا

سنورے بھائی جھوٹے کا ہے مُنہ کالا

سچ کی راہ پہ چل کے اُن کو

یہی انعام ملا

ننھا بالک بھوک سے مر گیا

''کہتے ہیں اِسے پیسہ بچّو!'' کو ہم منظوم ڈرامہ کہہ سکتے ہیں۔ اِس میں پیسے کے حوالے سے کئی اہم پیغامات نونہالوں تک پہنچائے گئے ہیں جیسا کہ

ایک ایسا وقت بھی تھا جگ میں جب اس پیسے کا نام نہ تھا

چیزیں چیزوں سے تُلتی تھیں، چیزوں کا کچھ بھی دام نہ تھا

☆......☆

چیزوں سے چیز بدلنے کا یہ ڈھنگ بہت بیکار سا تھا
لانا بھی کٹھن تھا چیزوں کا، لے جانا بھی دشوار سا تھا

☆......☆

انسانوں نے تب مل کر سوچا، کیوں وقت اتنا برباد کریں
ہر چیز کی جو قیمت ٹھہرے، وہ چیز نہ کیوں ایجاد کریں
اس طرح ہماری دُنیا میں، پہلا پیسہ تیّار ہوا
اور اِس پیسے کی مسرت میں، انسان ذلیل و خوار ہوا

''بچّے من کے سچّے'' کے مجموعے میں بچے من کے سچے، بھارت کے بچے، میرا مُنا، بچوں کی سرکار، ہندوستانی بچے، بچو بناؤ ہندوستان، انسان کی اولاد، بچّہ ہے مہان، لوری، ننھّے گلفام، میرے مُنّے، ننھّی پری، ننھّی لاڈلی ممی ّکے لئے گیت، بھیا کو سندیسا، ماما جی کا لاکٹ، او بیٹا، مُرغا، مُرغی، او بچّو سن لو بات، سچّے کا بول بالا، سوال، کہتے ہیں اِسے پیسہ بچّو جیسی نظمیں شامل ہیں۔

اِنھیں پڑھ کر محسوس ہوا کہ جیسے ساؔحر لدھیانوی نونہالوں کی ایک خاص رخ پر تربیت کرنے کے خواہاں تھے تاکہ اُنھیں زندگی میں زیادہ مسائل کا سامنا نہ کرنا پڑے۔ راقم الحروف کو محسوس ہوا کہ وہ سچائی کی راہ پر نونہالوں کو گامزن کرنے کے خواہاں تھے۔

''بچّے من کے سچّے'' کے مطالعے سے احساس ہوا کہ حق و باطل کی جنگ لڑنے والے کسی ایک زمانے کے نہیں ہوتے ہیں اُن کی جہد و جہد تاریخ میں امر ہو جاتی ہے۔ اگرچہ کچھ موضوعات تلخ اور الفاظ بھاری بھرکم دکھائی دیتے ہیں لیکن پیغام کی چاشنی اِسی میں پنہاں ہے تاہم تحقیقی مقالوں میں اِس پر گفتگو کی جانی چاہیے تاکہ ادب اطفال میں ایسے موضوعات پر کام کیا جا سکے۔ راقم الحروف کی خواہش ہے کہ ساؔحر لدھیانوی کی بچوں کے لیے لکھی گئی شاعری پر مسلسل تحقیق ہونی چاہیے اور وقت کے تقاضوں کے مطابق اثرات پر بحث ہونی چاہیے تاکہ نئی نسل کو ساؔحر لدھیانوی کی شخصیت کو سمجھنے اور اُن کی شاعری کی روشنی میں اپنی سوچ بدلنے کا موقع مل سکے۔

☆===☆

سوشل میڈیا، ادیب اور ادب کا فروغ

سوشل میڈیا کی اصطلاح اُن ویب سائٹس اور اپلی کیشنز کے لیے استعمال کی جاتی ہے جن کی بدولت لوگ باہمی رابطے نہ صرف کر سکتے ہیں بل کہ مخصوص مقاصد کے حصول کو بھی یقینی بناتے ہیں۔سوشل میڈیا پیغام رسانی کے ساتھ ساتھ نظریات، تصاویر اور وڈیوز کا اشتراک بھی ممکن بناتا ہے۔
ایک زمانہ تھا جب لوگوں کو معلومات کے حصول کے لیے اخبارات، رسائل اور کتب خریدنی پڑتی تھیں۔وقت نے ایسی کروٹ بدلی کہ آج ہر شخص کے ہاتھ میں موبائل ہے اور معلومات کا جہاں اُس کی دسترس میں ہے۔ اسمارٹ فون کو کئی لوگ بُرائی کی جڑ قرار دیتے ہیں لیکن اِسی آلے کی بدولت سوشل میڈیا کی طاقت لوگوں کے ہاتھ میں آئی ہے۔جس کے بعد سے ایک انقلاب برپا ہو چکا ہے۔مصنوعات کی فروخت یا تشہیر کی بات ہو یا پھر خدمات کی، سوشل میڈیا ہر حوالے سے طاقتور میڈیم بن چکا ہے اور اِس کے بغیر بڑے پیمانے پر مقاصد کا حصول تقریباً ناممکن بن چکا ہے۔
اگر یہ کہا جائے کہ اِس کی بدولت وسیع پیمانے پر لوگوں کی سوچ بدلی جا سکتی ہے اور مخصوص سوچ پیدا کی جا سکتی ہے تو بے جا نہ ہوگا۔اگر ہم ادب کے حوالے سے بات کریں تو پہلے مختلف رسائل، اخبارات یا کتب میں اشتہارات دیکھنے کو ملتے تھے اور پتا چلتا تھا کہ کسی ادیب کی نئی کتاب سامنے آرہی ہے یا پھر کسی رسالے کا خاص نمبر شائع ہو رہا ہے۔لیکن اب سوشل میڈیا کی بدولت فوری طور پر یہ علم ہو جاتا ہے کہ کتنے دنوں بعد اور کہاں سے کسی ادیب کی کتاب، ناول یا رسالے کا حصول ممکن ہو سکتا ہے اور کس نوعیت کے خاص نمبر منظر عام پر آرہے ہیں۔دورِ حاضر میں سوشل میڈیا پر تشہیر کے ذریعے مختلف موضوعات پر تحریریں رسائل کے لیے منگوانے کے اعلانات کیے جاتے ہیں۔ماضی کی بہ نسبت اب مدیران کے پاس تحریریں پہلے سے زیادہ آتی ہیں تاہم اُن کے معیار پر بات کی جا سکتی ہے کہ وہ معیار سے کچھ گری ہوئی ہوتی ہیں۔پہلے تحریریں ڈاک بروقت نہ پہنچنے پر کھو جایا کرتی تھیں لیکن اب ای میل ایک ایسا محفوظ ذریعہ ہے جس سے بروقت تحریریں ارسال کی جا سکتی ہیں جس کی وجہ سے رسائل کی تیاری بروقت کرنا ممکن ہو چکا ہے۔ای میل کی بدولت دنیا کے کسی بھی کونے میں

موجود ادیب اپنی تحریر فوری طور پر ارسال کر سکتا ہے جو کہ پہلے سوچا بھی نہیں جا سکتا تھا۔ کتاب میلے کی تشہیر جب بھی سوشل میڈیا کی بدولت ہوتی ہے اِس کے بعد کئی نوجوان کتب کے حصول کے لیے کتاب میلوں کا رخ کرتے ہیں یعنی کہا جا سکتا ہے کہ ادب کے فروغ میں سوشل میڈیا کا مثبت استعمال حوصلہ بخش نتائج سامنے لا رہا ہے۔ مختلف ادیب سوشل میڈیا کے بھرپور استعمال کی بدولت اپنی کتب کی تشہیر کچھ ایسے کرتے ہیں کہ اُن کی کتب کے ایڈیشنز ہاتھوں ہاتھ بک جاتے ہیں اور دوسری طرف قارئین کو باہمی رابطے میں آسانی ہو جاتی ہے۔ پہلے قارئین کو معروف ادیبوں سے بات کرنے کے لیے خط لکھنا پڑتا تھا۔

سوشل میڈیا کی بدولت باہمی رابطہ آسان ہونے سے اُنھیں ادیب کی سوچ کے بارے میں فوری طور پر معلومات ملتی ہیں کہ وہ کس معاملے پر کیا نظریہ رکھتا ہے بل کہ یہ بھی پتا چلتا ہے کہ وہ ادب کے فروغ میں کس قدر سنجیدہ ہے اور دوسرے ادیبوں کے ساتھ کس طرح کے تعلقات ہیں۔ کہا جا سکتا ہے کہ سوشل میڈیا کی بدولت قارئین کے لیے ادیبوں پر کڑی نگاہ رکھنا ممکن ہو چکا ہے اور ادیبوں کے لیے قارئین کی سوچ کا اندازہ لگانا آسان ہو گیا ہے۔ تاہم یہ ذہن نشین کر لیجیے کہ سوشل میڈیا پر جو دکھائی دے رہا ہے ویسا ہونا لازم نہیں ہے کہ کئی نئے لکھنے والوں کی کتب کی تشہیر ایسے ہوتی ہے کہ قارئین کتب پر لپکتے ہیں۔ لیکن جب اُن کا مطالعہ کیا جاتا ہے تو اُنھیں بے حد مایوسی ہوتی ہے لہٰذا اِس حوالے سے چوکنا رہنا چاہیے کہ کہیں ہاتھ نہ ہو جائے۔ نام اور ساکھ رکھنے والے ادیبوں کی کتب کی تشہیر سے کبھی کبھی تاریخ ساز کتب کا حصول بے حد آسان ہو جاتا ہے اور کئی برس تلاش میں گزارنے والوں کو چند لمحوں میں کتب میسر ہو جاتی ہیں۔

سوشل میڈیا پر اگرچہ منفی اور پروپیگنڈے کے حامل مواد کو زیادہ شہرت ملتی ہے لیکن افسوس ناک امر یہ ہے کہ سوشل میڈیا کا مثبت استعمال بہت کم ادیبوں کی جانب سے دیکھنے کو ملتا ہے۔ کچھ ادیب اپنی ساکھ کو بدترین طریقے سے مجروح کرنے میں مصروف ہیں اور اُنھیں کوئی یہ بتانے والا نہیں ہے کہ اُن کی شناخت اور ساکھ جتنے برسوں میں کمائی گئی ہے، وہ دوسروں کے خلاف بے بنیاد، جھوٹی اور بے سروپا الزامات اور بچکانہ مواد پیش کرنے کی بدولت رفتہ رفتہ ختم ہو رہی ہے۔ اور یہی وہ عنصر ہے جو مقبولیت میں کمی کے ساتھ ساتھ قارئین کو متنفر اور کتب کی فروخت کم کروا رہا ہے۔ اِس حوالے سے ذمہ دارانہ رویہ اپنانے کی ضرورت ہے کہ سوشل میڈیا سب کچھ بے نقاب کرتا ہے اور پھر ہاتھ کچھ نہیں آتا ہے۔ سوشل میڈیا کی بدولت سب کی نظروں میں "سچ" ہوتا ہے لیکن لوگ خاموش رہتے ہیں کہ "دیکھتے سب ہیں اور بولتا کوئی نہیں"۔ اِس کا ہرگز مطلب یہ نہیں ہے

کہ آپ اندھے ہیں تو باقی دیکھ نہیں سکتے ہیں۔ادیبوں کو اپنی ساکھ کو بہتر بنانے کے لیے مثبت نظریات کا حامل مواد سرعام رکھنا چاہیے تا کہ قارئین کی تعداد بڑھے اور اُن کی شخصیت متاثر کن محسوس ہو۔

ادب سے وابستگی کا تقاضا ہے کہ دوسرے ادیبوں کی سوشل میڈیا پر کہی جانے والی باتوں اور نظریات کے اختلاف کا حق آزادی رائے کے تحت احترام کیا جائے اور اُن کے تقدس کو پامال نہ کیا جائے۔اگر آسان لفظوں میں بات کی جائے تو یہی کہا جائے گا کہ اپنے مفادات کے حصول کے لیے دوسروں کی عزت کو تار تار نہ کیا جائے۔دیکھنے میں آیا ہے کہ بے بنیاد الزامات کی بوچھاڑ کے بعد مخالف فریق سے معافی طلب کر لی جاتی ہے لیکن یہ سوچا نہیں جاتا ہے کہ اِس سے عام قاری پر کتنے منفی اثرات مرتب ہوں گے۔

منفی سوچ کے تابع نامور ادیب دوسروں کو طنز کا نشانے بنانے میں مصروف عمل ہیں حالاں کہ اُنھیں اپنی عزت کا احساس کرنا چاہیے کہ ادب سے جڑنے والوں کو کم سے کم سوچ کا احترام تو سیکھنا چاہیے۔ادیب اگر مثبت انداز میں سوشل میڈیا کا استعمال کریں تو وہ دیگر تربیت کار افراد کی مانند ایک متاثر کن شناخت بنا سکتے ہیں اور قارئین کی تعداد میں خوب اضافہ کر سکتے ہیں لیکن اِس کے لیے شرط یہی ہے کہ سوشل میڈیا کا استعمال مناسب اور مثبت انداز میں کریں۔راقم السطور کے مشاہدے میں آیا ہے کہ کچھ ادیبوں سے سنجیدہ نوعیت کا سوال کیا جائے تب بھی وہ اُسے مذاق میں لیتے ہیں اور ایسا جواب دیتے ہیں جو کہ ساکھ مجروح کرتا ہے لیکن اُنھیں اِس چیز کا احساس نہیں ہے کہ کتنے لوگوں کی نظروں میں ساکھ مجروح ہو رہی ہے۔ذاتی تجربے میں آیا ہے کہ اپنی غلطی کو تسلیم کرنے کی بجائے دوسروں کے خلاف مواد پہلے پوسٹ کر دیا جاتا ہے تا کہ تذلیل کی جا سکے اور بعد ازاں ہٹا دیا جاتا ہے۔حالاں کہ اگر وہ مواد کسی کے خلاف برحق تھا تو اُسے ہٹانے کا فیصلہ غلط تھا اور اگر مواد غلط فہمی کی بنیاد پر لگا کر کسی کی عزت خراب کرنے کی کوشش کی جائے۔پھر ایک عام قاری سوال کر سکتا ہے کہ آپ کیوں بطور ادیب غیر ذمے داری کا مظاہرہ کر رہے تھے۔سوشل میڈیا نے اردو زبان کے فروغ میں اہم ترین کردار ادا کیا ہے بل کہ یوں کہا جائے کہ اِس کی بدولت اُن لوگوں کے نظریے کی موت واقع ہوئی ہے۔جو کہتے تھے کہ ’’کچھ عرصہ بعد اردو کہیں دکھائی نہیں دے گی‘‘ تو بے جا نہیں ہوگا۔

سوشل میڈیا پلیٹ فورمز پر اکثریت ایسے لوگوں کی ہے جو انگریزی پر دسترس نہیں رکھتے ہیں اور اپنا مافی الضمیر اردو زبان میں پیش کر کے فروغ کا سبب بن رہے ہیں۔سوشل میڈیا پر اگرچہ بے سروپا شاعری اور اغلاط سے بھرپور نثر دکھائی دیتی ہے لیکن ایسا کرنے والوں کو روکنے کی بجائے اصلاح کی ضرورت ہے تا کہ وہ مزید توانائی

سے ادب کے فروغ کے لیے کام کریں۔ یہ عنصر قابل مسرت ہے کہ نوجوان نسل اردو لکھنے اور پڑھنے میں کم سے کم سوشل میڈیا کی حد تک دل چسپی لے رہی ہے۔ پاکستان میں 2021 کے بعد ادب اطفال کا بھرپور فروغ سوشل میڈیا کی بدولت ممکن ہوا اور اب کئی نوجوان صاحب قلم اپنی تحریریں پیش کر کے تعریف اور تنقید وصول کرتے ہیں۔ کئی شاعری اور افسانوں کے مقابلے ادبی تنظیمیں سوشل میڈیا (بالخصوص فیس بک /واٹس ایپ گروپ) میں کروا رہی ہیں۔ معروف بھارتی واٹس ایپ محفل ''بچپن'' کا تذکرہ بے حد ضروری ہے کہ اس وقت فروغ ادب اطفال کے حوالے سے برصغیر میں بہت سرگرم ہے جس میں دنیائے ادب اطفال کے نئے اور نامور ادیب شامل ہیں اور اس محفل میں پیش کی جانے والی تحریریں بھارتی رسائل و جرائد کا حصہ بن رہی ہیں۔ اِس محفل کے ذریعے نئے ادیبوں کی رہنمائی اور آگے بڑھنے کے لیے بھرپور حوصلہ افزائی کی جاتی ہے۔ بچپن محفل کا ایک دل چسپ سلسلہ تحریری انٹرویو ہے جو پاکستان اور بھارت کی معروف علمی و ادبی شخصیات سے لیا جاتا ہے۔ اِس محفل کے روح رواں سراج عظیم صاحب ہیں جو کہ کئی حوالوں سے شہرت رکھتے ہیں اور لاتعداد کتب کے مصنف ہیں۔

''ادیب نگر'' محترمہ تسنیم جعفری کی سرپرستی میں ادب اطفال کے فروغ میں مصروف عمل ہے۔ تسنیم جعفری صاحبہ سائنس فکشن کے حوالے سے شہرت رکھتی ہیں اور آپ کی کئی کتب اور ناولز منظر عام پر آ چکے ہیں۔ ''ادیب نگر'' کے زیر اہتمام کئی مقابلے کروائے جا چکے ہیں۔ ایک معروف نام ''سرائے اردو۔ادبی فورم'' کا بھی ہے جس کے زیر اہتمام اشاعتی ادارہ تا حال 100 سے زائد کتب شائع کر چکا ہے جن میں نئے لکھنے والوں کی کثیر تعداد شامل ہے۔ سرائے اردو پبلی کیشن سے اس وقت دو سہ ماہی رسائل ''باغیچہ اطفال'' اور ''سرائے اردو'' شائع ہو رہے ہیں۔ لائیو گوگل میٹ پروگرامز کا انعقاد کچھ یوں منفرد رہا کہ پاکستان اور بھارت سے احباب شریک ہوئے اور مشاعرہ برائے اطفال کا انعقاد بھی ممکن ہوا۔ سوشل میڈیا کی بدولت معرض وجود میں آنے والا سرائے اردو ادبی فورم دل چسپ موضوعات پر کئی مقابلے کروا چکا ہے۔ ان میں

☆ عید کہانی مقابلہ

☆ دفاع وطن۔ افسانہ نگاری مقابلہ

☆ جاسوسی کہانی مقابلہ

☆ سفر نامہ مقابلہ

☆تشہیر کہانی مقابلہ

☆مختصر آپ بیتی مقابلہ

☆ٹارزن کہانی مقابلہ

کامیاب ترین مقابلے قرار دیے جاسکتے ہیں۔

''مختصر آپ بیتی'' مقابلے میں پچاس سے زائد اور ''عید کہانی'' مقابلے میں ستر سے زائد تحریریں محض تین دنوں میں مقابلے میں پیش ہوئیں جن میں بھارت کے ادیب بھی شامل تھے۔ اِن مقابلوں کی بدولت کئی نوجوان قلم کار سامنے آئے ہیں جنھوں نے افسانچہ نگاری، ادب اطفال اور شاعری کے میدان میں اپنی پہچان بنائی ہے۔ آخرالذکر مقابلے (مختصر آپ بیتی) میں شامل آپ بیتیوں پر مبنی خاص نمبر ''مختصر آپ بیتیاں نمبر 1'' ماہ نامہ انوکھی کہانیاں، کراچی کے دسمبر 2021 اور ''مختصر آپ بیتیاں نمبر 2'' جنوری 2022 کے شمارے میں شائع ہوئیں۔ یہ غالباً اولین موقع تھا جب سوشل میڈیا پر ہونے والے مقابلوں کی تحریریں کسی ماہ نامہ جریدے کا حصہ بنی ہیں۔

سرائے اردو نونہالوں سے لیے گئے انٹرویوز بھی یوٹیوب کی زینت بنانے کا سلسلہ شروع کر چکا ہے جو مطالعے میں دل چسپی رکھتے ہیں۔ اِسی طرح کی تحریک دیگر ادارے شروع کریں تو وہ وقت دور نہیں جب نونہالوں کو کتاب بینی کی جانب مائل کیا جاسکے۔ بچوں کے لیے دل چسپ کہانیاں اور بڑوں کے لیے نامور ادیبوں کے افسانے اگر جدید تکنیکی سہولیات کو اپنا کر پیش کیے جائیں تو بڑی تعداد میں لوگ مائل ہو سکتے ہیں۔ سوشل میڈیا کا انسانی نفسیات کو سمجھ کر استعمال کیا جائے تو دور رس نتائج حاصل ہو سکتے ہیں لیکن اِس کے لیے باقاعدہ حکمت عملی بنانی ہوگی۔ اِس وقت کئی ادبی تنظیمیں اردو زبان کی ترویج و ترقی کے لیے سوشل میڈیا کا سہارا لے چکی ہیں اور اپنا کردار ادا کرنے میں مگن ہیں۔ سوشل میڈیا کی آمد سے قبل نوجوانوں کے پاس صلاحیتوں کو منوانے کے لیے کوئی پلیٹ فورم نہیں تھا۔ اُنھوں نے سوشل میڈیا کے ذریعے اپنا آپ منوانا شروع کیا جس میں افسانہ نگار اور شعراء زیادہ اہمیت کے حامل ہیں کہ اِسی کی بدولت عزت و احترام کما رہے ہیں۔ چند ادیب اور شعراء سوشل میڈیا کو اپنے لیے زہر قاتل سمجھتے ہیں۔

بقول سید اقبال حیدر: ''آج سوشل میڈیا پر جرات اتنی بڑھ گئی ہے مختلف تحریروں میں قرآن، بائیبل اور دوسری مقدس کتابوں کا کوئی بھی حوالہ دے کر صفحہ نمبر دے کر کچھ بھی لکھا جا رہا ہے، تو ایسے میں کتنے لوگ ہیں جو ان

صفحات پر جائیں گے، اُن حوالوں کو کتابیں کھول کر پڑھیں گے اب ایسے جعلساز لوگوں کو جواب کون دے گا ، یہاں ادیبوں کی اہم اور اٹل ذمہ داری ہے کہ عوام الناس کو ان غلط حوالوں سے لکھی گئی تحریروں کے غلط ہونے کی آگاہی دیں کہ، اس طرح کی غلط قسم کی تحریروں سے انسان کا شعور یا لاشعور متاثر ہو رہا ہے، اخلاق متاثر ہو رہا ہے، نظریات متاثر ہو رہے ہیں اس کا گھر اس کا محلّہ اس کا شہر اس کا ملک متاثر ہو رہا ہے، اس کی آئندہ نسل متاثر ہو رہی ہے، ادیبوں کو چاہیے ان تمام تحریروں کے خلاف ردِّعمل نہایت نفاست اور پیار سے لکھا جائے، گالی کے عوض گالی نہیں بلکہ اظہارِ خیال بہت نرمی سے کرتے ہوئے بات کو سمجھانا ہے کہ یہ خبر غلط ہے جھوٹی ہے، تحقیق شدہ نہیں ہے اس کی کوئی بنیاد نہیں ہے مگر ہماری جوابی تحریر دل نشین ہونی چاہیے۔''

یہاں ایک بات کی وضاحت ضروری ہے کہ سوشل میڈیا پر وہی کامیاب ہے جس کا مواد بے پناہ متاثر کن ہوگا۔ سوشل میڈیا پر شہرت حاصل کرنے والوں کا مواد دیکھیں تو اندازہ ہوگا کہ اُنھوں نے کچھ منفرد پیش کیا تب ہی وہ نظروں میں آئے ہیں، البتہ راقم یہ ہرگز نہیں کہے گا کہ سوشل میڈیا پر جتنی بھی تحریریں (بشمول شعروشاعری، افسانے وغیرہ) پیش ہوتی ہیں وہ سب معیاری ہوتی ہیں۔ اِن کے بارے میں پڑھنے والوں کی رائے کا احترام کرنا بہت ضروری ہے۔

سوشل میڈیا کی اہمیت کا اندازہ اِس بات سے بہ خوبی لگایا جاسکتا ہے کہ چھپنے والے رسائل وجرائد کی تعداد سے زیادہ وسیع حلقہ احباب فراہم کرتا ہے۔ یعنی کہا جاسکتا ہے کہ اچھے اور بہترین لکھنے والوں کے پاس اتنے ذرائع ہیں کہ وہ اپنی صلاحیتوں کو منوا سکتے ہیں۔ اِس کے لیے معیاری اور اچھا لکھنا ضروری ہے کہ وہی قارئین کو اپنی جانب مائل کرے گا اور وہ اُنھیں پڑھنا پسند کریں گے۔ جن ادیبوں نے سوشل میڈیا کی طاقت کو نظرانداز کیا ہے، اُنھیں یہ سوچنا چاہیے کہ اگر وہ وقت کے ساتھ نہیں چلیں گے تو پھر ''خالی میدان'' پر کوئی اور آئے گا۔ اور اپنی ''صلاحیتوں کا سکہّ منوا کر قارئین کے دلوں پر راج کرے گا۔

سوشل میڈیا ہر باصلاحیت ادیب کے لیے ایک کھلا میدان ہے جس میں اپنی صلاحیتوں کو منوانے والے کامیابی حاصل کرتے ہیں۔ یہاں دل چسپ امر یہ ہے کہ جس طرح کوئی رسائل واخبارات میں ہر ماہ اپنی تحریر شائع کروا کر اپنا نام بنا سکتا ہے اِسی مانند کوئی صاحب قلم اچھی اور معیاری تحریریں متواتر پیش کر کے شہرت کما سکتا ہے لیکن اِس کے لیے معیاری اور مسلسل اچھا لکھنا ضروری ہے۔

ساجد حمید اپنے مضمون ''اردو زبان وادب اور سوشل میڈیا نئے امکانات'' میں لکھتے ہیں کہ ''سوشل میڈیا کے یہ

سب ذرائع اپنی بات کہنے اور آگے بڑھانے کے نئے امکانات ہیں۔ہم سارا دن منفی باتیں کرتے ہیں اور مایوسیوں کا زہر ایک دوسرے کے کانوں میں انڈیلتے ہیں۔سوشل میڈیا کو گٹر میڈیا اور نجانے کیا کیا کہتے رہتے ہیں۔کیا ہی اچھا ہو کہ کبھی چند لمحوں کے لیے رک کر ان مثبت نکات پر بھی نظر ڈال لیں۔سب کچھ غلط اور منفی نہیں ہو رہا۔ٹیکنالوجی کا مثبت استعمال بھی ہو رہا ہے۔ہمیں صرف اپنا حصہ ڈالنے کی ضرورت ہے۔''

سوشل میڈیا ادیبوں کے لیے ایک ایسا پلیٹ فورم ہے جہاں کوئی مدیر نہیں ہے جو کسی تحریر کو روک سکے یا ناقابل اشاعت قرار دے یا پھر اُن کی نوک پلک درست کرے یعنی جو جیسا ہے، ویسا ہی رہے گا۔اور لکھنے والوں کو اپنے لکھے پر تعریف اور تنقید حاصل ہوگی یا پھر سبکی کا سامنا کرنا پڑے گا۔لہٰذا یہ کہا جا سکتا ہے کہ جہاں سوشل میڈیا ادب کے فروغ کو یقینی بنا رہا ہے اور ادیبوں کی پہچان کا سبب بن رہا ہے وہیں وہ اُنھیں قارئین کی عدالت میں فوراً پیش کرتا ہے یعنی ادیبوں کو سوشل میڈیا کو استعمال کرتے ہوئے ذمہ داری کا مظاہرہ کرنا پڑے گا تاکہ قلم کی حرمت وتقدس برقرار رہے اور ادب کا فروغ بھی جاری رہے۔

حوالہ جات:

۱۔سرائے اردو

www.facebook.com/groups/saraiurdu

۲۔مختصر آپ بیتیاں نمبر 1، مشمولہ ماہ نامہ انوکھی کہانیاں، کراچی دسمبر 2021

۳۔مختصر آپ بیتیاں نمبر 2، مشمولہ ماہ نامہ انوکھی کہانیاں، کراچی جنوری 2022

۴۔سوشل اور الیکٹرانک میڈیا، ادیبوں کی ذمہ داریاں، سید اقبال حیدر

1 اکتوبر 2020 https://jang.com.pk/news/826552

۵۔اردو زبان وادب اور سوشل میڈیا نئے امکانات، ساجد حمید

13 ستمبر 2021 www.adbimiras.com

۶۔ادیب نگر

www.facebook.com/groups/677740402676631

☆===☆

کامیابی، مطالعہ اور نوجوان

آج ہر نوجوان کامیابی حاصل کرنا چاہتا ہے۔لیکن وہ یہ نہیں جانتا ہے کہ گوہر مقصود کیسے پا سکتا ہے۔

ہمارے نوجوان کامیاب افراد کو دیکھ کر سوچتے ہیں کہ کاش ہم بھی کچھ ایسا کر کے کامیاب بن جائیں اور ہر جگہ ہماری شہرت کا ڈنکا بجے۔

یہ سب کوئی ایسے ہی حاصل نہیں کر لیتا ہے، اِس کے لیے بہت محنت کرنی پڑتی ہے۔ اِس کے ساتھ ساتھ کامیاب افراد حکمت عملی بناتے ہیں کہ کس طرح سے کامیابی کی منزل تک پہنچ سکتے ہیں۔ہمیں ایسے کئی نامور ادیب، شاعر، سیاست دان اور فنکار و کھلاڑی نظر آتے ہیں جو اپنی کارکردگی کی بناء پر دل کو جیت لیتے ہیں اور بڑی تعداد میں لوگ اِن کی تقلید کرتے نظر آتے ہیں۔

یہ سب کچھ کر کے ہی اِس مقام تک پہنچے ہیں۔

کامیاب افراد کیسے کچھ حاصل کرتے ہیں؟ یہ ایک اہم سوال ہے۔

آپ طالب علم ہیں، مدرس ہیں، کسی انتظامی عہدے پر فائز ہیں یا پھر آپ کو مطالعے کا شوق ہے تو آپ یہ بات بہت آسانی سے جان سکتے ہیں کہ کامیاب افراد کی زندگیوں میں تین چیزوں کا کردار اہمیت کا حامل ہے۔

پہلے ہم بات کریں گے منزل کے تعین پر،

کامیاب افراد پہلے سوچ لیتے ہیں کہ ہماری منزل کیا ہے اور ہم نے کیسے اُس تک پہنچنا ہے۔اِس کے حصول میں جو مسائل آئیں گے۔۔۔اُن کو کس طرح حل کرنا ہے۔

اِس کے بعد اہم ترین شے ہے محنت،

کامیاب افراد مسلسل محنت کرتے ہیں اور کرتے رہتے ہیں، جب تک وہ اپنے خواب کی تعبیر کو حاصل نہیں کر لیتے۔اِس کے بعد وقت کی پابندی اور وقت کے بہترین استعمال کو کامیابی کا اہم ترین نکتہ کہہ سکتے ہیں۔ اگر ہم اِس کو ضائع کریں گے تو پھر وقت نے ہمیں ناکام افراد کی فہرست میں لا کھڑا کرنا ہے۔ ناکامی سے سیکھنا آپ

کو کامیابی سے ہم کنار کر سکتا ہے کہ ایڈیسن کہا کرتا تھا کہ اُس نے ہزاروں تجربات کی ناکامی کے بعد ایک کامیاب تجربہ سے نئی شے ایجاد کی۔آپ نے یہ بات تو سن رکھی ہوگی کہ ناکامی کا کوئی باپ نہیں ہوتا، لیکن کامیابی کے ہزاروں باپ ہوتے ہیں یعنی کامیابی ایسی چیز ہے جو سب کے لیے اہمیت رکھتی ہے۔

کامیاب انسان بننے کے لیے مطالعہ کرنا ہوگا۔آپ طالب علم ہوں یا پھر کوئی عام انسان ۔۔۔آپ کو کامیابی حاصل کرنے کے لیے مطالعہ سے وابستہ رہنا ہے۔آپ کو اچھے نمبروں کے حصول کے لیے مطالعہ کرنا پڑتا ہے، اچھی نوکری کے امتحان کو پاس کرنے کے لیے پڑھنا پڑتا ہے۔اِس کے بعد کامیاب ہوتے ہیں اور ایک سند یا نوکری حاصل ہوتی ہے یعنی مطالعے کے بغیر آپ ادھورے کہلائے جا سکتے ہیں۔

آپ زندگی کے ہر معاملے میں اور اپنے مخصوص شعبے کے بہت سے مسائل و معاملات کو مطالعے سے جان سکتے ہیں اور اُن کے حل کی کوشش کر سکتے ہیں۔اِس لیے اگر مطالعے سے دوری اختیار کی تو پھر آپ کو بہت سے مسائل کا سامنا کرنا پڑے گا اور ہوسکتا ہے کہ ناکامی کا شکار ہو جائیں۔اِس لیے جو بھی کام کریں یا تعلیم حاصل کریں، اِس کے ساتھ چاہے آدھا گھنٹا ہی سہی لیکن مطالعہ کیجیے، یہ آپ کی روح کو پاکیزہ کرے گا اور ہوسکتا ہے کہ آپ کو درپیش مسائل کا حل اِسی کی بدولت علم میں آتا رہے۔ہر نوجوان کامیابی کی خواہش رکھتا ہے اِس لیے ضروری ہے کہ وہ مطالعے سے جڑا رہے۔جب تک مطالعے سے جڑے رہیں گے۔۔آپ دیکھیں گے کہ کامیابی کی جانب بڑھ رہے ہیں کہ مشاہدات، تجربات اور مطالعے کی بدولت تیزی سے منزل کی جانب بڑھیں گے کہ حوصلہ بلند ہوگا۔اِس کے ساتھ ساتھ اپنا تعلق کامیاب افراد سے جوڑے رکھیں کہ کامیابی، کامیاب افراد سے وابستگی کی بدولت حاصل کی جا سکتی ہے کہ وہ آپ کو ایسے گر بتائیں گے جس سے آپ کامیابی حاصل کریں گے اور کامیاب مشاورت یقینی طور پر بہترین نتائج سامنے لائے گی۔

اگر آپ ناکام افراد سے پوچھیں کہ وہ ناکام کیوں ہوئے تو وہ کہیں گے بہت کچھ خراب تھا تب ہی کامیابی نہیں ملی ۔۔۔درحقیقت وہ حوصلہ کم تھے تب ہی معمولی رکاوٹ پار نہ کر سکے اور سارا قصور حالات اور قسمت پر ڈال دیا۔اِس لیے بلند حوصلہ رکھیں اور کامیابی کے حصول کے لیے کامیاب افراد کی کہانیوں کو پڑھیں تاکہ جذبہ توانا ہو سکے اور آپ یہ نہ سمجھیں کہ منزل بہت دور ہے ورنہ ہار جائیں گے۔

☆÷÷÷☆

کتابوں سے عشق ہے تو کتب زمین پر کیوں؟

کتاب شعور بیدار کرتی ہے۔ہمیں زندگی گزارنے کے جہاں بہترین طریقے معلوم ہوتے ہیں وہیں تفریح بھی حاصل کرتے ہیں اور یہی سکون ہمیں بہت سے اہم مقاصد کے حصول میں مدد دیتا ہے۔
آپ قرآن مجید کو دیکھ لیجیے۔ہمیں ایک اچھی اور کامیاب زندگی گزارنے کے لیے کس قدر معلومات حاصل ہوتی ہیں یعنی ایک انسان کی پوری زندگی بدلنے میں ایک کتاب کا کردار بہت اہمیت کا حامل ہے۔
آپ کتاب کی اہمیت کو جاننا چاہتے ہیں تو یہ جان لیجیے کہ قرآن مجید کو ہم کتنی الفت سے بلند ترین سطح پر خوب صورت غلاف میں رکھتے ہیں۔تمام الہامی کتب کی اہمیت سے تو ہم واقف ہیں یعنی کتاب کا احترام ضروری ہے۔افسوس کی بات ہے کہ ہم یا کوئی بھی ایسا فرد جو کتب سے محبت رکھتا ہے وہ دنیا سے گزرتا ہے یا پھر مطالعے سے باغی ہو جاتا ہے تو پھر اُس کی کتب زمین پر رکھی جاتی ہیں اور فروخت ہوتی ہیں۔
یہ برسوں سے ہو رہا ہے اور ہوتا چلا جا رہا ہے۔ہم اپنے معاشرے میں نہ تو آج تک کتب کو وہ اہمیت دے سکے ہیں جو اُن کا حق بنتا ہے اور نہ ہی اُن ادیبوں کو دیتے ہیں جو ہماری زندگی کا دھارا بدلنے کے لیے ایک کے بعد ایک کتاب سامنے لاتے ہیں۔مغرب میں آج بھی لوگ کتب سے محبت رکھتے ہیں اور لکھنے والے لاکھوں کماتے ہیں۔لیکن ہمارے یہاں معاوضے کا نام تک کوئی سننے کو تیار نہیں اور نہ ہی کوئی کتاب کے لیے بھرپور تعاون کرتا ہے کہ کوئی ادیب کتب سامنے لا سکے۔یہ بات ہمیشہ یاد رکھیں کہ کتاب جہاں علم دیتی ہے وہیں ایک تاریخ بھی اپنے اندر سموئے ہوتی ہے۔اِس میں بیان کیے گئے واقعات بطور حوالہ استعمال ہوں تو یہ کسی تحقیقی کام کو چار چاند لگا دیتے ہیں۔اس لیے صاحب کتاب کی اہمیت زیادہ ہوتی ہے،کوئی برسوں سے لکھ رہا ہے تو اِس کی اتنی پہچان نہیں ہوتی لیکن جب کتابی صورت میں تحریریں سامنے آتی ہیں تو وہ اپنی ایک پہچان بنا لیتا ہے۔اِسی طرح کوئی کتاب اپنی پہچان بنا لیتی ہے۔جیسے "آپ بیتیاں" کتاب میں تیس نامور ادیبوں کی سرگزشت اور ''عالمی ادیب اطفال اردو ڈائریکٹری'' میں شعراء اور ادیبوں کی معلومات محفوظ ہوئی ہیں تو ایک

تاریخ رقم ہوگئی ہے۔

جب بھی کوئی اِن آپ بیتیوں یا ڈائریکٹری کے حوالے کچھ لکھے گا تو وہ مستند ہوگا۔ کیوں کہ کتاب میں موجود تحریریں جھوٹ نہیں بولتی ہیں، زبانی بات فضا میں گھل سکتی ہے۔لیکن کتاب میں موجود ہر شے ایک طاقت رکھتی ہےاور وہی تلخ یا غیر مستند ہوگی تو پھر کتاب کی ساکھ مجروح ہوگی۔

جو کتاب میں بیان ہوا ہے وہ حقیقت ہے یا افسانہ۔۔۔۔ یہ سب ایک محقق ثابت کرسکتا ہے۔ اِس لیے یہ کہا جا سکتا ہے کہ کتب کی اہمیت کتاب سے حقیقی محبت کرنے والا سمجھ سکتا ہے۔ وہ تمام احباب جو کتب سے محبت رکھتے ہیں اِن میں سے اکثر یہ سوچتے ہیں کہ کسی کو پرانی کتاب تحفے میں دینے سے بہتر ہے کہ وہ نئی خرید کردیں۔ اس سے نئی کتب کوتو خوبصورت الماری میں جگہ مل جاتی ہے۔لیکن پرانی اور بوسیدہ کتابیں مالک کی بے اعتنائی یا دنیا سے گزر جانے کے بعد لاوارث ہو جاتی ہیں۔ اِن پر جو ستم گزرتا ہے، وہ بے زبان بتا نہیں سکتی کہ کیا گزری ہے۔لیکن اِن کی حالت کتب کے شوقین کو اپنا حال بتا دیتی ہے کہ یہ کتنے سرد و گرم حالات سے گزر چکی ہے۔

یہاں یہ بھی کہا جا سکتا ہے کہ جو کتب اہمیت کی حامل نہیں یا بے کار ادب کی حامل ہیں، وہ اِس صورت حال کی ذمہ دار ہیں تو ہم اِس پر اتفاق کر سکتے ہیں۔ حقیقت یہ بھی ہے کہ سب کتب ایک جیسا معیار نہیں رکھتی ہیں۔ وہ کتب جو زمین پر رکھ کر بیچی جاتی ہیں اگر چہ وہ کسی نہ کسی فرد کی روزی روٹی کا سبب بن رہی ہیں۔لیکن یہ افسوس ناک بات ہے کہ کسی بھی ایسے ادیب کی کتب جو برسوں قارئین سے پذیرائی حاصل کرتا رہا ہے، وہ بعد از مرگ اِس قدر بے وقعت ہو جائے کہ اُس کی کتب زمین پر پڑی ہوں۔

یہ ایک المیہ کہا جا سکتا ہے اور دوسری طرف شاید یہ بھی کہا جائے تو غلط نہ ہوگا کہ اُس کی کتاب ایسے شخص کے ہاتھ لگی جسے کتاب سے محبت اور تقدس کا علم نہیں تھا۔ اگر دورِ حاضر کے ادیبوں کی بات کی جائے تو یہ المناک صورت حال ہوگی کہ اپنے زعم میں خود کو شہرت یافتہ سمجھنے والے یا پھر نامور ادیب اپنی کتاب کو زمین پر دیکھیں تو کس قدر دلگیر ہو جائیں گے۔ دوسری بات یہ ہے کہ اُن کی کتب جو زمین پر رکھ کر بیچی جارہی ہیں وہی برسوں بعد انمول ہو جائیں اور بھاری قیمت پر خریدی جائیں۔ اِس حوالے سے قلم کار کیا کہتے ہیں، اُن کی رائے ملاحظہ کیجیے:

صاعقہ علی نوری کچھ یوں فرماتی ہیں: ”کتابیں تہذیب کا آئینہ ہیں۔ ہماری تہذیبی اقدار خالص نہیں رہیں۔ ہم آج ملٹن، ورڈز ورتھ، ایڈگر ایلن پو اور اسی جیسے دوسری تہذیبوں کے چشموں سے اپنی جمالیاتی حس کی تسکین کا

سامان کر رہے ہیں۔ہم لوگوں نے اغیار کی تہذیب کو اپنا اوڑھنا بچھونا بنا لیا۔ جب ہم دوسروں کی تہذیبی اقدار میں دلچسپی لیں گے تو ہمارے اپنے غالب، اقبال، مومن و داغ تو سڑکوں پر ہی آئیں گے۔ جو قوم اپنا لباس اتار کر دوسروں کا لباس پہنتی ہے تو ان کا لباس سڑکوں چوراہوں پر ہی لٹکتا ہوا ملتا ہے۔ آج اگر کتابیں سڑکوں ٹھیلوں پر نظر آ رہی ہیں تو اس کی وجہ صرف یہی ہے کہ ہم سب نے کتاب کے قاری پیدا ہی نہیں کیے۔ جو لے دے کر چند پڑھنے والے ملتے بھی ہیں تو غیر تہذیب کے دلدادہ، ایسے میں آپ کیسے یہ توقع کر سکتے ہیں کہ کتابیں ہمیں معاف کریں گی اور اپنا ٹھکانہ ہمارے گھر، مدرسے یا دفاتر کو چنیں گی۔''

شہزاد بشیر فرماتے ہیں: ''مسئلہ یہ نہیں کہ کتابیں زمیں پر کیوں ہیں بلکہ مسئلہ یہ ہے کہ کتابوں کی قدر کس کو ہے؟ جس قوم کو نایاب کتابیں سڑکوں اور ٹھیلوں پر ملتی ہیں۔ اس کا مستقبل بھی اس کے سوا کیا ہو سکتا ہے کہ دنیا کے بازار میں یہ قوم سڑک پر پڑی کوئی چیز ہی سمجھی جائے۔''

شہزادی ہدیٰ انجم کہتی ہیں: ''کتب کو موبائل لائبریری کی طرح موبائل شاپ میں بیچنا چاہیے۔ کسی محلے میں لے جائیں تو کبھی کسی محلے میں۔۔۔ کئی لوگ ذوق رکھتے ہیں وہ خرید سکتے ہیں اور جو لوگ کتابیں فروخت کرتے ہیں گھر میں جگہ نہیں یا شوق رکھنے والے نہ رہے ہوں تو ان کو سکول لائبریری یا پبلک لائبریری کو دے دینی چاہئیں۔''

شاہ رخ گل کے بقول: ''المیہ یہ ہے کہ بہترین کتابیں ہمیشہ فٹ پاتھ یہ سڑک کنارے ہی ملیں۔''

کرن مغل کہتی ہیں: ''جوتے خوب صورت الماریوں میں ہوتے ہیں اور کتابیں زمین پر ایسی قوم کیا ترقی کرے گی۔''

دانیال حسن چغتائی کے بقول: ''کتاب سے بڑھ کر کوئی اچھا دوست یا رفیق نہیں۔ یہ ہمیں شعور حیات دیتی ہے اور کردار سازی میں معاون ثابت ہوتی ہے۔ کتاب زندگی ہے۔ چینی کہاوت ہے کہ اگر آپ تین دن کتاب نہ پڑھیں تو آپ کی گفتگو پھیکی ہو جاتی ہے۔ معاشرے کا اہل علم طبقہ آج بھی کتاب کو سینے سے لگائے بیٹھا ہے۔ علم کے متلاشیوں کو تو کتاب پڑھے بغیر نیند بھی نہیں آتی۔ کتابوں کی حد سے بڑھی ہوئی قیمتیں کتب بینی کے رجحان میں ایک بنیادی رکاوٹ کا کام کر رہی ہیں یہی وجہ ہے کہ ملک بھر کے کئی اہل ادب کی تشفی پرانی کتابوں کے بازار کے ذریعے پوری ہوتی ہے۔ یہاں نادر و نایاب کتب برائے نام قیمت پر مل جاتی ہیں۔ لیکن اس سب کے ساتھ جو افسوس ناک صورت حال راقم نے اردو بازار لاہور میں دیکھی وہ کتب کا زمین پر رکھ کر

فروخت ہوتے دیکھنا تھا۔ اگر جوتے شیلف میں اور کتاب زمین پر رکھ کر بیچی جائے گی تو وہی ہوگا جو آج ہمارے ساتھ ہو رہا ہے۔ کتابوں کی بدولت ہی طالب علم علم کے سمندر میں غوطہ لگاتا ہے، اس کی بوندوں سے استفادہ حاصل کرتا ہے، لہذا ہر طالب علم پر ضروری ہے کہ جس طرح طالب علم اپنے استاد کا ادب واحترام بجا لاتا ہے، اگر استاد کو زمین بوس کر دیا جائے تو علم کتنا بچ پائے گا؟ اسی طرح اپنی کتابوں کا بھی احترام کرے، کیونکہ باادب بانصیب، بے ادب بے نصیب۔ میں اپنی بات کا اختتام کرتے ہوئے صرف اتنا کہوں گا کہ اس صورت حال کا سدباب کیا جائے۔ نئی نسل تک اس ورثے کو منتقل کیا جائے اور کتاب کی عظمت کو نئی نسل کے اذہان میں سمودیا جائے وگرنہ دوسری صورت میں بقول شاعر ہماری داستاں تک نہ ہوگی داستانوں میں۔''

فاکہہ قمر عرض کرتی ہیں: ''کتابوں سے محبت کا دعوی ہر کوئی کرتا ہے لیکن افسوس اس کی حرمت کو برقرار کم لوگ رکھتے ہیں۔ مجھے دکھ ہے کہ لکھاری ایک دوسرے کے کام پر تنقید کرتے اور کیچڑ اچھالتے رہ جاتے ہیں اور ان کی کتابیں مٹی کی نظر سڑک پر پائی جاتی ہیں۔ یہ المیہ ہے کہ نفرت اور بغض کی آگ میں اندھے لوگ درحقیقت ادب کے نہیں بلکہ بذات خود اپنے دشمن بن جاتے ہیں۔ اسی وجہ سے ان کے کام کی وہ تکریم نہیں ہوتی جو ہونی چاہیے۔ اس زمرے میں ادیبوں پر کڑی ذمہ داری ہے کہ اپنی اور دیگر مصنفین کی نگارشات کی حرمت کو قائم رکھنے کے لیے عملی اقدامات کریں۔''

میری خواہش ہے کہ ہم کتب دوسروں کو بطور تحفہ دینے کا سوچیں جو اِن کی حفاظت کر سکیں تاکہ بے حرمتی نہ ہو سکے۔ مخیّر حضرات اگر مناسب سمجھیں تو جہاں کتب کو زمین پر رکھ کر بیچا جا رہا ہے، وہاں پر ایسا انتظام کر دیا جائے کہ کتب کو لکڑی کی مخصوص انداز کی ریڑھی یا موبائل گاڑی / آٹو رکشہ یا کسی بھی مارکیٹ میں دکان کے اندر رکھ کر فروخت کیا جائے۔ اِس حوالے سے زمین پر کتب رکھ کر بیچنے والوں کو سرکاری طور پر بھی سہولیات دی جائیں تو اُن کو مستقل بنیادوں پر روزگار ملے گا اور کتب کی اہمیت بھی خوب اُجاگر ہوگی۔ قارئین کے نام یہی پیغام چھوڑنا ہے کہ جب کتب سے محبت ہے تو پھر کتب زمین پر کیوں رکھیں۔ اِس حوالے سے اپنی سطح پر جو کچھ کر سکتے ہیں وہ کریں۔ کیوں کہ یہی کتب سے سچی محبت ہوگی۔ اگر کتاب میلوں میں کتب کو بہترین طریقے سے سجا کر فروخت کرایا جا سکتا ہے تو یہی عمل زمین پر پڑی کتاب کے لیے بھی دہرایا جا سکتا ہے۔

اللہ آپ کو کتابیں پڑھنے، تقسیم کرنے اور اُن سے حقیقی محبت کی توفیق عطا فرمائے۔ آمین۔

☆÷÷÷☆

کتاب میلے اور کتب بینی کا رجحان

کتابیں تیری ساتھی ہیں، کتابوں سے محبت کر
کتابوں سے گلے مل اور دل سے ان کی چاہت کر
کتابیں ذہن و دل کے سارے پردے کھول دیتی ہیں
کبھی جو کہہ نہیں سکتے کتابیں بول دیتی ہیں

اچھی کتاب شعور بیدار کرتی ہے۔ ہمیں زندگی گزارنے کے جہاں بہترین طریقے معلوم ہوتے ہیں وہیں تفریح بھی حاصل کرتے ہیں اور یہی سکون ہمیں بہت سے اہم مقاصد کے حصول میں مدد دیتا ہے۔ آپ قرآن مجید کو دیکھ لیجئے ہمیں ایک اچھی اور کامیاب زندگی گزارنے کے لیے کس قدر معلومات حاصل ہوتی ہیں یعنی ایک انسان کی پوری زندگی بدلنے میں ایک عمدہ کتاب کا کردار بہت اہمیت کا حامل ہے۔ آپ کتاب کی اہمیت کو جاننا چاہتے ہیں تو یہ جان لیجیے کہ قرآن مجید کو ہم کتنی الفت سے بلند ترین سطح پر خوب صورت غلاف میں رکھتے ہیں۔ تمام الہامی کتب کی اہمیت سے تو سب واقف ہیں یعنی کتاب کا احترام ضروری ہے۔

بھارت سے تعلق رکھنے والے خان حسنین عاقب نے کتابوں کے حوالے بہت لاجواب پیغام اشعار کی صورت ہمارے سامنے رکھا ہے۔ اِن اشعار سے کتب کی قدر و قیمت بہ خوبی عیاں ہوتی ہے۔

ترے دل پر ہے، تو چاہے تو تقلیدِ روایت کر
کتابیں تیری ساتھی ہیں، کتابوں سے محبت کر
اندھیرے میں اجالے کی کوئی تنویر ہو جیسے
کتابوں کا ورق ہر اک کوئی تصویر ہو جیسے
کہ جس پر لفظ تتلی کی طرح زندہ ہوں، تابندہ

کہ جس کے سامنے اچھے سے اچھا گل ہو شرمندہ
محبت کا صحیفہ ہیں، صحیفوں کی تلاوت کر
کتابیں تیری ساتھی ہیں، کتابوں سے محبت کر

اُس دور میں جب کہا جا رہا ہے کہ کتب خریدنے والے کم ہو گئے ہیں ایسے میں کتاب میلوں کا انعقاد بہت اہمیت کا حامل ہو چکا ہے۔ اِن میلوں سے پیغام پھیل رہا ہے کہ کتاب کی اہمیت ہر دور میں برقرار رہے گی۔ اگر چہ کتب پڑھنے کی جانب نوجوانوں کا رجحان کم ہے لیکن کئی نوجوان دوران سفر مطالعے میں مشغول دکھائی دیے ہیں جو اِس بات کا ثبوت ہے کہ اچھی کتب آج بھی پڑھی جاتی ہیں۔ عمدہ اور معیاری کتب کے حصول کے لیے کتاب میلوں کی اہمیت سے انکار نہیں کیا جا سکتا ہے۔

ملک بھر کے اشاعتی ادارے اپنی کتب اِن میلوں میں رکھتے ہیں جس سے قارئین کو من پسند کتب کی خریداری کا موقع ملتا ہے۔ کتاب میلوں میں اگر تعلیمی اداروں کے طلباء کی شرکت کو یقینی بنایا جائے تو مطالعے کے رجحان میں اضافہ ہو سکتا ہے۔ اِس کے لیے والدین کو اپنی ذمہ داری ادا کرنے کی ضرورت ہے کہ جب بچے والدین کو کتب سے محبت کرتا دیکھیں گے تو وہ کتاب کے عشق میں گرفتار ہو جائیں گے۔ اور موجودہ صدی کتابوں کی آخری صدی قرار دی جاتی ہے، اِس کی نفی ہو جائے گی۔

کاغذ کی یہ مہک، یہ نشہ روٹھنے کو ہے
یہ آخری صدی ہے کتابوں سے عشق کی

کتب میلوں کا دورانیہ زیادہ سے زیادہ تین دنوں کے لیے ہونا چاہیے تا کہ طلباء، اساتذہ اور والدین کے ساتھ ادب میں دل چسپی رکھنے والے بھرپور شرکت کر سکیں۔ کتاب میلے کے انعقاد کے لیے بھاری رقم ادا کر کے جگہ مختص کروانی پڑتی ہے اور زیادہ فروخت نہ ہونے کی صورت میں ناشران کو نقصان اُٹھانا پڑتا ہے، اِس حوالے سے بہتر ہو گا کہ میلے کا دورانیہ کم ہو تا کہ زیادہ سے زیادہ لوگ شریک ہو سکیں۔ جن اشاعتی اداروں کی اسٹالز خریدارنے کی استطاعت نہ ہو یا ایسے ادیب جو اپنی مدد آپ کے تحت کتب شائع کروا رہے ہیں۔ اُن کو بھی اپنی کتب کے فروخت کرنے کے لیے سہولت فراہم کرنی چاہیے۔

کتب میلوں میں بچوں کو کہانیاں سنانے کا سلسلہ ہونا چاہیے تا کہ کتب بینی پر مائل کیا جا سکے۔ کچھ ایسے انعامی سلسلے بھی ہونے چاہئیں جس میں شرکت کرنے والوں کو نامور ادیبوں کی کتب انعام میں دی جائیں۔ ہر

اشاعتی ادارہ ادیبوں کو اپنے اسٹال پر آنے کی دعوت دے تا کہ ملاقات کے بہانے نونہال کتب میلوں میں شرکت کریں۔ جس سے کتاب خریدنے والوں کی تعداد میں اضافہ ہوتا دکھائی دے گا۔لیکن اہم سوال یہ بھی ہے کہ کیا تخلیق کاروں کو اپنی کتب کی فروخت کے لیے کتب میلے میں بطور Sale Man شمولیت اختیار کرنی چاہیے اور اپنی ساکھ کو داؤ پر لگانا چاہیے۔ ماضی کے کئی نامور شعراء اور ادیبوں نے کبھی ایسا نہیں کیا ہے کہ وہ فروخت کے لیے کسی ناشر کے اسٹال پر موجود رہے ہوں۔ کتاب میلے میں شرکت اِس اعتبار سے قابل قبول ہو سکتی ہے کہ پرستاروں اور ہم عصروں سے ملاقات کی جائے۔

کتاب میلے کتب کی اہمیت کے لیے لگائے جاتے ہیں۔ اِس لیے یقینی بنایا چاہیے کہ اشاعتی ادارے معیاری کتب فروخت کے لیے پیش کریں جو کہ کتب بینی کے رجحان کو فروغ دینے میں اہم کردار ادا کریں۔ اگر غیر معیاری کتب فروخت ہوئیں تو یہ ہوسکتا ہے کہ قارئین کتب میلوں میں کتب خریدنے کے لیے نہ آئیں۔ چند ناشران کتابوں کی قیمت اتنی زیادہ رکھ دیتے ہیں کہ کتاب میلے میں پچاس فیصد رعایت پر بھی کتب منہگی محسوس ہوتی ہے اِس حوالے سے حکمت عملی طے کرنی چاہیے اور ناشران کو کم قیمت اور معیاری کتب کی فراہمی کو یقینی بنانا چاہیے۔ ایک سوال یہ بھی ہے کہ جب کتب میلے میں کتابیں پچاس فیصد رعایت پر مل سکتی ہیں تو عام دنوں میں اُنھیں منہگے داموں کیوں فروخت کیا جاتا ہے؟

کتب میلوں کی کامیابی کا دارومدار اِس بات پر ہے کہ کتاب میلے میں کتنی کتب فروخت ہوئی ہیں۔ یہ ایک غلط نظریہ ہے، اِس کی روک تھام ضروری ہے۔ کیوں کہ لاکھوں روپے کی کتب فروخت ہونا کبھی بھی یہ ثابت نہیں کرتا ہے کہ پڑھنے والوں کی تعداد میں اضافہ ہو رہا ہے۔ اکثر لوگ محض کتب خانے کو سجانے کے لیے بھی کتابیں خریدتے ہیں تا کہ اُنھیں علم دوست قرار دیا جائے۔ اِس لیے ضرورت اس امر کی ہے کہ کتاب میلوں کو کتب بینی کے رجحان میں اضافے کا سبب بنانا چاہیے تا کہ کتب شائع ہوتی رہیں۔ اگر اِس کے برعکس حالات دکھائی دیں گے تو کتاب بکتی رہے گی لیکن مطالعے کا رجحان رفتہ رفتہ ختم ہو جائے گا۔

☆÷÷÷☆

مادری زبانوں کا عالمی دن اور ادب اطفال

مادری زبان کی اہمیت کے حوالے سے ایک قصہ روس کے عالمی شہرت یافتہ مصنف رسول حمزہ توف کی کتاب ''میرا داغستان'' میں بیان ہوا ہے، اِسے دل سے پڑھیں۔

ایک دفعہ میں پیرس کے ادبی میلے میں شریک ہوا تو وہاں میری آمد کی خبر سن کر ایک مصور مجھ سے ملنے آیا اور کہا:

''میں بھی داغستانی ہوں، فلاں گاؤں کا رہنے والا ہوں۔لیکن تیس برس سے یہاں فرانس میں ہوں۔''

داغستان واپسی پر میں نے اُس کے عزیزوں اور ماں کو تلاش کیا۔

اِس مصور کے بارے میں اُس کے خاندان کو یقین تھا کہ وہ مر چکا ہے۔

مصور کی ماں یہ خبر سن کر بہت حیران ہوئی۔ اُس ماں کو علم ہی نہ تھا کہ اِس کا بیٹا ابھی تک زندہ ہے۔

میں نے مصور کی ماں کو یقین دلاتے ہوئے کہا:

''آپ کا بیٹا واقعی زندہ ہے اور فرانس میں خوش وخرم ہے۔''

یہ سن کر اُس کی ماں بہت روئی۔ اِس دوران مصور کے رشتہ داروں نے اُس کے وطن چھوڑنے کا قصور معاف کر دیا تھا۔ کیوں کہ اُنھیں یہ جان کر مسرت ہوئی کہ اُن کا کھویا ہوا عزیز ابھی زندہ ہے۔

مصور کی ماں نے مجھ سے پوچھا:

''بتاؤ... اُس کے بالوں کی رنگت کیسی ہے؟ اُس کے رخسار پر جو تِل تھا کیا اب بھی ہے؟ اُس کے بچے کتنے ہیں؟''

اور پھر دفعتاً مصور کی ماں نے پوچھا:

''رسول! تم نے میرے بیٹے کے ساتھ کتنا وقت گزارا؟''

میں نے کہا: ''ہم بہت دیر بیٹھے رہے اور داغستان کی باتیں کرتے رہے۔''

پھر اُس کی ماں نے مجھ سے ایک اور سوال کیا:

''اُس نے تم سے بات چیت تو اپنی مادری زبان میں کی ہوگی؟''

''نہیں۔۔۔ہم نے ترجمان کے ذریعے بات چیت کی۔میں ازبک بول رہا تھا اور وہ فرانسیسی۔ وہ اپنی مادری زبان بھول چکا ہے۔''

مصور کی بوڑھی ماں نے یہ سنا اور سر پر بندھے سیاہ رومال کو کھول کر اپنے چہرے کو چھپا لیا جیسے پہاڑی علاقوں کی مائیں اپنے بیٹے کی موت کی خبر سن کر اپنے چہروں کو ڈھک لیتی ہیں۔اُس وقت اوپر چھت پر بڑی بڑی بوندیں گر رہی تھیں، ہم داغستان میں تھے، غالباً بہت دور دنیا کے اُس سرے پر پیرس میں داغستان کا وہ بیٹا بھی جو اپنے قصور پر نادم تھا، آنکھوں سے برستے ان انمول آنسوؤں کی آواز سن رہا ہوگا۔

پھر ایک طویل خاموشی کے بعد ماں نے کہا:

''رسول! تم سے غلطی ہوئی۔میرے بیٹے کو مرے ہوئے ایک مدت بیت گئی۔جس سے تم ملے وہ میرا بیٹا نہیں؟ کوئی اور ہوگا کیوں کہ میرا بیٹا اُس زبان کو کس طرح بھلا سکتا ہے جو میں نے اُسے سکھائی تھی۔''

میں حیرت اور صدمے سے کوئی جواب نہ دے سکا تو اُس بوڑھی عظیم ماں نے کہا:

''رسول۔۔۔اگر وہ اپنی مادری زبان بھول چکا ہے تو میرے لیے وہ زندہ نہیں، مر چکا ہے۔''

اِس واقعے کو سمجھنے کے بعد یہ احساس ہو چکا ہے کہ کسی زبان کی بقاء کا راز کیا ہے۔

جب تک انفرادی سطح پر اِس حوالے سے کوشش نہیں ہوگی اور ہم اپنے بچوں کو مادری زبان سے متعارف نہیں کروائیں گے، اُس کی اہمیت نہیں آگاہ گے تب تک مادری زبانوں کو زندہ رکھنے کی کوئی کوشش کامیابی سے ہمکنار نہیں ہو سکے گی۔

"جو اپنی مادری زبان بھول گیا، گویا وہ زندہ ہوتے ہوئے بھی کسی کام کا نہیں ہے۔"

آپ نے یہ بات تو ضرور سن رکھی ہوگی کہ ''کسی قوم کو مٹانا ہو تو اُس کی زبان مٹا دو۔''

اِس لیے ہر شخص کو کم سے کم دو زبانیں لازمی سیکھنی چاہیے تاکہ سیکھی جانے والی زبان کی بقاء کو کوئی خطرہ لاحق نہ ہو۔اِس وقت دنیا میں سب سے زیادہ زبانیں پاپوانیوگنی میں بولی جاتی ہیں۔جہاں کل زبانوں کا 12 فیصد یعنی 850 زبانیں بولی جاتی ہیں۔800 زبانوں کے ساتھ انڈونیشیا دوسرے، 500 کے ساتھ نائیجیریا تیسرے، 425 کے ساتھ بھارت چوتھے اور 311 کے ساتھ امریکا پانچویں نمبر پر ہے۔آسٹریلیا میں 275 اور چین میں 241 زبانیں بولی جاتی ہیں۔

دنیا میں سب سے زیادہ بولی جانے والی مادری زبان چینی ہے جسے دنیا کی 16 فیصد آبادی یعنی 1 ارب 20

کروڑ افراد بولتے اور سمجھتے ہیں۔ اِس کے بعد 42 کروڑ 50 لاکھ ہندی، 43 کروڑ ہسپانوی، 34 کروڑ انگریزی اور 20 کروڑ افراد عربی بولتے ہیں۔ بولی جانے والی زبانوں میں پنجابی گیارہویں اور اردو انیسویں نمبر پر ہے۔ ماہرین لسانیات کے مطابق پاکستان بھر میں مختلف لہجوں کے فرق سے 74 زبانیں بولی جارہی ہیں جس میں لگ بھگ 48 فیصد پاکستانی پنجابی بولتے ہیں۔ دنیا میں اِس وقت تقریباً سات ہزار کے قریب زبانیں بولی جارہی ہیں۔

نومبر 1999 میں یونیسکو نے مقامی زبانوں کے احیاء و بقا کے لیے ''انسانی ثقافتی ورثہ کا تحفظ'' کی جنرل کانفرنس کے موقع پر 21 فروری کو مادری زبانوں کا عالمی دن منانے کا اعلان کیا۔ پاکستان میں ایک تحقیق کے مطابق مادری زبانوں (پنجابی، سرائیکی، پشتو، بلوچی، کشمیری، سندھی وغیرہ) میں بہت کم ادب اطفال رسائل شائع ہورہے ہیں جو المناک صورت حال کو ظاہر کرتا ہے۔

مادری زبان میں تعلیم کے حوالے سے ماہرین کا کہنا ہے کہ اِس طرح بچوں میں سیکھنے کا رجحان زیادہ ہوتا ہے اور وہ تنقیدی اندازِ فکر کے حامل بنتے ہیں۔ ہمارے ہاں مادری زبانوں میں بہت کم تعلیم دی جارہی ہے۔ پاکستان میں 21 فروری کو مادری زبانوں کا عالمی دن منانے کے لیے تقریبات کا انعقاد ہوتا ہے لیکن حیران کن طور پر ایسے اقدامات نہیں کیے جارہے ہیں کہ بچوں کو وسیع پیمانے پر اپنی مادری زبان پڑھنے، لکھنے اور بولنے کے لیے قومی سطح پر مواقع فراہم کیے جارہے ہوں۔ اِس حوالے سرکاری سطح پر سنجیدہ جدوجہد ہونی چاہیے اور کوشش کی جانی چاہیے کہ ادب اطفال ادیبوں کو ذمہ داری دی جائے تاکہ وہ بچوں کو مادری زبان سیکھنے، بولنے اور پڑھنے پر مائل کریں۔ اِس وقت بچوں کے لیے ''پکھیرو'' کے نام سے رسالہ پنجابی زبان کے فروغ کے لیے اہم ترین کردار ادا کررہا ہے۔ یہ بچوں کا معیاری رسالہ ہے جو کئی برس سے شائع ہورہا ہے۔ اِسی طرح سے ''مرلن جونیئر'' سندھی زبان میں شائع ہورہا ہے۔ دیگر زبانوں کے حوالے سے مستند اطلاعات نہیں ہے کہ بچوں کے لیے رسالہ شائع کیا جارہا ہے۔ یہ ایک سنگین صورت حال ہے کہ پاکستان میں اردو کو سرکاری سطح پر نافذ کرنے کی جدوجہد ہورہی ہے لیکن دوسری زبانوں کے فروغ کے لیے سنجیدہ کوشش نہیں کی جارہی ہے۔

اکادمی ادبیات پاکستان کو سال میں کم سے کم ایک بار سرائیکی، پنجابی، پشتو، سندھی اور بلوچی زبان کے ساتھ دیگر ایسی زبانوں جن کے معدوم ہونے کا خطرہ ہے، اُن زبانوں میں بچوں کا خاص شمارہ شائع کرنا چاہیے تاکہ قومی سطح پر پیغام پھیل سکے کہ حکومت زبانوں کی بقاء کے لیے سنجیدہ ہے۔ اگر ہر سال 21 فروری کے موقع پر

مادری زبانوں کے خاص نمبر کی اشاعت کو یقینی بنا دیا جائے تو یہ بہت بڑا انقلابی اقدام ثابت ہوگا۔

جامعات میں کم سے کم دو سے تین طلبہ کو ایم فل اور پی ایچ ڈی کے لیے مادری زبانوں کے انتخاب پر اسکالر شپ دینی چاہیے اور سرکاری سطح پر طلبہ کے لیے نوکریوں کا بندوبست ہونا چاہیے۔

انگریزی میڈیم اسکولز میں مادری زبانوں میں تقریری اور تحریری مقابلوں کا سلسلہ شروع ہونا چاہیے تا کہ طلبہ اپنی مادری زبان کو بولنے میں شرمساری محسوس نہ کریں اور بوقت ضرورت اپنی بات خوداعتمادی سے کہ سکیں۔ یہ بات یاد رکھنے کی ہے کہ مادری زبان کا خاتمہ تہذیب وتمدن اور ثقافت کا بھی خاتمہ ہے۔ بچوں کو نہ صرف مادری زبانوں میں تعلیم دی جائے بل کہ ادب اطفال پر مبنی مواد بھی فراہم کا جائے۔ جس سے کسی بھی زبان کے معدوم ہونے خطرات کم ہوسکیں۔

راقم السطور کے نزدیک مادری زبانوں کی بقاء ادب اطفال میں پوشیدہ ہے۔ بچوں کو اُن کی مادری زبان کا ادب پیش کیا جائے گا تب ہی وہ بولنا، پڑھنا اور لکھنا سیکھ سکیں۔ جب تک ایسا نہیں ہوگا تب تک ہر زبان کی بقاء خطرے میں رہے گی۔

☆÷÷÷☆

نونہالوں کی تعلیم و تربیت اور ادب اطفال رسائل

ادب اطفال سے مراد بچوں کے لیے لکھا جانے والا ادب ہے۔ جو اُن کی دل چسپی کے مطابق ہوتا ہے جس سے وہ بہت کچھ سیکھتے ہیں اور تفریح حاصل کرتے ہیں۔ بچوں کے لیے ایسا ادب ہونا چاہیے جو کہ اُن کی کردار سازی میں معاون ہو سکے۔

دیکھنے میں آیا ہے کہ کچھ نامناسب جملوں اور منفی سوچ کے تابع کہانیاں لکھی جا رہی ہیں۔ اِس سے بچوں میں منفی سوچ پیدا ہوگی یا وہ بُرائی کی طرف مائل ہو جائیں گے۔ یہ ہو ہی نہیں سکتا ہے کہ آپ بچوں کے لیے جو عنوان رکھیں وہ منفی نوعیت کا ہو، اور اُس کے نتائج مثبت سامنے آئیں۔ مثبت باتیں ہی اچھا اثر رکھتی ہیں جب کہ منفی طرز عمل بُرائی کی جانب مائل کرتا ہے۔ چند کہانی نویس کچھ ایسا لکھ رہے ہیں جو کہ بچوں کی تعلیم و تربیت کے لیے نہیں ہے۔ وہ کچھ ایسا لکھ رہے ہیں جن کی ضرورت بچوں سے زیادہ بڑوں کی ہے۔ یہ درحقیقت سنگین جرم ہے جسے نظر انداز کیا جا رہا ہے۔ راقم الحروف کو یہ دیکھ کر مایوسی ہوئی ہے کہ کہانی نویس بچوں کے نام پر ایسی کہانیاں لکھ رہے ہیں جن کا کوئی سر پیر نہیں اور رسائل میں قلم کار بڑے احترام کے ساتھ شائع ہو رہے ہیں۔ افسوس ناک امر یہ ہے کہ اُنھیں انعامات سے نوازا جا رہا ہے۔ یہ بے حد چونکا دینے والا انکشاف ہے۔

رسائل کو نونہالوں کی تعلیم و تربیت کے لیے شائع کیا جاتا ہے اور یہ دعوا کیا جاتا ہے کہ اُن کے اخلاق کو بہترین کیا جائے گا تو پھر نامناسب جملوں اور عشقیہ کہانیوں کی اشاعت کیوں اہم ہے۔ ایک ایسا معاشرہ جو مخلوط تعلیم حاصل کرنے والوں کو سنگین نتائج بھگتنے پر مجبور کرتا ہے، وہاں ایسی کہانیوں کی اشاعت لمحہ فکریہ ہے۔ جو بچوں کو جنس مخالف میں دل چسپی لینے پر اُکساتی ہیں۔ ادیبوں کے علم میں نہیں ہے کہ اُن کی کوتاہی بچوں کے ذہنوں کو کس قدر متاثر کر سکتی ہے۔ کچھ ادیب اچھی کہانیاں لکھ رہے ہیں وہیں کچھ کمزور کہانیاں بھی شائع ہو رہی ہیں۔ جس کی وجہ یہ ہے کہ کئی عمدہ لکھنے والوں کو شائع نہیں کیا جاتا ہے۔ اِس میں مدیران اور ادیبوں کا نظریاتی یا ذاتی اختلاف ہونا اہم عنصر ہے۔ اور کہیں گروہ بندی کی وجہ سے قلم کار مخصوص رسائل و اخبارات سے ہٹ کر

نہیں لکھ رہے ہیں۔ اِس کا خمیازہ نونہالوں کو بھگتنا پڑ رہا ہے کہ معیاری تحریروں کے فقدان کی وجہ سے رسائل کی فروخت کم ہوگئی ہے۔ مزید براں والدین کے علم میں یہ آچکا ہے کہ غیر معیاری مواد شائع کیا جا رہا ہے جو کہ سنگین المیہ ہے۔

اردو زبان کی ترویج و ترقی کے لیے مختلف احباب اور ادارے کام کر رہے ہیں۔ اِن کوششوں کو بچے رسائل سے دور ہوں گے تو بہت زیادہ نقصان پہنچتا ہے اور یہ براہ راست زبان سیکھنے میں حائل ہوتا ہے۔ کیوں کہ والدین رسائل خرید کر نہیں دیتے ہیں کہ وہ جانتے ہیں کہ مواد کیسا پیش ہو رہا ہے۔ جب نونہال اردو پڑھیں گے نہیں تو پھر وہ کیسے اِس زبان کو سیکھنے میں دل چسپی لیں گے۔ جب رسائل میں نامناسب تحریروں کی اشاعت ہوگی اور والدین کے علم میں آئے گا تو پھر رسائل کی خرید پر اثر پڑے گا۔ جب ایسا ہوگا تو بچوں کی تعلیم و تربیت اور تفریح کا ایک ذریعہ بند ہو جائے گا اور اردو زبان کی بقاء سنگین خطرات کا شکار ہو جائے گی۔

بچوں کے لکھاری جس طرح کی کہانیاں لکھ رہے ہیں اور جو کہانی رسائل میں شائع کی جا رہی ہے۔ اِن میں سے اکثر ایسی ہیں جو بچوں کے لیے قطعی غیر دل چسپ ہیں۔ کیوں کہ وہ ماضی کے لبادے میں سمائی ہوئی ہیں جن کا جدید دور میں پڑھنا مایوسی کا سبب بنتا ہے کہ عصر حاضر کے بچوں کی توقعات کچھ اور ہیں۔ اگر کہانیاں بچوں کے لیے دل چسپ اور مطالعے کی جانب راغب کرنے والی ہیں تو پھر جدید ایجادات کی بجائے رسائل اور کہانیوں کی کتب کی فروخت زیادہ ہونی چاہیے، لیکن ایسا نہیں ہو رہا ہے۔ ماسوائے چند ادیبوں کے دیگر کو اپنی کتب کی فروخت کے لیے جو کچھ کرنا پڑتا ہے، وہ ایک المیہ ہے۔

یہ بھی دیکھنے میں آیا ہے کہ کچھ لکھاری مشاہدے سے زیادہ فلموں، ڈراموں سے متاثر ہو کر مکالمے لکھ رہے ہیں۔ جن کو اگر کسی مہذب گھرانے کا بچہ بولے تو اُس کی شامت آجائے۔ کبھی کبھی اچھا لکھنے والے ایسا جملہ لکھ دیتے ہیں جو کہ قابل گرفت ہوتا ہے یعنی کوتاہی کسی سے بھی ہو سکتی ہے۔ لیکن کسی تحریر میں سنگین غلطی ہو تو پھر قلم کار اکیلا گناہ گار نہیں ہوتا ہے، اُس کی تحریر شائع کرنے والے بھی کٹہرے میں لائے جاتے ہیں۔ راقم نے بچوں کے لیے لکھنا شروع کیا تو اُس کی ایک اہم وجہ یہ تھی کہ ایسی کہانی پڑھنے کا اتفاق ہوا، جو بچوں کے لیے مناسب نہیں تھی۔ ایک ایسی کہانی پڑھنے کا اتفاق ہوا جسے پڑھ کر لکھاری کو بدترین کہانی کا ایوارڈ دینے کا دل کر رہا ہے۔ کہانی میں لکھاری نے بے حد غیر مناسب الفاظ میں جملے لکھے ہیں۔ رسالے کے مدیر نے اُس کہانی کو نجانے کیوں شائع کر دیا۔ لیکن لکھنے والا قصوروار ہے جو ایسا لکھ رہا ہے جو بچوں کے لیے زہر قاتل ہے۔ راقم کی ایک

کہانی محض اِس وجہ سے اشاعت کے لیے منتخب نہیں ہوئی کہ چوری کی ترغیب کا عنصر نمایاں تھا۔ اگر چہ کہانی میں دیا گیا پیغام چوری کے عنصر سے زیادہ طاقتور تھا لیکن ذمہ داری کا مظاہرہ کرتے ہوئے کہانی کو روک دیا گیا۔

آپ وہ جملے ملاحظہ کیجیے جو ہمیں کہانی ''جنگل لینڈ'' میں پڑھنے کو ملے ہیں۔

"بوتھی (شکل) سنبھال ہنومان کے بھتیجے"

"تمہاری مینگیں پہلے گول تھیں اب لمبوتری کیوں ہیں؟"

"او! میں صدقے، میں واری۔ کیا سیانی ہے میری رانی"

جب ایسا مواد لکھا جائے گا تو کوئی بتائے گا کہ کیوں والدین بچوں کو رسائل پڑھنے دیں گے۔ میرا مذکورہ رسالے کے مدیر اور لکھاری سے کوئی ذاتی اختلاف نہیں ہے۔ اِس بات کو تسلیم کرتا ہوں کہ رسالے کی دیگر تحریریں بہت عمدہ ہوں گی۔ لیکن آپ جانتے ہیں کہ محض ایک سنگین غلطی کبھی کبھی موت کے گھاٹ اتار دیتی ہے اُسی طرح ایک کہانی کئی ذہنوں کو خراب کر سکتی ہے۔ میری خواہش ہے کہ بچوں کے لیے مواد ایسا ہو جو ادب اطفال کی تعریف پر پورا اترے۔

مذکورہ کہانی پڑھ کر غم ہلکا نہیں ہوا تھا کہ ایک اور کہانی مطالعے میں آئی۔ جس نے سر پیٹنے پر مائل کر دیا۔ بچوں کے رسائل پڑھنے سے اندازہ ہو رہا ہے کہ دور حاضر میں کن موضوعات پر لکھنا سود مند ثابت ہو سکتا ہے۔ جس کہانی نے میرے پاؤں تلے سے زمین نکالی ہے۔ اُس کے چند اقتباس ملاحظہ کیجیے تا کہ آپ کو پتا چل سکے کہ ادب اطفال میں کیسے کیسے کارہائے نمایاں سرانجام دیے جا رہے ہیں۔

کہانی ''نئی نسل سنوارو'' میں کیا کچھ بیان ہوا، پیش خدمت ہے۔

''پھر وہ دن آیا جب اسے زچگی کے لیے ہسپتال لے جایا گیا۔ ڈاکٹر اسے کمرے میں لے گئی۔ ادھر شکیل اور اس کی ماں بے چینی سے انتظار کر رہے تھے۔ کچھ دیر بعد نرس نے آ کر بتایا۔ ''اللہ نے اپنی رحمت کرتے ہوئے بیٹی سے نوازا ہے۔''

بچوں کو زچگی کا مطلب کتنے والدین خوشی سے بتائیں گے؟

کیا نونہال اِس کی تشریح کے لیے اسکول کے استاد یا والدین سے رابطہ کریں گے۔

مذکورہ کہانی کا آپ ایک اور جملہ پڑھ لیجیے۔

''وہ اب بوڑھا ہو چکا تھا اس کی بیٹی بھی جوانی کی دہلیز پر قدم رکھ چکی تھی۔''

ہم اب بچوں کو یہ بات کیسے سمجھائیں گے کہ کوئی جوانی میں کب قدم رکھتا ہے۔ اِسی کہانی میں ایک جگہ کچھ یوں بیان ہوا ہے، پیغام خوب صورت ہے۔لیکن کیا یہ بچوں کی کہانی میں ہونا لازم تھا۔

''اکثر لوگ اسے طعنہ دیتے کہ پڑھ لکھ کر بگڑ جائے گی، اس کی عزت کا جنازہ نکالے گی مگر وہ کہتا کہ بیٹیوں کو پڑھانے سے عزت کا جنازہ نہیں نکلتا بلکہ نہ پڑھانے سے نسل کا جنازہ اُٹھ جاتا ہے۔۔۔۔۔''

ان جملوں نے تو رہی سہی کسر پوری کر دی ہے۔

''برادری کے کافی نوجوان خواہش مند تھے کہ خوشبو سے اپنی زندگی مہکائیں اور شادی کے بعد کی زندگی سکون سے گزرے اور ان کی اولاد بھی نیک کردار ہو۔''

''خوشبو کی ازدواجی زندگی پرسکون گزر رہی تھی کیونکہ اس نے بھرپور کوشش کی کہ اس کے شوہر اور سسرال والوں کو اس سے کبھی شکایت کا موقع نہ ملے۔''

مجھے سمجھ نہیں آتی ہے کہ ہم بچوں کو شادی بیاہ کے حوالے سے معلومات دے کر کس قسم کی تربیت کر رہے ہیں۔جنوں، پریوں اور بھوتوں کی کہانیوں میں یہی سب ہوتا دکھائی دیتا ہے۔'موچی کی شادی' کے عنوان سے شائع ہونے والی کہانی ثابت کر رہی ہے کہ شادی ایک ایسا معاملہ ہے جسے نونہالوں کو سمجھنا بے حد ضروری ہے۔اگر ایسی بات ہے تو پھر کسی کہانی کا عنوان 'موچی کا نکاح' بھی رکھ دینا چاہیے اور بچوں کو اُن تمام شرائط سے بھی آگاہ کرنا چاہیے جو کہ نکاح نامہ میں درج ہوتی ہیں۔اگر ہم نے سوچ لیا ہے کہ بچوں کو شادی بیاہ کے بارے میں آگاہ کرنا ہے تو پھر ایک قدم اور بڑھا لینا جرم نہیں ہوگا۔

یہ ایک المیہ ہے کہ ہم بطور ادیب اپنی ذمہ داری سے غفلت کا مظاہرہ کر رہے ہیں اور بچوں کو مطالعے سے دور کرنے میں اہم کردار ادا کر رہے ہیں۔اگر اِس طرح کی کہانیاں شائع ہوتی رہیں تو پھر بچوں کو والدین نے رسائل اور کہانیوں کی کتب کو چھونے سے بھی روک دیں گے۔اِس جانب سنجیدگی سے توجہ دینے کی ضرورت ہے تاکہ ادب اطفال جو کئی زبانوں کی بقاء کی ضمانت ہے، اُسے مزید زک نہ پہنچائی جا سکے اور اِس کے لیے معتبر ادبی جرائد اور نامور ادیبوں کو اپنی ذمہ داری ادا کرنی ہوگی تاکہ اِس کا تدارک کیا جا سکے۔

کہانی ''بے حس'' میں بیان کردہ چند جملے ملاحظہ کیجیے۔

''بیٹا! یہ سب کہنے سننے کی باتیں ہیں کون اس پر عمل کرتا ہے۔آج کل تو لوگ دین کی ان باتوں پر بالکل دھیان نہیں دیتے۔بس دنیاداری اور دکھاوے کے چکر میں بے شک ساری دولت لٹا دیں لیکن دین کے بتائے

ہوئے راستے پر چلنا انہیں مشکل لگتا ہے۔"

"تو نے بھی ماں کی طرح نصیحتیں شروع کر دیں۔ سب ٹالتے ہو، سمجھاتے ہو، کھانے کو کچھ نہیں دیتے، نصیحتوں سے پیٹ نہیں بھرتا، بھوک نہیں مٹتی۔"

"دیکھ بیٹا! ایسے بڑے لوگوں کو ہماری کیا پروا، یہ لوگ بے شک لاکھوں روپے فضول رسموں اور اپنی ناک کی خاطر لٹا دیتے ہیں لیکن کسی غریب یتیم کے سر پر دست شفقت رکھنے کو تیار نہیں اور تمہیں کہا کس نے تھا کہ ادھر جاؤ۔"

"آتا ہے یا میں تمہیں جوتیوں سے سمجھاؤں۔"

"جب سے اس کا میاں فوت ہوا تھا وہ اندر سے ٹوٹ چکی تھی اور بہت دکھی تھی۔ اس کا کسی چیز میں من نہیں لگتا تھا، وہ ہر وقت پریشان اور اداس رہتی تھی۔ اس لیے اس کی سہیلی جمیلہ اُسے جان بوجھ کر ساتھ چلنے کا کہہ رہی تھی تاکہ اس کا دل بہل جائے۔۔۔۔۔۔ سولہ سترہ سال کی عمر میں ہی اس کی شادی ہوگئی تھی اور میاں بھی شادی کے چند سال بعد اُسے بیٹے کی صورت میں ایک ذمہ داری دے کر دنیا سے چلا گیا۔۔۔"

بچوں کے رسالے میں جو کہ "کوہ قاف نمبر" ہے۔ اِس میں چند کہانیوں کے جملے قابل گرفت ہیں۔ ایک ہی شمارے کی کئی کہانیوں میں بچوں کے لیے کیا پیش کیا گیا ہے، یہ دیکھ کر بے حد افسوس ہوا ہے۔ جنوں، پریوں اور دیو کے کرداروں کے لیے بھی اگر موضوعات محض شادی بیاہ اور محبت کے رہ گئے ہیں تو پھر بچوں کی اخلاقیات کا جنازہ ہی نکلنا ہے۔ یہ جان کر بے حد افسوس ہوا کہ مذکورہ خاص نمبر میں شائع کردہ دو کہانیوں کو انعام کے لیے بھی منتخب کر لیا گیا جو کہ قابل افسوس ہے۔

کہانی "جن زاد" کے چند جملوں پر غور کیجیے۔

"سن تو سہی یار۔ بڑی خوبصورت ہے ایسی کے ایک بار دیکھو تو دوبارہ دیکھنے کو من کرے گا۔"

عثمان بول رہا تھا۔

"بولتا جا، میں سن رہا ہوں رک مت۔" میں نے عثمان سے کہا۔

اس نے میرے تھوڑا قریب ہو کر کہا؛ "یار وہ اکیلی رہتی ہے، نہ گھر سے باہر نکلتی ہے، نہ آتی جاتی ہے۔۔۔ ساتھ والے میاں صاحب نے اسے سامان رکھتے ہوئے دیکھا تھا جب نئی آئی، وہ انہیں پسند آئی تو وہ انکی جاسوسی میں لگ گئے۔"

اس نے دروازہ کھول دیا۔ وہ واقعی سب سے الگ تھی۔ بہت حسین جیسے پری۔۔۔۔۔

اس جن زاد نے خوشی سے نعرہ لگایا اور مجھے بغلوں سے ہاتھ ڈال کر سینے سے لگالیا۔

اوہ۔۔۔ بھائی جن زاد۔ میں آدم زاد ہوں، خیال کرو، میرا۔۔ میں نے اُس کو کہا۔

کہانی ''نیلم پری کی واپسی'' کے اِن جملوں پر غور کیجیے۔

''تم مجھ سے شادی کی حامی بھروگی تبھی اس پنجرے سے آزاد ہوسکوگی۔'' بو نے دیو نے یہ کہتے ہوئے پری کو ایک خوبصورت پنجرے میں قید کردیا۔

''نہیں کبھی نہیں'' پری نے سر کو نفی میں زور زور سے ہلاتے ہوئے سختی سے انکار کیا۔ دیوا سے روتا چھوڑ کر وہاں سے چلا گیا۔ مالکہ عالیہ اپنی چہیتی کو آزاد کروانے کے جتن کرنے لگیں۔ دیو، نیلم پری کو بہت خیال رکھتا، اس کے لیے اچھے اچھے کھانا لاتا، اسے شادی کے لیے راضی کرنے کی کوشش کرتا لیکن پری کا انکار بدستور جاری تھا۔

ایک دن دیو کو غصہ آ گیا۔

''میں تم سے زبردستی بھی شادی کرسکتا ہوں، خوشی خوشی ہاں کردو ورنہ۔۔۔''

''میں نے ہمیشہ یہی دعا کی تھی مجھے موٹا شوہر نہ ملے لیکن دیکھو میری قسمت۔''

پری نے پھوٹ پھوٹ کر رونا شروع کردیا۔ دیو کیونکہ پری کو پسند کرتا تھا وہ اسے یوں روتا ہوا نہیں دیکھ سکتا تھا۔ وہ بنا کچھ کہے وہاں سے چلا گیا۔

''۔۔۔۔۔ تمہیں دیکھا تو دل ہار بیٹھا اور دل کے ہاتھوں مجبور ہوکر تمہیں یہاں لے آیا۔ تمہیں شادی پر مجبور کرنے لگا لیکن جب تم نے اپنے دل کی بات کہی تو میں شرمندہ ہوگیا۔ میں تمہیں دل سے چاہتا تھا اس لیے روتا ہوا نہیں دیکھ سکتا تھا۔'' دیو سانس لینے کو رکا۔

''تمہیں دیو سے شادی کے لیے ہاں کردینی چاہیے، وہ نیک فطرت تھا تبھی تمہارے ساتھ زبردستی شادی نہیں کی، تم سے محبت کرتا ہے تبھی اتنی محنت کی۔'' نیلم کے دل سے آواز آئی۔

''میں تم سے شادی کے لیے تیار ہوں لیکن یہ شادی پری محل میں ہوگی، میری والدہ کی مرضی سے۔ ان کی دعاؤں میں رخصت ہونا چاہتی ہوں۔''

کہانی ''کوہ قاف کا شہزادہ'' نونہالوں کے لیے لکھی گئی کہانی ہے۔ جو کسی طور ادب اطفال کہلانے کے لائق نہیں ہے۔ آپ اِن سطور کو پڑھیں اور دل پر ہاتھ رکھ کر بیان کریں کہ کیا واقعی یہ بچوں کے لیے ہے۔

''نکما جن نے قہقہہ بلند کر کے کہا'' اصلی مدعا بیان کر دیتا ہوں۔ شہزادے میاں! بات یہ ہے تمہارے پرستان میں مجھے ایک پری پسند آ گئی ہے۔ لیکن تمہاری ماں مجھے اس پری کا رشتہ دینے سے انکاری ہے۔ اب ہم نے تمہیں اغوا کر لیا ہے۔ اب تمہارے پر کاٹ کر تمہاری ماں کو بھیجوں گا تا کہ اسے یقین آ جائے تم ہماری گرفت میں ہو۔ پھر سودا ہو گا۔''

''شہزادہ لارج نے حالات دیکھ کر کہا:'' آپ میرے پر نہ کاٹیں، اگر آپ مجھے میری ماں کے پاس لے جائیں ۔میری ماں مجھ سے بہت پیار کرتی ہے، وہ میری بات مان جائے گی۔ میں آپ کو رشتہ لے کر دوں گا، پرستان کی جس پری کا بھی کہیں گے۔''

''کوہ قاف کی ملکہ'' کے اِن جملوں کی کاٹ دیکھیں اور بتائیں کہ ہم بچوں کو کیا سمجھا رہے ہیں۔ اُس دور میں جب بچے کتب کے مطالعے سے دور ہو رہے ہیں ایسے میں ایسی کہانیوں کی اشاعت المیہ ہے۔ اِن کہانیوں کو پڑھ کر والدین کبھی بچوں کو رسائل ہاتھ میں لینے کی اجازت تو درکنار اُنھیں دیکھنے بھی نہیں دیں گے۔

ادھر کسان کی بیٹی ایک زمیندار کے کھیتوں میں پہنچی اور اس کے ٹھاٹ باٹھ سے متاثر ہو گئی۔ کہنے لگی'' میں حسین ہوں اور جوان بھی، تمہارے پاس زمینیں ہیں کچھ میرے نام کرو گے تو ہمیشہ کے لیے تمہاری رہوں گی۔''

پھر کیا تھا کسان اس کی باتوں میں آ گیا۔

کہانی ''خوابِ حقیقت'' میں کیا بیان ہوا ہے وہ آپ کو چونکا دے گا۔ ذرا ملاحظہ کیجیے:

"ہاں۔ بچپن کا دوست۔ ہر چیز جس کی میں نے خواہش کی وہ دانیال نے اپنی قابلیت سے حاصل کر لی۔ یہاں تک کہ اس نے غزالہ کو بھی حاصل کر لیا۔" رمیز نے کہا۔

"اوہ۔ تو تم غزالہ کو پسند کرتے ہو۔" ڈاکٹر سائمن چونکا۔

" مگر غزالہ کو صرف دانیال نظر آتا ہے۔ ڈاکٹر۔ اگر دانیال درمیان سے نکل جائے تو مجھے غزالہ مل جائے گی اور آپ کو فارمولا۔" رمیز نے اس کی آنکھوں میں آنکھیں ڈالیں۔

کہانی ''چاندی کے بال'' میں بیان کردہ چند جملے ملاحظہ کیجیے۔

''بیٹیاں کب بڑی ہو جاتی ہیں پتہ ہی نہیں چلتا، اس کی سب سے بڑی بیٹی پرائے گھر کی ہونے کی عمر کو پہنچ چکی تھی۔''

''اور دو سال کا عرصہ بیت گیا تب تک دو اور بیٹیاں بھی جوانی کی دہلیز پر قدم رکھ چکی تھیں۔''

''بڑی بیٹی کرن کے لیے کئی رشتے آئے لیکن غربت دیکھ کر انکار کے سواء کسی نے کچھ نہ دیا۔''

''۔۔۔بڑی بیٹیوں کی جوانی پختگی میں ڈھلنا شروع ہوگئی۔۔۔''

''اسے علم تھا اکثر سسرال والے شادی کے بعد بچی کو جہیز کے بارے میں طعنے دے کر جینا حرام کر دیتے ہیں۔''

''اب تو اس کے سر میں چاندی کے تار چمکنے لگے تھے۔''

''اب بڑی بیٹیوں کے رشتے کے لیے ان کے گھر کوئی نہ آتا تھا اور پھر جب بات رشتے کے لیے ان کی ماں سے ہوتی تو وہ عجیب عجیب باتیں کرنے لگتی بس انکار کے سوا کچھ نہ ملتا۔''

اِس طرح کے جملے جو کہانیوں میں پیش کیے گئے ہیں۔اگر بچوں کو اِن سے کچھ اچھا سیکھنے کو ملے گا تو پھر بات ختم ہو جاتی ہے۔لیکن یہ بات سمجھنے کی ہے کہ نوعمری میں سنگین معاملات سمجھانے کی ضرورت کیوں پیش آ رہی ہے۔اور دوسری بات یہ ہے کہ لازمی نہیں کہ ہر پڑھنے والا بچہ اِسے مثبت لے۔اگر اُس نے منفی انداز میں لیا تو سوچ خراب کرنے کا ذمہ دار کون ہوگا؟ جس نے کہانی لکھی یا پھر جس نے وہ کہانی شائع کی؟

یہاں آپ یہ کہنے میں حق بجانب ہوں گے کہ بھئی کہانی میں کردار کی ضرورت کے تحت کچھ ایسا لکھا جا سکتا ہے۔ کہانی کے آخر میں سبق دیتے ہوئے بیان کیا جا سکتا ہے کہ اگر ایسے معیوب جملے یا بات کہیں گے تو پھر اُس کا انجام غلط ہوگا۔مگر جہاں تک میری سوچ ہے، میں اِس سے اختلاف کرتا ہوں کہ آپ بچوں کو مثبت انداز میں مکالمے بیان کرتے ہوئے کچھ سیکھنے پر مائل کر سکتے ہیں۔یہ ضروری نہیں ہے کہ آپ منفی طرزِ فکر کے جملوں سے بچوں کی تربیت کریں۔یہ بے حد سنگین معاملہ ہے جس پر نئے اور نام ور ادیبوں کو توجہ دینے کی ضرورت ہے۔یاد رہے کہ یہ وہ کہانیاں ہیں جو راقم الحروف نے پڑھی ہیں، اگر ماضی میں ایسی کہانیاں شائع ہوتی رہی ہیں تو اِن پر پہلے بات کیوں نہیں کی گئی ہے۔

یاد رکھیں کہ یہی وہ عنصر ہے جو سنگین صورت حال بنا چکا ہے۔دورِ حاضر کے ادبِ اطفال لکھاریوں کو سائنس فکشن، ماحولیات، منشیات سے نفرت، تعلیم کی اہمیت، وطن سے محبت، دین کی تعلیمات پر عمل، احترامِ انسانیت جیسے اور دیگر اہم موضوعات پر لکھنا چاہیے جن سے بچوں کو کچھ کر دکھانے اور اپنے اندر تبدیلی لانے کا موقع مل سکے اور وہ اچھے شہری بن سکیں، جس کے ہاتھ اور زبان سے دوسرے محفوظ رہیں۔مزاح پر مبنی کہانیاں ہوں یا پھر مذہب کے حوالے سے یا معلوماتی طرز کی، ہمیں بچوں کو صاف ستھرا مواد دینا ہے جس پر کوئی انگلی نہ اُٹھا سکے کہ ادب، ادب و آداب سکھاتا ہے۔

ادب برائے تفریح کے ساتھ تعلیم کے رجحان کو بھی فروغ دیا جائے۔ مکالمے ایسے ہوں کہ وہ روزمرہ زندگی میں استعمال کریں تو اُن کو کسی کی بات نہ سننی پڑے۔ اگر آج کے دور کے تقاضوں کے مطابق لکھا جائے تو بہتر ہوگا تاکہ جدید ایجادات اور رجحانات کے حوالے سے معلومات دی جاسکیں۔ دور حاضر کے بچوں کے لیے آج کے تقاضوں کے مطابق لکھا جائے گا تو ہی وہ رسائل وجرائد کی طرف مائل ہوسکیں گے۔ جدید دور میں ماورائی کرداروں کے حوالے سے کہانیاں یا ناول چند بچوں کے لیے قابل قبول ہوسکتے ہیں مگر بہتر یہی ہے کہ اُن کو عصر حاضر کے تقاضوں کے مطابق کردار تخلیق کر کے مواد پڑھنے کو دیا جائے۔ یہ بات ہر ادب اطفال قلم کار کو یاد رکھنی چاہیے کہ ہم جو لکھ رہے ہیں، وہ بچوں کے لیے لکھ رہے ہیں۔ اِس میں لفظوں کی جادوگری شامل نہیں ہونی چاہیے۔ آپ کی اِس حرکت سے مطالعے سے دور چلے جائیں گے۔ اُن کو اپنی بات آسان زبان میں بتا سکتے ہیں۔ چند لکھاری ایسے ہیں جو کہ اُردو میں انگریزی زبان کے استعمال کو ضروری سمجھتے ہیں کہ ایسا کرنے سے بچوں کے علم میں اضافہ ہوگا۔ اگر وہ اُردو زبان کے فروغ کے لیے سنجیدہ ہیں تو پھر اُن کو اُردو میں بات سمجھانی چاہیے۔ کچھ عرصہ قبل ہم نے ایک لکھاری کی تحریر کا مکمل جملہ انگریزی میں لکھا ہوا پڑھا۔ اُس لکھاری کو کون سمجھائے کہ آپ انگریزی کو رومن اردو میں لکھ کر بچوں کے ساتھ ساتھ زبان سے بھی دشمنی کر رہے ہیں۔ بچوں کو عام فہم زبان میں مضمون یا کہانی سمجھ آسکے گی۔ اُن کو وہ پڑھنے کو دیں جو وہ ازخود پڑھیں تو مشکل نہ لگے۔ جب تک بچوں کا ادب ایسی دلچسپ چیزوں پر تخلیق نہیں ہوگا کہ وہ پڑھنے کی طرف مائل ہوں تب تک بچوں کو نصابی کتب سے ہٹ کر رسائل وجرائد کی جانب مائل نہیں کیا جاسکتا ہے۔

اگر بچوں کو رسائل وجرائد وکتب بینی کی طرف مائل کرنا ہے تو پھر آپ کو شفاف جملہ سازی اور مکالموں سے دلوں کو جیتنا ہوگا کہ تفریح کے لیے عامیانہ سوچ کی بجائے مثبت طرز کی کہانی یا نظم متاثر کن ثابت ہوگی۔ اس بات کو سب تسلیم کرتے ہیں کہ بچوں کو آج پڑھنے سے دور لے جانے میں مخصوص لکھاریوں کا ہاتھ ہے۔ مگر یہ بات کھلے دل سے کوئی تسلیم نہیں کرتا ہے کہ ہم اُتنا اچھا نہیں لکھ پائے ہیں کہ دور حاضر میں بچے رسائل وجرائد سے اپنی محبت برقرار رکھ سکیں۔ بچوں کے لیے جدید تقاضوں اور اُن کے رجحان کے مطابق مضامین وکہانیاں لکھنا وقت کی اہم ضرورت بن چکا ہے۔ مجھے یقین ہے کہ جن امور کی نشاندہی کی ہے اِسے لکھاری سمجھنے کی کوشش کریں گے اور ایسا مواد پیش نہیں کریں گے جو ادب اطفال کی حقیقی تعریف کے منافی ہے۔

حوالہ جات:

۱۔

* کہانی: ''جنگل لینڈ''، مصنف ''غلام فرید کمبوہ''

ماہ نامہ بچوں کا میگزین، کراچی۔ جون 2022

۲۔

** کہانی: ''نسل سنوارو''، مصنف ''عبدالرحیم عزم''

ماہ نامہ کرن کرن روشنی، ملتان۔ اگست 2022

۳۔

*** کہانی: ''بے حس''، مصنف ''عبدالرحیم عزم''

ماہ نامہ انوکھی کہانیاں، کراچی۔ ستمبر 2022

۴۔

**** کہانی: ''جن زاد''، مصنف ''محسن علی طاب''

کہانی: ''نیلم پری کی واپسی''، مصنفہ ''مہوش اسد شیخ''

کہانی: ''کوہ قاف کا شہزادہ''، مصنف ''بہرام علی وٹو''

کہانی: ''کوہ قاف کی ملکہ''، مصنف ''فیصل مشتاق''

ماہ نامہ کرن کرن روشنی، ملتان۔ مئی 2023

۵۔

***** کہانی: ''خوابِ حقیقت''، مصنف ''محمد عادل منہاج''

ماہ نامہ انوکھی کہانیاں، کراچی۔ جون 2023

۶۔

****** کہانی: ''چاندی کے بال''، مصنف ''عبدالرحیم عزم''

ماہ نامہ کرن کرن روشنی، ملتان۔ ستمبر 2022

۷۔ ****** کہانی: ''موچی کی شادی''، مصنف ''حیدر آصف''

ماہ نامہ ہمدرد نونہال، کراچی۔ مئی 2026

ادبی کانفرنس، ادیب اور ادب کا فروغ

ہمارے ہاں ایک بہت اچھا رواج بن گیا ہے جس کی تعریف ہونی چاہیے۔لیکن افسوس ناک بات یہ ہے کہ کوئی سراہنے کو تیار نہیں ہے۔ ہم ادب کے فروغ کے نام پر ذاتی تشہیر کرتے ہیں اور ادیبوں کو بندر بانٹ سے اور کچھ دے دلا کر یہ ظاہر کرتے ہیں کہ ہماری کانفرنس میں بہت کچھ ایسا ہوا ہے جو کسی کے بس کی بات نہیں تھی۔ اگرچہ ایسا دعوا کرنے والے کچھ نہ کچھ ایسا کر جاتے ہیں جن سے مخصوص ادیبوں کو نفع پہنچتا ہے۔لیکن محض دکھاوا ہی ہوتا ہے کہ دراصل سب کہیں نہ کہیں مفادات کی جنگ لڑ رہے ہوتے ہیں۔

دل چسپ بات یہ ہے کہ لفظ ''قومی'' کا استعمال کر کے نفع تو حاصل کیا جاتا ہے۔لیکن قومی یا بین الاقوامی سطح پر شہرت یافتہ ادیبوں کو وہ عزت و احترام نہیں دیا جاتا ہے جو اُنھیں ملنا چاہیے، یہی وجہ ہے کہ جو کسی کو پردے کے پیچھے رکھنا چاہتے ہیں وہ ہیرا پھیری کرنے کے باوجود وہ مقام حاصل نہیں کر سکتے ہیں۔ جو کوئی حقیقی ادیب اپنی صلاحیتوں کے بل بوتے پر حاصل کرتا ہے۔ آپ یہی دیکھ لیجیے کہ جو ملکی سطح پر نام رکھنے کے ساتھ دیگر ممالک میں اپنے ملک کی پہچان بنتے ہیں اُنھیں ادبی کانفرنس میں شرکت کی دعوت تو درکنار مقالہ پڑھنے کی دعوت تک نہیں دی جاتی ہے اور ایسے احباب مقالہ پڑھتے نظر آتے ہیں جو برسوں سے یہی کام کر رہے ہیں۔ جو ادارے بہترین کام کا یقین دلواتے ہیں وہی کہیں نہ کہیں خاموشی سے واپس بھی جا رہے ہوتے ہیں۔

ادب کے فروغ کے لیے ہونی والی کانفرنسز کی بدولت نہ تو کتب بینی کے رجحان میں اضافہ ہو سکا اور نہ ہی ادیبوں کی قدر و منزلت میں بھرپور اضافہ ہوتا دکھائی دیا۔ اور نہ ہی ادیبوں کے مسائل ختم ہوئے ہیں کہ مفادات کا ٹولہ اپنے کام کو عزیز تر رکھتا ہے۔ دل چسپ بات یہ ہے کہ بے شمار انتظامی مسائل اور دیگر معاملات میں اقربا پروری ہونے کے باوجود کانفرنس کو کامیاب ترین قرار دیا جاتا ہے جو کہ لمحہ فکریہ ہے۔

کسی بھی قومی سطح کی ادبی کانفرنس میں مقالے پڑھنے کے لیے باقاعدہ کھلے عام دعوت دی جانی چاہیے اور پھر اُن میں سے چند احباب کے مقالے منتخب ہوں، جنھیں عین کانفرنس کے دن پڑھا جانا چاہیے۔ یہاں اقربا

پروری کا مظاہرہ نہیں ہونا چاہیے کہ اِنھی احباب کے مقالے پیش ہوں جو منتظمین کے ''چہیتے'' ہوں۔آپ نے اکثر دیکھا ہوگا کہ مقالے بوریت کا شکار کرتے ہیں کہ اُن میں کچھ خاص یا نیا پیش نہیں ہوتا جو شرکائے کانفرنس کو دلچسپی لینے پر مائل کرے۔ اِس کی وجہ یہی ہوتی ہے کہ موضوعات کے انتخاب احتیاط نہیں برتی جاتی ہے۔جس کی بنا پر یکسانیت ہونے کی بنا پر احباب بھرپور لطف اندوز نہیں ہو پاتے ہیں۔کسی بھی ادبی کانفرنس میں ازخود مقالے پڑھنے کی خواہش کا اظہار کرنے والوں کو مواقع تب ملیں جب دیگر مقالہ نگار موجود نہ ہوں۔ ایسے مقالہ نگاروں کو مقالہ پڑھنے کا موقع ملنا چاہیے جسے شرکائے کانفرنس سنیں تو اُنھیں کچھ حاصل ہو، یہ نہ ہو کہ بعدازاں وہ کہتے پھریں کہ ''کانفرنس میں وہی گھسی پٹی باتیں تھیں جو پہلے سننے کو ملیں تھیں۔''

ادبی کانفرنس کا بنیادی مقصد ادیبوں کو سراہنے کے ساتھ ادب کا فروغ ہوتا ہے۔اگرچہ چند اداروں اور افراد کی بھرپور کوشش سے کچھ بہتر ہوتا دکھائی دیتا ہے۔لیکن یہ آٹے میں نمک کے برابر ہے کہ کہیں نہ کہیں مفادات کو ترجیح دی جاتی ہے۔جس کی وجہ سے نہ تو ادیب خوشحال اور مطمئن ہو سکے ہیں اور نہ معاشرے میں بہتری ہوتی دکھائی دی ہے۔آپ دیکھ لیجیے کہ جس قدر بدامنی ہمارے ہاں دکھائی دیتی ہے اِس کی روک تھام کے لیے بھرپور کوشش ادیبوں اور شعراء کی جانب سے کیوں نہیں ہوئی کہ محض باتوں سے کام کرلیا گیا اور ''سب اچھا ہے'' کہ کر بات ختم کردی گئی ہے۔

آپ کو میری بات بُری لگ رہی ہوگی۔چلیں آپ کو کچھ سمجھانے کی کوشش کرتا ہوں کہ میری رائے ایسی کیوں بنی ہے۔سب سے پہلے تو اِس بات پر بحث کرتے ہیں کہ ادب کے فروغ کے لیے گزشتہ برسوں میں کتنی ادبی کانفرنسیں ہوئی ہیں۔ اُس کے نتائج کو سامنے لائیں اور یہ سمجھنے کی کوشش کریں کہ اِس سے معاشرے پر اور بالخصوص ادیبوں اور شعراء کی زندگیوں پر کتنا گہرا اثر پڑا ہے؟ معاشرے میں کیا ہو رہا ہے؟

یہ سب تو آپ کی نظروں کے سامنے ہوگا، ہمارے ہاں کتنا مزاحمتی ادب لکھا جا رہا ہے، آپ سب جانتے ہیں۔ آج بھی چند مخصوص افراد کے علاوہ سب ایک دوسرے کو سراہنے میں مصروف عمل ہیں۔دوسروں کے قد کو کم اور اپنے قد کاٹھ کو اونچا کرنے کی کوشش میں کہیں ادب تو رسوا نہیں ہو رہا ہے، یہ سوچنے کی ضرورت ہے۔اِس پر بھی غور و فکر کرنے کی ضرورت ہے کہ ادبی کانفرنس کی آڑ میں مخصوص احباب کو سراہنے کے پس پردہ کہیں چند کی پگڑیاں تو نہیں اچھالی جا رہی ہیں۔ ہمارے ہاں ادیبوں کو زندگی میں سراہنے کا رواج کم ہے، پہلے پہل لتاڑا جاتا ہے اور پھر بعدازمرگ اُنھیں عظیم ادبی شخصیت کے طور پر تسلیم کرلیا جاتا ہے۔

آپ ادیبوں کی لکھی گئی خودنوشت پڑھ لیجیے، آپ کو پتا چل جائے گا کہ اُنھیں کن سے، کون سے مسائل کا سامنا رہا ہے اور اب اِنھیں کیا مقام دیا جا رہا ہے۔ اِس پر تحقیقی مقالے لکھے گئے ہیں تو پڑھ لیجیے، سب دودھ کا دودھ اور پانی کا پانی ہو جائے گا۔

ادیبوں کو اپنے ہی ہم عصر سے جو کچھ سہنا پڑا، وہ المیہ ہے۔ کئی ادیب اپنی خودنوشت اِس لیے بھی نہیں لکھتے ہیں کہ کہیں سچ لکھنے پر اُن کی زندگی مزید عذاب نہ ہو جائے۔ ادیبوں کے حقوق پر سعادت حسن منٹو نے بات کی اور افسوس ناک امر یہ ہے کہ دورِ حاضر میں بھی کئی ادیب بات کرتے دکھائی دیتے ہیں، لیکن اکثر مسائل جوں کے توں ہیں۔ دل چسپ بات یہ ہے کہ ادیبوں کے حقیقی مسائل پر بات کرنے والوں کو طنز میں اڑا دیا جاتا ہے کہ حقیقی ادیب اب رہ ہی کہاں گئے ہیں۔

جو حقیقی ادیب ہیں، وہ کبھی تذلیل نہیں کرتے ہیں، وہ احترام کے ساتھ ادیب کو عزت دیتے ہیں کہ یہی قوم کے محسن ہیں جو اُنھیں ایک خاص مقام پر لا کھڑا کرتے ہیں۔ دورِ حاضر میں نامور اور باصلاحیت ادیب دوسروں کے لیے اچھا سوچتے ہیں اور یہی وجہ ہے کہ وہ قابلِ احترام ہیں۔ یہ سب وہی ہیں جو بہ خوبی جانتے ہیں کہ ادیب عزت کا مستحق ہیں۔ لیکن یہ وہی سمجھ سکتے ہیں جو حقیقی ادیب ہیں۔ وہ نہیں جنھوں نے ادیب کا لبادہ اوڑھا ہوا ہے اور شرانگیزی پھیلاتے ہیں۔ ایک ادبی کانفرنس میں مسائل اجاگر ہوتے ہیں۔ کیا اگلی کانفرنس میں اِس بات پر بحث ہوتی ہے کہ گزشتہ کانفرنس میں جن مسائل پر بات ہوئی، اُن کو حل کرنے کے لیے کتنے سنجیدہ اقدامات کیے گئے ہیں؟ اِن میں سے کتنے حل ہوئے اور جو حل نہیں ہوئے ہیں، اِس کی وجوہات کیا تھیں؟

ایک چھوٹی سی مثال پیش کرتا ہوں۔ پاکستان میں بچوں کے ادب میں جتنی تیزی سے 2021 کے بعد کام ہوا، یہ تاریخ بن رہا ہے۔ اور یہی وہ حیرت انگیز عنصر ہے جس کے بعد تاریخ میں پہلی مرتبہ تین روزہ بین الاقوامی کانفرنس (بچوں کا ادب: ماضی، حال اور مستقبل) کا انعقاد ممکن ہوا، یعنی جب سنجیدگی سے کام کیا جائے تو پھر انقلاب برپا ہونے میں دیر نہیں لگی۔ اور یہی وہ چیز ہے جسے سمجھنے کی ضرورت ہے۔ ادب کے فروغ اور ادیبوں کو سراہنے والے جب کانفرنس کا انعقاد کروائیں تو یہ بات ذہن نشین ہو کہ کچھ بہتری لانی ہے تو سنجیدگی سے کام کرنا ہوگا۔

ادبی کانفرنس میں سچ بولنے پر پابندی ہوتی ہے۔ لیکن کسی دوسرے ادیب کی تذلیل کی بھرپور آزادی ہے، یہ

رویہ ادب کے فروغ میں تباہ کن ہے۔ اِس کی روک تھام ہونی چاہیے کہ جب ایسا ہوگا تو نئے ادیب کیا سیکھیں گے؟ وہ کیا خاک ادب کا فروغ ممکن بنائیں گے جب وہ کسی کی سرعام تذلیل ہوتے دیکھیں گے۔ اِس بات کو تسلیم کرتا ہوں کہ بہت کم ادیب ایسا لکھ رہے ہیں جو آج کے قاری کی ضرورت ہے۔ یہ سچ ہے کہ معیاری ادب قاری تک بہت مشکل سے پہنچ رہا ہے۔ اگر کچھ معیاری لکھا جا رہا ہے تو وہ قارئین نہ صرف خود پسند کر رہے ہیں بل کہ وہ فروغ مطالعہ میں اپنا کردار ادا کر رہے ہیں۔ بچوں اور نوجوانوں کو کتب تحفے کے طور پر دے رہے ہیں۔ اس کے برعکس اچھا لکھنے والوں کو ذاتی مفادات کے تحت پیچھے رکھنے کی کوشش کی جاتی ہے تاکہ برسوں سے ادب میں حاوی احباب کا زور نہ ٹوٹ سکے۔ درحقیقت اِنھی کی نااہلیت کی وجہ سے کئی نوجوان ادبی دنیا سے وابستہ ہونا گوارہ نہیں کرتے ہیں کہ اُنھیں علم ہے کہ ایک دن پیچھے دھکیلنے کی کوشش ہوگی۔

غیر معیاری ادب کی بہتات اِسی وجہ سے ہے کہ ایسے ادب کے فروغ کے لیے تشہیر کی جاتی ہے جس کی وجہ سے معیار کہیں کھو رہا ہے۔ مغربی ممالک میں لوگ کتب خریدتے ہیں لیکن ہمارے ہاں اچھی کتب پڑھنے والے کم ہو چکے ہیں۔ اِس کی ایک اہم وجہ یہ ہے کہ عام لوگوں کی رائے کبھی ادبی کانفرنسز میں سننے کی ضرورت محسوس نہیں کی ہے، اگر ایسا ہوتا تو فروغ کتب بینی کے خواب کو حقیقت کا روپ دے چکے ہوتے۔ ہمارے ہاں ادبی کانفرنس میں ذاتی تعلقات کو مدنظر رکھتے ہوئے ایسے احباب کو بلوانے سے گریز کیا جاتا ہے جن کی تقریر سے نقص امن کا خطرہ ہو۔ ایسے ادیبوں کو مقالے پڑھنے کے مواقع نہیں دیے جاتے ہیں جو اپنا مافی الضمیر عمدگی سے بیان کر کے شعور بیداری اور ادب کے فروغ میں اہم کردار ادا کر سکتے ہیں۔ ہم کہ سکتے ہیں کہ جس طرح سے دیگر شعبوں میں اقربا پروری کا مظاہرہ ہو رہا ہے۔ ادب میں وہی صورت حال کئی برسوں سے دیکھنے میں آ رہی ہے۔ دل چسپ بات یہ ہے کہ ادب اطفال یا ادب عالیہ کے فروغ کے لیے بچوں یا نوجوانوں کو دعوت نہیں دی جاتی ہے کہ وہ کانفرنس میں شرکت کریں۔ پیارے ادیبوں کو بلوایا جاتا ہے، انعام دیے جاتے ہیں لیکن اُن کی آواز کو اسٹیج پر بلا کر دوسروں تک نہیں پہنچایا جاتا ہے۔ افسوس تخلیق کار کی آواز کو قید کرنے کی کوشش ہوتی ہے یا پھر دبانے کی تاکہ معاشرے میں مثبت سرگرمیاں فروغ نہ پاسکیں۔ ادبی کانفرنس میں شریک ادیبوں کی کم سے کم دس فیصد تعداد کو مختصر وقت کے لیے سہی مگر اپنی بات کہنے کا موقع ملنا چاہیے۔ یہ ضروری نہیں ہے کہ مخصوص چہروں کو کچھ کہنے کی آزادی ہو اور دیگر احباب بات سن کر اور اپنی باتیں دل میں رکھ کر گھروں کو لوٹ جائیں۔ میرے خیال میں اگر ادیبوں کو کچھ کہنے کا موقع ملا تو یقینی طور پر ادبی کانفرنسز کی اہمیت میں اضافہ ہوگا

بل کہ تخلیق کاروں کی عزت نفس بحال ہو گی۔ضرورت اِس امر کی ہے کہ ادیبوں کو ادب کے فروغ کے لیے بطور سفیر کردار ادا کرنے کا موقع ملنا چاہیے تا کہ وہ بھی عزت پا سکیں۔

کسی بھی معاشرے کو بہتر بنانے میں ادیب اہم ترین کردار ادا کر سکتے ہیں۔لیکن یہ تب ممکن ہو گا جب حقیقی ادیبوں کی آواز کو عوام تک پہنچایا جائے گا۔ معاشرے کو بہتر بنانے میں ادیب ایک دوسرے کے ساتھ ذاتی مفادات کو بالائے طاق رکھتے ہوئے کام کریں۔کیوں کہ جب تک ایسا نہیں ہو گا معاشرہ بدحالی کا شکار رہے گا اور مخصوص ناموں کے سوا دیگر لکھنے والوں کی زندگیوں میں کوئی خاص فرق نہیں پڑے گا۔

☆÷÷÷☆

کامیابی اور یقین کامل

ایک گڈریے کو ہر روز دریا پار کرنے کے لیے دو آنے دینے پڑتے تھے کہ اُسے اپنی بکریوں کو تازہ گھاس کھلانے کے لیے گاؤں سے کچھ دور چراگاہ جانا ہوتا تھا۔

اُس مقام تک جانے کے لیے دریا پار کرنا ضروری تھا۔

ایک دن گڈریے کو خیال آیا کہ اُسے کسی صاحب علم سے بات کرنی چاہیے۔ پھر وہ ایک ایسے شخص کے پاس گیا جس پر اُسے کامل یقین تھا کہ وہ کوئی اچھا مشورہ دے گا۔ صاحب علم نے اُس کی بات سنی اور سن کر کہا کہ تم بسم اللہ پڑھو اور اپنی بکریوں سمیت دریا پار کر لیا کرو، تمھیں کچھ نہیں ہوگا۔ گڈریے نے بات سنی اور دل ہی دل میں خوش ہوا کہ اب دو آنے بچ جایا کریں گے۔ اور وہ اپنے بچوں کو کچھ اچھا کھلا سکے گا۔

کچھ دنوں بعد گڈریے کے مزے ہو رہے تھے کہ روز کے دو آنے بچتے تھے اور اُس کی بکریوں کو تازہ خوراک بھی مل رہی تھی۔ ایک دن وہ حیران ہو گیا کہ وہ شخص جس نے اُسے یہ بتایا تھا کہ ندی کو بسم اللہ پڑھ کر کیسے پار کرنی ہے۔ وہ دریا کے کنارے پریشان کھڑا ہے۔

گڈریے نے اُسے کہا: ''جناب! آپ کیوں اداس کھڑے ہیں؟''

اُس نے کہا: ''میں سوچ رہا ہوں کہ یہ دریا کیسے پار ہوگا؟''

گڈریے نے کہا: ''ویسے ہی جیسے آپ نے مجھے کہا تھا۔''

اب معاملہ یہ ہوا کہ گڈریا جوں ہی اپنی بکریاں لے کر دریا کے بیچ پہنچا۔

وہ شخص جو صاحب علم تھا۔

وہ چیخ و پکار کرنے لگا کہ میں ڈوب رہا ہوں، مجھے بچا لو۔

گڈریے نے اُس کی آواز سنی تو واپس مڑا۔ اُسے پکڑا اور اپنے ساتھ دریا کے پار لے آیا۔

جب گڈریے نے اُس سے پوچھا کہ وہ اپنے مشورے پر خود کیوں نہیں عمل کر پا رہا ہے۔ صاحب علم نے

صاحب یقین یعنی گڈریے کو بتایا کہ اُس کا ایمان اتنا قوی نہیں، جتنا وہ رکھتا ہے، اِسی وجہ سے وہ کامیابی حاصل کرتا ہے کہ اُس کا اُس ذات پر بھروسہ ہے جس کا نام لے کر وہ دریا پار کرتا ہے۔

آپ کے نزدیک یہ محض قصہ ہوگا، لیکن درحقیقت یہ کامیابی کا وہ نسخہ ہے جس پر عمل کیا جائے تو پھر کوئی ناکام نہیں ہوگا۔ جب کامیابی کا یقین ہو جائے تو پھر آپ کے نزدیک ناکامی پھٹک نہیں سکتی ہے کہ یقین کامل ہونا ہی وہ بنیاد ہے جس پر کامیابی کی عمارت کھڑی ہے۔

آپ نے کسی بھی شعبے میں کامیابی حاصل کرنی ہے تو اُس کے لیے ضروری ہوگا کہ سب سے پہلے اپنی ذات پر یقین رکھیں۔ پھر اُس رب کائنات پر بھروسہ رکھیں کہ وہ آپ کی محنت کا پھل ضرور عطا کرے گا۔ اور جتنا رب پر یقین زیادہ ہوتا چلا جائے گا، آپ کی کامیابی کی شرح بڑھتی رہے گی۔

آپ نے سنا ہوگا کہ شیر جنگل کا بادشاہ ہوتا ہے۔ شیر ویسا پھرتیلا نہیں جیسے چیتا ہے، اتنا چالاک بھی نہیں جتنی لومڑی ہے۔ ہاتھی جیسا وزنی یا زرافے جیسی قد وقامت بھی نہیں رکھتا ہے۔ لیکن چوں کہ وہ اپنی ذات پر یقین رکھتا ہے کہ وہ شیر ہے تو اِسی وجہ سے سب جانور اُسے بادشاہ تسلیم کرتے ہیں۔ اِسی طرح سے جس انسان کو اپنی ذات پر یقین ہوتا ہے وہی کامیابی حاصل کرتا ہے۔ اور سب اُسے ہی کامیاب قرار دیتے ہیں۔

پس ثابت ہوا کامیابی کی کنجی یقین کامل ہے۔

لہذا یقین کامل رکھیے کامیابی آپ سے زیادہ دور نہیں ہوگی۔ ان شاءاللہ تعالیٰ

☆÷÷÷☆

ادب اطفال اور اُردو زبان کا فروغ

''ہماری قومی زبان اُردو ہے۔''

مذکورہ بالا جملہ راقم السطور بچپن سے سن رہا ہے کہ ابھی تک خواب تعبیر نہیں بن سکی ہے۔

قائداعظم محمد علی جناحؒ نے پہلی اردو تقریر بنگال میں کی۔ جس کا ذکر خود اُنھوں نے مولوی عبدالحق سے کیا۔

بابائے اردو لکھتے ہیں کہ کھانے کے بعد (قائد) مجھ سے فرمانے لگے:

''آپ کو معلوم ہے سب سے پہلے میں نے اردو میں کب اور کہاں تقریر کی؟'' میں نے نفی میں جواب دیا تو فرمایا کہ ''بنگال کے ایک مقام جہاں ایک انتخابی جلسہ تھا۔ جس قدر مجمع تھا اس کی توقع نہ تھی۔ میں نے سر عزیز الحق سے جو میرے ہمراہ تھے پوچھا کہ اس مجمع میں کتنے لوگ انگریزی سمجھتے ہوں گے؟ انھوں نے کہا کہ کم وبیش پانچ سو، تب میں نے کہا اردو جاننے والے کتنے ہوں گے؟ انھوں نے کہا ''تقریباً ڈیڑھ ہزار''۔ اس کے بعد سر عزیز الحق نے کہا کہ آپ انگریزی میں تقریر فرمایئے گا، اس کا ترجمہ بنگالی میں سُنا دوں گا۔ لیکن میں نے ان کا مشورہ نہ مانا اور اردو میں تقریر کی۔ یہ میری پہلی اردو تقریر تھی۔ قائد نے ہنس کر فرمایا کہ میری اردو تانگے والے کی اردو ہے۔''

اِسی طرح مسلم لیگ کا ایک اجلاس دہلی میں ہو رہا تھا۔ سر فیروز خان نون نے اپنی انگریزی تقریر شروع کی تو ہر طرف اُردو، اُردو کے نعرے لگے۔ اُنھوں نے مجبور ہو کر اردو میں کچھ جملے کہے پھر انگریزی میں بولنا شروع ہو گئے۔ دوبارہ اُردو کے نعرے بلند ہوئے تب فیروز خان نون نے کہا کہ مسٹر جناح بھی تو انگریزی میں تقریر کرتے ہیں۔ یہ سُن کر حضرت قائد اپنی کرسی سے اُٹھ کر کھڑے ہوئے اور فرمایا کہ ''فیروز خان نے میرے پیچھے پناہ لی ہے لہٰذا میں اعلان کرتا ہوں کہ پاکستان کی زبان اردو ہوگی۔''

اِس پر پُر جوش تالیاں بجیں۔

قیام پاکستان کے بعد جب مشرقی پاکستان میں بنگلہ کا شور اٹھا تو حضرت قائد بیماری کی حالت میں ڈھاکہ

یونیورسٹی میں طلبہ سے خطاب کے لیے پہنچے اور فرمایا:

''اگر پاکستان کے مختلف حصوں کو باہم مضبوط ہو کر ترقی کی شاہراہ پر گامزن ہونا ہے تو اس کی سرکاری زبان ایک ہی ہو سکتی ہے اور وہ میری ذاتی رائے میں اردو ہے صرف اردو۔''

(بحوالہ: قائد اعظم اور قومی زبان۔عزیز ظفر آزاد، نوائے وقت مورخہ 28 دسمبر 2015)

کسی بھی زبان کے فروغ میں ادب اطفال اہم کردار ادا کرتا ہے کہ بچے جب کسی زبان سے واقف ہوتے ہیں تو اُس زبان کی بقاء کو خطرات لاحق نہیں ہوتے ہیں کہ وہ جب بولنا سیکھتے ہیں تو پھر وہ معدوم نہیں ہوتی ہے۔ہمارے ہاں بدقسمتی سے اردو زبان کی ترویج و ترقی کے لیے ماسوائے چند اداروں اور شخصیات کے دیگر احباب نے سرکاری سطح پر اردو کو نافذ کرنے کے لیے خاطر خواہ اقدامات نہیں کیے۔ یہاں اہم ترین بات یہ ہے کہ بچوں کے ادب کو قیام پاکستان کے بعد اتنی اہمیت حاصل نہیں ہوئی جتنی کہ ہونی چاہیے تھی۔

بچوں کو رسائل پڑھنے سے نئے الفاظ کا پتا چلتا ہے جسے وہ روزمرہ زندگی میں استعمال کرتے ہیں اور یوں اُن کا ذخیرہ الفاظ وسعت اختیار کرتا ہے۔انگریزی بین الاقوامی طور پر بولی، پڑھی اور سمجھی جاتی ہے اِس سے واقفیت ضروری ہے لیکن یہ بات بھی سمجھنے کی ضرورت ہے کہ بچوں کو جب تک قومی زبان میں تعلیم نہیں دیں گے تب تک وہ بھرپور انداز میں کچھ نہیں سمجھ سکیں گے اور نہ ہی زندگی میں بھرپور کامیابی حاصل کر سکیں گے۔

آج کے بچوں کو کہانیوں اور مضامین کی صورت میں اپنی زبان سیکھنے کی جانب مائل کرنا چاہیے۔والدین بچوں کو اردو زبان کے رسائل سے زیادہ انگریزی رسائل پڑھنے پر مائل کرتے ہیں تاکہ اُن کی انگریزی میں قابلیت بڑھ سکے اور حالت یہ ہے کہ کئی نوجوان اُردو میں ملازمت کی درخواست لکھنے سے قاصر ہیں۔اُنھوں نے بچپن میں اردو زبان کو نہیں پڑھا ہوتا۔اِن کی توجہ اُردو سیکھنے، پڑھنے یا لکھنے پر نہیں مبذول کرائی جاتی ہے جس میں اساتذہ کا کردار اہم ترین ہے۔انگریزی زبان کو سیکھنے کے لیے جتنی محنت کرتے ہیں اُس سے کم وقت میں اردو کو سیکھا جا سکتا ہے۔یہ ایک قوم کی شناخت بھی ہے کہ ملک کے سب حصوں میں بات چیت کرنا آسان ہوتا ہے۔ہم 1947 سے آج تک اِسی کشمکش میں ہیں کہ انگریزی اسکول میں بچوں کو پڑھائیں یا پھر اُردو اسکولوں میں تعلیم دلوائیں۔بچوں کو نوکریاں تب ملیں گی جب وہ انگریزی سے بہ خوبی واقف ہوں گے۔اِس حوالے سے موثر تحریک چلانے کی ضرورت ہے اور ادب اطفال کے ذریعے انقلاب لانے کی کوشش کی جا سکتی ہے۔اگر ہم آج کے نونہالوں کو اپنی زبان سے محبت کرنا سکھائیں تو وہ وقت دور نہیں ہوگا جب بچے قومی زبان

میں نہ صرف تعلیم حاصل کریں گے بل کہ نوکریاں بھی حاصل کریں گے۔ نجی اور سرکاری اداروں کے سربراہان کو چاہیے کہ وہ ادب اطفال قلم کاروں کو مدعو کریں اور بچوں کو اُردو زبان میں کہانیاں اور مضامین سنوائیں تا کہ اُردو لکھنے، بولنے یا پڑھنے کا جذبہ بیدار ہو سکے۔

پاکستان میں ادب اطفال قلم کاروں پر خاص توجہ نہیں دی جاتی ہے کہ وہ بچوں کو اردو زبان و ادب سے واقف کرنے کے ساتھ ساتھ اردو سے گہری محبت پیدا کرنے میں اہم ترین کردار ادا کر رہے ہیں۔ سرکاری اداروں کو ادب اطفال ادیبوں کی سرپرستی کرنی چاہیے جو کہ اردو زبان کی ترویج و ترقی بنا صلے کے کر رہے ہیں۔ کسی بھی زبان کے فروغ کے لیے اُس میں لکھا جانے والا ادب اہم کردار ادا کرتا ہے۔ ہمارے ہاں ادب اطفال قلم کار نامساعد حالات کے باوجود جہد و جہد جاری رکھے ہوئے ہیں تا کہ اُردو زبان سے بچوں کو محبت ہو اور قومی زبان کو سیکھ کر بہترین روابط قائم کر سکیں۔ جب بچوں کو اُردو بولنا، پڑھنا اور لکھنا آجائے گی تو پھر وہ وقت دور نہیں ہوگا جب اس ملک کی صرف کاغذات میں نہیں بل کہ عملی طور پر سرکاری زبان کے طور پر رائج ہو سکے گی۔

پاکستان میں سرکاری سطح پر اُردو زبان کے نفاذ میں ناکامی کی بڑی وجہ یہ ہے کہ ہم ادب اطفال سے بے اعتنائی برت رہے ہیں۔ اگر ہم نے کثیر تعداد میں بچوں کو بچپن میں اُردو سے محبت رکھنے کی خاطر کہانیوں یا مضامین سنانے یا پڑھنے کی جانب مائل کیا ہوتا تو آج اِنھی بچوں کی کثیر تعداد سرکاری طور رائج کرنے کے لیے بھرپور کوشش کرتی۔ لیکن ہوا یہ ہے کہ انگریزی نظام تعلیم نے اُردو کو پیچھے چھوڑ دیا۔ ایک مخصوص طبقہ آج بھی یہی سوچتا ہے کہ اگر انگریزی پر اردو زبان کو فوقیت دی تو پھر شاید ہماری پہچان دنیا میں نہ ہو سکے جو کہ افسوس ناک ہے۔ یہاں یہ بات سمجھنے کی ہے کہ چین جیسے ملک میں اپنی زبان کو بہت اہمیت دی جاتی ہے۔ اِن کے سربراہان مملکت اپنی زبان میں خطاب کرتے ہیں۔ دل پر ہاتھ رکھیں اور بتائیں کہ پاکستان کے مشہور ترین اُردو ادبی رسائل و جرائد یا پھر اخبارات میں کتنے فی صد بچوں کے حوالے سے صفحات شائع کیے جاتے ہیں؟

آپ پاکستان بھر میں بچوں کے لیے نکلنے والے رسائل کی تعداد کو دیکھ لیجیے کہ وہ کتنی تعداد میں شائع ہو رہے ہیں اور اٹھارہ کروڑ آبادی میں موجود لاکھوں نونہالوں میں سے کتنوں کی ضرورت پوری کر رہے ہیں؟ آپ چند مثالوں کے سوا کوئی قابل ذکر مثال پیش نہیں کر سکتے ہیں کہ واقعی بھرپور انداز میں بچوں کے ادب پر کام کیا جا رہا ہے اور اِس کی وجہ یہ ہے کہ سب کو اپنے مفادات عزیز تر ہیں۔ ہمارے چند قومی اخبارات اور تیس سے زائد ادب اطفال رسائل سے ہٹ کر آپ دیکھیں تو شاید ہی کوئی مقامی سطح کا اخبار بچوں کے لیے صفحہ شائع کر رہا ہو،

یہ بہت افسوس ناک بات ہے کہ جن کی بدولت اِس زبان کی بقا ممکن ہو سکتی تھی ہم اِنھی کو اردو زبان سے دور رکھے ہوئے ہیں۔ انگریزی اسکولوں میں پڑھنے والے بچوں اور والدین کو چاہیے کہ اپنے ملک سے محبت کا دعوا سچا کرنے کے لیے اُردو زبان سے تعلق قائم کریں۔

مقامی طور پر شائع ہونے والے اخبارات کو بچوں کے لیے ہفتہ وار صفحات شائع کرنے چاہئیں تا کہ بچوں کو قومی زبان میں مواد پڑھنے کو ملے۔ جب تک آپ بچوں کے لیے اُردو زبان میں لکھے جانے والے ادب سے نونہالوں کو محروم رکھیں گے۔ وہ کبھی اپنی قومی زبان سے الفت کا اظہار نہیں کریں گے اور نہ ہی اردو زبان کو سرکاری طور پر رائج کرنے کا خواب شرمندہ تعبیر ہو سکے گا۔

ادب اطفال کو اہمیت دیجیے اور اِس میدان میں کام کرنے والوں کو سہولیات دیجیے۔ کیوں کہ یہ اُردو زبان کے فروغ کے لیے کام کر رہے ہیں اور یہی زبان ہماری شناخت کا سبب ہے۔ اپنے بچوں کو اُردو زبان سے متعارف کروانے کے لیے رسائل و کتب پڑھنے کو دیجیے تا کہ تا قیامت اُردو پڑھی، بولی اور سمجھی جاتی رہے اور اُن زبانوں کی طرح صفحہ ہستی سے نہ مٹ سکے جیسے کئی زبانوں کا ذکر ہم آج کتب میں پڑھتے ہیں۔

نہیں کھیل اے داغ یاروں سے کہ دو
کہ آتی ہے اُردو زباں آتے آتے

☆÷÷÷☆

پذیرائی، ادبی ایوارڈز اور ادیب

پذیرائی کون پسند نہیں کرے گا۔

جب کسی کو شاباشی ملتی ہے تو وہ مزید بہترین کارکردگی دکھانے پر مائل ہوتا ہے۔

کسی شخص کو سراہنے کے لیے اچھے الفاظ کا استعمال کیا جاتا ہے وہیں اسناد اور ایوارڈز بھی دیے جاتے ہیں۔ جو زندگی بھر کا اثاثہ ثابت ہوتے ہیں۔

ہمارے ہاں حوصلہ افزائی کرنے کا رجحان کم ہے۔ لیکن کہیں نہ کہیں یہ اپنی جادوگری دکھا رہی ہے۔ اکثر دیکھنے میں آیا ہے کہ جب نوجوان ادیب کچھ اچھا کرتے ہیں تو اُنھیں کئی احباب سراہنے سے گریز کرتے ہیں تا کہ وہ وقت سے پہلے ہواؤں میں اڑنا شروع نہ ہو جائیں۔ لیکن یہ بات بے حد اہمیت کی حامل ہے کہ حوصلہ افزائی نفسیاتی طور پر انسان کو اِس قدر مضبوط اور توانا کر دیتی ہے کہ وہ کچھ کر دکھانے کے لیے جذباتی ہو جاتا ہے۔ یہاں یہ بات ضرور کہنا چاہوں گا کہ کچھ ادیب پذیرائی اور تنقید کو سر پر یوں سوار کرتے ہیں کہ وہ مزید اچھا کرنے میں عار محسوس کرتے ہیں یا لوگوں کی باتوں میں آ کر منزل سے دور ہو جاتے ہیں۔

ادبی دنیا میں کوئی ادیب اگر دیرپا عزت اور شہرت حاصل کرنے کا خواہاں ہے تو اُسے تنقید اور تعریف کو سر پر سوار کیے بنا صرف کام پر توجہ رکھنی ہوگی۔ کیوں کہ اگر وہ کہیں پھسل گیا تو پھر وہ منزل سے بہت دور نکل جائے گا اور اُس کے ہاتھ کچھ نہیں آئے گا۔ حوصلہ افزائی اگر نہ ملے تب بھی ادیب کو اپنا کام کرتے رہنا چاہیے کہ ادبی دنیا میں بعد از مرگ سراہنے کی روایت ہے۔ بہر حال، ادیبوں کے لیے قارئین کی رائے اہمیت کی حامل ہوتی ہے۔ اِسی کی بنیاد پر کوئی لکھنے والا مسلسل لکھتا چلا جاتا ہے اور چند لکھنے والوں کے نزدیک قارئین کی رائے ایوارڈ یا سند کا درجہ رکھتی ہے۔

معروف بھارتی شاعر، ادیب و مترجم حسنین عاقب اپنے مضمون ''ادبی ایوارڈس، ممتاز راشد اور ہمارا سماجی رویہ'' میں لکھتے ہیں:

''ایوارڈ چاہے سرکاری ہو یا غیر سرکاری تنظیم کی جانب سے دیا جائے، کسی ایوارڈ کا مقصد ہوتا ہے ادیب یا فنکار کی پذیرائی اور اس کی خدمات کا اعتراف کرنا۔ ایوارڈس ایک تخلیق کار مزید معیاری ادب تخلیق کرنے کے لیے حوصلہ اور تحریک دیتے ہیں۔ ایوارڈس، اعزازات اور انعامات کسی ادیب کو مزید معیاری ادب تخلیق کرنے ترغیب دیتے ہیں اگر وہ واقعی مستحق ادیب کو دیا جائے۔ کسی ادیب کو ملنے والا ایوارڈ دراصل اسے احساس دلاتا ہے کہ اس نے کئی دہائیوں پر محیط جو ادبی خدمات انجام دی ہیں، سماج ان خدمات کو قدر کی نگاہ سے دیکھتا ہے۔ ادیب یوں بھی ذکی الحس ہوتا ہے، اس کے دل کا آبگینہ ذرا سی ٹھیس لگنے سے ٹوٹ جاتا ہے وہیں ذرا سی پذیرائی اس کے حوصلے کو مہمیز بھی کر دیتی ہے۔ لیکن عام طور پر دیکھا جاتا ہے کہ ایوارڈس کسی تخلیق کار کو ایسے وقت دیا جاتا ہے جب وہ یا تو خود اپنے ادب کی جگالی کر رہا ہوتا ہے یا پھر ادب کی کسی بھی جہت میں کام کرنے سے کنارہ کشی اختیار کر چکا ہوتا ہے۔ یا تو وہ بیمار ہو چکا ہوتا ہے یا پھر گوشہ نشین ہو چکا ہوتا ہے۔ کوئی ادیب، پھر چاہے وہ شاعر ہو یا نثر نگار، محقق ہو یا تنقید نگار یا پھر مترجم، ادب کو اظہارِ ذات کا وسیلہ سمجھتا ہے۔ یاد رہے کہ ہم جہاں جہاں 'تخلیقِ ادب' کی اصطلاح استعمال کریں گے، اس کا مطلب ادب کا ہر زمرہ ہوگا یعنی تخلیق، تنقید، تحقیق و ترجمہ۔ ادیب کا کام ایسا ادب تخلیق کرنا ہے جو سماجی سروکاروں کا عکاس ہو۔ ادب تخلیق کرنے میں ایک ادیب اپنی سب سے قیمتی متاع یعنی وقت، صلاحیت اور توانائی جھونک دیتا ہے۔ ساری عمر وہ عام طور پر بغیر کسی ستائش یا صلے کی تمنا کے گزار دیتا ہے اس کے باوجود اسے کوئی ایوارڈ نہیں مل پاتا۔ یہ وہ لوگ ہوتے ہیں جو ادب کو پیشہ نہیں بناتے۔ پھر یہ لوگ اپنی کاوشوں کی پذیرائی کا انتظار کرتے کرتے عمر کی آخری حد کو پہنچ جاتے ہیں اور ایک مقام ایسا آتا ہے جب وہ ہر قسم کی پذیرائی سے بے نیاز ہو جاتے ہیں۔ یعنی چنے اس وقت ان کے سامنے پیش کیے جاتے ہیں جب منہ میں دانت باقی نہیں رہتے۔ ایسی پذیرائی کس کام کی جو ایسے وقت کی جائے جب انسان کو اس پذیرائی سے کوئی فرق نہ پڑے، نہ اس کا حوصلہ بڑھے اور نہ ہی اس میں کوئی جوش پیدا ہو۔ اس کے برخلاف جو ادیب ادب کو پیشہ ورانہ سطح پر لے جاتے ہیں اور تمول و ثروت مندی کے جھولوں میں جھولتے ہیں ان کی جھولیوں میں ایوارڈس ٹھونسے جاتے ہیں کیونکہ ان کا 'پی آر' (پبلک ریلیشن) بہت اچھا ہوتا ہے۔ ایک اور ستم ظریفی یہ بھی ہوتی ہے کہ بعض مرتبہ ایوارڈس ایسے لوگوں کو دیئے جاتے ہیں جنہوں نے ادب میں ابھی چلنا سیکھا ہوتا ہے۔ ابھی ان کی بغلوں سے بیساکھیاں بھی نہیں نکلی ہوتی ہیں اور انہیں ایوارڈس سے نوازا جا چکا ہوتا ہے۔ ایسا اکثر 'بارگین' کی تھیوری کے مدنظر ہوتا ہے۔ اس 'بارگین تھیوری' میں اچھے اچھے اور

بڑے بڑے لوگ شامل پائے گئے ہیں۔‘‘

جو اچھی کارکردگی کا مظاہرہ کر رہا ہو، چاہے وہ ادبی دنیا میں کم وقت میں اپنا مقام بنا چکا ہو، یا پھر برسوں سے مسلسل بہترین کام کر رہا ہو۔ اُن کو پذیرائی ملنی چاہیے تاکہ اُن کی خدمات کا اعتراف کیا جا سکے تاہم اِس میں انصاف کا پہلو ضرور دیکھنا چاہیے۔ ہمارے ہاں بعداز مرگ قصیدے پڑھے جاتے ہیں اور زندگی میں اُس کو ایسا نظرانداز کیا جاتا ہے کہ وہ رفتہ رفتہ گمنامی کا شکار ہو جاتا ہے۔ یہاں بات محض گمنامی کی نہیں ہے۔ اکثر ادیب اِس بات کو دل پر لے لیتے ہیں کہ بھرپور خدمات کے باوجود اُنھیں نظرانداز کیا جا رہا ہے۔ جو کہ ادبی دنیا میں المیہ ہے کہ برسوں ادب کے ذریعے شعور بیدار کرنے والا وہ شاباشی حاصل نہیں کر پاتا ہے جو ایک نوآموز تخلیق کار حاصل کرتا ہے۔

اِس روایت کو توڑنا ہوگا کہ اُس دور میں جب کتاب پڑھنے والوں کی تعداد کم ہو رہی ہے ایسے میں ادیبوں کا استحصال ناقابل معافی جرم ہے۔ یہ المیہ نہیں تو اور کیا ہے کہ ایسے احباب جنھوں نے مخصوص میدان میں بہت کچھ کر لیا ہو، اُن کی خدمات کو مسلسل سراہا جاتا ہے۔ اور جو ادبی میدان میں انفرادیت دکھا کر خود کو منواتے ہیں، اُن کو سراہنے میں کنجوسی برتی جاتی ہے اور مرنے کے بعد زمین و آسمان کے قلابے ملائے جاتے ہیں۔ اُن کے نام سے ایوارڈز منسوب کر دیے جاتے ہیں اور پھر اُنھی کے نام پر دکانداری چلائی جاتی ہے۔

ایک اور رجحان دیکھنے میں آیا ہے جو قدرے تکلیف دہ ہے کہ اکثر ادبی ایوارڈز عظیم ترین شخصیات سے منسوب کر دیے جاتے ہیں۔ لیکن اِن کی تقسیم میں انصاف نظر نہیں آتا ہے۔ اِس کی روک تھام بے حد ضروری ہے کیوں کہ اِس سے عظیم ترین ادبی شخصیات سے منسوب ایوارڈز کی اہمیت گھٹ جاتی ہے۔ ابن صفی، مظہر کلیم ایم اے، اے حمید، اشتیاق احمد، مسعود احمد برکاتی، شہید پاکستان حکیم محمد سعید کا نام لیں یا پھر کسی اور ادیب کا، اِن سے منسوب ایوارڈ ہر ایک ادیب کی دسترس میں ہونا چاہیے۔ ہمارے ہاں مخصوص صنف کے احباب کے لیے ایوارڈز کا اجراء کر دیا جاتا ہے جس کی وجہ سے دیگر صنف کے قلم کار اپنے محبوب ادیبوں سے منسوب ایوارڈ حاصل نہیں کر سکتے ہیں۔ اِس لیے کہ مخصوص ادیب کے نام کے سہارے پر ایوارڈ خاص صنف کے لیے دیا جاتا ہے۔ مثال کے طور پر ناول نگاری کے لیے اشتیاق احمد ایوارڈ صرف ناول نگاروں کے لیے مختص ہو تو افسانہ نگاروں کو کیسے مل پائے گا؟ میرے نزدیک ادیبوں سے منسوب ایوارڈز کو خاص صنف سے جوڑنا ادیبوں سے منسوب ایوارڈ کی اہمیت قدرے گھٹا رہا ہے۔ اگرچہ مخصوص صنف پر ایوارڈز خاص صنف کو دینا غلط نہیں لیکن اگر

وہ ایوارڈ ہر سال دیا جائے تو پھر ایک ہی چہرے ایوارڈ وصول کریں گے۔ اگر چہ اِن ایوارڈز کا بنیادی مقصد حوصلہ افزائی ہے لیکن اِس میں مخصوص چہرے دکھائی دیں گے تو پھر اِن کی وقعت کم ہوگی۔

ادب اطفال ہو یا ادب عالیہ عظیم ادیبوں سے منسوب ایوارڈز کو ہر ادیب کی پہنچ میں ہونا چاہیے تاکہ وہ یہ مسرت حاصل کر سکیں کہ عظیم ادیبوں سے منسوب ایوارڈ حاصل ہوا ہے اور اِس کے لیے ہر سال صنف کا بدلنا اچھی روایت بن سکتی ہے۔ ادبی ایوارڈز دراصل پذیرائی کی ایک صورت ہیں لیکن افسوس ناک صورت حال یہ دیکھنے کو بھی ملتی ہے کہ کئی ادیب کوشش کرتے ہیں کہ وہ اپنے اثر ورسوخ کی بنیاد پر حاصل کریں۔ یہ رجحان بہت خطرناک ہے کہ اس سے ادیبوں کی ساکھ متاثر ہوتی ہے وہیں اداروں کا تاثر خراب ہوتا ہے جو ایوارڈز کی تقسیم غیر مصنفانہ کرتے ہیں۔ کتاب پر ایوارڈس کا سلسلہ اِس قدر مقبول ہو چکا ہے کہ اب کئی ادیبوں کی کتب پر ایوارڈ دیے جاتے ہیں۔ اِس حوالے سے اکثر غیر جانبداری کا مظاہرہ نہیں کیا جاتا۔ اِس کے ساتھ ایک سنگین صورت حال یہ پیدا ہو چکی ہے کہ کتب پر ایوارڈز ہونے کی وجہ سے نوآموز لکھاری وقت سے پہلے صاحب کتاب بننے کی خواہش رکھتے ہیں۔ قارئین اِن کی تحریروں کو پسند کریں یا رد کریں، وہ صاحب کتاب بن کر ایوارڈ یافتہ ادیب کہلائے جاتے ہیں۔ جس کی وجہ سے نامور تخلیق کار اُنھیں عجیب نگاہوں سے دیکھتے ہیں کہ وہ کیسے شہرت کی بلندیوں پر پہنچ رہے ہیں جب کہ برسوں سے محنت کرنے والوں کا کوئی پرسان حال نہیں ہے۔ نامناسب کتب پر ایوارڈز کی تقسیم نے ایک ایسا رجحان قائم کر دیا ہے کہ ہر نیا لکھنے والا صاحب کتاب بننے کی دوڑ میں لگا ہے۔ ناول ہوں یا پھر کہانیاں اُنھیں اِس شے کی پروا نہیں ہے کہ قارئین کیا کہیں گے، وہ صرف اور صرف نام اور شہرت کی خاطر مصنوعی ذہانت کے بل بوتے پر خود کو تخلیق کار ثابت کرنے کے لیے میدان میں اترتے ہیں۔ اِس وجہ سے کتب بینی کا رجحان مر رہا ہے جس پر ادبی تنظیموں اور ایوارڈ دینے والے اداروں کو احتیاط کا مظاہرہ کرنے کی ضرورت ہے۔

عام قارئین کی رائے کے بعد کتب کو ایوارڈز کے لیے منتخب کرنا چاہیے تاکہ معیاری کتب ایوارڈ یافتہ کہلا سکیں۔ کتب پر ایوارڈز کے حوالے سے ایک اور اہم بات یہ ہے کہ زیادہ لاگت سے شائع ہونے والی کتب کے مقابلے میں کم قیمت اور معیاری کتب اکثر منتخب نہیں ہو پاتی ہیں۔ جو کہ اُن ادیبوں کے لیے لمحہ فکریہ ہے جو بہترین لکھ رہے ہیں اور قارئین سے مسلسل پذیرائی حاصل کر رہے ہیں۔ لیکن کم قیمت اور غیر معروف ناشران سے کتب شائع کرانے کی وجہ انعام کی حقدار نہیں ہوتی ہیں، اِس پر نظرثانی ہونا چاہیے۔

کتب پر ایوارڈ اُنھی کو ملنا چاہیے جو قارئین سے داد وصول کریں اور جن کا مواد معیاری ہو۔ اگر چہ پذیرائی اور ادبی ایوارڈ نہ ملنے سے کسی ادیب کی ساکھ کم نہیں ہوتی ہے۔ لیکن یہ قلم سے رشتہ جوڑے رکھنے میں اہم ترین کردار سرانجام دیتی ہیں۔ اِس لیے مصفانہ طریقہ کار اختیار کر کے حق داروں کو حق دینا چاہیے بصورت دیگر ادب میں ناانصافی بےادبی کہلائی جائے گی۔

☆÷÷÷☆

کتاب نمبر

سہ ماہی سرائے اُردو، سیال کوٹ کا ''کتاب نمبر'' کے نام سے خاص شمارہ منظرِ عام پر آیا ہے۔ یہ بے حد منفرد اور اہمیت کا حامل موضوع ہے جس پر دورِ حاضر میں کام کرنے کی اشد ضرورت تھی۔ دل چسپ بات یہ ہے کہ سہ ماہی سرائے اردو کا یہ اولین شمارہ ہے جو کہ خاص نمبر کی صورت میں پیش کیا گیا ہے۔ دورِ حاضر میں نہ صرف بچے بل کہ بڑے کتب سے دوری اختیار کرتے چلے جا رہے ہیں۔ ایسے میں کتاب کی اہمیت کو اُجاگر کرنے کے لیے ''خاص نمبر'' کی اشاعت تاریخ ساز کارنامہ قرار دیا جا سکتا ہے۔ سہ ماہی سرائے اردو کی مجلس مشاورت میں دنیائے اردو کی نامور ہستیاں خان حسنین عاقب، ڈاکٹر ریشا قمر اور عسکر واسطی شامل ہیں جو کسی تعارف کی محتاج نہیں ہیں۔ بچوں کے معروف ادیب دانیال حسن چغتائی بطور مدیر جب کہ فاکہہ قمر اور بہرام علی وٹو معاون مدیران میں شامل ہیں۔ فاکہہ قمر اِس سے قبل گلدستہ ٹوٹ بٹوٹ جونیئر میں بطور معاون مدیرہ کے کام کر چکی ہیں۔ راقم الحروف کو سہ ماہی سرائے اردو کے لیے بطور مدیرِ اعلیٰ کام کرنے کا موقع ملا ہے۔

''کتاب نمبر'' کے اداریے میں دانیال حسن چغتائی فرماتے ہیں:

''یہ شمارہ کتاب نمبر کے عنوان سے معنون کیا گیا ہے اور اس میں کتب بینی کو فروغ دینے کے حوالے سے مختلف کہانیاں اور مضامین شامل کیے گئے ہیں۔ ہم نے پوری کوشش کی ہے کہ کتب بینی کے فروغ میں اہم کردار ادا کر سکیں۔ اسی مقصد کو مدِ نظر رکھتے ہوئے سرائے اردو پبلی کیشن کا قیام عمل میں لایا گیا ہے اور اب تک اٹھارہ کتب شائع ہو چکی ہیں۔''

دانیال حسن چغتائی اپنے مضمون ''کتاب کی اہمیت'' میں لکھتے ہیں:

''کتاب کی اہمیت کا اندازہ اُن معاشروں کو ہوتا ہے جو پسماندگی سے گزر کر ترقی کے معراج پر پہنچے ہوں، جتنا کوئی معاشرہ استعمار کی سازشوں اور فکری پسماندگی کا شکار ہوتا ہے اتنا ہی وہ معاشرہ کتاب دشمن ہوتا ہے۔ ایک بات مسلمہ ہے کہ سماجی ارتقاء اور انسانی شعور کی پختگی میں جتنا کردار کتاب کا ہوتا ہے شائد اس کا کوئی اور نعم

البدل نہیں۔''

فراز علی حیدر کی مختصر کہانی ''کتابیں بھیج دیں'' اپنے موضوع کے اعتبار سے بے حد خاص ہے۔ بھارت سے تعلق رکھنے والے نام ور شاعر اور ادیب خان حسنین عاقب کی نظم ''کتابیں تیری ساتھی ہیں، کتابوں سے محبت کر'' کتاب نمبر کی سب سے خاص نظم ہے۔ جس میں کتابوں سے محبت بڑے دل چسپ اور خوب صورت انداز میں بیان کی گئی ہے۔

کتابیں تیری ساتھی ہیں، کتابوں سے محبت کر
کتابوں سے گلے مل اور دل سے ان کی چاہت کر
کتابیں ذہن و دل کے سارے پردے کھول دیتی ہیں
کبھی جو کہہ نہیں سکتے کتابیں بول دیتی ہیں
ترے دل پر ہے، تو چاہے تو تقلیدِ روایت کر
کتابیں تیری ساتھی ہیں، کتابوں سے محبت کر

زہرا دستگیر کے قلم سے نکلی کہانی ''میرا دوست'' میں خوب صورت پیغام پڑھ کر دل باغ باغ ہوا ہے، اِسے قارئین کی نذر کر رہا ہوں۔

''یہ کتابیں ہی ہوتی ہیں جو ہماری باتیں سمجھتی ہیں جس سے ہم سیکھتے ہیں اور شعور حاصل کرتے ہیں۔ جو ہمارے مشکل وقت میں علم دے کر ہمیں دشواری سے بچاتی ہیں۔''

''ادب کا قاری کتاب کا مطالعہ کیسے کرے؟'' کے عنوان سے جو تحریر خاص نمبر کا حصہ ہے۔ اِس کا ایک اقتباس ملاحظہ کیجیے۔

''ہر کتاب کو پڑھنے کا معیار ایک جیسا نہیں ہوتا۔ کچھ کتابیں سطحی فکر کے حامل ہوتی ہیں جنہیں پڑھنے کے لیے غور و فکر نہیں کرنا پڑتا اور نہ ہی گہری توجہ مرکوز کرنا پڑتی ہے۔ اس کی مثال کچھ یوں پیش کی جاسکتی ہے کہ اخبار اور صحافتی سطح پر لکھے جانے والے کالم کی زبان سادہ ہوتی ہے اور ہم آسان اور سادہ لفظوں میں اخبار کے ذریعے خبر کو اور کالم کے ذریعے سیاسی تجزیوں کو بآسانی سمجھ لیتے ہیں۔ لیکن اخبار میں استعمال ہونے والے لفظوں کے ذریعے آپ خواب نہیں دیکھ سکتے، لطف اندوز نہیں ہو سکتے اور نہ ہی آپ اس قسم کی تحریر کے انداز سے لذت کیفیت حاصل کر سکتے ہیں جو بعض اوقات زیرِ لب مسکراہٹ، سنجیدگی کے احساس اور غم کے گہرے شعور کا

باعث بنتی ہے۔اسی طرح بہت سی کتابیں معلومات کی فراہمی کا باعث تو بنتی ہیں مگر گہرا احساس پیدا نہیں کرتیں۔ادبی تحریروں پر مشتمل کسی بھی کتاب میں آپ کو معلومات کے علاوہ سماجی، معاشرتی اور سیاسی مسائل بھی نظر آئیں گے۔تاریخی واقعات ہوں یا نفسیاتی مسائل ادب ہر گہرے شعور اور موضوع خیال کو اپنے اندر جذب کرنے کی صلاحیت رکھتا ہے۔''

''ای بکس'' کے نام سے حمیرا علیم کی کہانی سوچنے پر مائل کرتی ہے۔مصنفہ کئی موضوعات پر بہت دلکش انداز میں تبلیغ کرتی نظر آتی ہیں۔اِس خاص نمبر میں اِن کی تحریر قابل تعریف ہے۔

"لوگ آج بھی کتاب پڑھنا پسند کرتے ہیں۔فرق صرف یہ ہے کہ اب لوگ موبائل، لیپ ٹاپ اور کمپیوٹر پر انٹرنیٹ سے ڈاؤن لوڈ کر کے یا ای لائبریریز سے کتب پڑھنے لگے ہیں۔"

مصطفیٰ ملک ''کتاب میری بہترین دوست'' نامی مضمون میں لکھتے ہیں:

''عملی زندگی میں قدم رکھا تو نصابی کتب کو ہم نے طلاق دے دی اور غیر نصابی کتب نے ہم سے خلع لے لی۔ دن رات کی محنت سے پیسے تو ملنے لگے مگر ایک تنہائی اور کمی کا احساس ہمیشہ دامن گیر رہتا، دوستوں کو آگے پڑھتے دیکھتے تو نصابی کتب کی یاد ستاتی اور جب کسی محفل میں کسی کتاب سے متعلق بحث سننے کو ملتی تو دل کرتا، ابھی جا کر خرید لوں مگر افسوس کہ فکر روزگار نے سارے لطیف جذبوں کا قتل کر دیا۔''

''کتابوں سے عشق ہے تو کتب زمین پر کیوں؟'' جیسے اہم موضوع پر ذوالفقار علی بخاری (راقم الحروف) لکھتے ہیں:

''افسوس کی بات ہے کہ ہم یا کوئی بھی ایسا فرد جو کتب سے محبت رکھتا ہے وہ دنیا سے گزرتا ہے یا پھر مطالعے سے باغی ہو جاتا ہے تو پھر اُس کی کتب زمین پر رکھی جاتی ہیں اور فروخت ہوتی ہیں۔یہ برسوں سے ہو رہا ہے اور ہوتا چلا جا رہا ہے۔ہم اپنے معاشرے میں نہ تو آج تک کتب کو وہ اہمیت دے سکے ہیں جو اِن کا حق بنتا ہے اور نہ ہی اُن ادیبوں کو دیتے ہیں جو ہماری زندگی کا دھارا بدلنے کے لیے ایک کے بعد ایک کتاب سامنے لاتے ہیں۔''

محمد حسنین اپنے مضمون ''ذکر کچھ کتاب کا'' میں لکھتے ہیں:

''کتاب کی دوستی کا نعم البدل کچھ بھی نہیں۔کتابیں بہت straight forward ہوتی ہیں انہیں منافقت نہیں آتی، یہ اس وقت بھی ساتھ دیتی ہیں جب ساتھ دینے کے لیے کوئی بھی نہ ہو۔کتاب علم ہے ادب ہے

تہذیب ہے اور ہنر ہے۔ میرا یقین ہے کہ کتاب لکھنا اگر ہنر ہے تو کتاب پڑھنا بھی ایک ہنر ہے۔''

توقیر چغتائی ایک اہم موضوع ''کتاب اور صاحب کتاب'' پر کچھ سمجھاتے نظر آتے ہیں۔

''جو مصنفین مختلف اداروں اور دوستوں کو اپنی کتاب بلا معاوضہ پیش کرتے ہیں۔ ان کا علمی اور ادبی جذبہ قابل ستائش ہے، مگر ایک اندازے کے مطابق مفت میں حاصل کی جانے والی کتاب کی نسبت خریدی ہوئی کتاب زیادہ پڑھی جاتی ہے، اس لیے کہ جو کتاب خریدی جاتی ہے اس کی ضرورت ہوتی ہے اور جو مفت میں دی جاتی ہے اسے تحفہ سمجھ کر قبول تو کر لیا جاتا ہے لیکن پڑھنے کے لیے وقت نہیں نکالا جاتا۔''

انصار احمد معروفی جو کہ بھارت سے تعلق رکھتے ہیں۔ اِن کی کتاب کے حوالے سے نظم ''کتاب نمبر'' کا حصہ ہے۔ یہ حسن اتفاق ہے کہ سہ ماہی سرائے اُردو کے اولین شمارے میں شاعری کا انتخاب بھارتی شعراء کا ہے۔

اچھی کتابیں

کیا خوبصورت

جیسے کہ مورت

ہر حصہ رنگیں

صفحات رنگیں

ہونٹوں سے چوموں

دل سے لگاؤں

''اپنی عمر سے بڑا کون؟'' ایک دل چسپ اور مزے دار کہانی ہے جسے عطاء السلام سحر نے لکھا ہے۔ اِس کا ایک جملہ بہت متاثر کن ہے۔

''وہ دس کتابوں کی لائبریری والا، جس نے گیارہویں کتاب ہمارے گھر سے حاصل کی، وہ آج بازی لے گیا۔ اب بھی کہونا! موبائل تو اپنا یار ہے۔''

''سیرابی کا ذریعہ'' ایک فکر انداز مضمون ہے جسے سیدہ حفظہ احمد نے لکھا ہے۔ اِس کا اقتباس پیش خدمت ہے:

''آپ نے سنا ہوگا کہ ایک زرخیز زمین بہت فائدہ دیتی ہے، مگر شرط یہ ہوتی ہے کہ اس کو پانی سے سیراب کیا جائے یا اس کے لیے پانی مہیا ہو جائے۔ وہ بارش کی صورت میں ہو یا پھر کسی اور ذریعے سے۔ پانی ملنے کے بعد زمین اپنے وقت پر پھل لے آتی ہے یا وہ ہری بھری ضرور ہو جاتی ہے۔ اسی طرح ایک انسان زرخیز زمین

کی طرح ہے اور کتابیں اس کے لیے سیرابی کا ذریعہ ہیں۔ جس طرح ایک زرخیز زمین کو نشوونما اور پھل کے لیے پانی دینے کی ضرورت پڑتی ہے، اسی طرح کتابیں انسان کی زندگی میں ایک چمن کی طرح ہوتی ہیں، جو انسان میں جینے کا ہنر اور سلیقہ اجاگر کرتی ہیں۔''

''2 اپریل۔ بچوں کی کتب کا عالمی دن'' نامی مضمون میں فاکہہ قمر فرماتی ہیں:

''چھوٹی عمر میں ہی کتاب سے دوستی ہو جائے تو انسانی سوچ کے دھارے ہی بدل کر رہ جاتے ہیں۔''

مضمون ''کتاب سے محبت'' میں عروشمہ خان عروش لکھتی ہیں:

''اگر ہم ترقی کی راہ پر گامزن ہونا چاہتے ہیں تو لوگوں میں پڑھنے کی عادت پیدا کریں جس معاشرے سے مطالعے کا ذوق اور عادت ختم ہو جائے وہاں علم کی پیداوار بھی ختم ہو جاتی ہے۔''

''مطالعہ کتب کی اہمیت'' میں حافظ محمد معاویہ آصف ایک جگہ لکھتے ہیں:

''اچھی کتابیں زندگی پر بہت اچھے اثرات مرتب کرتی ہیں، کتاب انسانی مزاج میں نرمی پیدا کرتی ہے ذہن پر خوشگوار اور صحت مند اثرات مرتب ہوتے ہیں۔ مطالعے سے انسان کے اندر مثبت اور مضبوط سوچ پیدا ہوتی ہے۔''

العرض سہ ماہی سرائے اردو کا ''کتاب نمبر'' بچوں اور بڑوں کو کتب سے دوستی کروانے کی ایک لاجواب کوشش ہے۔ 23 اپریل کو کتب کا عالمی دن منایا جاتا ہے۔ سرائے اُردو پبلیکیشن، پاکستان کا اِس موقع پر کتاب نمبر کی اشاعت بچوں اور بڑوں کو کتاب دوستی پر مائل کرے گا۔ اِس خاص نمبر کو کتب خانوں میں خرید کر عطیہ کیا جانا چاہیے تاکہ مستقبل میں حوالے کے طور پر کام آتا رہے۔ یہ غالباً ادبی تاریخ میں اولین موقع ہوگا کہ ''کتاب نمبر'' کے نام سے خاص نمبر شائع کیا گیا ہے جو کہ بے حد قابل تعریف ہے۔ ہم جب تک کتاب کی اہمیت کو اجاگر نہیں کریں گے تب تک کتب بینی کے فروغ کی کوشش کامیاب نہیں ہوگی۔ پس عصر حاضر میں کتاب کو زندہ رکھنے کے لیے کتاب سے جڑنا اور کتب کو عزت دینا بہت ضروری ہو گیا ہے۔

☆÷÷÷☆

موجودہ عہد میں بچوں کے ادب کی اہمیت وافادیت

''ادب اطفال بچوں کے لیے لکھا جانے والا ادب ہے۔''

وقت گزرنے کے ساتھ ساتھ والدین کے لیے بچوں کی تربیت کرنا مشکل ہو رہا ہے۔جدید ایجادات کے ساتھ والدین کی مصروفیات اور معاشرے میں بڑھتی ہوئی بے راہ روی معصوم ذہنوں پر بے حد منفی اثرات مرتب کر رہی ہے۔ٹیلیویژن پر پیش کیے جانے والے پروگرامز اور انٹرنیٹ پر موجود مواد ایسا ہے جو بچوں کے ذہنوں کو متاثر کر کے زندگی برباد کرسکتا ہے۔ایسی صورتحال میں جب والدین بچوں کی کردار سازی پر بھرپور توجہ نہیں دے رہے ہیں۔اگر اُن کی تعلیم وتربیت کے لیے ایسا ادب موجود ہو جس کی جانب راغب کر کے کچھ سوچنے، سمجھنے اور اپنی اصلاح کرنے کی طرف لایا جاسکے تو ایسی صورت حال میں ادب اطفال کی افادیت بڑھ جاتی ہے۔یہ مستقبل کے نونہالوں کی زندگی بدلنے میں اہم کردار کا حامل ہوتا ہے کہ اُس عمر جب وہ پڑھنا، لکھنا اور بولنا سیکھتے ہیں۔اِن کی تربیت کہانیوں، مضامین اور نظموں سے شروع ہو جاتی ہے۔یہی کردار سازی عمر بڑھنے کے ساتھ ساتھ مسلسل جاری رہتی ہے جس سے وہ اچھے مسلمان اور شہری بنتے ہیں۔ماضی میں بچوں کے لیے پرانی اقدار کے مطابق لکھا جا رہا تھا۔آج کے حالات کے مطابق ادب کچھ اور طرح سے لکھا جا رہا ہے۔اِسی طرح مستقبل کے تقاضوں کو مدنظر رکھ کر آیندہ لکھا جائے گا جو بچوں کے لیے فائدہ مند ثابت ہو گا۔بچوں کے ادب کی اہمیت اِس بات سے لگائی جاسکتی ہے کہ ہر عمر کے بچے کی دل چسپی کہانیوں اور نظموں میں ہے۔وہ اُنھیں زبانی یاد کر لیتا ہے اور دیئے گئے سبق کو عمر بھر یاد رکھتا ہے۔

یہ بات تو سب جانتے ہیں کہ بچپن میں پڑھا اور لکھا گیا سبق عمر بھر انسان کے ساتھ رہتا ہے۔بچوں کے ادب کی افادیت واہمیت محض اِسی بات سے بہ خوبی ظاہر ہو جاتی ہے۔ادب تفریح، تربیت اور تعلیم دینے کا بھی سبب بنتا ہے۔بچوں کے لیے ایسا ادب ہونا چاہیے جو کہ کردار سازی میں معاون ہو سکے۔دیکھنے میں آیا ہے کہ کچھ معیوب جملے اور عنوانات کے تحت بچوں کے لیے کہانیاں لکھی جا رہی ہیں۔اِس سے بچوں میں منفی سوچ پیدا ہو

گی یا وہ بُرائی کی طرف مائل ہو جائیں گے۔ یہ ہو ہی نہیں سکتا ہے کہ بچوں کے لیے جو عنوان رکھیں وہ منفی نوعیت کا ہو۔ اور آپ کی خواہش ہو کہ نتائج مثبت سامنے آئیں۔ کہانیاں لکھنے والوں کو اس طرف دھیان دینے کی ضرورت ہے تا کہ معاشرے میں بڑھتی بُرائی کو کم سے کم نئی نسل سے دور رکھا جا سکے۔ یہ بھی ضروری ہے کہ ادب برائے تفریح کے ساتھ تعلیم کے رجحان کو فروغ دیا جائے۔ مکالمے ایسے ہوں کہ روزمرہ زندگی میں استعمال کریں تو اُن کو کسی کی بات نہ سُننی پڑے۔ اگر دورِ حاضر کے تقاضوں کے مطابق لکھا جائے تو بہتر ہوگا تا کہ جدید ایجادات اور رجحانات کے حوالے سے معلومات دی جا سکیں۔ جدید ایجادات کے حوالے سے کہانیاں ایسے خیالات پر مبنی ہوں جن کو پڑھنے والے بچے پڑھ کر مذاق نہ بنائیں کہ اکیسویں صدی میں ایسا کہاں ہوتا ہے۔ یہ بات سب کو یاد رکھنی چاہیے کہ ہم جو بھی لکھ رہے ہیں، وہ بچوں کے لیے لکھ رہے ہیں۔ اِس میں لفظوں کی جادوگری شامل نہیں ہونی چاہیے کہ بچے پھر پڑھنے سے دور چلے جائیں گے۔ جدید دور میں اگر جنوں ،بھوتوں اور دیگر کرداروں ٹارزن یا عمرو عیار کی کہانیاں زیادہ پڑھنے کو ملیں گی تو وہ کیسے اِن پر یقین کر سکتے ہیں۔ جب کہ سائنسی دور میں اِن پر کوئی بچہ یقین کرنے کو تیار نہیں ہے۔ ہمیں ہیری پوٹر جیسے کرداروں پر لکھنے کی ضرورت ہے یا پھر نئے کرداروں کو منظر عام پر لانا چاہیے تا کہ کچھ انفرادیت کا سبب بنے۔

بچوں کے لیے موجودہ دور میں اپنا تحفظ کرنا مشکل ہو رہا ہے۔ اِن کو جنسی یا ذہنی طور پر ہراساں کرنے کی کوشش ہو رہی ہے۔ اِن معاملات سے بچاؤ کے لیے کہانیاں پڑھنے کو دی جانی چاہئیں تا کہ اپنا تحفظ کر سکیں یا پھر اُن میں اتنا حوصلہ پیدا ہو کہ گھر میں بات کر سکیں۔ ماضی میں بچوں کو ایک خاص ماحول کے مطابق ادب پیش کر کے تربیت کی جا رہی تھی۔ لیکن اب حالات بدل رہے ہیں تو ادبِ اطفال کی اہمیت و افادیت بڑھ گئی ہے۔ بچوں کے لیے وہ حالات نہیں رہے ہیں جو بیس برس قبل تھے۔ نونہالوں کو دورِ حاضر کے تقاضوں کے مطابق کچھ ایسا پڑھنے کو دیا جانا چاہیے جس سے وہ ذہنی طور پر مضبوط ہو سکیں۔ بچوں کو دنیا میں ہونے والی ترقی کے ساتھ ساتھ اردگرد کے ماحول کو بہتر بنانے کے لیے تیار کرنا بھی ضروری ہے۔ قلم کار بچوں کو اپنی بات آسان زبان میں بتا سکتے ہیں۔ یہاں چند لکھاری ایسے ہیں جو اُردو زبان کی تحریروں میں انگریزی زبان اِس لیے ضروری سمجھتے ہیں تا کہ بچوں کے علم میں اضافہ ہوگا۔

کچھ عرصہ قبل ایک لکھاری کی تحریر کا مکمل جملہ انگریزی میں لکھا ہوا پڑھا۔ اُس لکھاری کو کون سمجھائے کہ آپ زبان سے دشمنی کر رہے ہیں، بچوں کو عام فہم زبان میں مضمون یا کہانی سمجھ آ سکے گی۔ اُن کو وہ پڑھنے کو دیں جو وہ

خود پڑھیں تو مشکل نہ لگے۔موجودہ عہد میں بچوں کو اردو زبان سے دور کیا جا رہا ہے۔ والدین انگریزی اسکولوں میں داخل کر رہے ہیں تو دوسری طرف بچوں کے لیے لکھنے والے انگریزی کے الفاظ کا استعمال زیادہ کر رہے ہیں۔ ہمیں تسلیم کرنا چاہیے کہ انگریزی کی اہمیت بین الاقوامی سطح پر بہت زیادہ ہے۔ پاکستان میں اردو کو قومی قرار دیا جاتا ہے تو پھر لکھنے والوں کو بھی احساس کرنا چاہیے کہ انگریزی کا استعمال کر کے اپنی نااہلی ثابت کر رہے ہیں۔ بچوں کو نظموں اور کہانیوں میں انگریزی کے الفاظ دکھائی دیں گے تو وہ اردو پر انگریزی کو ترجیح دیں گے اور اِسی کو اہمیت کا حامل سمجھیں گے۔ ادب اطفال کسی بھی زبان میں لکھا جائے، وہ قابل تعریف قرار دیا جائے گا۔ کیوں کہ وہ اُس مخصوص زبان کی بقاء کی ضمانت بنتا ہے۔ لیکن سوال یہی ہے کہ اگر خاص زبان میں لکھنے والے دوسری زبانوں کا بلا جواز استعمال کریں گے تو یہ قابل تعریف نہیں ہوگا۔ ادب اطفال ہر زبان کی بقاء کے لیے اہم ہے۔ جب تک ہر خطے میں بچوں کے ادب کو نظر انداز کیا جاتا رہے گا تب تک زبانوں کے معدوم ہونے کے خطرات باقی رہیں گے۔

☆......☆

آج کے بچے کتنی ذہانت رکھتے ہیں۔ اِس حوالے سے ایک مثال سن لیجیے۔

''جرمنی میں ایک لکھاری نے سانپ کے ڈسنے سے ایک شخص کے فوری طور پر مرنے کا ذکر اپنی کتاب میں کیا، ایک بچے نے تحقیق کر کے ثابت کیا کہ اُس نسل کے سانپ کے کاٹنے سے فوری نہیں بل کہ تین دنوں میں موت واقع ہوتی ہے۔''

اُس لکھاری کو بعد ازاں کتاب میں تبدیلی کرانا پڑ گئی۔ بچوں کے لیے لکھنا آسان نہیں ہے۔ نونہالوں کا مستقبل ادب اطفال سے جڑا ہے کیوں کہ تمام اچھی اور بُری عادتوں کے پختہ ہونے کا سلسلہ نوعمری میں ہوتا ہے۔ اگر نوعمری میں معیاری تخلیقات پڑھیں گے تب ہی مستقبل میں نفع حاصل ہوگا بصورت دیگر سوچ خراب ہونے سے شخصیت میں ادھورا پن رہے گا اور معاشرے میں بگاڑ کا سبب بنے گا۔ لہذا جو بھی لکھیں وہ ایسا ہو جس سے بچوں میں مزید جاننے کی تڑپ ہو۔ اُن کو درست معلومات دیں کیوں کہ آج بچے حقائق انٹرنیٹ سے جان سکتے ہیں۔ یہ نہ ہو کہ آپ کو بچے بتائیں کہ جناب ایسا نہیں، ایسا ہے، تو یہ بہت معیوب بات ہوگی۔ یہ بات سمجھنی چاہیے کہ ''بچوں کے لیے لکھنا بچوں کا کام نہیں ہے۔''

بچوں کے لیے اُن کی ذہنی استطاعت کے مطابق لکھنے کی کوشش کریں۔ کیوں کہ آج کے بچے، ماضی کے بچوں

سے لاکھ درجہ زیادہ ذہانت اور قوت مشاہدہ رکھتے ہیں۔ سنسنی خیزی، جاسوسی، خوفناک کہانیاں کبھی بھی بچوں کو بہادر اور مضبوط شخصیت کا حامل نہیں بنا سکتی ہیں۔ یہ ہوسکتا ہے کہ وہ اُلٹا بزدل ہو جائیں اور معاشرے پر بوجھ بن جائیں۔ اسکولوں میں اگر کہانیوں کے کرداروں کے ذریعے اخلاقی اور معاشرتی باتیں سکھائی جائیں گی تو نونہالوں کی کردار سازی بہترین ہوسکتی ہے۔ اگر اچھی باتیں بچوں کے ذہنوں پر نقش ہو جائیں تو وہ عمر بھر اُنھیں کام آئیں گی اور درحقیقت یہی ادب اطفال کا مقصد بھی ہے۔

ادب اطفال کا بنیادی مقصد بچوں پر مثبت اثرات مرتب بھی ہے تا کہ اُن کی سوچ اور زندگی کا دھارا بدل سکے۔ اگر ادب اطفال کے نام پر ایسا مواد پیش کیا جائے گا جو کہ منفی اثرات کا حامل ہوگا تب وہ بچوں کے لیے نقصان دہ قرار پائے گا جو کہ بدترین المیہ ہوگا۔ بچوں کے لیے ایسے کردار تخلیق کرنے کی ضرورت ہے جس سے اُنھیں مستقبل میں بہترین اور کامیاب زندگی گزارنے کا طریقہ معلوم ہو سکے۔ بچوں کے لیے عامیانہ مزاح بے حد نقصان دہ ہے اِس لیے بچپن میں اچھے اور برے مذاق میں فرق کو بھی سمجھانا چاہیے۔

یہ بات ہر لکھنے والے کو سمجھنے کی ضرورت ہے کہ آج کے بچے کل کے نوجوان اور بزرگ ہوں گے۔ اگر آج ہم اُن کے لیے مثبت طرز فکر کا حامل عمدہ ادب چھوڑیں گے تب ہی وہ آنے والی نسل کی رہنمائی کر سکے گا۔ کیوں کہ یہی ادب کئی نسلوں کی شعور بیداری کا سبب ہوگا، اِس لیے ادب اطفال کی اہمیت کو جانیں اور کچھ ایسا نہ لکھیں جس سے نئی نسل بگڑے اور مستقبل کا مورخ آپ کے لکھے پر نہ صرف انگلی اُٹھائے بل کہ آپ کو مجرم بھی قرار دے۔

☆÷÷÷☆

سہ ماہی ادبیات اطفال، اسلام آباد کے ڈائمنڈ جوبلی خاص نمبرز

پاکستان میں بچوں کے ادب کے فروغ کے حوالے سے سرکاری سطح پر ایک سنجیدہ کوشش ہوئی ہے۔ اِس حوالے سے اکادمی ادبیات پاکستان کے چیئرپرسن ڈاکٹر یوسف خشک، ڈاکٹر ریاض عادل، اختر رضا سلیمی کا کردار اہمیت کا حامل ہے کہ اُنھوں نے بچوں کے لیے لکھنے والوں کو سرکاری طور پر ایسی شناخت دی ہے جو کہ تاریخ ساز قرار دی جاسکتی ہے۔ ایسے ادیب جنھوں نے 1947 سے 1975 کے عرصے میں بچوں کے لیے لکھا، جنھوں نے 1976 سے 2000 تک بچوں کے لیے لکھا اور جو 2001 سے تاحال لکھ رہے ہیں اُن کی تخلیقات پر مبنی خاص شمارے شائع کیے گئے ہیں۔

1947 سے تاحال بچوں کے لیے پیاری پیاری نظمیں لکھنے والے شعراء کی شعری تخلیقات بھی ایک خاص شمارے میں سامنے لائی جاچکی ہے۔ اگر چہ اس سے قبل مختلف احباب کی جانب سے ادیبوں کی تحریروں کے مجموعے سامنے لائے جاچکے ہیں۔ لیکن یہ سرکاری سطح پر کام ہوا ہے تو اِس کی اہمیت نجی سطح کی بہ نسبت کئی گنا زیادہ ہے، جس کی جتنی تعریف کی جائے کم ہوگی۔ اِس کام پر اکادمی ادبیات پاکستان کو سراہنا چاہیے کیوں کہ ایسے کام روز روز نہیں کیے جاسکتے ہیں۔ پاکستان کی مختلف جامعات میں تحقیقی کام ہوتا رہتا ہے۔ لیکن اِس کا دائرہ کار محدود ادیبوں تک ہے اِس بے مثال اور یادگاری شماروں کی اشاعت کے حوالے سے بھی تحقیقی کام ہونا چاہیے۔ اور کوشش کی جانی چاہیے کہ بچوں کے تمام ادیبوں پر تحقیقی مقالے لکھوائے جائیں۔ کیوں کہ سب تخلیق کار نونہالوں کی تعلیم و تربیت کے لیے اپنی زندگی وقف کر چکے ہیں اور عمدگی سے بغیر صلے کے کام کر رہے ہیں۔

شمارہ نمبر 18، جولائی تا ستمبر 2021

ڈائمنڈ جوبلی نمبر (جلد۔اول)

اِس شمارے کا اداریہ ڈاکٹر یوسف خشک صاحب نے تحریر کیا۔ جب کہ ایک خاص مضمون ''بچوں کا ادب۔ قیام پاکستان 1947 تا 1975 تک'' ڈاکٹر محمد افتخار کھوکھر کا تحریر کردہ ہے۔ اِس شمارے میں آغا محمد اشرف، ابراہیم

جلیس، ابصار عبدالعلی، ابن انشاء، احمد ندیم قاسمی، ادیب سہارنپوری، اشتیاق احمد، اشرف صبوحی، الطاف پرواز، الطاف فاطمہ، اے حمید، پطرس بخاری، ثاقبہ رحیم الدین، جبار توقیر، جمیل جالبی، حجاب امتیاز علی، حسن عابدی، حسینہ معین، حفیظ جالندھری، رشید احمد بی اے، رضا علی عابدی، سعید لخت، سید امتیاز علی تاج، سید نظر زیدی، شان الحق حقی، شفیع عقیل، شوکت تھانوی، عبدالحمید نظامی، عبدالعزیز فطرت، عزیز اثری، غلام عباس، فرخندہ لودھی، فیض احمد فیض، کشور ناہید، کمال احمد رضوی، محمد منشاء یاد، محمد یونس حسرت ایم۔اے، مسعود احمد برکاتی، مقبول جہانگیر، میرزا ادیب، وحیدہ نسیم اور وقار بن الٰہی کی تخلیقات شامل ہیں۔

شمارہ نمبر 19، اکتوبر تا دسمبر 2021

ڈائمنڈ جوبلی نمبر (جلد دوم)

اِس شمارے کا اداریہ ڈاکٹر یوسف خشک کا تحریر کردہ ہے۔آپ فرماتے ہیں :

''یہ شمارہ اس لیے بھی اہم ہے کہ اس میں ان تمام ادیبوں کی بہترین اور نمائندہ کہانیاں شامل ہیں جنھیں آپ پسند کرتے ہیں اور جنھیں آپ بار بار پڑھنا چاہتے ہیں۔''

اِس شمارے میں ایک خاص مضمون ''اردو میں بچوں کا ادب (1976 تا 2000) کا ایک جائزہ'' معروف ادیب نذیر انبالوی نے لکھا ہے۔اِس کا ایک اقتباس ملاحظہ کیجیے:

''مستقبل کے معماروں کی تعلیم وتربیت اوران کی کردار سازی، تعمیر اخلاق اورانہیں اپنے دین ومعاشرت سے روشناس کروانے کے لیے جہاں دیگر عوامل کارفرما ہوتے ہیں وہیں ادب بھی ایک اہم عنصر ہے۔بچوں کی تعلیم وتربیت کے ساتھ ساتھ ان کی ذہنی نشو ونما اوران کی شخصیت میں نکھار پیدا کرنے کے لیے ادب کلیدی کردار ادا کرتا ہے۔ادب کے ذریعے سے جہاں بچوں کے اخلاق سنوارے جاسکتے ہیں، انہیں تفریح مہیا کی جاسکتی ہے وہیں انہیں زبان دانی سکھانے اوران میں ادبی ذوق کو بھی پروان چڑھایا جاسکتا ہے۔ادب ہی وہ وسیلہ ہے جس سے بچوں کی تخلیقی صلاحیتوں کو جلا بخشی جاسکتی ہے۔''

ابن آس محمد، احمد حاطب صدیقی، اختر عباس، اسد بخاری، اشفاق احمد خان، الطاف حسین، جدون ادیب، حسن ذکی کاظمی، خادم حسین مجاہد، خلیل جبار، خواجہ مظہر نواز صدیقی، ذکیہ بلگرامی، رانا محمد شاہد، رضوانہ سید علی، رفیع اللہ میاں، ڈاکٹر رؤف پاریکھ، ریاض عادل، سیما صدیقی، شازیہ فرحین، شاہد اقبال، شاہد انور شیرازی، ڈاکٹر طارق ریاض، عارف شین روہیلہ، عارف مجید عارف، عاطر شاہین، عبدالرشید فاروقی، پروفیسر عفت گل

اعزاز علی اکمل تصور، فاروق حسن چانڈیو، فرزانہ روحی اسلم، فریدہ گوہر، کاشف بشیر کاشف، کاوش صدیقی، کلیم چغتائی، محبوب الٰہی مخمور، محمد ارباب بزمی، ڈاکٹر محمد افتخار کھوکھر، محمد ریاست، محمد شعیب مرزا، محمد عادل منہاج، محمد عرفات ظہور، محمد عرفان رائے، محمد فاروق دانش، محمد ندیم اختر، محمد نوید مرزا، محمد ادریس قریشی، معروف احمد چشتی، منیر احمد راشد، میر شاہد حسین، نجیب احمد حنفی، نذیر انبالوی اور نوشاد عادل کی تحریریں شمارے کا حصہ بنی ہیں۔

شمارہ نمبر 20، جنوری تا مارچ 2022

ڈائمنڈ جوبلی نمبر (جلد سوم)

اِس شمارے کا اداریہ ڈاکٹر یوسف خشک صاحب نے تحریر کیا ہے۔ جب کہ ''بچوں کا ادب 2000 سے 2022 تک'' کے عنوان سے مقالہ اعظم طارق کوہستانی کا تحریر کردہ ہے۔

جن ادیبوں کی تخلیقات شمارے کا حصہ بنی ہیں اِن میں احمد عدنان طارق، احمد نعمان شیخ، اشرف سہیل، اعظم طارق کوہستانی، امجد جاوید، انعم توصیف، ببرک کارمل جمالی، بینا صدیقی، تسنیم جعفری، تسنیم شریف، تنزیلہ احمد، تنزیلہ یوسف، جاوید بسام، حافظ محمد احمد، حسن اختر، حفصہ محمد فیصل، حماد ظہیر، دیا خان بلوچ، ذوالفقار علی بخاری، رخشندہ نوید، رمشاء جاوید، روبنسن سیموئیل گل، سائرہ شاہد، سلمان یوسف سمیجہ، سمیرا انور، شازیہ ستار نایاب، شیخ فرید، صفدر علی حیدری، عاطف حسین شاہ، عائشہ تنویر، عشرت معین سیما، عطاء المصطفٰی سعید، علی عمران ممتاز، حماد حسن، ڈاکٹر عمران مشتاق، عنبرین ابدال، غلام محی الدین ترک، فوزیہ خلیل، فہیم زیدی، قرۃ العین خرم ہاشمی، گل رعنا صدیقی، ماہ نور نعیم، محمد احمد رضا انصاری، محمد ضیاء اللہ محسن، محمد عثمان طفیل، محمد فضیل فاروق، محمد فہیم عالم، محمد فیصل علی، محمد اکمل معروف، محمد الیاس نواز، ڈاکٹر شعیب خان، مریم صدیقی، مزمل صدیقی، مہوش اسد شیخ، ناصر محمود فرہاد، نائلہ صدیقی، نظیر فاطمہ، نعمان فاروق، نوید احمد اور ہما مختار احمد شامل ہیں۔

شمارہ نمبر 21، اپریل تا جون 2022

ڈائمنڈ جوبلی نمبر (جلد چہارم)

اِس شمارے کا اداریہ ڈاکٹر یوسف خشک صاحب نے تحریر کیا جب کہ ایک خاص مضمون ''اردو میں بچوں کے لیے شعری ادب: 1947 تا حال'' ریاض عادل نے لکھا ہے۔

جن شعراء کی تخلیقات شمارے کا حصہ بنی ہیں، اِن میں امید فاضلی، احمد ندیم قاسمی، معصب شاہین، آصف ثاقب، آغا شیدا کاشمیری، ابصار عبد العلی، ابن انشاء، اثر جون پوری، احسان اکبر، احمد حاطب صدیقی، احمد فراز،

اختر رضا سلیمی، اختر شیرانی، ارسلان اللہ خان، ارشاد الحق قدوسی، اظہر نیاز، افضال عاجز، افق دہلوی، امان اللہ خان دل، امان اللہ نیئرؔ شوکت، امجد اسلام امجد، امجد شریف، انجم توصیف، انور شعور، انور مسعود، ایوب اختر، بشیر سیفی، پروفیسر ظفر انوار حمیدی، تسنیم قریشی، تعارف اللہ خاوری، تنزیلہ احمد، تنویر پھول، ڈاکٹر توصیف تبسم، جاوید امتیازی، جمیل الدین عالیؔ، حفیظ الرحمان احسن، حفیظ جالندھری، حمایت علی شاعر، خالد بزمی، خانزادہ سمیع الوری، خواجہ عابد نظامی، خورشید رضوی، رمضان گوہر، روحی کنجاہی، رفیق احمد خان، ریاض حسین قمر، ڈاکٹر ریاض شاہد، ریاض عادل، زاہد الحسن زاہد، سرفراز شاہد، سرور بجنوری، سلطان سکون، سید اشرف بیتھوی، شازیہ ستار نایاب، شاعر لکھنوی، شاہنواز فاروقی، شبیر بیگ ناز، شریف شیوہ، شفیق عقیل، صاعقہ علی نوری، صوفی غلام تبسم، ضمیر جعفری، ضیاء الحسن ضیاء، ضیغم حمیدی، ظفر ارشاد، ظفر اقبال، عاصمہ گل مصمی، عباس العزم، عبدالحفیظ طاہر، عبدالغنی شمس، عبدالقادر، عظمت عزمی، علی اکبر عباس، عمران کمال، عنایت علی خان، غلام زادہ نعمان صابری، غلام محی الدین نظر، غنی دہلوی، فرحت شاہ جہان پوری، فریدہ گوہر، فضل ربی راہی، فیض لودھیانوی، قتیل شفائی، قدسیہ جبین، قمر ہاشمی، قیوم نظر، مجید امجد، محسن احسان، محسن بھوپالی، محمد اسماعیل قمر، محمد اقبال قصوری، محمد اکمل معروف، محمد انوار احمد، محمد جاوید خالد، محمد رمضان شاکر، محمد ضیاء اللہ محسن، محمد عارف قریشی، محمد نوید مرزا، محمود شام، ملک محمد احسن، ناصر زیدی، نسرین انجم بھٹی، نظر زیدی، نظیر فاطمہ، نعمان حیدر حامی، نفیس فریدی، نیر ندیم، ڈاکٹر وزیر آغا اور ہانیہ ارمیا شامل ہیں۔

☆......☆

بڑا ادیب کون ہے؟

''لفظوں کے ذریعے جذبے، احساس یا فکر و خیال کے اظہار کو ''ادب'' کہتے ہیں۔ اور ادب کی مختلف اصناف پر لکھنے والے کو ادیب کہتے ہیں۔''

اِس موضوع پر لکھنے لگا تو اچانک کسی کا لکھا گیا جملہ یاد آیا۔

''بڑا ادیب فرد کے تخلیقی جوہر اور معاشرہ کے تخلیقی جوہر کے وصال کا حاصل ہوتا ہے۔ بڑا ادیب ہمارے عہد میں پیدا نہیں ہو سکتا ہے، اس لیے کہ یہ عہد اپنا تخلیقی جوہر کھو بیٹھا ہے۔''

اب معلوم نہیں کس نے یہ بات کہی تھی۔ مگر موضوع کی مناسبت سے بیان کر دی ہے۔

ہمارے ہاں ادبی محفلوں میں اور بسا اوقات نجی محفلوں میں مختلف لکھنے والے گپ شپ کرتے ہیں تو وہ اپنی ذات کو اُجاگر کرنے کی کوشش کرتے ہیں تاکہ ایک دوسرے پر برتری حاصل کر جائیں۔ یہ اکثر پُرانے لکھنے والوں کی محفلوں میں دیکھنے کو زیادہ ملتا ہے۔ کیوں کہ نئے لکھنے والے تو اپنا نام بنانے میں مصروف عمل ہوتے ہیں۔ وہ چوں کہ خود آگے بڑھنے کی جہد و جہد کر رہے ہوتے ہیں تو اُن کی کوشش ہوتی ہے کہ دوسروں کو ساتھ لے کر چلیں۔ دوسری طرف برسوں سے لکھنے والے ایک نام بنا چکے ہوتے ہیں۔ اِس لیے اُن کی ترجیحات وقت کے ساتھ کچھ اور ہو جاتی ہیں۔ ہمارے ہاں اِس حوالے سے بڑی باتیں بڑے ادیبوں کے بیچ ہوتی ہیں کہ پاکستان اور بھارت میں ادب اطفال کا بڑا ''ادیب/ لکھاری'' کون ہے؟

اِس پر بحث کرنے سے قبل آپ کو کچھ بتانا چاہ رہا ہوں تاکہ آپ میری بات کے سیاق و سباق سے واقف ہو جائیں کہ میں دراصل کیا بات کہنا چاہ رہا ہوں۔

آپ نے میری مانند ''ابن صفی''، ''اشتیاق احمد'' اور ''اے حمید'' کے ناموں کو سن رکھا ہوگا۔ اُن کے کارہائے نمایاں اُنھیں ایک عظیم اور بہترین ادیب ثابت کرتے ہیں۔ اِسی طرح ''نذیر انبالوی''، ''تسنیم جعفری''، ''احمد عدنان طارق''، '' جاوید بسام''، ''امجد جاوید''، '' محمد عرفان رامے''، '' نوشاد عادل'' اور '' ابن آس''، ''

انو کمار''،''اروپ کمار دتہ''،''نتاشا شرما''،''حسنین عاقب''،''پاروآنند''،''سراج عظیم''اور''وکیل نجیب'' کے نام لے سکتے ہیں۔اِن ناموں کے علاوہ بھی کئی نام ہیں جو کہ اپنی ذات اور علمی خدمات کی بنا پر بہترین لکھاری/ادیب ہیں۔

اگر میں کہوں کہ یہ سب بڑے ادیب/ لکھاری ہیں تو پھر آپ بے شمار لکھاریوں کے نام گنوانا شروع کر دیں گے کہ جناب فلاں فلاں کے کارنامے یہ ہیں، اُن کی خدمات یہ ہیں۔آپ مجھے یہ تسلیم کروانے کے لیے جو منطق بیان کریں گے، ہوسکتا ہے کہ میں آپ سے متفق ہو جاؤں یا پھر اپنی دلیل سے ثابت کروں کہ نہیں میرے لیے وہی سب سے بڑے لکھاری ہیں، جن کی میں بات کر رہا ہوں۔

میری بات کے جواب میں یہ بھی کہا جا سکتا ہے کہ محض جانبداری دکھاتے ہوئے ایسا کہہ رہا ہوں۔

اگر میں ایسا کہہ رہا ہوں تو پھر یہ بات کہنے کا حق ہے کہ آج کتنے نامور لکھاری ارد گرد موجود ہیں جو کہ اپنی ذات کو بڑا''ادیب/ لکھاری'' کے اہل سمجھتے ہیں۔

کچھ تو ایسے ہیں جن کی شان میں قصیدے پڑھے جاتے ہیں۔کوئی بھی کم علم شخص یا ادبی دنیا سے باہر کے لوگ اُنھیں عظیم سمجھ لیتے ہیں۔اگر کوئی اُن پر بات کرتا ہے تو اُس کو''بے ادبی''تصور کی جاتی ہے۔وہ تو''ادب'' کے دائرے میں رہ کر کچھ عرض کر رہا ہوتا ہے مگر سمجھنے والے اِس کو''گستاخ''تصور نہیں کرتے ہیں، یہ فریضہ چند دوسرے احباب سرانجام دیتے ہیں۔

اس بحث کو یہاں چھوڑ کر اِس نکتے پر بات کرتے ہیں کہ بڑا ادیب/ لکھاری ہم کس کو کہتے ہیں۔کچھ نظریات کے مطابق جس نے بے شمار علمی خزانہ چھوڑا، اُسے کہا جا سکتا ہے۔کچھ نظریات ایسے ہیں جو کہ نت نئے''ادبی رجحانات'' متعارف کروانے والوں کو ایسا درجہ دیتے ہیں۔کچھ نظریات کے مطابق بڑا''ادیب/ لکھاری'' وہ بھی ہوتا ہے جو اپنے ارد گرد موجود لوگوں کو یوں فیض یاب کرے کہ وہ اپنی ذات میں''بڑا'' ہو جائے۔کچھ نظریات یہ ہیں کہ کوئی ایسا لکھے جو لوگوں کو اپنے اندر تبدیلی لانے پر مائل کر دے یا بہترین تفریح مہیا کرے تو وہ بھی ہوسکتا ہے یعنی ایسا لکھے جو برسوں ذہن میں رہے اور اُسے سرشار کرتا رہے۔

ہمارے ہاں''بڑے تخلیق کار'' کے لیے ایک مخصوص سوچ رکھی جاتی ہے کہ اگر کوئی خاص امور اور خدمات سرانجام دے رہا ہے تو پھر وہ بڑا کہلائے جانے کے لائق ہے۔ہم اُن کے علاوہ دیگر کسی بھی''ہستی'' کو اِس اعزاز سے''سرفراز''نہیں کرتے ہیں۔راقم السطور کے نزدیک ہر وہ لکھنے والا بڑا''تخلیق کار'' ہے، جو ادبی دنیا

میں رہ کر دوسروں کے لیے آسانیاں پیدا کر رہا ہے۔ اپنے علم سے دوسرے لکھاریوں/ادیبوں کو سیراب کر رہا ہے۔ اِس میں عمر کا فرق نہیں رکھتا ہے۔ وہ اپنی ذات میں ایک ''جگنو'' کی مانند ہے جو اپنے اردگرد بس روشنی پھیلاتا ہے۔ دل میں کسی طرح کا ''بغض'' نہیں رکھتا ہے۔ اپنے اندر ''حسد'' کا مادہ نہیں رکھتا ہے۔ دوسرے کو نیچا دکھانے کے لیے حواریوں کی مدد سے ''رسوا'' کرنے کی کوشش نہیں کرتا ہے۔ وہ اپنے لکھے ہوئے مواد سے قارئین کے دل میں جگہ بناتا ہے یعنی ایسا لکھا کہ وہ دل میں اُتر جائے اور برسوں یاد رہے۔''

ادب سے وابستہ ہو کر ''بے ادبی'' کرنے والوں کو ہم کس طرح ''بہترین لکھاری'' کا خطاب دے سکتے ہیں۔ ہم کس طرح سے ایک ایسے فرد کو بہترین یا بڑا ادیب/ لکھاری کہہ سکتے ہیں جب اُس نے کسی کی حق تلفی کی ہو یا ہم عصر یا نئے لکھاریوں کو جذباتی طور مجروح کرنے کا ذمہ دار ہو۔ اگر کوئی ''لکھاری'' اپنے قلم کی ''حرمت'' کو فروخت نہیں کرتا اور ''عطا'' کرتے ہوئے ''منزل'' تک پہنچ رہا ہے تو میری نظر میں اُس سے بڑا ''لکھاری/ادیب'' کوئی نہیں ہے۔ اگر اِن کی تعداد زیادہ ہے ایسی صورت میں سب بیک وقت اِس اعزاز کے مستحق ہیں۔ سب ہی اپنی اپنی جگہ پر ''بھاری پتھر'' کی مانند ہیں۔ جس طرح سے کرکٹ کے کھیل میں ''ڈان بریڈ مین''، بھارتی فلم انڈسٹری میں ''امیتابھ بچن'' اور پاکستانی ادب اطفال میں ''اشتیاق احمد'' اپنا ایک مقام رکھتے ہیں۔ اُسی طرح سے دیگر ہم عصر کھلاڑی، اداکار اور لکھاری اپنا ایک مقام رکھتے ہیں۔ ہم اُن کی اہمیت کو جھٹلا نہیں سکتے ہیں۔ اِن میں سے ہر ایک اپنے انداز اور ذات کی وجہ سے ایک خصوصیت رکھتا ہے، اِسی طرح سے لکھاری حضرات بھی خاصیت کے حامل ہیں۔

ہر ایک کے لکھنے کا اپنا انداز ہے جس کی وجہ سے قارئین میں مقبولیت حاصل کرتے ہیں۔ لیکن ہم خاص کر نئے لکھنے والوں کو نو آموز کہہ کر ساکھ مجروح کرنے کی کوشش کرتے ہیں کہ کہیں وہ بڑے نہ ہو جائیں۔ پاکستان کے ادب اطفال میں ''اشتیاق احمد'' جیسا سب تو نہیں ہو سکتے ہیں۔ اِس لیے کہ وہ جو ہیں، وہ اپنی ایک مخصوص پہچان کے حامل ہیں۔ اُن کی انفرادیت کو کوئی دوسرا نہیں چھین سکتا ہے۔ اگر کوئی مساوی ادبی قد رکھتا ہے تب ہی برابری کا سوچ سکتا ہے، تاہم وہ اپنی جگہ ایک اہمیت رکھتا ہے۔ اشتیاق احمد کی مانند کوئی کوئی ہوتا ہے جو اپنے مقاصد کو حاصل کرنے کی استعداد رکھتا ہے۔ اِس لیے ہمیں اپنی رائے تبدیل کرنے کی ضرورت ہے کہ بڑا ادیب کوئی ایک ہی ہو سکتا ہے۔ ہمیں اُن لکھاری حضرات کو ''بڑا'' قرار دینا چاہیے جو کہ اپنے قول و فعل ایک رکھتے ہیں، جو ایسا نہیں کر رہے ہیں اُن کو ہم محض اُن کی خوشنودی کی خاطر ایسا کہنے سے باز رہیں تو بہتر ہے۔

آپ نے کہاوت سنی ہو گی کہ ''محبت اندھی ہوتی ہے۔''

محبت کرنے والوں کے جذبات دوسروں سے پوشیدہ نہیں رہ سکتے ہیں، اِسی طرح سے ہم کسی کی ''اصلیت'' جان کر سچ بولنے سے گریز نہیں کرنا چاہیے۔اگر کوئی آگے بڑھ رہا ہے اور کچھ اچھا کر کے نام بنا رہا ہے تو اُس سے حسد کی بجائے دوسروں کی کامیابی سے لطف اندوز ہونا چاہیے۔ہمیں یہ تسلیم کرنا چاہیے کہ ادبی دنیا میں جو لکھاری دوسروں کے لیے آسانیاں پیدا کر رہا ہے، وہ ایک ''بڑا ادیب'' ہے۔

اِس کے لیے کتب کے انبار یا تمغہ جات ضروری نہیں ہیں۔جو بھی ادبی دنیا میں آ کر اپنی خدمات سرانجام دے رہا ہے اور سچے دل سے کام کر رہا ہے، عطا کر رہا ہے، صلے کی پروا نہیں ہے اور معیاری مواد قارئین کو پیش کر رہا ہے، وہی سب سے بڑا تخلیق کار ہے۔اِس لیے لکھاریوں کے بیچ مقابلے کی ''جنگ'' کو ختم ہونا چاہیے کہ کون بڑا ہے، وہی ہے جو بیان کردہ مذکورہ اوصاف کا حامل ہے۔

☆÷÷÷☆

کہانی، مدیر اور لکھاری

ہر بچے کو کہانی سننے کا شوق ہوتا ہے اور اُس کا یہ شوق دیکھ کر نت نئی کہانیاں سنائی جاتی ہیں۔ بچوں کو اِس بات سے غرض نہیں ہوتی ہے کہ کہانی ادبی معیار پر پورا اُترتی ہے یا نہیں، اُسے تفریح اور کچھ منفرد انداز میں سیکھنے کا شوق ہوتا ہے جس کی وجہ سے وہ کہانیاں سنتے اور پڑھتے ہیں۔ اب یہاں یہ نکتہ سمجھنے کی ضرورت ہے کہ بچوں کو یہ علم نہیں ہوتا ہے کہ کہانیاں کس ادبی اوزان کے تحت شائع کی گئی ہیں، اُنھیں تفریح درکار ہوتی ہے یا وقت گزاری کے لیے عمدہ سبق آموز مواد پڑھنا ہوتا ہے تا کہ اپنے آپ کو محظوظ کر سکیں۔ وہ یہ بھی نہیں جانتے ہیں کہ کہانی کے پیچھے لکھاری کی کتنی محنت ہے یا پھر کسی رسالے کے مدیر نے اُس پر کس قدر محنت کر کے قابل اشاعت بنایا ہے۔

ہمارے ہاں بدقسمتی سے کہانی، لکھاری اور مدیر کے درمیان بہت سے تنازعات میں الجھ گئی ہے۔ اِس کی بڑی وجہ یہ ہے کہ لکھنے والا سمجھتا ہے کہ اُس نے جو لکھ دیا ہے، وہ پتھر پر لکیر ہے۔

یہ بھی دیکھنے میں آیا ہے کہ لکھاری محض چند سطروں کی تبدیلی پر آگ بگولہ ہو جاتے ہیں۔ اگر کوئی پیراگراف ہی ''اُڑا'' دیا جائے تو پھر یوں سمجھیں کہ وہ ''ننگی تلوار'' مدیر کے پیچھے لے کر بھاگتے ہیں۔ کچھ لکھاری حضرات اپنی کہانی کو ایک بار لکھنے کے بعد دوبارہ پڑھنے کی زحمت نہیں کرتے ہیں۔ اپنی اصلاح کو ناگواری سے دیکھتے ہیں کہ مواد میں تبدیلی کیوں لائی جا رہی ہے یا لائی گئی ہے۔

اگر تحریر ناقابل اشاعت ہو جائے تو پھر ''سرد جنگ'' لکھاری اور مدیر کے درمیان شروع ہوتی ہے۔ اِس میں مزید اضافہ تب ہوتا ہے جب وہی ''کہانی'' کسی اور رسالے میں ''جلوہ گر'' ہوتی ہے۔

کچھ مدیر کہانی کو ازسرنو لکھ کر شائع کر دیتے ہیں اور نام محض لکھاری کا بنتا ہے۔ مدیر بے شک کہانی میں اضافہ اور تبدیلیاں کر دے وہ لکھاری کے نام سے منسوب ہوتی ہے اور اُس کی شہرت میں اضافے کا سبب بنتی ہے۔ اگرچہ کئی لکھاریوں کو مدیران کی جانب سے کی جانے والی اصلاح قابل قبول ہوتی ہے اور وہ تحریر میں کی

جانے والی تبدیلیوں کو ذہن نشین کر کے مستقبل میں دہرانے سے گریز کرتے ہیں اور ایسے قلم کار ہی مستقبل میں بہتر ہوتے نظر آتے ہیں۔ یہی وہ تنازعات ہیں جس کی وجہ سے لکھاریوں اور مدیر ان کے درمیان کہانی ''سسک'' رہی ہے اور ہم کہہ سکتے ہیں کہ ''کہانی'' کی بسا اوقات موت واقع ہو جاتی ہے۔ اِس کی ذمہ داری کبھی لکھاری پر ہے تو کبھی مدیر پر عائد ہوتی ہے کہ وہ اتنی نوک پلک درست کر دیتا ہے کہ لکھاری جو بیان کرنا چاہتا ہے، وہ کچھ کا کچھ اور ہی نظر آنے لگتا ہے۔

یہ بھی دیکھنے میں آیا ہے کہ جو کہانی کار بتانا چاہ رہا ہے، مدیر اُس کے برعکس کچھ اور سمجھ رہا ہے اور پھر ''فساد'' برپا ہونے میں دیر نہیں لگتی ہے۔ راقم کی ایک کہانی محض اِس وجہ سے شائع نہیں کی گئی کہ بیچ میں ''منطقی مغالطہ'' کود پڑا۔ حالاں کہ اکثر قارئین نے اُسے صرف نظر کرنا تھا لیکن کہنے کی بات یہ ہے کہ اگر ہم تصویر کا دوسرا رخ نہیں دیکھنے دیں گے تو پھر حالات میں تبدیلی کیسے ممکن ہوگی۔

کہانی کا بنیادی مقصد کچھ نا کچھ پڑھنے والوں کو عطا کرنا ہے اور اگر کوئی کہانی یہ کردار ادا کر رہی ہے تو پھر اُسے شائع ہونا چاہیے۔ یہ بات اپنی جگہ درست ہے کہ کہانی شائع ہونے کا ایک معیار ہونا چاہیے مگر اِس حوالے سے مربوط حکمت عملی ترتیب دینی چاہیے۔ کیوں کہ ایک جگہ اگر ''کہانی'' نا قابل اشاعت ہوئی ہے تو دوسرے جگہ کیسے شائع ہو جاتی ہے۔

یہ سوال بے حد سنگین نوعیت کا ہے جو کہ کہانی سے زیادہ مدیر کی اہلیت پر سوال اُٹھاتا ہے اور یہی وجہ ہے کہ لکھاری بے حد سخت لب و لہجے کو استعمال کرنے سے گریز نہیں کرتے ہیں۔ یہ بظاہر معمولی نظر آنے والا عنصر سنگین ہے جس پر کوئی بات نہیں کرتا ہے کہ پھر معاملہ دور تک جاتا ہے۔ سوچنے کی بات یہ ہے کہ اِس کو حل کرنے کی کوشش کیوں نہیں ہوئی ہے۔ اِس کی ایک وجہ یہ ہے کہ ہر رسالے اور اخبار کا مدیر ایک مخصوص نقطہ نظر رکھتا ہے جس کی وجہ سے کہانیوں اور دیگر تحریروں کی اشاعت ممکن ہوتی ہے۔ ہر مدیر کی سوچ الگ ہے یا پھر یہ بھی ہو سکتا ہے کہ رسالے کے مالکان کی خواہش کچھ اور ہو۔ یہی وجہ ہے کہ کہانی کی اشاعت نہ ہونے پر لکھاری اور مدیر کے درمیان گفتگو ادب سے بے ادبی کی جانب اپنا رخ موڑ لیتی ہے۔ ہمیں اِس حوالے سے کام کرنا ہوگا تا کہ لکھاریوں کو اپنی کہانیوں کے حوالے سے وہ منطقی دلیل مل سکے جس کے بعد یہ ''جھگڑے'' ختم ہو سکیں۔

راقم السطور کے بقول 'کہانی اگر ''کہانی'' ہونے کے معیار پر پورا اُترتی ہے تو اُسے شائع کر دینا چاہیے۔' اگر رسالے کی ساکھ کا سوال ہے تو پھر معیار کسی ایک لکھاری کے لیے ختم یا نرم ہو سکتا ہے تو پھر اُسے تمام لکھاریوں

کے لیے یکساں ہونا چاہیے۔

جب تک ایسا نہیں ہوگا تب تک ''کہانی'' لکھاری اور مدیر کے بیچ مسائل کھڑے کرتی رہے گی۔ اِس کی وجہ یہ ہے کہ چند بہترین کہانیاں محض اِس وجہ سے شائع ہونے سے رہ جاتی ہیں کہ وہ ''کسی منطقی مغالطے'' کے ترازو پر وزن کم رکھتی ہیں، لیکن دیگر رسائل میں شائع ہو جاتی ہیں۔

اگر کہانی میں بچوں کی دل چسپی کا سامان موجود ہے اور وہ قابل اشاعت ہے تو اُسے شائع کر دینا چاہیے۔ اُس کے بعد کہانی لکھاری کی ساکھ کا تعین کرنے کے لیے کافی ہے۔ اگر کہانیوں کو مدیران ذاتی عناد کی بناء پر روک لیں گے اور شائع نہیں کریں گے تو یہ نہ صرف اُن کی ساکھ مجروح کرے گا۔ بل کہ رسالے کا مجموعی تاثر خراب کرے گا کہ نونہالوں کو سال دو سال مخصوص لکھنے والوں کی کہانیاں پڑھنے کو ملیں گی۔

اگر نئے اور منفرد لکھاریوں کو مواقع دیے جائیں گے تو یقینی طور پر مزید قاری بھی رسالے سے کسی مخصوص قلم کار کی وجہ سے جڑ سکتے ہیں۔ یہاں یہ بات بھی قابل غور ہے کہ چند کہانیاں کسی لکھاری کی پہچان کے لیے کافی ہوتی ہیں جو کہ قارئین کو پسند آسکتی ہیں۔ پس بہتر یہی ہوگا کہ ''کہانی'' پر تنازعات کھڑے کرنے کی بجائے وہ راہ اختیار کی جائے جس کے بعد ''کہانی'' اپنی ساکھ خود بنائے اور مدیر اور لکھاری کو بتائے کہ وہ کتنی بڑی شاہ کار ہے۔

☆÷%÷☆

ادبی ساکھ، کتاب اور لکھاری

''کتاب بکتی نہیں ہے۔''

''کتب بینی کا رجحان کم ہوگیا ہے۔''

یہ سب تو بیشتر قارئین سنتے رہتے ہوں گے۔آپ نے شاید سعود عثمانی کا شعر بھی سن رکھا ہوگا۔

کاغذ کی یہ مہک، یہ نشہ روٹھنے کو ہے
یہ آخری صدی ہے کتابوں سے عشق کی.

فرانس کے انقلابی دانشور والٹیر نے کہا تھا:

''انسانی تاریخ میں چند وحشی وغیر مہذب قوموں کو چھوڑ کر لوگوں پر صرف کتابوں کی حکومت ہے۔''

ہمارے ہاں مطالعے کا شوق بے حد کم ہو چکا ہے جس کی وجہ سے کتابیں خریدنے کا رجحان کم ہوا تاہم یہ نہیں کہا جا سکتا ہے کہ کتاب سے رشتہ ٹوٹ چکا ہے۔آج بھی کئی لوگ اچھے ناول اور بہترین کتب کو تلاش کرتے نظر آتے ہیں۔ جہاں عمدہ ناول اور کتاب نظر آئے وہ خرید لیتے ہیں یعنی ہم کہ سکتے ہیں کہ قارئین کی اولین ترجیح بہترین ادب کی تلاش ہے۔اِس معیار کے گرنے کی ایک بڑی وجہ یہ ہے کہ ایسے ادباء وشعراء سامنے آچکے ہیں جن کی تخلیقات میں دم نہیں ہے تاہم وہ محض اپنے حلقہ احباب کی پُر زور فرمائش پر صاحب کتاب بننے کو ترجیح دیتے ہیں۔جس کا نتیجہ یہ نکلتا ہے کہ کثیر تعداد میں غیر معیاری کتب قارئین تک پہنچتی ہیں اور کتاب سوالیہ نشان بنتی ہے اور پھر لکھاری کی ساکھ مجروح ہو جاتی ہے۔جس کا نتیجہ یہی نکلتا ہے کہ لوگ لکھاری اور کتاب کو نشانے پر یوں رکھتے ہیں کہ وہ فروخت نہیں ہوتی ہیں اور رفتہ رفتہ لکھنے والا ادبی دنیا سے دور ہو جاتا ہے۔ایسے شعراء اور لکھاری جن کی ادبی ساکھ اُس معیار کی نہیں ہے کہ کتب بڑی تعداد میں فروخت ہوسکیں۔وہ اِس بات پر شور مچاتے ہیں کہ آج کے دور میں کوئی کتاب پڑھنے کو راضی نہیں ہے۔اِس لیے اِن کی جانب سے سامنے لائی گئی کتاب فروخت نہیں ہورہی ہے۔پھر یہ ہوتا ہے کہ وہ اپنی کتب کو مفت تقسیم کرواتے ہیں۔جب

ایسی کتب کو پڑھا جاتا ہے اور وہ قاری کو مطالعے سے بدظن کرتی ہیں تب قارئین کسی کی بہترین تخلیقات کو پڑھنے سے کتراتے ہیں جو کہ ایک لمحہ فکریہ ہے۔ لکھاری یا شاعر کو سب سے پہلے اپنی ادبی ساکھ بنانے کا سوچنا چاہیے۔ کیوں کہ جب وہ بن جائے گی تو پھر بڑی تعداد میں لوگ کتب کو خریدنے کی خواہش ظاہر کریں گے۔ اگرچہ عمدہ تشہیری حربوں سے کتب فروخت کی جاسکتی ہیں تاہم خریدنے والوں کی رائے دیگر قارئین کو پڑھنے یا خریدنے سے باز رکھ سکتی ہے اور فروخت کا سبب بھی بن سکتی ہے۔

غیر معیاری کتب کی اشاعت کے حوالے سے ناشران بھی اہم کردار ادا کر رہے ہیں۔ اگرچہ سب ناشران ایک جیسے نہیں ہے۔ کچھ ایسے ہیں جو کہ معیار پر سمجھوتہ نہیں کرتے ہیں جس کی بدولت بہترین مواد پڑھنے کو مل رہا ہے تاہم غیر معیاری کتب کی بھرمار اب زیادہ ہو چکی ہے جس کی وجہ یہ ہے کہ ایسے ایسے شخص نے اشاعتی ادارہ کھول لیا ہے جس کا ادب سے دور تک کوئی واسطہ نہیں ہے۔ ایسے لوگ محض شہرت کے حصول کے لیے اشاعتی ادارہ قائم کرتے ہیں اور مہنگی کتب شائع کر کے ادیبوں کا استحصال کرتے ہیں۔ اِس کی وجہ یہی ہے کہ جن کے پاس دولت ہے وہ صاحب کتاب بننے کے لیے پیسہ بے بہا خرچ کر کے نام کما لیتا ہے۔ جس تخلیق کار کے پاس رقم ہے، وہ کتاب شائع کروا کر صاحب کتاب بن رہا ہے۔ ادبی تقریبات میں نہ صرف شرکت کرتا ہے بل کہ نام نہاد تنظیمیں ایوارڈز تک دیتی ہیں جس کی وجہ سے ایوارڈز کی تقسیم اپنی وقعت کھو رہی ہے۔ آج بے شمار ادیب ایوارڈز کی تقریبات میں جانے سے گریزاں ہیں کہ وہاں ادبی ساکھ کو دیکھے بنا ایوارڈز دیے جا رہے ہیں۔ نئے لکھنے والوں میں سے اکثریت ادبی ساکھ بنانے کو ترجیح دیتی ہیں مگر سستی شہرت کے حصول کے لیے بھاگنے والے ادیب کا ٹیگ لگوا کر معاشرے میں مہذب بننے کی کوشش کرتے ہیں جسے المیہ قرار دیا جاسکتا ہے۔

لکھنے والوں کو یہ نکتہ سمجھنے کی ضرورت ہے کہ جب تک وہ معیاری لکھ کر اپنی ساکھ نہیں بنائیں گے تب تک اُن کی کتابیں فروخت نہیں ہو سکیں گے۔ ہمارے ہاں نامور تخلیق کار کسی کی شان میں قصیدہ کہہ دیں تو صاحب کتاب اپنے آپ کو کچھ سمجھنے لگتا ہے جس کی وجہ سے وہ اپنی اصلاح پر توجہ نہیں دیتا ہے اور غیر معیاری مواد کی بناء پر قارئین اُسے قبول نہیں کرتے ہیں اور وہ رفتہ رفتہ منظر عام سے غائب ہو جاتا ہے۔ لکھنے والوں کو سمجھنا چاہیے کہ جب تک انفرادیت کا حامل کام سامنے نہیں لایا جائے گا تب تک قارئین نہیں سراہیں گے۔ اگر کوئی کتاب سامنے لانا چاہتا ہے تو کم سے کم تین سال اپنے کام کو ادبی حلقوں میں پیش کرے تا کہ اُسے اندازہ ہو سکے کہ کس پائے کا لکھا ہے۔ جب تک شعراء اور ادباء کی جانب سے چند سالوں کی محنت کے بعد کتب سامنے لانے

کا رجحان نہیں بنتا تب تک ادب کی زبوں حالی دیکھنے کو ملتی رہے گی۔ جو ادباء اور شعراء کتب سامنے لانے کے خواہاں ہیں وہ سب سے پہلے ادبی ساکھ بنائیں تا کہ قارئین اُنھیں قابل قبول سمجھیں۔

یاد رکھیں کہ اگر آپ کی پہلی کتاب ساکھ متعین نہیں کرے گی تو پھر دوسری کتاب کون خریدے گا۔ ہر بار آپ دوستی کے نام پر کتب فروخت نہیں کر سکتے ہیں۔ اِس لیے اپنے معیار کو بلند کرنا اور ساکھ بنانا بے حد ضروری ہے۔ اولین کتاب کو سوچ سمجھ کر سامنے لائیں تا کہ آپ کی بطور ادیب شناخت قائم کر سکے۔

اگر آپ نے اولین کتاب سے اپنی ساکھ بنالی تو پھر آپ کی اگلی کتب کی فروخت کے لیے معمولی تشہیر بھی منافع بخش ثابت ہوگی۔ راقم الحروف کئی ایسے نئے قلم کاروں کو جانتا ہے جن کو ادبی حلقوں میں خوب پذیرائی نہیں دی گئی تاہم وہ اپنی قابلیت اور انفرادیت کے بل بوتے پر خوب نام کما گئے۔ اُن کی اولین کتب خوب فروخت ہوئیں کہ پہلے پہل اُنھوں نے نام اور ساکھ بنانے پر توجہ مرکوز کی۔ پس ثابت ہوا کہ کتاب شائع کروانے سے قبل اپنی تخلیق کو دیکھ لینا چاہیے کہ وہ کس قدر معیاری اور انفرادیت کی حامل ہے تا کہ منتیں کر کے فروخت کرنے کی نوبت پیش نہ آئے۔ اگر کتاب میں پیش کیا گیا مواد ایسا ہے جو قارئین کے دل کو چھو سکتا ہے تو پھر آپ بے فکر ہو کر صاحب کتاب بن سکتے ہیں۔ لیکن زیادہ خود اعتمادی کا مظاہرہ کرنے سے گریز کریں اور اپنی ادبی ساکھ کو پہلے جانچ لیں تا کہ بعد ازں پشیمانی سے بچ سکیں۔

اگر آپ قابلیت اور بہترین تخلیق کے ساتھ سامنے آ رہے ہیں تو پھر آپ کی اولین کتاب جو ساکھ قائم کرے گی وہ آپ کو بہترین ادیب ثابت کر دے گی۔ ان شاء اللہ تعالیٰ

☆÷%÷☆

قابلیت کا استحصال

ہمارے ہاں کئی مقابلے ہوتے ہیں جن میں اکثر کھلاڑی اور عام لوگ حصہ لیتے ہیں۔اِن مقابلوں کی نوعیت کے اعتبار سے اِس میں شرکاء کی شرکت ممکن ہوتی ہے۔

کسی مقابلے میں وہی حصہ لے سکتے ہیں جو کہ اُس کھیل کے قوانین وغیرہ جانتے ہیں، وہ یہ بھی جانتے ہیں کہ کس طرح سے کھیلا جائے گا۔آپ نے اکثر دیکھا ہوگا کہ کسی بھی کھیل میں بے ایمانی کا عنصر زیادہ پایا جاتا ہے۔یہ چند مخصوص کھلاڑیوں یا پھر چہیتے لوگوں کو جیتوانے کے لیے ہوتی ہے تا کہ انعام و اکرام حاصل کر پائیں۔آج دیگر شعبوں کی بجائے ادبی دنیا کی بات کریں گے تا کہ علم ہو سکے کہ ادبی مقابلوں میں کیا ہوتا ہے۔

ادبی مقابلے افسانوں، کہانیوں، آپ بیتیوں، اقوال اور شعروشاعری کے حوالے سے ہوتے ہیں اور تمام لکھنے والوں کو شرکت کی دعوت دی جاتی ہے۔ جہاں منتظمین حقدار کو انعام دینا چاہتے ہیں تب وہ بہترین کاوش کو انعام یافتہ ٹھہراتے ہیں۔مگر جہاں اِس کے برعکس کیا جانا مقصود ہو پھر معیاری کاوش پر اعتراضات کر کے پیچھے ہٹایا جاتا ہے تا کہ محبوب شخص کو نواز سکیں۔اِس کی بڑی وجہ یہ ہوتی ہے کہ خاص فرد یا پھر ادارے کے لیے انعام یافتہ کام کر سکے یا پھر مستقبل میں اُسے اپنے لیے کام کرنے پر مائل کیا جا سکے۔

اِن ادبی مقابلوں میں لڑکیاں اور لڑکے بہترین شاعری، افسانے اور کہانیاں ارسال کرتے ہیں تا کہ وہ ادبی میدان نہ صرف نمایاں ہو سکیں بل کہ اپنے آپ کو قابل بھی ثابت کر سکیں۔اگرچہ نوجوانوں کی کوشش قابل داد ضرور ہوتی ہے مگر اِس حوالے سے حوصلہ افزائی زیادہ نہیں کی جاتی ہے۔باصلاحیت قلم کاروں کو مختلف تبصرہ نگاروں کی وساطت سے یوں نشانے پر رکھا جاتا ہے کہ وہ دل برداشتہ ہو جاتے ہیں۔اِن تبصرہ نگار کی اپنی کوئی خاص قابلیت نہیں ہوتی ہے لیکن وہ طنز و تنقید کے نشتر چلانا خوب جانتے ہیں۔عالمی یا قومی سطح کے مایہ ناز تبصرہ نگار بننے کی کوشش میں نئے نوجوانوں کا بیڑہ غرق کر دیتے ہیں تا کہ وہ ادبی دنیا میں مستقبل بنانے کا خیال ہی

ذہن سے نکال دیں۔ ادبی دنیا سے وابستہ معروف ہستیوں میں بھی ایسے احباب کی کمی نہیں ہے جو بجائے حوصلہ افزائی کے حوصلہ شکنی کر کے مقبولیت حاصل کرتے ہیں تا کہ باصلاحیت اور معیاری لکھنے والوں کا حوصلہ کم تر کیا جاسکے۔ یہ کوشش بھی ہوتی ہے کہ نوجوان کسی معروف ہستی کی رہنمائی میں آگے بڑھ رہے ہوں تو وہ اُن کے خلاف محاذ بناتے ہیں۔ اگر اُن پر جانبداری کا الزام عائد کیا جائے تو وہ کہتے ہیں کہ وہ نوجوانوں کی بھرپور حوصلہ افزائی کی غرض سے بات کرتے ہیں۔ ایک ناول نگار نے نام نہ بتانے کی شرط پر آگاہ کیا کہ اُنھوں نے ایک لوک کہانی کا ترجمہ کیا۔ جب وہ تحریر شائع ہوئی تو اُس پر اتنی تنقید کی گئی کہ اُنھوں نے نہ صرف ادب اطفال سے توجہ ہٹالی بل کہ بچوں کے لیے ترجمہ نگاری سے بھی تائب ہوگئے۔

اکثر یہ بھی سننے میں آتا ہے کہ ادبی مقابلے جیتنے والوں کو انعام ارسال کرنے کا دعوا کیا جاتا ہے۔ مگر یہ کبھی اُن تک نہیں پہنچ پاتا ہے اور بعض اوقات وہ دیا نہیں جاتا ہے۔ یہاں یہ وضاحت ضروری ہے کہ اِس طرح کے لوگ ادبی دنیا میں کم پائے جاتے ہیں۔ مگر اِن کی بدولت ایک بڑی تعداد لکھنے سے دور ہو جاتی ہے۔ نئے شعراء اور ادیبوں کی تخلیقات میں اتنے نقص نکال دیے جاتے ہیں کہ وہ دل برداشتہ ہو کر ادبی دنیا سے رخصت ہو جاتے ہیں۔ اور یوں قارئین کا ایک وسیع حلقہ ایک بہترین شاعر یا کہانی کار سے محروم ہو جاتا ہے۔

سوال یہ ہے کہ باصلاحیت نوجوان قلم کاروں کی راہ میں رکاوٹیں کیوں کھڑی کی جاتی ہیں؟ ایک بڑی وجہ تو یہ ہے کہ نامور تخلیق کار اپنی شہرت کو ماند پڑتے ہوئے نہیں دیکھ سکتے ہیں اور اِسی وجہ سے بہترین تخلیق کو نظرانداز کیا جاتا ہے تا کہ وہ مزید آگے بڑھنے کی کوشش ترک کر دیں۔ اِس کے لیے سوشل میڈیا پر بھی ایسی تبصرہ نگاری کروائی جاتی ہے کہ وہ ''قلم چھوڑ'' کر بیٹھ جاتے ہیں اور پھر یہی کہا جاتا ہے کہ ادبی دنیا میں نئی ''پود'' سامنے نہیں آرہی ہے۔

ہمیں یہ بھی سننے کو ملتا ہے کہ نوجوان لکھاری سامنے نہیں آرہے ہیں۔ اب سوچنے کی بات یہ ہے کہ جب آپ کسی نوجوان کی راہ میں کانٹے بچھا دیں گے تب اُن کے لیے چلنا مشکل ہوگا۔ اور وہی اپنی منزل تک پہنچ سکیں گے جو ''حوصلے'' اور ''جرات'' کے ساتھ منزل کی طرف چلتے رہیں گے۔ نوجوان لکھاریوں سے یہی عرض کرنا ہے کہ اپنے لیے مواقع تلاش کر کے خود کو منوائیں۔ آپ جب تک ''ادبی مفاد پرستوں'' کے ہاتھوں میں کھیلیں گے تب تک اپنا نام نہیں بنا پائیں گے اور یوں استحصال ہوتا رہے گا۔ جب آپ میں قابلیت ہے تو پھر نامور ادیبوں سے خائف ہونے کی بجائے اُن سے سیکھنے کی کوشش کریں، اگر وہ رہنمائی نہیں کرتے ہیں تو پھر اپنی مدد

آپ کے تحت سیکھیں۔

اگر آپ نے ماضی میں کوتاہی کر لی ہے تو مستقبل کے محض تین سے چار سال آپ کو بہترین اور اعلیٰ مقام دے سکتے ہیں لیکن اِس کے لیے ادبی میدان میں محنت کر کے اپنی ذات کو منوانا ہوگا۔

چند اخبارات مخصوص گروہوں سے وابستہ قلم کاروں کی غیر معیاری تحریریں شائع کر کے اگرچہ حوصلہ افزائی دے رہے ہیں لیکن اُنھی کی وجہ سے قابل لکھاریوں کو جگہ نہیں مل پاتی ہے۔ اور پھر پست حوصلہ لکھاری منزل سے پہلے ہی تھک کر انجانی راہوں میں گم ہو جاتے ہیں۔ رسائل و جرائد کو چند مخصوص چہروں کی بجائے حقدار نوجوانوں کی حوصلہ افزائی کرنی چاہیے۔ یہ واضح کرنا ضروری ہے کہ ادبی دنیا میں نوجوانوں کو پذیرائی بھی دی جا رہی ہے۔ جس میں چند افراد اور اداروں کا اہم کردار ہے جو کہ قابل تعریف قرار دیا جائے گا۔

ادب کے فروغ کے لیے ضروری ہے کہ دنیائے ادب سے وابستہ احباب قابل تخلیق کاروں کی حوصلہ افزائی کریں اور ذاتی عناد کی بنیاد پر کسی کو آگے بڑھنے سے نہ روکیں۔ جب قابلیت کو روکنے کی کوشش ہوگی تو نقصان ادب کا ہی ہوگا اور ہمیں مستقبل کے بہترین تخلیق کار میسر نہیں آئیں گے۔

☆÷٪÷☆

قائد اعظم لائبریری کا ادبی مجلّہ ۴۱، ۴۲

دور جدید ''مخزن'' لاہور

دور جدید ''مخزن'' قائد اعظم لائبریری کا ادبی مجلّہ ہے۔ اِسے پڑھ کر بہت کچھ سمجھنے کا موقع ملا ہے اور خوشی ہوئی ہے کہ ہمارے ہاں تحقیق کرنے والوں کی کمی نہیں ہے۔ جو عمدہ موضوعات پر بہترین کام کرنے کی اہلیت رکھتے ہیں۔ اِس مجلّے کا نہ صرف مواد معیاری ہے بل کہ طباعت بھی عمدہ ہے جو کہ قابل مسرت ہے کہ سرکاری سطح پر اعلیٰ کام ہو رہا ہے۔ اِس شمارے کے اداریے میں ڈاکٹر تحسین فراقی نے کیا خوب لکھا ہے:

''حق یہ ہے کہ بڑا ادب صدیاں گزر جانے پر بھی زندہ، پائندہ اور حقائق نمار ہتا ہے۔''

ڈاکٹر رخسانہ صبا اپنے مضمون ''عہد جدید میں تہذیبی تنقید کا منظر نامہ'' میں ایک جگہ لکھتی ہیں:

''تہذیبی و ثقافتی اقدار ہی تخلیق کار کے وجدان اور تخیل کا سر چشمہ ہوتی ہیں اور تہذیب، تخلیقی سرگرمیوں سے نمو پاتی ہے۔ اس طرح ادب اور تہذیب ایک دوسرے کی تکمیل کرتے ہیں۔ تخلیقی عمل کے لیے چوں کہ تنقیدی شعور بنیادی اہمیت رکھتا ہے، اس لیے تہذیب، تخلیق اور تنقید کی تثلیث ہی معاشرے میں زندگی، عصر اور سماج کی آگاہی، مستقبل بینی کے شعور، جمالیاتی احساس، جذباتی توازن اور ثقافتی ورثے کی نسل در نسل منتقلی کا وسیلہ بنتی ہے گویا تخلیق کار اور ناقد دونوں کا سروکار تہذیب سے ہے۔''

ڈاکٹر امجد طفیل ''فتح محمد ملک: نظریاتی استقامت کی مثال'' میں رقم طراز ہیں:

''ایک ایسے عہد میں جب مادی مفاد کے حصول میں بظاہر خود کو دانشور کہلائے جانے والے انداز تھوڑے تھوڑے عرصے کے بعد پینترے بدلتے دکھائی دیتے ہیں؛ فتح محمد ملک اپنے تنقیدی اور فکری موقف کے ساتھ اردو تنقید میں پاکستانیت کا مقدمہ لڑتے دکھائی دیتے ہیں۔''

''انتظار حسین کی کہانیوں میں خطوط غالب کی بازگشت'' نامی مضمون میں ڈاکٹر فرید حسینی کے اِس جملے نے حیران

کیا۔

''راقم کے خیال میں مرزا کے خطوط افسانچے کہے جانے کے لائق ہیں جن میں وقت کے آشوب کو افسانوی پیرائے میں بیان کیا گیا ہے۔ ہنری فیلڈنگ نے جو ناول کی تعریف کی تھی کہ یہ Comic Epic in Porse ہے، تو یہ قول خطوط غالب پر صادق آتا ہے۔''

راقم السطور کو مجلّے میں ایک خاص بات نظر آئی جو عمومی طور پر ادبی رسائل میں نہیں دکھائی دیتی ہے۔ ذکیہ مراد صاحبہ نے ''قائداعظم لائبریری میں موصول ہونے والی نئی کتب'' کے عنوان سے تحریر قارئین کی نذر کی ہے۔ وہ بے حد خاص ہے کہ اِس میں قائداعظم لائبریری میں آنے والی نئی کتب کا تذکرہ کیا ہے جو کہ ایک منفرد سلسلہ ہے۔ اِس مجلّے کے قارئین کو نئی کتب کی آمد کا جہاں علم ہوگا وہیں تحقیق کرنے والوں کے علم میں یہ بات آئے گی کہ کس خاص موضوع پر کون سی کتاب کتب خانے میں موجود ہے۔ اِس طرح کا سلسلہ دیگر رسائل میں شروع کیا جائے تو ایسے قارئین جو کتب نہیں خرید سکتے ہیں، وہ بھی کتب خانے میں نئی کتب کی آمد پر مطالعے کے لیے جاسکتے ہیں۔

ادب اطفال رسائل بھی اگر بچوں کے لیے شائع ہونے والی کتابوں کی کتب خانوں میں دستیابی پر اطلاع شائع کریں تو کئی بچے کتابوں سے مستفید ہو سکتے ہیں۔ وہ نونہال جو کتب خریدنے کی استطاعت نہیں رکھتے ہیں وہ مطالعے کے لیے جانا پسند کریں گے۔ بہرحال، ذکیہ مراد انفرادیت کے حامل سلسلے کو پیش کر رہی ہیں جس پر یقینی طور پر قابل تعریف ہیں۔ اِس مجلّے میں ڈاکٹر تبسم کاشمیری بطور علامت شناس (محمد ذیشان وکیل)، شرح خالق باری (حصہ دوم)، دیوان غالب اور غالب پرستی (اختر سعید)، سرسید احمد خان اور ہندی اُردو کا مسئلہ (صفدر امام قادری)، مجید امجد اور سرمایہ دارانہ نظام (ڈاکٹر شاہد اشرف)، رشید حسن خاں کی دو ہندی کتابیں (ابراہیم افسر)، قاضی سرفراز حسین فاروقی (ڈاکٹر علی محمد خان)، خطوط مشاہیر بنام کرنل عبدالرشید (مرتبہ: ڈاکٹر تحسین فراقی)، نظامی گنجوی کا شہکار ''خسرو وشریں'' اور ''لیلیٰ ومجنوں'' (سعیدی سیرجانی، مترجم: ڈاکٹر انجم حمید)، ارض ویراں (ٹی ایس ایلیٹ، مترجم: سید سراج الدین)، انسانی ماحول (چارلز گائی ایٹن: مترجم: طیبہ تحسین)، ادارہ فروغ قومی زبان کی چند علمی و تحقیقی مطبوعات (ڈاکٹر رفاقت علی شاہد)، اردو کلاسیکی ادب کی اشاعت کا تازہ سلسلہ (ڈاکٹر رفاقت علی شاہد) جیسی معیاری تخلیقات شامل ہیں۔

☆÷٪÷☆

آیئے منفرد لکھاری بنیں

اکثر یہ سوال کیا جاتا ہے کہ ''ہم کیسے بہترین لکھاری بن سکتے ہیں۔''

اچھا تخلیق کار بننے کے لیے چند اہم شرائط پر پورا اترنا بے حد ضروری ہے۔

پاکستان میں نئے قلم کاروں کو سکھانے والا کوئی نہیں ہے۔ اگر چہ چند احباب اور ادارے تربیتی کورسز کرواتے ہیں لیکن پھر بھی وہ اُس مقام تک نہیں پہنچ سکتے ہیں کہ وہ بھرپور شہرت حاصل کرسکیں یا بہترین لکھنے والوں میں شمار ہوسکیں۔ اُن کو سکھانے والے چند اہم باتوں سے نابلد ہوتے ہیں یا پھر وہ یہ سمجھانے سے قاصر ہوتے ہیں کہ بہترین لکھاری بننے کے لیے کن باتوں کا خاص خیال رکھنا ضروری ہے۔

ہمارے ہاں لکھنے والے لکھتے لکھتے بہتر ہو جاتے ہیں یا جو باصلاحیت ہو وہ آگے بڑھتا ہے تو سکھانے والوں کا نام روشن کرتا ہے۔ اور پھر اُن کی دکانداری خوب چمکنے لگتی ہے۔ ایک بات یاد رکھیں کہ مسلسل لکھنا آپ کو بہترین قلم کار بنا سکتا ہے۔ اِس لیے مشاہدے اور مطالعے کو لکھنے کے ساتھ ساتھ جاری رکھیں تا کہ آپ بہترین لکھاری کہلائے جاسکیں۔ یہاں یہ بات یاد رکھنے کی ہے کہ کچھ پیدائشی طور پر لکھنے کی صلاحیتوں سے مالا مال ہوتے ہیں۔ اور تیزی سے اپنا نام اور ساکھ بنا لیتے ہیں تاہم کچھ وقت کے ساتھ ساتھ بہترین ہو جاتے ہیں۔ آج کئی ایسے قلم کار دکھائی دیتے ہیں جو بہترین لکھ سکتے ہیں مگر وہ خود اعتمادی نہ رکھنے یا کچھ سیکھنے میں دل چسپی نہ رکھنے پر ہم عصر قلم کاروں سے بہت پیچھے رہ جاتے ہیں۔

کچھ ایسے ہیں جو برسوں سے لکھ رہے ہیں لیکن وہ خاص پذیرائی حاصل نہیں کر سکے۔ ہوسکتا ہے کہ آج کی تحریر ایسے قلم کاروں کو ایک نئی زندگی عطا کردے جو گزشتہ کئی برسوں سے احساس محرومی میں ہیں کہ وہ اچھا لکھ کر خاص مقام حاصل نہیں کر سکے ہیں۔ راقم نئے لکھنے والوں کے لیے چند اہم امور پر بات کر رہا ہے تا کہ وہ اِن کو سمجھ کر اپنے آپ کو سنوار سکیں اور خود کو بہترین لکھاریوں میں شمار کرواسکیں۔

انفرادیت: سب سے اہم ترین شے اپنی ذات کو دوسروں سے جدا ثابت کرنا ہے۔ اگر بطور قلم کار ہم اِس جانب توجہ دیں تو کم مدت میں اپنی شناخت انفرادیت کے حامل لکھاری کے طور پر بنا سکتے ہیں۔ اگر چہ یہ ایک مشکل

کام ہے۔لیکن یہ بات یاد رکھیں کہ اگر ہم اپنے آپ کو ویسا ہی بنالیں گے جیسے دوسرے ہیں تو پھر ہمارے اور اُن کے درمیان کوئی فرق نہیں رہے گا کہ ایک الگ پہچان بن سکے۔آپ اِس کی مثال کچھ یوں لے سکتے ہیں کہ اگر ہم ایم ۔اے راحت، اشتیاق احمد، مستنصر حسین تارڑ یا کسی دیگر ادیب کے طرز تحریر جیسا لکھنے کی کوشش کریں گے تو ہم ایک دن اپنی ساکھ کھودیں گے۔اِسی طرح دیگر ادیبوں کے کرداروں پر اپنی شناخت بنانے کی کوشش بھی وہ ساکھ قائم نہیں کرسکتی ہے جو ہم اپنے تخلیق کردہ کرداروں کی بنیاد پر بنا سکتے ہیں۔

آپ خود ٹھنڈے دل سے سوچیں جو کردار پہلے ہی شہرت رکھتے ہیں، اُن کو لے کر کوئی ناول یا کہانی لکھنے سے وہ شاہ کار تو نہیں بن سکتا ہے۔جس نے وہ کردار تخلیق کیے ہیں وہی اُنھیں بہترین انداز میں پیش کرنے کی اہلیت رکھتا ہے۔اگر چہ یہ ہوسکتا ہے کہ دیگر قلم کار اُن کرداروں کو بہتر انداز میں پیش کر کے منفرد بنا دیں لیکن وہ کردار تو کسی اور کے ہی رہیں گے۔اگر آپ ٹارزن، عمر وعیار یا پھر ہیری پوٹر کو مسلمان کردار بنا کر پیش کریں گے تو یہ آپ کو تاریخ میں امر کر دے گا اور آپ کی ساکھ بھی متعین ہو جائے کہ کچھ الگ کام کیا ہے۔اگر چہ مذکورہ کرداروں کا خالق وہی رہے گا جنھوں نے اِسے پہلی مرتبہ پیش کیا لیکن آپ منفرد بن جائیں گے کہ اُنھیں نیا رنگ دیا ہے۔اپنے تخلیق کردہ کرداروں کی بدولت اپنی ذات کو منوانا اور بات ہے۔اور کسی کے کردار کو پیش کر کے خود کو منوانا اور بات ہے۔لیکن آپ کی انفرادیت قائم نہیں ہوگی کہ آپ کی پہچان یہی ہوگی کہ یہ فلاں ادیب کے کرداروں کو لے کر کچھ لکھتا ہے۔اپنی ساکھ اور شناخت آپ کو اپنی انفرادیت دکھانے پر بنے گی۔آپ کسی کے سہارے پر زیادہ دیر تک ادبی دنیا میں نہیں رہ سکیں گے کہ ہر پل کچھ الگ کرنا اور خود کو بدلتے وقت کے تقاضوں کے مطابق ڈھالنا ہی کسی ادیب کو دائمی شہرت اور پہچان دے سکتا ہے۔یہ وہی ہوتے ہیں جو اپنا آپ الگ ثابت کرنے کی کوشش کرتے ہیں۔

آپ کسی کی نقالی یا محض معلوماتی مضامین یا کہانیاں لکھ کر یہ تو ثابت کرسکتے ہیں کہ آپ اچھے قلم کار ہیں۔لیکن آپ کی وہ ساکھ قائم نہیں ہوسکتی ہے کہ آپ کا نام لیا جائے اور قارئین آپ کی کتب کو خریدنے کے لیے بے چین ہو جائیں۔اِس کے لیے آپ کو ایسی پہچان اور ساکھ بنانی ہوگی جو انفرادیت کی حامل ہو۔اگر آپ اچھا مزاح لکھ سکتے ہیں تو ایسا لکھیں جو کسی اور سے منفرد ہو، آپ سنجیدہ کہانیاں لکھ سکتے ہیں تو ایسا لکھیں کہ آپ کے نام کا ڈنکا بجے۔مضامین لکھیں تو پھر آپ کا نام سب کی زبان پر ہو۔جب ایسا ہوگا تو یاد رکھیں آپ کا نام ہر طرف گونجے گا بصورت دیگر اگر آپ برسوں سے ادبی دنیا میں موجود ہیں اور کوئی آپ کے نام تک کو نہیں جانتا

ہے۔ پھر سمجھ لیجیے کہ آپ نے ابھی تک انفرادیت کا حامل کچھ نہیں کیا۔ جو کچھ الگ کر دکھاتا ہے وہی نظروں میں آجاتا ہے، اِس لیے دوسروں سے حسد کرنا غلط ہے۔

معیار: یہ ایک اہم ترین عنصر ہے۔ جب تک آپ کا لکھا معیاری نہیں ہوگا وہ نہ صرف ادبی دنیا میں ادیبوں بل کہ قارئین کو بھی متاثر نہیں کر سکے گا۔ اِس لیے ہمیشہ کوشش کریں کہ آپ ایسی تحریریں لکھیں جو ایک خاص معیار کی حامل ہوں۔ اگر آپ نے ایک مخصوص طبقے کو سوچ کر لکھا تو پھر آپ اُنھی تک محدود ہو کر رہ جائیں گے اور ایک وسیع دنیا آپ کو پڑھنا پسند نہیں کرے گی۔

اِس لیے کوشش کریں کہ اپنی شناخت معیار کے حوالے سے بنائیں۔ اچھے ادارے معیاری لکھنے والوں کو ہی معاوضہ بھاری بھرکم ادا کرتے ہیں۔ اور ان سے مسلسل تحریریں لکھواتے ہیں اگر چہ یہاں مخصوص گروہ بندی میں احباب کو نوازنے کی روایت بھی قائم ہے۔ لیکن اکثریت معیاری لکھنے والوں کو بھرپور مواقع فراہم کرتے ہیں تاکہ قارئین کو معیاری مواد پڑھنے کو مل سکے۔ معیاری لکھنے کے لیے آپ کو اچھے ادیبوں کی تحریروں کو جہاں پڑھنا ہوگا وہیں زندگی کے مشاہدات اور تجربات کو یوں تحریروں میں شامل کرنا ہوگا جس سے خاص معیار کی خوشبو آپ کی تحریروں سے جھلک سکے۔

صحت زبان: آپ نے جو بھی لکھنا ہے، وہ یوں لکھنا ہے کہ وہ عام پڑھا لکھا فرد بہ خوبی سمجھ سکے۔ اور جو آپ کو ادبی اوزان پر پرکھنا چاہتے ہیں وہ بھی آپ کی تحریروں کو جانچ سکیں۔ اِس حوالے سے یہ خیال رکھنا بے حد ضروری ہے کہ کرداروں کی بول چال کی زبان عامیانہ، بازاری اور بیہودہ الفاظ پر مشتمل نہ ہو۔ اغلاط کی بھرمار سے پاک اور درست تلفظ کے ساتھ تحریر پیش کی گئی ہو۔

اگر چہ اِس میں کہیں ٹائپنگ کی وجہ سے کوتاہی دیکھنے کو مل سکتی ہے لیکن پروف خوانی تحریر ارسال کرنے سے قبل کر لی جائے تو قارئین کو مواد میں ایک حسن دکھائی دے سکتا ہے۔ اگر آپ نے اپنی بات کو درست الفاظ میں بیان نہ کیا تو آپ کی تحریر کسی قاری کے لیے محض وقت کا ضیاع ہوگا یا پھر وہ ادھوری چھوڑ دے گا۔ اور پھر آپ کو کسی حوالے سے پذیرائی کے لیے تجویز نہیں کرے گا۔

موضوع کا انتخاب: ہر لکھنے والے کو موضوع کا انتخاب سب سے مشکل محسوس ہوتا ہے۔ آپ کو اگر اپنے آپ پر اعتماد ہے تو آپ کسی بھی موضوع پر لکھ سکتے ہیں۔ اگر آپ کسی خاص موضوع پر پہلے سے علم نہیں رکھتے ہیں تو آپ کو چاہیے کہ اِس حوالے سے مطالعہ کر لیں تاکہ بھرپور انداز میں ایک واضح مضمون لکھ سکیں۔ آپ اگر اُن

عنوانات کا انتخاب کریں گے جن پر پہلے ہی کوئی لکھ چکا ہے تو یہ آپ کے لیے نقصان دہ ثابت ہوسکتا ہے۔ اِس سے بہتر ہوگا کہ آپ کسی کے لکھے ہوئے مضمون کو تنقیدی نگاہ سے دیکھتے ہوئے کچھ ایسا لکھیں کہ آپ کی تحریر ایک حوالہ بن جائے۔

آپ کی ذات ادبی حلقوں میں خوب اُجاگر ہوسکتی ہے اگر آپ ایسے مضامین لکھیں جن میں کچھ ایسا مواد شامل ہو جسے زیرِ بحث لایا جائے اور سوشل میڈیا پر تذکرہ ہو کہ فلاں نے کچھ ایسا لکھا ہے۔ آپ کسی بھی لکھنے والے کے موضوعات یا عنوانات کو دیکھتے ہوئے ویسا کچھ کریں گے تو آپ نقالی کے مرتکب ہوں گے اور آپ کی ادبی ساکھ مجروح ہوجائے گی۔

اگر آپ نے منفرد، انفرادیت اور حساس نوعیت کے حامل موضوعات پر لکھنا شروع کر دیا تو آپ یقین کرلیجیے کہ محدود وقت میں بڑی پہچان بنا سکتے ہیں۔ اگر آپ نے موضوعات کے درست انتخاب کے بعد عنوانات متاثر کن نہ رکھے تو قارئین کو اپنی جانب مائل نہیں کرسکیں گے۔ اِس لیے کوشش کریں کہ جہاں اچھے موضوعات کا انتخاب کررہے ہیں وہیں منفرد عنوانات سے بھی قاری کو اپنی جانب کھینچ لائیں۔

اچھی اور معیاری تحریر کو پڑھنے والے منفرد اور الگ عنوان کو بھی پسندیدہ قرار دیتے ہیں اور کئی کتابوں کو محض اِس وجہ سے بھی خریدا جاتا ہے کہ اُن کے عنوانات کچھ الگ ہوتے ہیں۔ اگر آپ جداگانہ انداز کو اپنائیں گے تو یقینی طور پر دوسروں سے الگ دکھائی دیں گے اور یہی بطور قلم کار آپ کی بڑی شناخت ہوگی۔

☆÷٪÷☆

شہرت انفرادیت سے حاصل کیجیے

ہر انسان کی خواہش ہے کہ دوسرے اُس کے بارے میں جانیں۔

ہم انسانوں کے معاشرے میں رہتے ہیں۔ہمیں ایک دوسرے سے کچھ الگ کرنے پر ہی مخصوص شناخت مل سکتی ہے۔

ارسطو کہتا تھا کہ انسان سماجی جانور ہے، تو پھر ہمیں سماج میں رہنے کے طور طریقے بھی خوب آنے چاہئیں۔اگر ہم چاہتے ہیں کہ ہمارے بارے میں لوگ جانیں تو پھر ہمیں کچھ منفرد کر کے دکھانا پڑے گا۔

ہم جس بھی شعبے میں کام کرتے ہیں وہاں کچھ ایسا کرنا ہوگا کہ لوگ از خود ہمارے بارے میں جاننے کے لیے بے تاب ہو جائیں۔جس طرح سے مختلف کھیلوں میں چند کھلاڑی مخصوص کارکردگی کا مظاہرہ کرتے ہیں تو اپنی ایک الگ پہچان بنا لیتے ہیں تو اِسی طرح سے کوئی بھی شخص کسی شعبہ ہائے زندگی سے وابستہ ہو کر مخصوص پہچان بنا سکتا ہے۔

اگر آپ کسی دفتر میں کام کرتے ہیں تو اپنی فرض شناسی سے خود کو دوسروں سے بہترین ثابت کر سکتے ہیں۔اگر آپ لوگوں کے مسائل کو حل کراتے ہیں تو بھی آپ ایک نیک دل فرد کہلائے جا سکتے ہیں۔

آپ حکیم محمد سعید مرحوم اور عبدالستار ایدھی مرحوم کی مثالیں سامنے رکھیں تو آپ کو اندازہ ہوگا کہ یہ کس قدر قد آور شخصیات تھیں جنھوں نے اپنے کام سے مقبولیت حاصل کی ہے۔قائداعظم محمد علی جناحؒ کی مثال بھی سامنے رکھ لیں کہ ہم کہتے ہیں کہ فرد واحد کچھ نہیں کر سکتا ہے۔مگر خود اعتمادی سے بھرپور شخصیت نے برصغیر کا نقشہ ہی بدل کر رکھ دیا۔

اگر آپ لکھاری ہیں اور لکھ رہے ہیں اور لکھتے جا رہے ہیں تو یہ بہت خوشی کی بات ہے۔لیکن یہ ضرور پریشانی والی بات ہے اگر برسوں لکھنے کے باوجود اپنی الگ اور منفرد پہچان نہیں بنا سکے ہیں۔ہر لکھاری کی خواہش ہوتی ہے کہ وہ کچھ ایسا لکھے جس کو خوب سراہا جائے اور ادبی محفلوں میں بات ہو۔اِس کے لیے ضروری ہوتا ہے کہ آپ

کچھ ایسا لکھیں یا کوئی ایسا ادبی کام کریں جس سے آپ ادبی حلقوں میں ''منفرد شخصیت'' کے طور پر جانے جا سکیں۔اگر آپ انفرادی طور پر اپنی ذات کی پہچان نہیں بنوا سکیں گے تو پھر ہو سکتا ہے کہ آپ کے بعد آنے والے ادیب / لکھاری آپ سے آگے نکل جائیں اور آپ تب یہ سوچیں کہ آپ سے ایسی کیا غلطی سرزد ہوئی ہے۔جو آج تک نامور ادیبوں کی فہرست میں شامل نہیں ہو سکے۔

آپ ایسے موضوعات پر لکھنے کی کوشش کریں جس پر کوئی کم لکھتا ہے۔اِس سے یہ ہوگا کہ ایک خاص حوالے سے آپ کو یاد رکھا جا سکے گا۔اور اسی کی بدولت آپ نظروں میں آجائیں گے کہ پہلے اِس حوالے سے آپ نے کام کیا تھا۔راقم السطور اکثر ادیبوں کو اِسی حوالے سے یہی عرض کرتا ہے کہ ''انفرادیت کے حامل بنیں۔''

شاعری ہو یا افسانہ نویسی یا تبصرہ نگاری اُن شخصیات اور کتب پر اپنی رائے دیں، جو واقعی شاندار ہوں جس کو پڑھنے سے لوگوں کو کچھ حاصل ہو سکے۔آپ کی سوچ بھی شخصیت کو اُجاگر کرتی ہے۔اِس حوالے سے مختلف موضوعات پر اپنی رائے کا اظہار کرتے رہیں۔یہ اظہار بے لاگ ہونا چاہیے اگر اِس میں غیر جانبداری کا عنصر شامل ہوا تو یہ آپ کی ایک مخصوص پہچان بنوا سکتی ہے۔

یہ بات یاد رکھنے کی ہے کہ اگر آپ نے جانبداری سے کسی موضوع پر کام کیا تو پھر آپ کی وہ قدر و قیمت نہیں ہوگی، جو کہ غیر جانبداری سے ادبی کام کرنے پر حاصل ہو سکتی ہے۔یہ ایک اہم نکتہ ہے کہ جانبداری سے رائے کا اظہار ایک مخصوص حلقے میں قید کر دیتا ہے۔اِس لیے ضروری ہے کہ آپ آزاد رہیں اور آزادی سے تخلیقی کام کرتے رہیں۔دوسروں کو باتیں کرنے دیں، چاہیے وہ جو بھی آپ کے خیالات اور کام کے بارے میں کہتے رہیں۔آپ نقاد حضرات کی مثبت باتوں کو اہمیت دیں اور دیگر کو نظر انداز کر دیں۔

آپ کے ادبی میدان میں کارہائے نمایاں ازخود آپ کے مقام کو متعین کر دے گا، اِس حوالے سے پریشان ہونے کی ضرورت نہیں ہے۔اگرچہ شہرت کا حصول آج کے دور میں آسان نہیں ہے مگر چند مخصوص طریقہ کار ایسے ہیں جن کی بدولت رفتہ رفتہ مشہور ہو سکتے ہیں۔

آپ شاعری کے میدان میں ''جون ایلیا'' اور ''راحت اندوری'' کے مشاعرے میں اشعار پڑھنے کے انداز کو دیکھیں۔آپ کو محسوس ہوگا کہ دونوں ایک ہی شعبے میں کتنی فنکاری کا مظاہرہ کرتے تھے۔جس کی وجہ سے دنیا اُن کی دیوانی تھی۔آپ اداکاری کے شعبے میں دیکھ لیں کہ ''ندیم'' اور ''امیتابھ بچن'' کے مقابلے میں کس طرح سے ''نوازالدین صدیقی'' اپنی ذات کو اُجاگر کر کے فلمی دنیا پر چھائے ہیں۔ایک زمانے میں وحید مراد

اور راجیش کھنہ نے لاکھوں دلوں پر خوب راج کیا ہے، وجہ صاف ظاہر ہے کہ وہ اپنی منفرد شناخت قائم کرنے میں کامیاب رہے۔ آج سے سوچ لیں کہ اب تک جو لکھا ہے، اُس کے بعد ایسا کیا لکھیں کہ آپ کی پہچان لاکھ درجہ اچھی اور تادیر رہنے والی ہو سکے۔

آپ خود کو اُجاگر رکھنے کے لیے نہ صرف سوشل میڈیا بل کہ دیگر ذرائع ابلاغ کا خوب استعمال کیجیے۔ یہ آپ کی صلاحیتوں کو نہ صرف سامنے لائے گی بل کہ بطور تخلیق کار وسیع حلقہ احباب میسر کرے گی۔ آپ کے ناقدین بے شک آپ پر طنز کریں لیکن قارئین کی محبت اور پزیرائی سے آپ کو جو مقبولیت حاصل ہوگی وہ سب کچھ دھوڈالے گی اور آپ کو ایک مخصوص پہچان دلوائے گی۔ اگر کتب شائع کرنے والے ناشران انفرادیت کے حامل قلم کاروں کی کتب سامنے لائیں تو وہ بھی اُنھی کی بدولت ساکھ مستحکم بنا سکتے ہیں۔

آپ کو یہ بات یاد رکھنی ہے کہ نامور ادارے محض آپ کو تب بھرپور مواقع فراہم کرتے ہیں، جب کچھ ایسا سامنے لاتے ہیں جو کہ اُن کو نمایاں کرنے والا ہوتا ہے یعنی آپ کی بدولت دوسروں کا بھلا ہو رہا ہو۔ اِس لیے یہ نہ سوچیں کہ آپ میں کچھ خاص نہیں ہے۔ اللہ تعالیٰ نے ہر انسان کو چند مخصوص صلاحیتیں عطا کی ہیں جس کو اچھی طرح سے استعمال کر لیا جائے تو انسان اپنا مقام از خود اُونچا کر سکتا ہے۔

آپ اِس کی مثال یوں دیکھ سکتے ہیں کہ جس طرح سے گلاب کی خوشبو دیگر پھولوں سے جدا ہوتی ہے۔ اور وہ اپنے رنگ کی بدولت دور سے پہچان لیا جاتا ہے۔ اِسی طرح انفرادیت کا حامل فرد نمایاں ہو جاتا ہے۔ پس اپنی انفرادیت قائم کیجیے تا کہ شہرت ملے اور کامیابی پر لوگ رشک کریں۔

☆÷%÷☆

تنقید، لکھاری اور قارئین

ہمارے ہاں اکثر اِس بات پر بحث کی جاتی ہے کہ فلاں قلم کار نے کچھ ایسا لکھا ہے، اُسے کچھ ویسا لکھنا چاہیے۔ جیسا لکھنا تھا، ویسا نہ لکھ کر، وہ ایسا اور کچھ ویسا ہو گیا ہے، یعنی آپ کہہ سکتے ہیں کہ جتنے منھ اُتنی ہی باتیں سننے کو ملتی ہیں۔ جو خود اچھا نہیں لکھ سکتے ہیں، وہ بہترین لکھنے والوں پر طنز کے نشتر چلاتے ہیں۔ اور کچھ تو اپنی بات کو دوسروں کے کندھوں پر رکھ کر چلاتے ہیں تا کہ اپنی شکایت کسی تک پہنچائی جا سکے اور اُن کا جی ہلکا ہو جائے۔

کچھ کہہ بھی گئے اور کہا کچھ بھی نہیں کے مصداق ۔۔۔ یہ احباب اپنی چار دیواری میں بہت بڑے پھنے خان ہوتے ہیں۔ تاہم جب ایسے معاملات پیش آتے ہیں تو چھپ کر وار کرتے ہیں تا کہ توپ کا گولہ اُن کی طرف نہ آ جائے۔ اگر تنقید کی بات کی جائے تو یہ دو طرح کی ہو سکتی ہے۔

تنقید برائے اصلاح اور تنقید برائے تنقید

اِس میں سے ایک قسم تو کسی قلم کار کے فن کو مزید نکھارنے کے کام آتی ہے۔ لیکن دوسری محض لکھاری سے ذاتی عناد یا پھر ہنر مندی سے خائف ہو کر کم تر ظاہر کرنے کے لیے ہوتی ہے۔

راقم السطور نے ایک زمانے میں خوب رسائل پڑھے اور شائع ہونے والے خطوط کو خوب پڑھا۔ اُنھی دنوں ایک کہانی نویس کی جانب سے خاتون قلم کار کے بارے میں ایسی رائے پڑھنے کا اتفاق ہوا جس کے بعد مذکورہ لکھاری لکھنے سے تقریباً تائب ہو گئیں۔

اُس وقت قلم چلانے کی بجائے قلم کاروں کو پڑھنے کا شوق تھا تاہم وقت گزرنے کے ساتھ ساتھ قلم کار بننے کا موقع ملا۔ جس کے بعد ماضی کے تجربات یاد آ رہے اور سمجھا رہے ہیں کہ اگر آپ نے کسی کو خاص شعبے سے باہر کرنا ہے تو آپ نے تنقید ایسی کرنی ہے کہ جو کچھ کر سکتا ہے، وہ دل برداشتہ ہو کر میدان چھوڑ جائے اور نام نہاد فنکاروں کو اپنی دکانداری چلانے کا موقع مل سکے۔

اگر آپ ادبی دنیا میں دیکھیں تو آپ کو یہاں دیگر شعبہ جات کی نسبت بہت زیادہ حسد کا سامنا کرنا

پڑتا ہے۔آپ سعادت حسن منٹو کو دیکھ لیجیے کہ اُن کے لکھے گئے افسانے کس قدر شاندار تسلیم کیے جاتے ہیں۔ایک وقت تھا جب اُن کو چھے افسانوں،''کالی شلوار''،''دھواں''،''بو''،''ٹھنڈا گوشت''،''کھول دو''،اور ''اوپر نیچے اور درمیان'' کے حوالے سے خوب باتیں سننی پڑیں۔لیکن وقت گزرتا گیا ہے اورادبی قد میں اضافہ ہی ہوتا چلا گیا ہے۔کچھ ایسے بھی ادیب ہیں جو اپنے ادبی قد کو اونچا کرنے کے لیے شاگردوں کو اپنی تعریف پر اُکساتے ہیں یا پھر وہ خود قلم کی فنکاری دکھاتے ہیں اور آگاہ کرتے ہیں کہ منٹو سے بڑھ کر وہی ہیں۔اور کوئی ادیب اُن کے پاؤں کی خاک کے برابر بھی نہیں ہے۔

اگرچہ الفاظ سخت ہیں تاہم آپ حقیقت کو دیکھ کر محسوس کریں تو آپ کو علم ہو جائے گا کہ یہ کڑوا سچ ہے۔آج ادب کے فروغ سے زیادہ ادیب اپنی خود نمائی میں خوشی محسوس کرتے ہیں اور اگر اُن کے قارئین تنقید کر دیں تو وہ اُن کی نظر میں کوئی وقعت نہیں رکھتی ہے۔اِس طرح کے ادیب کم ہیں لیکن ادبی دنیا میں موجود ہیں۔یہ بات بھی حقیقت ہے کہ ادبی محفلوں میں وہ احباب کم دکھائی دیتے ہیں جو کسی ادبی فن پارے کو مروجہ قوانین کے تحت پرکھتے ہیں اور اُن کی ادبی حیثیت کے بارے میں رائے زنی کرتے ہیں۔ایسے شاہ کار فن پاروں کی بہتات ہے جن کو تنقید نگاروں نے بُرا کہا اور وہ شاندار ثابت ہوئے۔اور کچھ قارئین کو متاثر نہ کر سکے حالاں کہ تنقید نگاروں کی رائے کچھ الگ تھی۔

اگر لکھاری نے قاری کی سوچ کے برعکس کچھ لکھا ہے تو اُسے اظہار رائے کی آزادی خیال کیا جاسکتا ہے۔اگر قارئین لکھاریوں کی حوصلہ افزائی کریں گے تو پھر اُن کے لکھنے میں فرق نظر آئے گا۔جب کہ اِس کے برعکس اگر قارئین محض تنقید کریں گے تو لکھاری نے قلم چھوڑ دینا ہے۔جو کہ نہ صرف ادب کے لیے بل کہ پڑھنے والوں کے لیے خسارے کا سبب ہوگا۔

اگر معیاری لکھنے والا لکھنا چھوڑ گیا تو پھر غیر معیاری لکھنے والوں کو پڑھنا پڑے گا۔یہ ایک خطرناک رجحان ہے کہ کئی مخصوص گروپ ذاتی عناد کی بناء پر لکھنے والوں کے متن پر تنقیدی محاذ کھولتے ہیں تاکہ اُسے ادبی دنیا سے باہر کیا جاسکے۔یہ عمل ظاہر کرتا ہے کہ ادب میں ایسے بے ادب موجود ہیں جن کا ظاہر و باطن الگ الگ ہے جو کہ قابل مذمت ہے۔

قارئین کو لکھاریوں کے لکھے گئے مواد کے اعتبار سے تنقید اور اصلاح کی بات کرنی چاہیے۔اگر کوئی لکھاری دوسرے ادیب کی تحریر پر تنقید کرتا ہے تو وہ یہ سوچ کر بات کہے کہ اُس پر تنقید ہو سکتی ہے۔اِس لیے حوصلہ شکنی کی

بجائے نرم لفظوں میں بات سمجھانے کی کوشش کرے۔

اگر وہ کھلے عام تنقید کرے گا تو وہ تنقید برائے اصلاح نہیں بل کہ تذلیل کے زمرے میں آئے گا۔ اگر ایک قلم کار دوسرے لکھاری کی پردہ پوشی کرتے ہوئے خاموشی سے اصلاح کرے گا۔ ایسی صورت میں وہ اُسے مزید نکھار سکتی ہے تاہم ہمارے ہاں اِس کے برعکس ہوتا ہے۔ جس کی وجہ سے مشہور ادیبوں کے پاس کم ہی نوجوان سیکھنے کے لیے جاتے ہیں کہ اول تو وقت نہیں دیتے ہیں یا پھر وہ اصلاح کچھ یوں کرواتے ہیں جیسے احسان کر رہے ہوں۔

اکثر نوجوان ادیب بڑے ناموں کی تنقید سے اتنے گھبرا جاتے ہیں کہ قلم تھامنا ہی بھول جاتے ہیں۔ یہ بات یاد رکھنے کی ہے کہ تنقید کسی شے کو بہتر کرنے کے لیے بے حد ضروری ہے۔ لیکن اِس میں اعتدال سے کام لینا چاہیے۔ کیوں کہ لکھاری بے حد حساس ہوتا ہے وہ اپنی تحریروں کو اولاد کی مانند سمجھتا ہے۔ تنقید کو مناسب الفاظ میں بیان کرنا چاہیے یہ نہ ہو کہ آپ لکھاری کا کلیجہ ہی پھاڑنے کو تیار ہو جائیں۔ جس طرح سے سعادت حسن منٹو کی تحریروں کو پہلے تنقید کا سامنا کرنا پڑا وہ بہت کم ادیب سہ سکتے ہیں۔ لیکن لکھاریوں کو حوصلہ اپنے اندر پیدا کرنا چاہیے تا کہ وہ تنقید کو خندہ پیشانی سے برداشت کر سکیں۔ یہی اُن کے نکھار کے لیے بہترین ثابت ہو گا۔

تخلیق کار کو تنقید کا بھرپور جواب دینے کا حق ہے لیکن یہ کسی مخصوص دائرے میں ہونا چاہیے۔ اگرچہ تنقید سے تخلیق بہتر ہوتی ہے لیکن ہمارے ہاں ایسا رجحان ابھی نہیں بنا ہے لہٰذا تنقید و تعریف کو کسی خاص دائرے میں مقید کرنا ضروری ہے۔

☆÷%÷☆

ادب سے بے ادبی تک

آپ کے ساتھ یہ ہو چکا ہوگا کہ آپ کے ''ادب'' کرنے کے جواب میں ''بے ادبی'' کی جاتی ہے۔
یہ ''بے ادبی'' کئی طریقوں سے کی جاتی ہے۔
آپ عقلمند ہیں اِس لیے ہمارے اشارے کو از خود سمجھ لیں۔

ہمارے دین کی تعلیمات تو یہ ہیں کہ ہمیں والدین کا خوب ادب و احترام کرنا چاہیے۔مگر آج غور کریں تو معلوم ہوگا کہ ہم میں سے اکثر نا چاہتے ہوئے کبھی نہ کبھی والدین سے ''بے ادبی'' کے مرتکب ہو جاتے ہیں۔
یہ بات یہاں ختم نہیں ہوتی ہے۔

ہم اپنے دوستوں، بہن بھائیوں اور رشتے داروں تک سے بے ادبی کر جاتے ہیں، اپنی غلطی جانتے ہوئے اعتراف کرنے سے ڈرتے ہیں، حالاں کہ ایسا کرلیا جائے تو پھر بے ادب نہیں کہلائے جائیں گے۔اِس بات کو سمجھنے کی ضرورت ہے کہ اگر ہم آج ''بے ادبی'' کریں گے تو کل کلاں کو ہمارے ساتھ بھی ہوگی کہ مکافات عمل تو اِسی دنیا میں ہوتا ہے۔آپ جس کی ''بے ادبی'' کریں گے کیا وہ آپ کو ''عزت و احترام'' دے سکے گا، اگر کوئی دیتا ہے تو پھر یہ اس کا ''اعلیٰ ظرف'' ہوگا۔

ادب سے بے ادبی کا راستہ چند لمحات میں طے ہوتا ہے مگر اِس کے اثرات برسوں رہتے ہیں۔اِس لیے کوشش کریں کہ آپ ''بے ادبی'' سے گریز کریں کہ یہ نہ صرف آپ کو جہاں پچھتاوئے کا شکار رکھے گی، وہیں دوسرا شخص ''غمگین'' رہ سکتا ہے۔اِس لیے کوشش کریں کہ بے ادبی کرنے سے دور ہی رہیں۔یہ یاد رکھنے کی ضرورت ہے کہ سچ بیان کرنا کبھی بے ادبی نہیں ہوسکتا ہے، البتہ انداز بیان بے ادبی والا قرار دیا جا سکتا ہے۔دوسری طرف یہ کوشش کی جانی چاہیے کہ آپ کے غلط برتاؤ پر کسی کے صبر کا دامن نہ چھوٹ جائے اور وہ پھر بے ادبی پر مجبور ہو جائے۔

ہمارے ہاں ادب سے وابستہ لکھاریوں کو اِس حوالے سے بے حد محتاط ہو کر چلنے کی ضرورت ہے تا کہ بطور

لکھاری تاثر منفی نہ ہو سکے اور یہ بات بھی نہ کہی جا سکے کہ ادب سے وابستہ لوگ بے ادب ہیں۔ اگر ادب کے جواب میں ادب کیا جائے گا تو پھر ناموری ہی حصے میں آتی ہے۔ آپ کی ذرا سی بے ادبی آپ کا برسوں کا سفر ایک دم ختم کر کے رکھ دیتا ہے۔

یہ بات قابل غور ہے۔

اِس حوالے سے مرحوم شاعر راحت اندوری کا ایک قصہ سنانا چاہوں گا۔

ایک مشاعرے میں راحت اندوری مرحوم کے ساتھ کسی نے بدتمیزی کر دی۔

اُنھوں نے اُس کے جواب میں کہا کہ ''میں جس جگہ پر پہنچا ہوں، اُس تک آنے میں چالیس سال لگ گئے ہیں، مگر مجھے تمھاری جگہ تک پہنچنے میں محض ایک منٹ لگے گا۔''

یعنی آپ کہ سکتے ہیں کہ ادب سے بے ادبی کا سفر محض ایک منٹ کا ہے۔ مگر یہ آپ کی ساکھ عمر بھر کے لیے خراب کر دیتی ہے۔

☆÷%÷☆

ترجمہ نگاری سے طبع زاد تک کا سفر

''ترجمہ'' ایک مستقل اور قدیم فن ہے۔ اِسی کے ذریعے ایک زبان کے علوم وفنون کو دوسری زبان میں منتقل کیا جاتا ہے، جس سے زبانیں پھلتی پھولتی اور فروغ پاتی ہیں۔''

اِس حوالے سے یہ بات سمجھنا ضروری ہے کہ ''ترجمہ نگاری'' ادب کا ایک اہم حصہ ہے جس سے کسی بھی زبان کو فروغ دیا جاسکتا ہے۔ یہاں یہ بھی دھیان رکھنا پڑے گا کہ ہم ایک زبان کے ادب کو دوسری زبان میں منتقل کرتے ہوئے یہ بات بھول جائیں کہ جس زبان میں ترجمہ کیا جارہا ہے، اُس میں ایسا کچھ کیوں نہ لکھا جائے کہ ترجمہ کرنے کی ضرورت نہ پڑے۔ اگرچہ دوسری زبان کے ادب کو ترجمہ کرنے سے بہترین ادب پڑھنے کو مل سکتا ہے۔ مگر سوچنے کی بات یہ ہے کہ جس زبان میں ترجمہ کیا جارہا ہے اُسی میں بہترین ادب کیوں نہ تخلیق کیا جائے۔ پاکستان میں چھوٹے بچوں کے لیے معیاری ادب تخلیق نہیں ہورہا ہے۔ جس کی وجہ سے دیگر زبانوں سے ترجمہ کرکے اُن کی ضرورت کو پورا کیا جارہا ہے۔ نئے لکھاریوں یا نامور ادیبوں نے اِس حوالے سے بہت کم کام کیا ہے۔ جس طرح سے ترجمہ نگاری کی اولین تصنیف پر اختلافات ہیں اِسی طرح سے ہمارے ہاں طبع زاد اور ترجمہ نگاروں کی آپس میں خوب ''ادبی جنگ'' چل رہی ہے۔ اِس کی بڑی وجہ یہ ہے کہ دونوں محاذوں پر یہ دلیل رکھی جارہی ہے کہ وہ زیادہ اہمیت کا حامل کام کررہے ہیں۔ یہاں تک بات کہی جاتی ہے کہ نامور ادیبوں نے چوں کہ ترجمہ نگاری پر کام کیا ہے اِسی وجہ سے ترجمہ نگاروں کا ادبی قد کچھ زیادہ بڑا ہو جاتا ہے کہ وہ مشکل ترین کام کو سرانجام دے رہے ہیں۔ اگرچہ اس میں کوئی دورائے نہیں ہیں کہ ترجمہ نگاری ایک مشکل صنف ہے لیکن ہم اس کو طبع زاد پر حاوی نہیں کرسکتے ہیں۔

جہاں تک ادبی قد کی بات ہے تو یہ بات یاد رکھنے کی ہے۔ اِس پر یہی کہوں گا کہ جو ادیب ادبی کام کی وجہ سے اپنا قد بڑا کرلیتے ہیں وہ ترجمہ نگاری کریں گے تو اُس کی بدولت یہ صنف بھی معتبر تصور ہوگی کہ اہمیت کی حامل ہے۔ لیکن یہ کہنا بالکل غلط ہے کہ نامور ادیبوں کی ترجمہ نگاری سے طبع زاد ادیبوں کی وقعت کم ہوگئی ہے۔

ترجمہ نگاری کا بنیادی مقصد یہی ہوتا ہے کہ ایک زبان کے ادب کو دوسری زبان میں یوں منتقل کیا جائے کہ اُس کے ثمرات سے بھرپور طور پر فائدہ اُٹھایا جا سکے۔ آپ جانتے ہیں کہ انسان نے زبان کے سہارے اپنی بات کہنے کا فن سیکھا۔ اُس کے بعد دوسری زبان کے شخص کی بات سمجھنے کے لیے یہ ضروری تھا کہ وہ اُس زبان کو سیکھے تاکہ اُسے معلوم ہو سکے کہ غیر زبان میں اُسے کیا کہا جا رہا ہے۔ اِسی طرح ترجمہ نگاری کرتے ہوئے بھی خیال رکھنا پڑتا ہے کہ جو کچھ ترجمہ کیا جا رہا ہے۔ وہ ایک قانون وضابطے کے ساتھ بیان کیا جائے تاکہ ترجمے کا مفہوم بدل نہ جائے۔ یہ بات بتانا ضروری ہے کہ ترجمے کو اِس طرح بیان نہ کیا جائے کہ وہ اصل زبان سے زیادہ مشکل ہو۔ طبع زاد اور ترجمے کا ایک فرق دیکھا گیا ہے کہ کسی تنظیم یا سرکاری سطح پر کوئی تحریری مقابلہ، سال بھر کی بہترین کتابوں یا بہترین کہانی کا مقابلہ کروایا جاتا ہے تو اِس مقابلے کی شرائط میں ایک شرط لازمی ہوتی ہے کہ تحریر، کہانی یا کتاب ترجمہ کی ہوئی نہ ہو۔ یہ طبع زاد کے حق میں ایک ٹھوس، نمایاں اور واضح دلیل ہے جو اِس کی اہمیت کو اُجاگر بھی کرتی ہے۔

''میر صاحب حسن'' نے ایک بار قصہ سنایا کہ اپنے زمانہ طالب علمی میں ایک کتاب خریدی۔ اُس کو پڑھنے کی کوشش کی تو اِس قدر ثقیل زبان میں لکھی گئی کہ اُس زمانے میں سمجھ نہیں آ سکی۔ چند صفحات پڑھ کر کتاب رکھ دی گی۔ وہ سمجھے کہ شاید یہ وقت سے پہلے پڑھ رہے ہیں تو تب سمجھ سے باہر ہو رہی ہے۔ برسوں بعد پھر کتاب کو پڑھا تو معلوم ہوا کہ کسی کتاب کو ترجمہ کیا گیا تھا جو کہ اِس قدر پیچیدہ کیا گیا کہ وہ سمجھنا دشوار ہو گیا تھا۔

ہمارے ہاں ترجمہ نگاری کرتے وقت کچھ ایسا ہی دیکھنے میں آ رہا ہے کہ چند لکھاری اور ترجمہ نگار دھیان ہی نہیں دیتے ہیں کہ وہ بچوں کی نفسیات کے مطابق ہے یا اُن کے سر کے اوپر سے گزر رہا ہے۔ ہمارے ہاں ترجمہ نگار حضرات اِس قدر دلیر ہو چکے ہیں کہ وہ سمجھتے ہیں کہ ترجمہ شدہ تحریریں کسی طبع زاد لکھاری کی تحریروں سے بڑھ کر ہیں جو کہ غلط طرزِ عمل ہے۔ اِس کی وجہ وہ یہ بتاتے ہیں کہ چوں کہ طبع زاد میں معیاری ادب تخلیق نہیں ہو رہا ہے تو اِن کا کام سب پر بھاری ہے۔

بقول نوشاد عادل: ''اپنے لکھنے کا نشہ ہی الگ ہے۔ جو خود چل سکتے ہیں، وہ بیساکھیوں کا سہارا نہیں لیتے۔ غور کریں گے تو یہ حیران کن حقیقت سامنے آئے گی کہ ترجمے کی پرزور وکالت ہمیشہ ترجمہ نگاروں کی جانب سے کی گئی ہے اور ہر فورم پر طبع زاد کو واشگاف الفاظ میں ڈی گریڈ کرنے کی کوشش کی گئی۔ کیسے ممکن ہے کہ برانڈڈ کپڑے اور کسی انگریزی کے مسترد کردہ لنڈے کے کپڑے برابر ہو سکتے ہیں، یہ ذرا مجھے کوئی سمجھا دے۔ اس کا

ایک ہی جواب سمجھ میں آتا ہے، جو ذہنی بانجھ ہیں، وہ ایڈاپٹ کرتے ہیں جن کا دماغ زرخیر ہے وہ اپنا لکھتے ہیں۔''

اگر نوشاد عادل کی بات کو سامنے رکھا جائے تو یہ بات واضح ہوتی ہے کہ ترجمہ نگاری اگرچہ ایک محنت طلب کام ہے۔ اِس میں لکھاری کو اپنے جذبات قابو رکھتے ہوئے من وعن ترجمہ کرنا پڑتا ہے جو کہ ایک مشکل کام ہے۔ مگر طبع زاد تحریروں میں یہ مسئلہ نہیں ہے کہ لکھاری کے پاس اختیار ہوتا ہے کہ اپنے احساسات و جذبات کی بھرپور ترجمانی کریں۔ اور تحریر کو کہیں سے کہیں لے جائیں اور کہانی کے انجام تک کا اختیار رہتا ہے کہ وہ جو چاہے لکھ سکتا ہے۔ جب کہ ترجمہ نگاری میں یہ سہولت دستیاب نہیں ہوتی ہے کہ اپنی مرضی سے انجام بدل دیا جائے۔

ترجمہ نگار کسی زبان کے ادب کو من وعن بیان کرنے کی بجائے اپنی ذہنی اختراع کو استعمال کرتے ہوئے یوں پیش کریں جیسے کہ وہ طبع زاد ہو، اِسے سنگین جرم کہہ سکتے ہیں۔ کئی ترجمہ نگار اپنی ترجمہ شدہ تحریروں کو ترجمہ قرار دینے سے گریز کرتے دکھائی دیتے ہیں۔ ایک بدترین تجربہ ہو رہا ہے کہ کسی تحریر میں پیش کیے گئے کہانیوں کے کرداروں کے ناموں کو بدل دیا جاتا ہے۔ جب کہ اصل کہانی کے کرداروں کو پیش کرنے سے یہ واضح ہو جاتا ہے کہ تحریر کہیں سے ترجمہ کی گئی ہے۔ جب آپ کرداروں کے نام بدل دیں گے اور کہانی کا ماحول بھی کچھ بدل دیں گے تو پھر وہ طبع زاد کی نئی شکل بن سکتی ہے اور کوئی بھی نااہل قلم کار اُسے اپنا اثاثہ قرار دے سکتا ہے۔ میرا ماننا ہے کہ ترجمہ من وعن کیا جائے اور کہانی کے کرداروں کے ناموں تک کو نہ بدلا جائے تاکہ پڑھنے والوں کو علم ہو کہ ترجمہ ہے نا کہ طبع زاد۔ اگر ترجمہ کی گئی کہانیوں کے کرداروں کے نام بدل دیے جائیں اور موضوع میں بھی تبدیلی لانے کی کوشش کی جائے تو یہ حقیقی تخلیق کار کی توہین ہوگی کہ اُس کے لکھے گئے مواد کو اپنا بنا کر پیش کیا جائے جب کہ پیش کار کوئی اور تھا۔

کسی اور کے خیال پر اپنا قبضہ جمانا کسی طور درست عمل نہیں ہے۔ ترجمہ نگاری کا بنیادی مقصد یہ ہے کہ دوسری زبان کے ادب کو کسی مخصوص زبان کے پڑھنے والوں سے متعارف کروایا جائے تاکہ زبان کی ترویج و ترقی ہو سکے۔ ہمارے ہاں تراجم کی کتب پر زور دیا جاتا ہے لیکن طبع زاد لکھنے کی طرف توجہ کم ہوتی ہے۔ حالاں کہ کسی لکھاری کی پہچان یہی طبع زاد تحریریں ہوتی ہیں۔ جب کسی کی تحریر کے بارے میں یہ علم ہو کہ یہ ترجمہ شدہ ہے تو پھر اُس تحریر کے حامل ادیب کو خاص اہمیت نہیں ملتی ہے جو کہ ایک طبع زاد کو ملتی ہے۔ پھر یہ بھی دیکھنے کی بات ہے کہ کسی زبان کی ترجمہ شدہ تحریر کو اگر دس لکھاری ترجمہ کریں گے تو پھر وہ تحریر کس کی تصور ہوگی۔ اِس سے بڑھ

کر طبع زاد کی کیا اہمیت ہو سکتی ہے کہ تراجم اکثر طبع زاد کتب کے کیے جاتے ہیں، ترجمہ شدہ کتب کے تراجم بہت کم کیے جاتے ہیں۔

''جاوید بسام'' کی کہانی ''اس کے مالک تم نہیں ہو'' جو کہ ماہ نامہ ساتھی، کراچی کے مئی 2021 کے شمارے میں شائع ہوئی۔ اِس کہانی میں یہی درس دیا گیا ہے کہ جو جس شے کا مالک ہوتا ہے، وہی زیادہ انعام و اکرام کا حقدار ہوتا ہے یعنی ترجمہ نگار سے زیادہ طبع زاد لکھنے والا تعریف کے قابل ہے۔

☆÷٪÷☆

موضوعاتی صنف ''تشہیر کہانی''۔ایک جائزہ

انسان کو ازل سے ہی جاننے کا شوق رہا ہے اور یہی وہ عمل تھا جس نے کہانی کو جنم دیا۔ہم اپنی زندگی میں کئی سچی اور فرضی کہانیاں پڑھتے ہیں اور اُنھی کی بدولت بہت کچھ سیکھتے ہیں۔ادبی دنیا میں کئی نوجوان اچھی کہانی لکھ کر اپنا نام بنانے کے خواہشمند ہوتے ہیں۔وہ نامور ادیبوں کی کہانیوں کو پڑھ کر کہانی لکھنا سیکھ جاتے ہیں یا پھر خداداد صلاحیتوں کے بل بوتے پر ادبی دنیا میں نام بناتے ہیں۔کہانی نویس مختلف موضوعات پر کہانیاں لکھتے ہیں اور قارئین سے بھرپور داد وصول کرتے ہیں۔ ہر کہانی کا ایک مقصد ہوتا ہے لیکن کچھ کہانیاں ایسی ہوتی ہیں جو مخصوص پیغام دینے کے لیے لکھی جاتی ہیں جس سے پڑھنے والے بہت کچھ سیکھتے ہیں جیسا کہ قرآن کہانی، حدیث کہانی اور فقہ کہانی۔

''تشہیر کہانی'' ایک موضوعاتی صنف ہے جس کے تحت تشہیری کہانیاں لکھی جا رہی ہیں۔

تشہیر کیا ہے؟

کسی بھی شے کو مشہور کرنے کے لیے جو طریقہ کار استعمال کیا جاتا ہے اسے تشہیر یا Promotion کہا جاتا ہے، یہ مختلف انداز میں کی جاتی ہے۔مثال کے طور پر کیلنڈر اور ڈائریوں کی تقسیم کرتے ہوئے ادارے اپنی تشہیر بھی کر رہے ہوتے ہیں تا کہ لوگوں کو ادارے کے بارے میں علم ہو سکے اور اُن کی مصنوعات خریدنے میں دل چسپی ظاہر کریں۔دور حاضر میں مصنوعات کی فروخت کے لیے تشہیر لازم وملزوم ہو چکی ہے اور اِس کے بغیر گزارہ ناممکن ہے کہ مصنوعات نہ تو عوام الناس میں مقبولیت حاصل کر سکتی ہیں اور نہ ہی اُنھیں خریدا جا سکتا ہے۔آپ نے دیکھا ہوگا کہ اکثر ادارے تشہیر کے لیے معروف شخصیات کا سہارا لیتی ہیں تا کہ اِن کی وساطت سے مصنوعات کو عوام میں متعارف کروایا جا سکے۔کئی تجارتی ادارے اپنی کامیابیوں کی تشہیر کہانی کی صورت میں کرتے ہیں تا کہ ساکھ مزید بہتر بنائی جائے اور لوگوں کا اعتماد حاصل کیا جا سکے۔اخبارات میں اکثر مختلف اداروں کے حوالے سے مکمل صفحات شائع ہوتے ہیں جن میں اُن کی کارکردگی کو سامنے رکھا جاتا ہے یہ بھی ایک

تشہیری حربہ ہوتا ہے جس کے تحت صارفین کی توجہ حاصل کرنا مقصود ہوتا ہے۔یوٹیوب پر کچھ ایسے کارٹونز موجود ہیں جن میں کہیں کہیں کسی ادارے کی تشہیر ہوتی ہے یا مصنوعات دکھائی جاتی ہیں یا پھر کہیں ایک مخصوص سوچ کے تابع کچھ ذہن نشین کرایا جا رہا ہوتا ہے۔راقم السطور کے بقول:

''ایسی کہانی جو کسی تشہیری مقصد کے لیے لکھی جائے گی،وہ ''تشہیر کہانی'' ہوگی۔

کسی بھی زبان کے شائع ہونے والے رسالے یا رسالے کے خاص نمبر، کسی ادیب کے افسانوی مجموعے، ناول، شعری مجموعے، ادیب کی شخصیت، مطالعے یا کتب بینی کے فروغ یا پھر کسی ادبی سرگرمی کے حوالے سے تشہیری کہانی لکھی جاسکتی ہے۔اگرچہ اِس حوالے سے تبصرہ نویس اپنا کردار ادا کر رہے ہیں لیکن تشہیر کہانیاں عام قارئین پڑھ کر اپنی رائے قائم کر سکتے ہیں جس سے ادب کے فروغ میں بھرپور مدد مل سکتی ہے کہ تبصروں کی بجائے کہانیاں اپنی جانب زیادہ مائل کرتی ہیں، یہی چیز اِس کی مقبولیت اور اہمیت ظاہر کرتی ہے۔

کسی چیز کی بھرپور تشہیر کر کے فروخت کرنا ہرگز نا مناسب عمل نہیں ہے کہ جب تک کسی فرد کو عام شے یا کسی خاص کتاب کے حوالے سے معلومات نہیں ملیں گی وہ کیسے اُسے خریدنے کا سوچے گا۔کیا کبھی کسی نے بغیر اشتہار دیکھے کچھ خریدا ہے، یہی چیز تشہیر کی اہمیت کو عیاں کرتی ہے۔راقم کے مشاہدے میں آچکا ہے کہ تبصرہ نویس غیر جانبداری کی بجائے جانبداری کا مظاہرہ کرتے ہیں جس کی وجہ سے کسی ادیب کی کتب یا تو بھرپور فروخت ہونے لگتی ہیں یا پھر عام قارئین اُن کی رائے پڑھ کر کتب خریدنے سے باز رہتے ہیں۔ایسا ہی کچھ رسائل کے بارے میں بھی کہا جاسکتا ہے۔اِس حوالے سے تشہیر کہانی اہم ترین کردار ادا کرتی ہے کہ کوئی ادیب اپنی کتب یا کسی بھی ادبی سرگرمی کی تشہیر مثبت انداز میں کر سکتا ہے یعنی کسی دوسرے فرد کی نسبت بہتر انداز میں اپنا مقدمہ لڑ سکتا ہے اور ادب میں دل چسپی رکھنے والوں کو اپنے حق میں کر سکتا ہے۔

موضوعاتی صنف کے طور پر ''تشہیر کہانی'' کا آغاز دورِ حاضر میں ادب کے فروغ کے لیے ہوا تاہم اِس کے ذریعے ماضی کے ادبی کارہائے نمایاں، کتب اور ادیبوں کے حوالے سے تشہیر کی جاسکتی ہے جو کہ ادب میں دل چسپی رکھنے والوں کو اُن سے متعارف کرواسکتی ہیں یعنی تشہیر کسی نہ کسی صورت اپنا حقیقی روپ دکھائے گی۔

کسی ادیب کی کتب کے لیے تشہیر کہانی کیسے لکھیں گے؟

اِس کے لیے ایک مثال کو سامنے رکھتے ہیں۔

حال ہی میں عیشاء صائمہ کا ناول ''قرض مٹی کا'' شائع ہوا۔اِس کی قیمت دو سو روپے ہے۔جب تشہیر کہانی لکھی

جائے گی تو یہ آگاہ کیا جائے گا کہ ’’قرض مٹی کا‘‘ کو کہاں سے اور کیسے حاصل کیا جائے گا اور کوئی رابطہ نمبر بھی دینا ہو تو وہ بتایا جائے گا جیسا کہ اخبارات ورسائل کے اشتہارات میں دکھائی دیتا ہے۔ اِس میں ’’قرض مٹی کا‘‘ کو کیوں خریدا جائے؟ اِس حوالے سے بھی تذکرہ کیا جائے گا۔

کہانی نویس ناول کے معیار، صفحات کی تعداد اور اِس کی خوبیاں بیان کرے گا کہ تشہیر کا بنیادی مقصد لوگوں کو کسی خاص شے کی جانب راغب کرنا ہے اور اِسی وجہ سے نئی یا پرانی مصنوعات کی بھرپور فروخت کے لیے تشہیر کی جاتی ہے۔ تشہیر کہانی پڑھنے والے کو جہاں کہانی ہی کہانی میں معلومات ملیں گی وہیں ’’قرض مٹی کا‘‘ کے حوالے سے تشہیر ہوگی۔ بچے، والدین یا پھر اساتذہ کرام اور دیگر احباب بیان کردہ خصوصیات کی روشنی میں ناول خریدنے کا فیصلہ کریں گے۔

آپ کہہ سکتے ہیں کہ بیک وقت تشہیر اور کہانی ’’تشہیر کہانیوں‘‘ کا حسن ہے۔ راقم السطور کو ’’آپ بیتیاں۔ حصہ دوم‘‘ نامی کتاب جس میں تیس نامور ادیبوں اور مدیران کی آپ بیتیاں شامل تھیں۔ اِس کے لیے بطور معاون مدیر کام کرنے کا موقع ملا تو اُس کی تشہیر کو بھرپور انداز میں کرنے کے لیے تشہیری کہانی لکھنے کا خیال آیا جو کہ اپنی طرز کا ایک منفرد تجربہ ہے۔ یہاں واضح کردوں کہ یہ خیال کسی ادیب کی کہانی پڑھ کر نہیں آیا اور نہ ہی اِس حوالے سے کبھی کسی سے سنا کہ ایسا تجربہ کیا جا سکتا ہے کہ اِس سے قبل تشہیری انداز میں لکھی جانے والی کہانیوں کو عام کہانی کی مانند تصور کیا جاتا تھا اور نہ ہی کبھی سنا کہ تشہیری کہانیاں بچوں کے رسائل میں شائع ہوئی ہین۔ اِس نوعیت کی کہانیوں کو ’’تشہیر کہانی‘‘ کا نام راقم الحروف نے دیا جسے مخصوص تشہیری انداز میں لکھا جاتا ہے اور اِسی وجہ سے یہ مقبولیت حاصل کر رہی ہیں کہ اس کا مزاج دیگر کہانیوں کی بہ نسبت کافی الگ ہے۔ انگریزی زبان میں ایسی کئی اصطلاحات استعمال کی جارہی ہیں جو کہ تشہیری کہانیوں کے ہیں تاہم اردو ادب میں تشہیر کہانی بطور موضوعاتی صنف کا درجہ نہیں پا سکی۔

راقم نے پہلی تشہیر کہانی فیس بک پر بعنوان ’’پہلی سیڑھی‘‘ بتاریخ 29 ستمبر 2021 لکھی تو خوب پزیرائی ملی۔ ایک مختصر کہانی ’’تحفہ‘‘، ’’بہترین دوست‘‘، گلدستہ ٹوٹ بٹوٹ کے ’’لائبریری نمبر‘‘ کے لیے لکھی جانے والی کہانی ’’علم کا خزانہ‘‘، خودنوشت ’’جی دار‘‘ کے لیے لکھی جانے والی مختصر تشہیر کہانی ’’جی دار‘‘ اور معروف بھارتی واٹس ایپ محفل ’’بچپن‘‘ کے حوالے سے لکھی جانے والی کہانی ’’بچپن نگری‘‘ نے بھرپور پذیرائی حاصل کی۔ یہ کہانیاں ویب سائٹس (دی سورس بھارت، ہماری ویب ڈاٹ کوم، پرتلپی اُردو، اردو ڈاٹ انڈیا نیریٹو ڈاک

کوم)، الفجر ڈیجیٹل میگزین۔ بھارت، ڈیلی حالات نیوز۔ بھارت اور روزنامہ نیا نظریہ، بھوپال (بھارت) میں شائع ہو چکی ہیں۔ ''بچپن نگری'' کے نام سے تشہیر کہانی روزنامہ نیا نظریہ، بھوپال میں مورخہ 22 جولائی 2023 کو شائع ہوئی۔ مہوش اسد شیخ کی کہانی ''کتاب دوست'' ماہ نامہ بچوں کا باغ، لاہور کے جنوری 2022 کے شمارے میں شائع ہوئی۔ اُسے ہم تشہیری انداز کی کہانی کہہ سکتے ہیں کہ 26 کتب کا تذکرہ کیا گیا۔ اِس سے قبل کسی کہانی میں اتنی بڑی تعداد میں ادیبوں کی کتب کا ذکر نہیں ہوا۔ اِس کہانی کو ملنے والی پزیرائی نے ''تشہیر کہانی'' کی مقبولیت کو عیاں کر دیا ہے۔ موضوعاتی صنف کے طور پر ''تشہیر کہانی'' کو مہوش اسد شیخ نے مقبول کرانے میں اہم ترین کردار ادا کیا ہے کہ اُنھوں نے اپنی کتب کی تشہیر کے لیے اسے اپنایا ہے۔ خان حسنین عاقب کی کہانی ''موگلی اور کہاوت کہانی نمبر'' گلدستہ ٹوٹ بٹوٹ جونیئر کے کہاوت کہانی نمبر کے لیے بطور خاص لکھی گئی۔ حسنین عاقب جیسے معروف ادیب نے ''تشہیر کہانی'' کو سند پزیرائی دی، یہ اپنی جگہ بہت خاص اعزاز ہے۔ ادیبہ انور کی کہانی '' آم کے آم گٹھلیوں کے دام'' روزنامہ شہباز، پشاور میں 26 فروری 2022 کو شائع ہوئی۔ 17 مارچ 2022 کو فاکہہ قمر کی تشہیر کہانی ''فوٹو شوٹ'' ڈیلی حالات نیوز، بھیونڈی (بھارت) میں شائع ہوئی۔ احمد نعمان شیخ نے ٹائم ٹریول کے موضوع پر کہانی ''ٹائم ٹریول کیا ہے'' لکھی جس نے خوب قارئین سے پذیرائی حاصل کی، یہ کہانی ''بچوں کا باغ'' کے مارچ 2022 کے شمارے میں شائع ہوئی۔

محمد رمضان شاکر کی تشہیری کہانی ''خوشیوں کے رنگ، Capax کے سنگ'' روزنامہ مہنگائی، بھارت میں 15 اپریل 2022 کو شائع ہوئی۔ یہ راقم السطور کے لیے بڑے اعزاز کی بات ہے کہ پاکستان اور بھارت کے کئی لکھنے والوں نے تشہیر کہانی کو بطور موضوعاتی صنف درجہ دلوانے کے لیے اپنا حصہ ڈالا ہے۔ اب تک کئی قلم کاروں کی اخبارات، رسائل، ویب سائٹس اور فیس بک پر تشہیری کہانیاں پڑھنے کو مل چکی ہیں جو باعث مسرت ہیں۔ اِن میں سے کئی کہانیوں کو قارئین کی بھرپور پزیرائی لی ہے۔ تادم تحریر ڈاکٹر سیما شفیع، احمد نعمان شیخ، خان حسنین عاقب، تہنیت افتخار، ادیبہ انور، بہرام علی وٹو، مہوش اسد شیخ، محمد رمضان شاکر، نیلم علی راجہ، ہادیہ جنید، عرفان حیدر، شاہ رخ گل، حمیرا علیم، سعدیہ نسیم، عیشاء صائمہ، سیدہ رابعہ ہاشمی، صائمہ مسلم، حمزہ علی، اریبہ عابد حسین، طیبہ زاہد، محمد عثمان ذوالفقار، سیدہ لبنیٰ رضوی، سائرہ شاہد، ارسلان اللہ خان، فاکہہ قمر، سبین مقصود، محمد عثمان ذوالفقار، میمونہ گورمانی، سیماب گل، صبا اظہر، شہزاد بشیر، شفاء چوہدری، محمد عدیل، شمع

اختر انصاری، عائشہ آصف، نحل سعدی آرائیں، فرزین لہرا،سحرش ظفر،صحیفہ ہادیہ،مریم ملک، ثناء ادریس، کومل یٰسین، عمیمہ خان، عطاء السلام سحر، زینب شہزادی، ملائکہ سلیمان، خدیجہ ظفر، عائشہ سلیم قریشی، روشنی خان، بنت السلام خان، رحمت علی، رحاب صفی، ایمن صغیر، میمونہ ارم مونشاہ، ثمرہ شوکت، اُفق زہرہ بلوچ، دانیال حسن چغتائی، رضوان علی سومرو، ثمرینہ علی، ناہید گل، مدیحہ بخاری، کنیز نور فاطمہ، حمیرا نگاہ، سمن مجید، ہویدا صالح، عمر فاروق، علیشہ چوہدری، صدف جاوید، مہرین فاطمہ، انیس فاطمہ، فائزہ ماجد، بنت محمود، طیبہ صباحت، فاطمہ طارق حسین، یاسر فاروق، ردا آرزو، بینش احمد، قانتہ رابعہ، بنت مسعود احمد، عائشہ حنا، عصمت اسامہ، نمرہ خان، نمرہ شہزاد، نوید حسین کھوکھر، ظل ہما، زینب اعظم، بلال محسن، بنت سکوت، غلام عباس بھٹی، وسعت اللہ خان، سیدہ فاطمہ تنویر، نزہت وسیم، مریم گل، نزہت ریاض اور محمد مستقیم نبی کی لکھی گئی کہانیاں نظر سے گزری ہیں۔

محمد جعفر خونپوریہ نے فاکہہ قمر کی دو تشہیری کہانیاں ''ڈینگی ڈریکولا اور ''ببلی اور پی جی او ٹائیگر'' شائع کی ہیں۔ اِن کہانیوں میں اگرچہ مختلف پراڈکٹس کی تشہیر کی گئی لیکن بچوں کے لیے سبق آموز ہیں کہ ایک خاص پراڈکٹ کی تشہیر کے ساتھ ساتھ بچوں کو اپنا خیال رکھنے کی تلقین کی گئی ہے۔ ماضی میں جن ادیبوں نے معلوماتی یا کچھ تشہیری انداز میں لکھا ہے، وہ محض حسن اتفاق ہے۔ دوسری بات یہ ہے کہ جو تشہیر کہانیاں آج لکھی جارہی ہیں اُن سے بے حد مختلف ہیں کہ یہ مخصوص روپ میں پیش ہورہی ہیں۔ جنھیں اِس بات سے اختلاف ہو۔ اِنھیں دورِ حاضر میں لکھی جانے والی کہانیوں کو پڑھ لینا چاہیے تاکہ غلط فہمی کا خاتمہ ہوسکے۔ اِس حوالے سے سعادت حسن منٹو پر لکھی جانے والی تشہیری کہانی ': منٹو' بطور مثال پیش کی جاسکتی ہے جو کہ روزنامہ سرینگر جنگ، جموں میں مورخہ 8 اپریل 2026 کو شائع ہوئی ہے۔

تشہیر کہانی اگرچہ مزاج کے لحاظ سے منفرد ذائقہ رکھتی ہے تاہم ایک عام کہانی کی مانند اسے لکھنا بہترین نتائج لا سکتا ہے۔ جس طرح سے کاروباری اشتہارات ہوتے ہیں اِسی طرح سے تشہیر کہانیاں لکھی جاسکتی ہیں جو کاروباری اشتہارات کی مانند اپنا پیغام پڑھنے والوں تک پہنچاسکتی ہیں۔ بچوں کے لیے شائع ہونے والی نئی یا پرانی کتب، ناولز، رسائل کے خاص نمبر کے لیے کہانی کی صورت میں معلومات دینا بہترین نتائج لا رہا ہے تاہم کہانی کے عنوان کے ساتھ لفظ تشہیر کہانی یا تشہیری کہانی ضرور لکھا جائے تاکہ ادیبوں سے ہٹ کر کوئی قاری (بچے، والدین، اساتذہ وغیرہ) پڑھیں تو اُنھیں علم ہوسکے کہ تشہیری کہانی ہے۔ اِس طرح کی کہانیوں کو

شائع کرنے والے مدیران کو یہ خیال رکھنا چاہیے۔ اِس حوالے سے روزنامہ سرینگر جنگ، جموں اور روزنامہ اساس، راولپنڈی قابل تعریف ہیں جنھوں نے کئی تشہیری کہانیوں کو مذکورہ اصول کے تحت شائع کیا ہے اور تشہیر کہانی کو بطور موضوعاتی صنف قبول کیا۔ تشہیر کہانی اپنا ایک مخصوص روپ رکھتی ہے اور اِس کا ذائقہ ہر ایک کو پسند نہیں آسکتا ہے۔ سہ ماہی باغیچہ اطفال، سیالکوٹ کے خاص شمارے ''دوست نمبر'' میں شائع ہونے والی کہانی ''بہترین دوست'' اولین تشہیر کہانی کہلائی جاسکتی ہے جسے موضوعاتی صنف (تشہیر کہانی) کے تحت شائع کیا گیا۔ اِس سے قبل ایسی کوئی مثال تادم تحریر نہیں ملی جس سے واضح ہو کہ تشہیر کہانیوں کو بطور موضوعاتی صنف پہلے کوئی مقبولیت حاصل تھی یا اُس پر کبھی کام کیا گیا ہے۔ مزید براں یہ کہ تشہیر کہانی کی اصطلاح تو راقم السطور نے اولین تشہیری کہانی کو پیش کرتے ہوئے استعمال کی۔ اگرچہ ماضی کے کئی ادیب بات کرتے ہیں کہ کہانیوں میں تشہیری انداز نیا نہیں ہے۔ اِس سے پہلے بھی ایسا ہوتا رہا لیکن بات یہ ہے کہ کیا ''تشہیر کہانی'' کی اصطلاح کبھی اُن کہانیوں کے لیے استعمال ہوئی تھی جو شائع ہوئی ہیں۔ اور اُن میں تشہیری رنگ جھلکتا ہے یا تشہیر کہانی کو بطور موضوعاتی صنف اہمیت دی گئی ہے جواب گزشتہ چند برسوں میں مل رہی ہے۔ اِس حوالے سے ناقدین خاموش ہیں کہ کسی کے پاس مستند جواب نہیں ہے۔ حیران کن طور پر جو احباب کہتے ہیں کہ تشہیری کہانیاں پہلے لکھی گئی ہیں تو اِس حوالے سے کبھی تحقیقی کام کیوں نہیں ہوا۔ تشہیری کہانیوں پر سنجیدگی سے کام ہونا چاہیے تھا، درحقیقت تشہیر کی اہمیت کو کبھی سمجھا ہی نہیں گیا اور یہ راقم الحروف کی جانب سے بھرپور انداز میں تشہیری کہانیوں کے فروغ کا ثمر ہے کہ ماضی میں تشہیری رنگ کی کہانیوں کو باقاعدہ تشہیر کہانی قرار دیا جا رہا ہے جو کہ نامناسب عمل ہے۔ راقم کے نزدیک ''سازش'' ہے کہ ماضی میں لکھی جانے والی کہانیاں عام کہانی کی صورت میں پیش ہو رہی تھیں تو اُنھیں وہ پذیرائی اور مقبولیت حاصل نہیں ہوئی جو کہ ''تشہیر کہانی'' کی اصطلاح دینے کے بعد ملی ہے۔ اِن کہانیوں کو لکھنے کا ایک طریقہ کار وضع کیا گیا ہے۔ کچھ ایسا معاملہ بچوں کے لیے لکھی گئی تشہیری نظموں کے حوالے سے بھی ہے جسے سمجھنے کی ضرورت ہے۔ یہاں یہ وضاحت ضروری ہے کہ جس کا حقیقی آئیڈیا ہوتا ہے وہی اُس کے تمام تر پہلو بہ خوبی عیاں کرنے کی استطاعت رکھتا ہے اور دیگر ایسا نہیں کر سکتے ہیں اور ایک جگہ پھنس جاتے ہیں۔ اگر ماضی کی تخلیقات کو تشہیر کہانی یا نظم کے دائرے میں لانا ہے تو پہلے فیصلہ ہونا چاہیے کہ موضوعاتی صنف کو درجہ دلوانے اور نام رکھنے والا فرد کون ہے۔

تشہیر کہانیوں کا مجموعہ ''تشہیر کہانی'' سرائے اردو پبلی کیشن، سیالکوٹ نے ستمبر 2023 میں شائع کیا۔ یاد رہے

کہ یہ تشہیری کہانیوں کا اولین مجموعہ ہے جو کہ کتابی صورت میں منظر عام پر آیا۔ اِس میں بھارت کے نامور ادیب اطفال، شاعر، مترجم اور مدرس جناب خان حسنین عاقب کے تشہیر کہانی کے حوالے سے تاثرات شامل ہیں۔ اِس سے قبل ای بک کی صورت میں ''تشہیر کہانی'' کے عنوان سے تیس قلم کاروں کی تشہیری کہانیوں کا مجموعہ معروف ویب سائٹ ''ریختہ'' پر آن لائن مطالعے کے لیے پیش ہو چکا ہے۔ تشہیر کہانی کے حوالے سے مضمون ''تشہیر کہانی: ایک منفرد رجحان'' ماہ نامہ نئے افق، کراچی کا حصہ بن چکا ہے۔

یہ باعث مسرت ہے کہ ادب عالیہ اور ادب اطفال میں اِسے اہمیت دی جا رہی ہے۔ خان حسنین عاقب کے بقول ''اردو ادب میں تشہیری کہانیوں کی روایت ملتی تو ہے لیکن با قاعدہ اور منظّم طور پر تشہیری کہانی کو ایک موضوعاتی صنف کا درجہ دلانے کے لیے کوئی کوشش نہیں کی گئی اور نہ ہی اس کی ترویج کے لیے کوئی ٹھوس اقدامات کئے گئے۔ گو کہ تشہیری کہانیاں چند دہائی قبل سے کسی نہ کسی شکل میں لکھی جا رہی ہیں لیکن یہ کوششیں اتفاقی اور غیر منظّم رہی ہیں۔''

دور حاضر میں تشہیر کہانی بطور موضوعاتی صنف رفتہ رفتہ مقبولیت حاصل کر رہی ہے یہی وجہ ہے کہ اس حوالے سے ماضی کے اوراق کھنگالے جا رہے ہیں کہ پہلے بھی ایسا کام ہوا ہے؟ راقم کے علم میں آیا ہے کہ ماضی میں کچھ ایسی کہانیاں لکھی گئی ہیں جس میں قارئین کو معلومات دی گئی ہیں۔ لیکن وہ عام کہانی کی صورت میں شائع ہوئیں جنھیں تشہیر کہانی قرار دینا بے حد غیر مناسب ہوگا یعنی قارئین اور ادیبوں کی نظر میں وہ ایک عام کہانی تھی۔ جس میں کسی چیز کی تشہیر کی گئی اور اِسے لکھنے والے تو کیا، پڑھنے والے بھی نہیں سمجھ پائے کہ یہ تشہیر کہانی ہے۔ لیکن آج حسن اتفاق سے لکھی جانے والی کہانیوں کو تشہیری کہانیاں قرار دے کر سازش کی جا رہی ہے کہ تشہیر کہانی کو بطور موضوعاتی صنف منظر عام پر لانے کی کوشش کو ناکام بنایا جا سکے اور کریڈٹ دینے سے گریز کیا جائے کہ ایک اہم صنف کو ادب میں جگہ دینے میں کوئی کردار ادا کیا ہے۔ راقم نے موضوعاتی صنف ''تشہیر کہانی'' کے تحت مخصوص مزاج کی کہانیوں کو متعارف کرایا ہے تا کہ اُس دور میں جب لوگ کتب و رسائل سے دور ہو رہے ہیں، وہ تشہیری کہانیوں کو پڑھ کر ادب سے جڑیں کہ مطالعہ کرنا ہر انسان کو نفع دیتا ہے۔ یاد رکھیں کہ آج کے دور میں تشہیر بے حد ضروری ہو چکی ہے۔ اِس کے بغیر نہ تو کوئی رسالہ بھرپور فروخت ہو سکتا ہے اور نہ ہی اشیاء خورد و نوش کو خریدنے پر گاہکوں کو مائل کیا جا سکتا ہے۔ اگر چہ ماضی میں کئی ایسی کہانیاں لکھی گئی ہیں جن میں کسی نہ کسی طور تشہیر کی گئی ہے تاہم اِس حوالے سے یہ بات ریکارڈ پر لایا جانا ضروری ہے کہ اُن کہانیوں کا بنیادی

مقصد تشہیر تھا یا وہ محض حسن اتفاق سے لکھی گئی ہیں۔ اگر ''تشہیر کہانی'' کی اصطلاح پہلے رائج نہیں تھی اور کسی نے تشہیر کہانی کو بطور موضوعاتی صنف متعارف کرانے کی جسارت نہیں کی ہے تو پھر ماضی میں لکھی گئی اُن کہانیوں کو کیوں دورِ حاضر میں ''تشہیر کہانی'' کے لبادے میں پیش کرنے کی کوشش ہو رہی ہے۔ جب کہ وہ ایک عام کہانی کی صورت میں رسائل میں شائع کی گئی ہیں۔

اگر کسی نے سنجیدگی اور ہوش و حواس میں کسی شے کا آغاز کیا ہو تو اُسے موجد قرار دینا قابل تعریف ہو گا لیکن جنھوں نے حسن اتفاق سے ایک بار لکھ دیا تو کیا یہ مناسب فعل ہو گا کہ کسی اور کو کریڈیٹ نہ دیا جائے کہ اُس کی بدولت کچھ خاص منظر عام پر آیا ہے۔ اگر راقم الحروف کی جانب سے تشہیری کہانیوں کے لیے تشہیر کہانی کی اصطلاح منظر عام پر نہ لائی جاتی تو ماضی کی وہ کہانیاں اور نظمیں جو پوشیدہ تھیں، اُنھیں کبھی تشہیری کہلانے کی جسارت نہ کی جاتی۔

''تشہیر کہانی'' اور ایک عام کہانی کے تشہیری انداز میں فرق رکھنا بہت ضروری ہے۔ اگر کوئی کہانی تشہیر کے مروجہ اصولوں کو مدنظر رکھ کر لکھی جاتی ہے تو وہ ''تشہیر کہانی'' کہلائی جائے گی، تاہم جس کہانی میں تشہیری رنگ جھلکے گا وہ ایک عام کہانی ہو گی اور اُسے موضوعاتی صنف (تشہیر کہانی) سے الگ سمجھا جائے اگرچہ کہ اس میں تشہیری رنگ ہو گا لیکن وہ مکمل تشہیری کہانی نہیں ہو گی۔ اور ایسی کہانیاں ماضی میں حسن اتفاق سے لکھی گئی ہوں گی۔ اِس چیز کو سمجھنے کے لیے دورِ حاضر میں لکھی جانے والی تشہیر کہانیوں کا گہرائی سے مطالعہ بے حد ضروری ہے۔

تشہیر کہانی کو موضوعاتی صنف کا درجہ دلوانے کی کوشش جاری ہے اور اِس حوالے سے خواہش ہے کہ ایسی کہانیوں کو ہرگز تشہیر کہانی نہ تسلیم کیا جائے جن میں تشہیری رنگ جھلکتا ہو اور وہ ایک عام کہانی کی مانند رسائل واخبارات میں شائع کی گئی ہوں، جب تک تشہیر کہانی کو بطور موضوعاتی صنف قبول نہیں کر لیا جاتا ہے اور قارئین اور تخلیق کار اِس کے بارے میں واقفیت حاصل نہیں کر لیتے ہیں۔ عام قارئین اور ادیبوں کو کہانی کے نام سے قبل ''تشہیر کہانی'' کی اصطلاح دیکھ کر اندازہ ہو جانا چاہیے کہ وہ جو کہانی پڑھ رہے ہیں، وہ ''تشہیر کہانی'' ہے۔ اِس کی واضح مثال سہ ماہی باغیچہ اطفال کا جنوری تا مارچ 2024 کا شمارہ ہے جس میں تشہیر کہانی ''بہترین دوست'' مذکورہ بالا اصول کے تحت شائع کی گئی۔ خواہش ہے کہ ادب کے میدان میں بھی تجربات ہوں کیوں کہ اِسی سے مزید فروغ حاصل ہو گا۔

خان حسنین عاقب کے بقول: ''میں تشہیری کہانیوں کے تجارتی مستقبل کو اس لیے روشن پاتا ہوں کہ فی زمانہ

اشتہار سازی بھی ایک فن کا درجہ حاصل کر چکی ہے اور تشہیری کہانی اشتہاری ایجنسیوں کو کسی بھی پروڈکٹ کے لیے بہترین اسکرپٹ فراہم کر سکتی ہے۔اس صنف پر مستقل کام کرنے اور اسے ادبی طور پر مستحکم کرنے کے ساتھ ساتھ اسے تجارتی پہلو سے بھی فعال اور مفید بنانے کی سمت توجہ دی جائے تو یقیناً یہ ایک اہم کام کا سنگ بنیاد ثابت ہوگا۔“

یہ دل چسپ امر ہے کہ تشہیر کہانیاں اگر مختلف اداروں کی تشہیر کرنے لگیں تو ادیبوں کو اعزازیہ اور رسائل کو اشتہارات وصول ہو سکتے ہیں جو کہ اِن کی بقاء کے لیے بے حد ضروری ہو چکے ہیں۔

حوالہ جات:

۱۔عیشاء صائمہ،قرض مٹی کا

سرائے اردو پبلی کیشن (سیالکوٹ) سن اشاعت 2023

۲۔نوشاد عادل،محبوب الٰہی مخمور (مدیران): آپ بیتیاں۔حصہ دوم،

انوکھی کہانیاں پبلی کیشنز (کراچی) سن اشاعت 2022

۳۔ذوالفقار علی بخاری،بچپن نگری،

روزنامہ نیا نظریہ،بھوپال (بھارت) 22 جولائی 2023

۴۔مہوش اسد شیخ،کتاب دوست

ماہ نامہ بچوں کا باغ،لاہور جنوری 2022

۵۔خان حسنین عاقب،موگلی اور کہاوت کہانی نمبر،

تشہیر کہانی (تشہیری کہانیوں کا مجموعہ)۔ای بک https://www.rekhta.org/

۶۔ادیبہ انور،آم کے آم گھٹلیوں کے دام

روزنامہ شہباز،پشاور 26 فروری 2022

۷۔فاکہہ قمر،فوٹو شوٹ

ڈیلی حالات نیوز،بھیونڈی (بھارت) 17 مارچ 2022

۸۔احمد نعمان شیخ،ٹائم ٹریول کیا ہے

ماہ نامہ بچوں کا باغ،لاہور مارچ 2022

۹۔محمد رمضان شاکر، خوشیوں کے رنگ، Capax کے سنگ

روزنامہ مہنگائی (بھارت) 15 اپریل 2022

۱۰۔فاکہہ قمر، ڈینگی ڈریکولا

بزم ادب پبلی کیشنز (کراچی) مارچ 2022

۱۱۔فاکہہ قمر، ببلی اور پی جی اوٹا ٹیگر

بزم ادب پبلی کیشنز (کراچی) مارچ 2022

۱۲۔تشہیر کہانی: بہترین دوست، جلد اوّل، شمارہ 3،

سہ ماہی باغیچہ اطفال (سیالکوٹ) جنوری تا مارچ 2024

۱۳۔تشہیر کہانی (تشہیری کہانیوں کا مجموعہ)، ذوالفقار علی بخاری

صفحہ نمبر 4، سرائے اردو پبلی کیشن (سیالکوٹ) سن اشاعت ستمبر 2023

۱۴۔تشہیر کہانی (تشہیری کہانیوں کا مجموعہ)۔ای بک

https://www.rekhta.org/

۱۵۔تشہیر کہانی: ایک منفرد رجحان

صفحہ نمبر 112، ماہ نامہ نئے افق، کراچی فروری 2024

☆÷٪÷☆

سوچ کا دائرہ

دنیا میں مختلف انسان ہر پل کچھ نہ کچھ سوچتے رہتے ہیں اور یہی سوچ کا عمل مختلف کارہائے نمایاں سرانجام دینے کی جانب راغب کرتا ہے۔آپ نے یہ تو سن ہی رکھا ہوگا کہ سوچنے والوں کی دنیا، دنیا والوں کی سوچ سے مختلف ہے۔اب یہ نہ ہو کہ آپ سوچتے رہ جائیں اور دوسرے آپ سے آگے نکل جائیں یعنی ”جو سوتا ہے، وہ کھوتا ہے۔“

آپ لفظ ”کھوتا“ کو پنجابی کا سمجھیں گے تو بات بہت دور تک چلی جائے گی۔ یہاں ہم یہ سمجھانا چاہ رہے ہیں کہ جس طرح سے خرگوش اور کچھوے کی دوڑ میں جیت اور ہار کا سبب سونا یعنی نیند کرنا ہے۔ اِسی طرح محض سوچتے رہنا اور عمل نہ کرنا ناکامی کی جانب لے جاتا ہے۔ ناکامی اور کامیابی کے درمیان فرق منفی اور مثبت سوچ کا بھی ہوسکتا ہے کہ اگر ہم منفی سوچیں گے تو پھر الجھتے چلے جائیں گے اور اگر سوچ کا دائرہ بڑھائیں گے تو پھر ہمیں مثبت سوچنے پر کسی بھی مسئلے کے بے شمار حل دکھائی دیں گے۔

ہماری زندگی کے بیشتر مسائل کا حل سوچنے سے سامنے آتا ہے۔ اِس بات سے تو سب ہی واقف ہیں کہ عملوں کا دارومدار نیت پر ہے۔ اپنے آپ کو کامیابی کی شاہراہ پر گامزن کرنے کے لیے اچھی اور مثبت سوچ کا ہونا بہت ضروری ہے۔ یوں سمجھ لیجیے کہ ہماری سوچ اچھی اور مثبت طرزِ فکر پر مبنی ہوگی تو ہمارے اعمال ویسے ہی ہوں گے اور اُس کے مطابق ہمیں حالات وواقعات کا سامنا کرنا پڑے گا۔ ہماری زندگیوں میں ناکامی اور کامیابی کا بہت حد تک انحصار سوچ کے دائرہ پر ہے وہ جس قدر وسعت اختیار کرے گا اتنا ہی فائدہ ہوگا کہ ہمیں حالات کے مطابق سوچ بدل کر کامیابی کی طرف گامزن رہنے کا حوصلہ ملے گا۔ ہم جتنی محدود سوچ کے حامل انسان بنیں گے ہمارے لیے اتنے ہی مسائل کھڑے ہوں گے۔

آپ تحقیق کریں تو معلوم ہوگا کہ پاکستان میں جس رفتار سے نفسیاتی مسائل بڑھ رہے ہیں اِس کی بڑی وجوہات میں سے ایک محدود سوچ رکھنا ہے جس کی وجہ سے خودکشیاں عام ہو رہی ہیں اور طلاق کی شرح تک

میں اضافہ ہورہا ہے۔ہم محبت کی شادی کر لیتے ہیں لیکن اختلاف کی صورت میں اپنے محبوب کو برداشت کرنے کے حق میں نہیں ہیں اور یہی وجہ ہے کہ اکثر پسند کی شادی ناکامی کا شکار ہو جاتی ہے۔ یہی محدود سوچ ہی قتل وغارت کروا رہی ہے یعنی سوچ کا دائرہ محدود ہوگا تو پھر مسائل ہی درپیش ہوں گے۔

آپ کہہ سکتے ہیں کہ منفی سوچ ہمارے لیے زمین تنگ کرتی ہے اور مثبت سوچ سے ہمیں کھیل کود کے لیے وسیع میدان میسر ہوتا ہے جس کی بنا پر ہمیں بھرپور صلاحیتوں کا مظاہرہ کرتے ہوئے خود کو منوانے کا موقع ملتا ہے۔دور حاضر کے نوجوانوں میں منفی سوچ کا رجحان خطرناک حد تک دیکھنے میں آ رہا ہے اور اِسی وجہ سے وہ بہت سے جرائم میں ملوث ہو رہے ہیں۔ یہ سوچ کا دائرہ محدود ہونے کی وجہ سے ہو رہا ہے کہ وہ غلط راہ پر چل پڑے ہیں۔ بہت سے نوجوان وقتی فائدے کے حصول کی خاطر حقائق کو نظرانداز کر کے ایسے کام یا اقدامات کر لیتے ہیں جن کا بعد میں خمیازہ بھگتنا پڑتا ہے۔ اِس بات سے قطعی طور پر انکار نہیں کیا جا سکتا ہے کہ قسمت میں جو کچھ لکھا ہو وہی ہوتا ہے۔لیکن قرآن مجید میں اِس طرف نشاندہی کی گئی ہے کہ انسان کو وہی کچھ ملتا ہے جس کی وہ کوشش کرتا ہے۔ایسے نوجوان یا افراد اپنی سوچ حقائق کو دیکھ کر وسیع کر لیں تو بہت سی مشکلات اور مسائل سے باآسانی چھٹکارہ پا سکتے ہیں۔اِس کے لیے ایسے افراد کا اردگرد ہونا بے حد ضروری ہے جو اُن کو مثبت سوچ کا حامل بنا سکیں۔اِس حوالے سے اساتذہ اور ادیبوں کو کام کرنا چاہیے تاکہ ہم مستقبل کی نسل کو مثبت سوچ کا حامل بنا سکیں۔اکثر نوجوان کسی ملازمت کے لیے جاتے ہیں تو ذہنوں میں منفی سوچ اور احساس کمتری ہوتی ہے۔وہ وقت سے پہلے ہار کو تسلیم کر لیتے ہیں اور اپنی باری کے انتظار میں منفی سوچ اِس قدر حاوی کر لیتے ہیں کہ اچھا انٹرویو تک نہیں دے پاتے اور بعدازاں شکایات کرتے ہیں کہ ہم بہترین انداز میں سوالات کے جواب نہ دے سکے۔اگرچہ اپنی خامی کو بہت کم احباب تسلیم کرتے ہیں لیکن کچھ افراد جن کا ضمیر زندہ ہو، وہ اپنی غلطی تسلیم کرتے ہیں۔ یہی دیکھ لیجیے کہ مثبت سوچ کے ساتھ انٹرویو دینے والے نوجوان بسا اوقات کسی دوسرے سے صلاحیتوں میں کم تر ہونے کے باوجود نوکری حاصل کر لیتے ہیں اور پھر اپنی بہترین صلاحیتوں کو بروئے کار لاتے ہوئے یہ ثابت کر دیتے ہیں کہ وہ کسی سے کم تر نہیں ہیں۔

نوجوان اگر اپنی سوچ کو مثبت رکھیں اور محنت جاری رکھیں تو کہیں بھی عمدہ نوکری حاصل کر سکتے ہیں۔ یاد رکھیے کہ بہت سی عمدہ ملازمتیں اچھی سوچ، عمدہ انٹرویو دینے اور خوداعتمادی کے اظہار کے بعد حاصل ہوتی ہیں۔ ہر جگہ رشوت اور سفارش نہیں چلتی ہے اِس کے لیے قابلیت کا مظاہرہ کرنا پڑتا ہے۔اگر آپ خود پر یقین اور کامل

بھروسہ رکھتے ہیں تو کہیں نہ کہیں آپ کا لوح محفوظ پر لکھا رزق ضرور مل جائے گا مگر آپ کو صبر اور کوشش کے ساتھ ساتھ سوچ کے دائرہ کو وسعت دینی ہوگی۔ ہم جس قدر اپنی سوچ کا دائرہ پھیلاتے جائیں گے اِسی اعتبار سے ان گنت مسائل اور پریشانیوں سے نجات ملتی جائے گی اور پرسکون زندگی گزار سکیں گے۔

مثبت طرز فکر اور قرآن کریم کے مطالعہ سے انسان کی سوچ کا دائرہ وسعت اختیار کرسکتا ہے۔ زندگی میں جتنے مسائل اور رکاوٹیں سامنے آئیں، اِن کو حل کرنے لیے مثبت طرز عمل اختیار کرنے سے ذہنی تناؤ میں کمی ہوگی اور کئی مسائل کا خاتمہ ممکن ہو سکے گا۔ ہم سمجھتے ہیں کہ زندگی بہت مشکل ہے اور بہت سے معاملات کو حل کرنا ناممکن ہے۔ لیکن ایک بات ہم بھول جاتے ہیں کہ جس کام کو ہم مشکل سمجھ رہے ہیں وہ کسی اور لیے بہت آسان ہوسکتا ہے۔ ہمیں کسی معاملے کو حل کرنا ہو یا پھر کسی رشتے سے جڑنا یا دوری اختیار کرنی ہو یا پھر کاروباری میدان میں کامیابی حاصل کرنی ہو۔ ہمیں مختلف پہلو دیکھنے ہوں گے تاکہ ہم بہترین انداز میں ایسا فیصلہ کرسکیں جو ہمارے لیے کم نقصان دہ ہو۔

یہ بات یادرکھنے کی ہے کہ ہم اگر صرف نقصان کو دیکھیں گے تو پھر جو فائدہ ہونا ہوگا، اِس سے بہت دور چلے جائیں گے اور اگر فائدے کے چکر میں کم لیکن دیرپا نقصان پر نظر نہیں رکھیں گے تو پھر بہت کچھ سہنا پڑ سکتا ہے۔ اِس لیے ہمیں بہت سوچ سمجھ کر قدم اٹھانا ہوگا اور بہترین تجویز یہی ہے کہ ہم ہر ممکن حد تک مثبت سوچ کے ساتھ معاملات کو دیکھیں اور پھر وہ فیصلہ کریں جس کے نتائج کو دل سے قبول کرنے کے لیے راضی ہوں۔ یہ اُس وقت ممکن ہوگا جب ہم سوچ کے دائرے کو وسعت دیں گے اور تمام حقائق کو مدنظر رکھ کر فیصلہ کریں گے۔

☆÷%÷☆

ادب اطفال، ادیب اور رسائل

کیا بچوں کے لیے جو لکھا جا رہا ہے، وہ اُن کے لیے مناسب ہے؟

میں نے اِس سوال کو بہت سوچ سمجھ کر کیا ہے۔

میں نے گزشتہ چار برسوں میں جو پڑھا ہے، وہ میرے لیے بہت حیران کن ہے۔

دل چسپ بات یہ ہے کہ نامور رسائل میں بھی کچھ ایسی کہانیاں پیش ہو رہی ہیں جن پر بہت زیادہ اعتراضات کیے جا سکتے ہیں اور خوش قسمتی سے اُن کے مدیران اتنے مہربان ہیں کہ جن کی کہانیوں میں سنگین اعتراضات اُٹھائے جا سکتے ہیں۔ اُن لکھنے والوں کو مسلسل شائع کیے جا رہے ہیں۔

ستم ظریفی یہ ہے کہ نامناسب جملوں، شادی، زچگی، عشق اور دیوانگی پر مبنی داستانوں تک کو شائع کر دیا جاتا ہے کہ مغرب میں اِس طرح کی کہانیوں کی اشاعت بچوں کے لیے بہت سود مند تصور ہوتی ہیں۔ بچوں کو اگر ایک خاص عمر سے قبل کچھ بتانا جائز ہے تو پھر ہمارے معاشرے کا اللہ ہی حافظ ہے۔ اِس حوالے سے لکھنے والوں کی یہ دلیل وزنی نہیں ہے کہ جدید دور میں نونہالوں کے پاس انٹرنیٹ ہے اور کچھ بھی اُن سے چھپا نہیں ہے۔

ہم اِس بات کو بھول جاتے ہیں کہ پاکستان میں آج لاکھوں بچوں کے پاس جدید سہولیات تک نہیں ہیں۔ وہ آج بھی ویسے ہیں جیسے پچاس سال قبل کے نونہال تھے۔ اُن کے پاس نئی معلومات پہنچ جاتی ہوں گی لیکن چوں کہ اُن کا براہ راست تجربہ نہیں ہوتا ہے تو وہ کسی بات پر یقین نہیں کر سکتے ہیں، وہ تب یقین کریں گے جب وہ کسی تجربے سے گزریں گے۔ ایک رسالہ گھر کے سربراہ کی مانند ہوتا ہے اگر وہی غلط روایت قائم کرے گا تو پھر پیروی بھی اُسی کی ہوگی۔ اِس لیے ضرورت اس امر کی ہے کہ کہانیوں پر اعتراضات کو قبول کیے جانے کی روایت قائم ہونی چاہیے۔ اگر کچھ نیک نیتی سے لکھا گیا ہے اور پڑھنے والوں نے اُسے اور کوئی رنگ دینے کی کوشش کی ہے تو پھر اُس کی عقل پر ماتم کرنے کے سوا اور کیا کیا جا سکتا ہے کہ ہر قلم کار کی منطق سب کو سمجھ نہیں آسکتی ہے۔ جیسے یہ منطق قبول نہیں کی جا سکتی ہے کہ دور حاضر کے بچے عشق، شادی اور زچگی کے حوالے سے

معلومات پڑھنے کے خواہشمند ہیں۔ راقم السطور کے مشاہدے میں آچکا ہے کہ کچھ رسائل میں مقدس ہستیوں کے حوالے سے لکھتے ہوئے قلم کار ہ خیال تک نہیں کرتے ہیں کہ وہ کیا لکھ رہے ہیں۔ میں اُن کہانیوں کی بات نہیں کر رہا ہوں جنھیں مخصوص سوچ کے تابع لکھا جاتا ہے۔ میں اُن تحریروں کی بات کر رہا ہوں جنھیں بہت محبت سے لکھا جاتا ہے۔ لیکن لکھتے وقت یا شائع کرتے وقت یہ دھیان نہیں رکھا جاتا ہے کہ اُن میں کتنی سنگین گستاخی کی جارہی ہے۔ اِس حوالے سے شاید کبھی کسی کا خط رسالے میں شائع ہوا ہو کہ ایسا کرنا رسائل کے لیے مسائل کھڑے کرسکتا ہے کہ پھر سرکولیشن میں کمی واقع ہو جائے گی۔ یہ بات کہانی نویس کو سوچنی چاہیے کہ اگر وہ لکھنے میں کوتاہی کرے گا تو قاری پر کیا گزرے گی۔ کیا وہ بھی ویسے سوچ بنالے جیسے لکھاری کی اپنی ہے۔

ایک نونہال جو دیکھتا ہے وہی کرتا ہے۔ جب ایک بُری مثال اُس کے سامنے ہوگی تو وہ اُس پر چلنا شروع کرسکتا ہے۔ اِس لیے رسائل کے مدیران کو اِس جانب توجہ دینے کی ضرورت ہے کہ کچھ ایسا بچوں کے لیے نہ پیش کیا جائے جو اُن کے ذہنوں کو گمراہ کر سکے۔

راقم ایک معروف رسالے کو دو مرتبہ شکایت کا اندراج کرا چکا ہے۔ ایک رسالے کے مدیر تک بات پہنچائی جا چکی ہے اور ایک رسالے میں مسلسل نامناسب مواد شائع ہو رہا ہے لیکن کہانیوں پر واہ، واہ کہنے والے اور نام رکھنے والے ادیب لب کشائی نہیں کرتے ہیں کہ پھر باہمی تعلقات میں رخنہ پڑسکتا ہے۔ افسوس ناک بات یہ ہے کہ ادب اطفال میں ایسے احباب موجود ہیں جو اپنی چار دیواری سے ہٹ کر کہیں اور دیکھنے کے روادار نہیں ہیں کہ جو ''ہو رہا ہے۔'' اُسے ''ہونے دیا جائے۔''

البتہ یہ ضرور ہوتا ہے کہ کچھ کہیں غلط کر دیا جائے تو اُس کی پردہ پوشی کے لیے دوسروں کو نشان عبرت بنانے کی ضرور کوشش ہوتی ہے تا کہ کوئی اُن کے معاملات میں ''کھوج'' کر کے کچھ ایسا نہ نکال لے کہ اُن کی سبکی ہو جائے۔ کہانیوں پر اعتراضات کرنے والوں کو ''بلیک لسٹ'' بھی کر دیا جاتا ہے، یہ ایک قلم کار سے سنا ہے۔ اِس میں حقیقت کتنی ہے اِسے تصدیق کروانے کی ضرورت ہے تا کہ جو ایسا کر رہے ہیں اُنھیں منظر عام پر لایا جا سکے۔ جہاں معیاری لکھنے والے کہانی نویس ایک طرف ہو جائیں تو پھر کیا اور داستان سنائی جاسکتی ہے کہ کسی کے حوصلے پست کرنا اِس لیے ضروری ہوتا ہے تا کہ کوئی وقت سے قبل ''فوت'' ہو سکے اور جی حضوری کرنے والوں کی تعداد میں کمی واقع نہ ہو۔

آپ اپنے ارد گرد دیکھ لیجیے کہ حقیقی مسائل پر بات کرنے والوں کو کس انداز سے ایک طرف کرنے کی کوشش

ہوتی ہے اور ماضی کے انبار پر مستقبل میں ایفل ٹاور بنانے والوں کو کتنی پذیرائی دی جاتی ہے۔ دین اسلام کی تبلیغ کہانیوں میں کرنے والوں پر اعتراضات کیے جاتے ہیں اور اِسے ''اسلامی ادب'' کے زمرے میں لے آتے ہیں۔ پہلی بات تو یہ ہے کہ جو بچوں کی ذہنی استطاعت کے مطابق لکھا گیا ہے، وہ بچوں کا ادب ہے۔ اُسے آپ کسی بھی طور اور رنگ نہیں دے سکتے ہیں۔ دین کی تعلیمات جتنی بڑوں کے لیے اہم ہیں اتنی وہ نونہالوں کے لیے ہیں۔ اگر وہ بچپن یا لڑکپن میں نماز کی اہمیت کے حوالے سے کچھ نہیں پڑھیں گے تو پھر کیا وہ بڑے ہو کر از خود مسجد کا رخ کر لیں گے؟ کیا ہم اِس بات کو بھی قبول نہیں کریں گے کہ کئی نامور کہانی کاروں یا ناول نگاروں نے اسلامی حوالوں سے تحریریں لکھ کر شہرت حاصل نہیں کی ہے۔

☆......☆

جنوں، پریوں، بھوت، ٹارزن اور عمرو عیار جیسے کرداروں پر بہت لکھا جا چکا ہے۔ اِن کی مقبولیت اِس وجہ سے ہے کہ مقابلے میں کبھی اور کردار پیش کرنے کی جسارت نہیں کی گئی۔ جن کے کردار مشہور ہو گئے پھر سستی شہرت کے تحت اُنھی پر لکھا گیا اور نام کمایا گیا کہ یہ کرنا آسان تھا۔

کیا ادب اطفال بانجھ ہے جو نئے کردار پیدا نہیں ہو سکتے ہیں؟ میں دعوا سے کہہ سکتا ہوں کہ اگر اِن کے مقابلے میں نئے کردار لائے جاتے تو آج اُن کرداروں کا نام لیوا بھی کوئی نہ ہوتا۔ بچوں کو تفریح، تعلیم اور تربیت دینے کے لیے کسی روپ میں کچھ بھی سکھایا جا سکتا ہے لیکن ''ذہنی بانجھ'' کچھ نیا کب کر سکتے ہیں۔ جنھیں ''ہیری پوٹر'' عزیز تر ہے اُن کے لیے عرض ہے کہ وہ عمرو عیار، ٹارزن اور ہرکولیس کے بعد منظر عام پر آیا لیکن وہ مقبولیت حاصل کر گیا ہے۔

اِس نئے نام کو کیوں قبول کیا گیا ہے؟

اِس پر غور کیا جائے تو بہت کچھ عیاں ہو گا لیکن اس طرف کوئی سوچے گا تو کچھ حاصل ہو گا۔

یہ بات سمجھنے کی ہے کہ بچوں کو ہم نے اگر تفریح دینی ہے یا پھر کچھ سمجھانا ہے تو کسی کردار کے تحت اُنھیں بہت کچھ بتا سکتے ہیں۔ اِس کے لیے یہ ضروری نہیں ہے کہ ہم مخصوص کرداروں کے نام لے کر کچھ پیش کریں گے تو وہ قبول کریں گے۔ جب تک نئے لکھنے والے ادب اطفال میں نہیں آئیں گے وہ کچھ نیا کرنے کی کوشش نہیں کریں گے تو پھر کیسے کچھ نیا تخلیق ہو گا۔

مجھے تو یہ یقین ہو چلا ہے کہ جو رسائل وقت کے مطابق نہیں چلیں گے وہ زیادہ دنوں تک شائع نہیں ہوں

گے۔اور اُن کی جگہ ایسے رسائل بچوں میں مقبولیت حاصل کریں گے جو اِن کی منشاء کے مطابق ہوں گے۔کبھی بھی رسائل کسی فردِ واحد کی سوچ کے مطابق نہیں چل سکتے ہیں کہ جب ایسا ہوتا ہے تو پھر وہ رفتہ رفتہ مقبولیت کھونا شروع کر دیتا ہے۔ جب ایسا ہونا شروع ہو جائے تو یہ سمجھ لیجیے کہ بات زیادہ دیر نہیں رکے گی اور کچھ ہو جائے گا۔

بچوں کو جو مدیران یا ادیب زچگی کے حوالے سے آگاہ کرنا من پسند مشغلہ سمجھتے ہیں تو اُنھیں چاہیے کہ پھر زچگی تک کا سفر کیسے ہوا؟ اِس پر بھی مفصل کہانیاں لکھنی چاہیے تاکہ بچوں کے علم میں بھرپور اضافہ ہو سکے۔کبھی نونہالوں سے سروے کروایا جائے تو معلوم ہوگا کہ اُنھیں کس نوعیت کی کہانیاں پسند ہیں۔حیران کن بات یہ ہے کہ سائنس فکشن کہانیوں میں محبت کے رنگ دکھائی دیتے ہیں اور جب اعتراض کیا جائے تو کہا جاتا ہے کہ اِن کے رسالے کو بند کرائے جانے کی ''گھناونی سازش'' ہو رہی ہے۔میرے نزدیک ادب اطفال کا مقصد ''نونہالوں کی شعور بیداری، تفریح اور بہترین کردار سازی ہے۔''

لیکن تفریح کا ہرگز یہ مقصد نہیں ہے کہ آپ نوعمر بچوں کو قتل و غارت پیش کر کے یا پھر گھناونی انتقامی کارروائی دکھا کر بزدل بنائیں۔ ہر شے کی کچھ حدود ہوتی ہیں لیکن کبھی کسی نے اُسے قائم کرنے کی کوشش نہیں کی ہے۔بچوں کو دورِ جدید کے مسائل سے کیسے نبرد آزما ہونا ہے اِس حوالے سے آگاہ کرنے کی ضرورت ہے۔کل کی بہ نسبت آج ادب اطفال زیادہ اہمیت کا حامل ہو چکا ہے اور گزشتہ برسوں کی نسبت نئے قلم کار بڑی تعداد میں اپنا نام بنانے کے لیے ادب اطفال کے میدان میں آ رہے ہیں۔اِس حوالے سے اقدامات کرنے کی ضرورت ہے تاکہ اُنھیں بچوں کو مفید شہری اور اچھا انسان بنانے کا بھرپور موقع مل سکے۔

کیا جو بچوں کے لیے لکھا گیا ہے اُسے بڑے پڑھنا چاہتے ہیں؟

ماسوائے اُن کے جو بچپن کے سنہری دور کو یاد کرتے ہیں یا پھر لطیف جذبات کے تابع ادب اطفال کا مطالعہ کرتے ہیں۔اُن کے سوا کوئی بچوں کے لیے مواد نہیں پڑھے گا۔اِس سے ثابت ہوا کہ بچوں کا ادب نونہالوں کے لیے ہے، اِس لیے اُن کی دل چسپی کے مطابق لکھا جائے۔یہ دل چسپی معلوم کرنے کے لیے رسائل کو سالانہ سروے کرانا چاہیے تاکہ علم ہو سکے کہ کس نوعیت کی کہانیاں پسند کی جا رہی ہیں۔

رسائل میں ہر ادیب کی کہانی شائع ہونی چاہیے تاکہ بچوں کو منفرد اسلوب کا مواد پڑھنے کو مل سکے۔جو رسائل مخصوص لکھاریوں کو ہی پیش کرتے رہتے ہیں وہ ادب اطفال کے فروغ میں از خود حائل ہیں کہ مخصوص اسلوب

کو مسلسل پڑھنا بوریت بھی پیدا کرتا ہے اور انسان کی فطرت ہے کہ وہ ہر بار کچھ الگ کرنا چاہتا ہے اور پڑھنا بھی ،لہذا مدیران کو ایک خاص حکمت عملی بنانی چاہیے اور ذاتی عناد کو ایک طرف رکھ کر نونہالوں کی بہتری کے لیے فیصلہ کرنا چاہیے تا کہ اُنھیں تمام ادیبوں کو پڑھ کر من پسند ادیب چننے کا موقع مل سکے کہ مسلسل ایک نام ہمیشہ یہی ظاہر کرتا ہے کہ اُس کے سوا اور کوئی قابل جوہر نہیں ہے۔

جب مختلف ادیبوں کی کہانیاں رسائل کی زینت بنیں گی تو یقینی طور پر اُن کی کتب کی اشاعت پر کئی بچوں کو خوشی ہوگی اور وہ کتب خریدنے میں دل چسپی اختیار کریں گے۔

کیا کبھی کسی نے اِس نکتے پر توجہ دی ہے؟

رسائل اور ادب اطفال کی بقاء اِس میں ہے کہ ادیبوں کو اُن کا جائز حق دیا جائے۔ معاشرے میں جتنا مقدس استاد ہے، اتنا ہی قلم کار بھی ہے۔ ادیب کے بغیر ادب نہیں سامنے آسکتا ہے اِس لیے اُنھیں وہ عزت اور مقام دینا چاہیے جس کے وہ مستحق ہیں۔

☆÷٪÷☆

عالمی مشاعرہ برائے اطفال

سرائے اردو ادبی فورم، پاکستان کے زیر اہتمام 5 فروری 2024 کو عالمی مشاعرہ برائے اطفال کا انعقاد کروایا گیا۔ اِس سے قبل 5 جنوری 2024 کو آن لائن مشاعرے کا انعقاد کرایا گیا جس میں معروف پاکستانی اور بھارتی شعراء نے خوب صورت نظموں اور غزلوں سے شاعری کے دلداہ احباب کو محظوظ کیا۔ اِس کے کامیاب انعقاد پر فیصلہ کیا گیا تھا کہ عالمی مشاعرہ برائے اطفال کا انعقاد کرایا جائے گا۔

ادب اطفال کی تاریخ کا غالباً یہ اولین موقع تھا جب سرائے اردو ادبی فورم اور معروف بھارتی واٹس ایپ محفل ''بچپن'' جو کہ گزشتہ چار برسوں سے ادب اطفال کے فروغ کے لیے سرگرم ہے۔ اِن کے باہمی اشتراک سے 2، 3 اور 4 فروری 2024 کو آن لائن (بذریعہ گوگل میٹ) عالمی مشاعرہ برائے اطفال منعقد کرایا گیا۔ اِن نشستوں میں معروف پاکستانی اور بھارتی شعراء نے شرکت کر کے چار چاند لگائے۔

معروف پاکستانی ادیب وشاعر یاسر فاروق کے بقول ''**جشن ادبِ اطفال پاک وہند**'' تاریخ میں سنہری حروف سے لکھا جائے گا۔''

اِن مشاعروں میں پیش ہونے والی شاعری کو نونہالوں نے براہ راست سنا اور بہت محظوظ ہوئے۔ اِن مشاعروں کی نشستوں نے طویل عرصے کے جمود کو توڑا۔

بقول انصار احمد معروفی: ''کسی چیز میں جمود اور تعطل پسماندگی اور ہاتھ پر ہاتھ دھرے رہنے کا پیش خیمہ ثابت ہوتی ہے۔''

5 فروری 2024 کی خوب صورت محفل میں عالمی شہرت یافتہ شعراء خان حسنین عاقب، انصار احمد معروفی، محمد نوید مرزا، امان ذخیروی، ایوب اختر، یاسر فاروق، ڈاکٹر سیما شفیع، ناہید گل، رقیہ مظفر پوری، کوکب مشتاق، عشرت زاہد اور ادب اطفال کے لیے سرگرم معروف بھارتی واٹس ایپ محفل ''بچپن'' کے روح رواں، ادیب اطفال اور بابائے ادب اطفال جناب سراج عظیم، سرائے اردو پبلی کیشن کی چیف ایگزیکٹو آفیسر فاکہہ قمر کے علاوہ دیگر کئی احباب (بشمول بچوں) نے خصوصی شرکت کی۔ اِس یادگار نشست کی صدارت خان حسنین عاقب

اور سراج عظیم صاحب نے خوش دلی سے قبول فرمائی۔محترمہ کوکب مشتاق نے محفل کے ابتدائی مرحلے میں مہمان شعراء کا خوب صورت انداز میں تعارف کروایا اور اُنھیں خوش آمدید کہتے ہوئے محفل کے باقاعدہ آغاز کے لیے راقم السطور (ذوالفقار علی بخاری) کو دعوت دی۔جس کے بعد منظّم انداز میں مشاعرے کو اختتام تک باوقار انداز میں جاری رکھا گیا۔

محترم خان حسنین عاقب مدرس، شاعر، مترجم اور ادیب اطفال ہیں۔آپ کی کئی کتب منظرعام پر آچکی ہیں۔تین دہائیوں سے شعروادب کی دنیا سے وابستہ خان حسنین عاقب کی ذات کے بارے میں جاوید ندیم کیا خوب لکھتے ہیں کہ ''وسیع الجہات صلاحیتوں کے باوجود ادبی اشتہار بازی، خودنمائی، مصلحت گوشی کے فن سے ناواقف، جی حضوری اور خوشامد کے اسکول سے سدا غیر حاضر، نام ونمود کی تام جھام سے کوسوں دور رہتے ہوئے بھی زمین اور زمینی لوگوں سے جڑی ہوئی منکسر المزاج شخصیت کا نام ہے حسنین عاقب، اگر کوئی شخص ان سے واقف نہیں تو سمجھ لیجیے کہ اُس کا اُردو ادب کے موجودہ منظر نامے کا مطالعہ ادھورا ہے۔''

خان حسنین عاقب کی ایک منفرد شناخت یہ بھی ہے کہ اُنھوں نے قرآن پاک کے تیسویں پارے کی تمام سورتوں کا انگریزی زبان میں منظوم ترجمہ کیا اور اِسی حوالے سے برصغیر میں ایک منفرد پہچان رکھتے ہیں۔آپ نے بچوں کے لیے خوب صورت نظمیں ''شہاب ثاقب اور اوزون'' پیش کیں۔

شہاب ثاقب

کیا منظر ہے، کیا ہے نظارا
جیسے جھلمل گوٹ کنارا
اُٹھی نظر جو فلک کی جانب
نظر وہ آیا شہاب ثاقب
شہاب ثاقب شہاب ثاقب
نظر وہ آیا شہاب ثاقب
جب کوئی تارا گھر سے نکل کر
آ کے گرے تیزی سے زمیں پر
لگتا ہے تارا کوئی ٹوٹے

پھلجھڑی جیسی کوئی چھوٹے
خدا کی قدرت کا یہ مظہر
دل کو لبھائے خوب یہ منظر
چلئے اس کا راز بتائیں
سائنس کی پرواز بتائیں
لگتے ہیں جو ہم کو تارے
اصل میں ہیں چٹانی ٹکڑے
ہوائی کُرے میں یہ اکثر
ہوتے ہیں داخل تیز گزر کر
ٹکرا کر یہ ٹکڑے دھڑ سے
جل اٹھتے ہیں تیز رگڑ سے
اور فضاء میں ہو کر روشن
بن جاتے ہیں راکھ یہ فوراً
یعنی یہی چٹانی ٹکڑے
شہاب ثاقب ہیں کہلاتے
نصف کبھی ہیں یہ رہ جاتے
پورے پورے جل نہیں پاتے
فضاء میں ایسے ہی پھرتے ہیں
زمیں پہ آخر آ گرتے ہیں
ایسے شہابی اک پتھر کے
زمیں پہ آ کر گر جانے سے
جھیل بنی لونار کی اپنی
دنیا بھر میں شہرت جس کی

اور علاوہ اپنی زمیں کے
فلکی کُروں پر بھی ایسے
گرتے ہیں رہتے شہاب ثاقب
یہی ہیں کہتے جناب عاقبؔ
شہاب ثاقب، شہاب ثاقب
نظر وہ آیا، شہاب ثاقب

نظم ''**اوزون**'' ملاحظہ کیجیے:

بات پتے کی تمھیں سُنائیں
کیا ہے یہ اوزون بتائیں
زمیں کی نیچے آب ہے گہرا
گرد زمیں کے ہوائی کرہ
اوپر نیچے، دائیں بائیں
جب سورج کی مضر شعاعیں
اپنی زمین کی سمت یہ آئیں
اور تباہی خوب مچائیں
بات تمھیں ہم یہ بھی بتائیں
بنفشی ہوتی ہیں یہ شعاعیں
ہوائی کُرے سے بس لگ کر
ایک پرت اوزون کی اوپر
مُضر شعاعوں کو دھرتی ہے
سب کی حفاظت کرتی ہے
لیکن اپنی لاپروائی
خود ہم پر یہ آفت لائی

تیز دھواں اور سارے ایسڈ
کاربن اور یہ سب اکسائیڈ
دھند، کُہر، گرد آلود فضاء
کیمیکل کی زہریلی ہوا
پھر اپنی حد سے گزرتے ہیں
اوزون کو پتلا کرتے ہیں
اسی وجہ سے اس کے اندر
چھید کئی ہوتے ہیں ظاہر
تیز شعائیں راست زمیں پر
آتی ہیں آفات کو لے کر
ایاز نہ ہو، محمود نہ ہو
اوزون اگر موجود نہ ہو
زمیں پر اس کے احسان کئی
ٹالتی ہے یہ نقصان کئی
تدبیر کریں اس کے جتن کی
یعنی اس دنیا کے چمن کی
صاف ہوں ندیاں، صاف ہوا ہو
شہر میں جنگل جیسی فضاء ہو
ایسڈ، ویسیٹ، گیس، دھواں سب
کوڑا کرکٹ کچھ نہ رہے اب
مانو نہ مانو، بات سہی ہے
سائنسی تحقیق یہی ہے
اس تحفہ انمول کو اپنے

صاف رکھیں ماحول کو اپنے

مل جل کر سب آگے آئیں

عقل سے اب اوزون بچائیں

محترم محمد نوید مرزا بچوں کے ادب میں ایک خاص مقام رکھتے ہیں۔آپ کئی کتابوں کے مصنف ہیں۔آپ نے یوم کشمیر کی مناسب سے کشمیر پر اپنی شاعری پیش کی اور شرکا سے بھرپور داد وصول کی۔

خون میں ڈوبی ہوئی آبادیوں کی خیر ہو

اے مرے کشمیر تیری وادیوں کی خیر ہو

تیری مٹی سے محبت کی مہک آتی ہے

تیرے کھیتوں سے پرندوں کی چمک آتی ہے

تیرے بچوں کی صدا ہر کان تک آتی ہے

تیرے شہزادے تیری شہزادیوں کی خیر ہو

اے مرے کشمیر تیری وادیوں کی خیر ہو

میں زمین بن جاؤں تجھ کو آسماں لکھتا رہوں

خود کو تیرے خواب کا میں ترجماں لکھتا رہوں

میں قلم سے تیری ہر اک داستاں لکھتا رہوں

قید میں رکھی ہوئیں آزادیوں کی خیر ہو

اے مرے کشمیر تیری وادیوں کی خیر ہو

☆☆☆

لے لو لے لو مفت کھلونے

لے لو لے لو مفت

ایک کھلونا پیسے کا ہے

دوسرا ساتھ ہے مفت

لے لو لے لو مفت کھلونے

لے لو لے لو مفت

چابی والی کار ہے اس میں

ناچنے والا بندر

گاڑی ہے اک پہیوں والی

طوطا اور کبوتر

لے لو لے لو مفت کھلونے

لے لو لے لو مفت

اس میں گینڈا اور ہاتھی ہیں

چھوٹی سی اک گڑیا

اس میں راجہ اور رانی ہیں

اور ایک موٹی بڑھیا

لے لو لے لو مفت کھلونے

لے لو لے لو مفت

ایک کھلونا پیسے کا ہے

دوسرا ساتھ ہے مفت

لے لو لے لو مفت کھلونے

لے لو لے لو مفت

☆......☆

جناب انصار احمد معروفی کا تعلق بھارت سے ہے۔ آپ کئی برسوں سے بچوں کے لیے دلکش اور خوب صورت نظمیں بھارت اور پاکستان کے اخبارات ورسائل کی زینت بن رہی ہیں۔

آپ کی تیرہ کتب منظر عام پر آ چکی ہیں۔

آپ ایک جریدے کے مدیر بھی ہیں۔ آپ نے ''سورج کا سفر'' اور ''بچوں کی حکومت'' پیش کر کے داد وصول کی۔

سورج کا سفر

اے مرے ابو! اگر سورج نہ نکلے صبح کو؟
رات کو بے فکر ہو کر وہ کبھی سو جائے تو؟
وہ یہ سوچے ''آج ہے اتوار، چھٹی ہے مری''
ایک ہفتہ کام کر کے آج کچھ فرصت ملی
دس بجے تک وہ اگر ابو! یونہی سوتا رہے؟
میٹھی میٹھی نیند کا سو کر مزا لیتا رہے؟
صبح کیا اس دن نہ ہو گی؟ اور گزرے گی نہ رات؟
جم کے چمکے گی یونہی دن بھر ستاروں کی برات؟
اے مرے بیٹے! نہیں، ایسا نہیں ہو گا کبھی
پورا ہو سکتا نہیں سوچا ہوا تیرا کبھی
کیوں اے ابو؟ شمس کیا سوتا نہیں ہے رات کو؟
نیند کیا آتی نہیں ہے کچھ ستانے رات کو؟
جلتا رہتا ہے برابر آسماں پر کس لیے؟
روشنی کا کر رہا ہے پیش منظر کس لیے؟
اے مرے بیٹے! کبھی دن رات وہ رکتا نہیں
نیند کیوں آئے گی اس کو؟ وہ کبھی تھکتا نہیں
وقت پر اس کا نکلنا اور چھپنا، کام ہے
وہ کبھی رکتا نہیں ہے، اس کا چلنا کام ہے
لیکن ابو! چھپ کے آخر رات بھر کرتا ہے کیا؟
صبح اُگنے کو بدن میں طاقتیں بھرتا ہے کیا؟
نا مرے بیٹے! یہاں چھپ کر کہیں نکلا ہے اور
جا کے امریکہ میں نکلا، اس پہ تم کر لینا غور

دس بجے تم رات کو اک فون امریکہ کرو
جو ہمارے پیر کے نیچے ہیں، تم ان سے ملو
وہ بتائیں گے کہ سورج آ کے نکلا ہے ادھر
کیوں کہ اس کا ایک لمحہ بھی نہیں رکتا سفر
ابو! شاید کہ تبھی سایہ بھی گھٹتا بڑھتا ہے
ہاں اے بیٹے! اس لیے رُخ بھی بدلتا رہتا ہے

بچوں کی حکومت

کیا ہی اچھا ہوتا، ہوتا ملک بچوں کا کوئی
بچے ہی بچے وہاں ہوتے، نہ اور ہوتا کوئی
اس میں بچوں کی حکومت ہوتی بچوں پر فقط
بچے ہی سب کام کرتے، کیا صحیح؟ اور کیا غلط؟
چاہے وہ جو کچھ کریں، کوئی نہ ان کو روکتا
بات یا بے بات پر کوئی نہ ان کو نہ ٹوکتا
کوئی غلطی بھی اگر کرتا، منا لیتے اسے
گرنے والا کھائی میں ہوتا، بچا لیتے اسے
ہوتی آپس میں لڑائی، تو بھی وقتی ہوتی وہ
جلد ہی من جاتے بچے، جنگ کیسے چلتی وہ
جیل بنوانے کی بھی حاجت کبھی پڑتی نہیں
فوج بچوں کی کبھی بھی دیر تک لڑتی نہیں
فوج اور پولیس رکھنے کی ضرورت بھی نہ ہو
کیونکہ بچوں کے دلوں میں کچھ کدورت ہی نہ ہو
خرچہ بچ جاتا عدالت کا بھی اور تحصیل کا

مسئلہ بنتا نہیں پولیس کی تحویل کا
نہ کمشنر کوئی ہوتا اور نہ داروغہ کوئی
جب پہنتا ہی کبھی نا جھوٹ کا چوغہ کوئی
جس جگہ سچے ہوں سب، اور جھوٹ نہ بولے کوئی
جب چھپاتے ہی نہ ہوں تو راز کیوں کھولے کوئی؟
جب محبت ہی محبت ہوتی، اور نفرت نہیں
ہوتی بس عزت ہی عزت، اور کہیں ذلت نہیں
رحمتیں اللہ کی کتنی اترتی اس جگہ
برکتیں کھانے میں اور پینے میں رہتی اس جگہ
آنے جانے والوں پر ڈاکہ نہ کوئی ڈالتا
چوری کرنے کا مرض دل میں نہ کوئی پالتا
جس جگہ سامان گر جاتا، نہیں چھوتا کوئی
ہاں مگر کھانے کی کوئی چیز ہوتی جادوئی
کھانے اور پینے کے سامانوں کی گارنٹی نہیں
کیونکہ یہ سامان رکھ کر پھر نہیں ملتا کہیں
مذہب وملت کی ہوتی کچھ نہ آپس میں تمیز
ذات پات اور رنگ بھی ان میں نہ ہوتی خاص چیز
ہوتی آمدنی پہ آمدنی خزانے پر بہار
تب وہاں کی ہوتی پُروائی ہوا بھی مشک بار
دوستانہ ہم تعلق رکھتے ہر اک ملک سے
یعنی بچوں کی طرح سے ملتے ہر اک ملک سے
ملک کے اسکول میں بچے اگر پڑھتے کہیں
ان کو کوئی بھی بڑا آ کر پڑھاتا ہی نہیں

ہر طرف بچوں کی کلکاری کے ہوتے چہچہے
گونجتے بچوں کے رات و دن وہاں پر قہقہے
ہر جگہ امن و اماں کی ہوتی جب قائم فضا
تب ہی اس دنیا کے اندر آتا جینے کا مزا

جناب ایوب اختر نے ادب اطفال میں دلکش نظموں سے نمایاں مقام بنالیا ہے۔آپ کا تعلق لیاقت پور ضلع رحیم یار خان سے ہے۔آپ آج کل بطور مدرس اپنی خدمات سرانجام دے رہے ہیں۔

آپ کی شاعری پاکستان اور بھارت کے کئی اخبارات و رسائل میں شائع ہو کر بچوں میں مقبولیت حاصل کر رہی ہے۔آپ نے ''حمد'' اور ''تتلی'' کے عنوان سے نظم پیش کی۔

تتلی (نظم)

باغ میں اڑتی دیکھی تتلی
بچوں نے وہ پکڑی تتلی
رنگ برنگے اس کے پر تھے
پنکھ مگر وہ نازک تر تھے
رنگ تھے اُس کے پیارے پیارے
جچتے تھے سارے کے سارے
خوش تھے بچے تتلی پا کر
اس کو اپنے گھر میں لا کر
ایک مگر حساس تھا بچہ
بچوں میں وہ خاص تھا بچہ
بیٹھا جو افسردہ تھا اب
خاصا وہ آزردہ تھا اب
ننھی سی یہ پیاری تتلی
بے بس اور بے چاری تتلی

کیسے اپنے گھر جائے گی
پر ٹوٹے تو مر جائے گی
بچوں کو پھر چکمادے کر
تتلی اپنے ہاتھ میں لے کر
یکدم دور اڑائی اس نے
یوں اک جان بچائی اس نے

حمدِ باری تعالیٰ

زندگی کا کارواں
ہر گھڑی رواں دواں
خود بہ خود ہے چل رہا؟
سوچیے گا اک ذرا
بحر ہے جو بیکراں
آب یہ رواں دواں
پربتوں کے سلسلے
وادیوں میں گل کھلے
ہر طرح کے جانور
کام آئیں بیش تر
جنگلوں کے سب چرند
خوش نما سبھی پرند
یہ ہوائیں، یہ گھٹا
بارشوں کا سلسلہ
نیلگوں یہ آسماں
سر پہ ہے جو سائباں

بے ستون ہے کھڑا
خود بہ خود ہے کیا بنا؟
چاند ، تارے، آفتاب
خود بنے ہیں کیا جناب؟
جس نے خلق سب کیا
ہاں، وہی تو ہے خدا

ڈاکٹر سیما شفیع نے مختصر سے عرصے میں اپنا خاص مقام بنالیا ہے۔آپ کی دو کتب ''امی جی کا آنگن'' اور'' صدیوں کے مسافر'' سرائے اردو پبلی کیشن سے منظر عام پر آ چکی ہیں۔آپ بچوں کے لیے منفرد سوچ کے تحت کہانیاں لکھتی ہیں جب کہ بچوں کے لیے پیاری نظمیں بھارت اور پاکستان کے اخبارات ورسائل کا حصہ بنتی رہتی ہیں۔آپ نے یتیم بچے کے دل کی آواز'' بابا جان'' ،'' ہے خدا کہاں'' اور'' نظام شمسی'' پر نظمیں پیش کیں۔

بابا جان (یتیم بچے کے دل کی آواز)

اک شجر ایسا بھی تھا
زندگانی میں میری
سایے میں رکھا مجھے
خود دھوپ میں جلتا رہا
رب بھی کہتا ہے کہ سن
یہ ہے تیری دنیا کا رب
سیڑھی بن کر رک گیا
جس پر تو بس چڑھتا رہا
کاش! ہوتی زندگی بھی
باپ! جیسی ہی عظیم
کنواں! ہردم خواہشوں کا
جو میری بھرتا رہا

سردیوں کی دھوپ جیسا
گرم اور روشن مہر!
روشنی جس کی میں لے کر
رات بھر چلتا رہا
ان کے ہوتے دل میرا تھا
مطمئن اور پرسکوں
جو بھی مشکل پیش آئی
حل وہی کرتا رہا

ان کی نظم ''**نظام شمسی**'' سے محظوظ ہوں۔:

گر دھرتی سب کی اماں ہیں
اور چندا سب کے ماماں ہیں
پھر تاریاور دھرتی پہ جھکے
کیا آسمان کے داماں ہیں
کیا سورج سب کے نانا ہیں؟
اور زھرا سب کی خالہ ہیں؟
پھر میں نے پوچھا امی جی
امی جو پیار کا ہالہ ہیں
یہ دنیا عالَمِ اِمکاں ہے
اور کس کے لئے یہ ساماں ہے
قدرت کے چھپے ان رازوں کو
میں جانوں میرا ارماں ہے
مری بات پہ وہ مسکانے لگیں
مرے بالوں کو سہلانے لگیں

یہ کائنات بھی کنبہ ہے
کچھ سوچ کے وہ بتلانے لگیں
یہ سب خدا کے نوشتے ہیں
جو جن وانس وفرشتے ہیں
تم ایسے سمجھو میری جان
کچھ سگے سوتیلے رشتے ہیں
سب سورج کے ہی پارے ہیں
جو اس سے آج نیارے ہیں
مصروف طوافِ ابا ہیں
یہ اس کے راج دلارے ہیں
یہ آٹھ سوتیلی خواہر ہیں
اور ان کے سگے برادر ہیں
نام ان کا نظام شمسی ہے
اور ابا سے سب اظہر ہیں
اندرونی نظام شمسی ہیں
یا وسطی نظام شمسی ہیں
محور پر اپنے گھومنے پر
مجبور نظام شمسی ہیں
چھوٹی سی عطارد خالہ ہے
ابا کے قریب ہی ہالہ ہے
نہ اس کا کوئی چندا ہے
نہ اس پہ کوئی ہمالہ ہے
ہیں گرم مزاج کی زہرہ ماسی

آتش فشانی آگ کی داسی
ان کا بھی کوئی چندا نہیں
کہتے اسے سب پیار کی پیاسی
دھرتی ہے اپنی اماں جی
اور ایک ہے چندا ماموں بھی
اکیس فیصد آکسیجن ہے
موجود ہے اس پر پانی بھی
دو چھوٹے چھوٹے بھائیوں کی
آپا ہیں مریخ ماسی جی
اندرونی نظام شمسی میں
چوتھے نمبر کا گھر ہے جی
دیو قامت مشتری خالہ ہیں
اور تریسٹھ ان کے لالہ ہیں
یہ وسطی نظام شمسی ہے
سب خواہر کوہ ہمالہ ہیں
ہاں زحل کے رنگ نرالے ہیں
لپٹے ان سے کچھ ہالے ہیں
چھپن بھیا ہیں گرداگرد
دو بھیا بڑے جیالے ہیں
یورینس سرد مزاج کی ہیں
ترچھے زاویے پہ سراج کی ہیں
ستائیس بھائیوں کی بہنا
دن رین عجب امتزاج کی ہیں

نیپچون کے ہیں تیرہ ما جائے
نائٹروجن اس کو بہت ہے بھائے
وسطی نظام شمسی میں بس
آخری گھر اسی کا آئے
اب پلوٹو اور کیرون بھی ہیں
کیوپر بیٹ ارس زون بھی ہیں
بیرونی نظام شمسی میں
کچھ بونے سپر زون بھی ہیں
کچھ سمجھ میں آئی میری جاں
یہ کائنات ہے بحر رواں
باقی ہے بس ذات یزداں
ہر شے ہے زوال پذیر یہاں

☆☆☆

ہے خدا کہاں؟
میں نے پوچھا! امی جان!
ہے خدا کہاں؟
ہم کو کیوں دکھائی دے،
نہ یہاں وہاں؟
اپنے سارے بندوں سے،
وہ نہیں جدا!
جب جدا نہیں تو پھر،
کیوں ہے وہ نہاں؟
دیکھتی ہوں آپ کو،

وہ نہیں دِکھا!
دل میں جو سوال ہیں،
لاؤں بر زباں!
خواب میں کبھی وہ پھر،
کیوں نہیں ملا؟
کہہ رہی ہیں آپ کہ،
وہ ہے مہرباں!
کہتے ہیں نماز میں،
ملتا ہے خدا!
کیا ہوا نماز میں،
آپ پر عیاں؟
ماں نے دھیمے لہجے میں،
مجھ سے یہ کہا!
باری تعالیٰ پاک ہے،
ذاتِ کن فکاں!
اس جہان رنگ و بو،
گل میں ہے خدا!
ہر جا نیک کام اور،
پاکی کا نشاں!
من میں اپنے ڈوب کر،
تُو تلاش کر اسے!
ہر سو کائنات میں،
بس خدا عیاں!

جناب امان ذخیروی کا تعلق بھارت (ذخیرہ، جموئی، بہار، الہند) سے ہے۔ آپ بچوں کے لیے پیاری نظمیں لکھتے ہیں۔ جو بھارت کے رسائل واخبارات کا حصہ بنتی رہتی ہیں۔

آپ کی تین شاعری کی کتب منظر عام پر آچکی ہیں۔ روزنامہ ایک قوم، پٹنہ کے گوشہ اطفال کی اعزازی ادارت بھی کررہے ہیں۔ ان کی دو نظمیں صوبہ جموں وکشمیر کے نصاب میں سال 2024 میں شامل ہوئی ہیں۔ آپ کی خوب صورت نظم ''تتلی اور پھول'' پیش خدمت ہے۔

تتلی اور پھول

****

ایک تتلی باغ میں اڑتی ہوئی
آ کے وہ اک پھول سے کہنے لگی
کیا سناؤں اپنے دل کا ماجرا
ہوں ازل حسن پر تیرے فدا
جس طرح یہ حسن تیرا بے مثال
تجھ سے میرا عشق بھی ہے لازوال
جب بھی تنہائی ستاتی ہے مجھے
تیری خوشبو کھینچ لاتی ہے مجھے
غم جدائی کا تری، کھاتی ہوں میں
دیکھ کر مکھڑا ترا جیتی ہوں میں
دیکھ کر تجھ کو مرا دل شاد ہے
تجھ سے ہی میرا جہاں آباد ہے
کام مجھ کو کچھ نہیں عالم سے ہے
زندگی میری، تمہارے دم سے ہے
تو نہیں شاید سمجھتا ہے اسے
غم جدائی کا مجھے جاتا ہے دے

یاد رہتی تجھ کو گر میری وفا
یوں نہ تڑپاتا مجھے دے کر دغا
پھول نے ہنس کر کہا اے باوفا
کس لیے تو مجھ سے ہوتی ہے خفا
غم جدائی کا مجھے بھی ہے ضرور
پر بتا ہے اس میں میرا کیا قصور
یہ مرا کھلنا یہ مرجھانا مرا
تو ہی کہہ دے میرے بس میں کب رہا
کیا نہیں معلوم تجھ کو اتنی بات
اس جہاں میں ہے کہاں کس کو ثبات
کیسے کیسے ماہ رو آئے یہاں
مٹ چکا ہے جن کا اب نام و نشاں
زندگی تو بے بسی کا نام ہے
موت، اس آغاز کا انجام ہے
ذہن میں رکھ اپنے بس اتنا خیال
کر محبت اس سے جو ہے لازوال

بچہ اور چاند

****

چندا ماما کتنے پیارے
کب آؤ گے میرے دوارے
دور کھڑے ہنستے رہتے ہو
دنیا کو روشن کرتے ہو
کتنے نرمل کتنے شیتل

روپ تمہارا کتنا کومل
لیکن پیارے ماما آؤ
ہم کو بھی اک بات بتاؤ
تم پر یہ دھبہ کیسا ہے
درپن کیوں دھندلا دھندلا ہے
چہرے پر کیوں داغ تمہارے
ہمکو بھی بتلاؤ پیارے
بچے کی یہ باتیں سن کر
بولے چنداماما ہنس کر
ننھے منے راج دلارے
تم ہو بالکل بھولے بھالے
رب کی یہ قدرت ہے پیارے
جس کا جیسا روپ سنوارے
کوئی گورا کوئی کالا
کوئی ادنیٰ کوئی اعلیٰ
کتنے گورے دل کے کالے
کتنے کالے ہیں دل والے
داغ نہیں سورج میں کوئی
پر اس سے اٹھتی چنگاری
پھول کا چہرا کتنا پیارا
اس پر بھی کانٹوں کا پہرا
کویل گاتی کتنا میٹھا
لیکن چہرا کالا ریٹھا

ذات میں سب کی نقص بھرا ہے

دو جگ میں بے عیب خدا ہے

محترمہ ناہید گل بچوں اور بڑوں کے لیے بیک وقت شاعری کر رہی ہیں۔آپ کی دل چسپ اور پیاری نظمیں پاکستان اور بھارت کے اخبارات و رسائل کا حصہ بنتی رہتی ہیں۔آپ کی ایک کتاب ''جادوئی قلم'' شائع ہو چکی ہے۔

ہمارا اللہ

تیرا داتا میرا داتا

اللہ ہے ہم سب کا داتا

ہر پل اللہ جاگ رہا ہے

اونگھتا ہے وہ نہ وہ سوتا ہے

ہر جا ہم کو دیکھ رہا ہے

اندھیرے میں بھی جو ہوتا ہے

کوئی غلط تم کام نہ کرنا

ہر دم اللہ سے بس ڈرنا

شیطاں سے بچ کر رہنا تم

مت مانو اس کا کہنا تم

اللہ کے بندوں کا ہے دشمن

قابو کر لیتا ہے وہ من

پاس تمہارے جب وہ آئے

نیکی سے وہ تم کو ہٹائے

یادِ الٰہی کو تم کرنا

اپنے دل کو نور سے بھرنا

سرزد کوئی خطا ہو جائے

اللہ تجھ سے خفا ہو جائے

جلدی سے تم توبہ کرلو

توبہ کرلو توبہ کرلو

عالی شان ہمارا اللہ

ہے رحمان ہمارا اللہ

تم کو معافی مل جائے گی

جب بھی تم نے پکارا اللہ

رقیہ مظفر پوری نوجوان شاعرہ ہیں۔آپ ایک تعلیمی ادارے میں پڑھ رہی ہیں۔اپنی خوب صورت شاعری کو متاثر کن لہجے میں پیش کرنے کا ہنر بھی رکھتی ہیں۔

مرے بھیا

میں ستاؤں نہ اگر پھر کیا مزا ہے بھیا

جانتے ہو کہ ستانا اک ادا ہے بھیا

تو شجر میرا ہے سایے میں مجھے رکھنا ہے

میری عصمت کی حفاظت کی ردا ہے بھیا

میں بتا ہی نہیں سکتی کہ وہ میرا کیا ہے

میں اگر جسم ہوں تو اسکی قبا ہے بھیا

میرے مولا میرے بھیا کی حفاظت کرنا

تیری مسکان فقط میری غذا ہے بھیا

پاس بٹھلا کے مجھے ہاتھ سے لقمہ دے کبھی

میری پلکوں پہ یہی خواب سجا ہے بھیا

لوگ اب بہن سے ڈرنے لگے اتنا کے سنو!

کل وہ غصہ تھا کہ ہونٹوں میں دبا ہے بھیا

مجھکو قسمت سے ملا ہے یہ گلابوں کا چمن

تو شفق بھی ہے مرا اور صبا ہے بھیا
ہاتھ اٹھتے ہیں دعاؤں کے لئے ہی میرے
اور ہونٹوں پہ جو رقصاں ہے دعا ہے بھیا
اب فراموش نہ کرنا ہے یہ وعدہ کر لو
یہ رقیہ کی تو خاموش ندا ہے بھیا

یاسر فاروق ادب اطفال میں تشہیری نظموں کے علاوہ پیاری اور دلکش بچوں کے لیے لکھی گئی نظموں کی بدولت بے حد معروف ہیں۔آپ کی لکھی گئی کہانیاں بھی بے حد متاثر کن ہوتی ہیں۔آپ نے دل چسپ اور مزے دار نظمیں سنا کر خوب داد وصول کی۔

سبزیاں

دیکھ کیسی پیاری پیاری سبزیاں
ہیں بڑی رنگین ساری سبزیاں
کدو کھاتے تھے حضور پاک ﷺ بھی
ٹھنڈا ٹھنڈا ہے اسے کھائیں سبھی
بادشاہ آلو ہے اس کی بات کیا
رب نے یہ دی ہے ہمیں سوغات کیا
لان سے میں نے اتاری بھنڈیاں
جب پکی تھیں کیا کراری بھنڈیاں
کس مزے کا ہے کریلا، کیا کہوں
ڈھال بیماری کی کر دے صاف خوں
نیند لائیں اور دیں یہ لوریاں
جب بھی کھائیں ہم مزے کی توریاں
موتیوں سے ہیں مٹر سالن بناؤ
کیا مزے کا ہوتا ہے اس کا پلاؤ

پھول گوبھی سردیوں میں ہی ملے
سامنے پک کر جو آئے، من کھلے
سبز پالک اور وہ سرسوں کا ساگ
ساتھ مکھن اور مکئی، واہ جناب
دھنیہ، پودینے کی لا کے گڈیاں
کوٹ لیں ان کو بنائیں چٹنیاں
مرچ شملہ، پھول گوبھی کو ملا
آلو، گاجر، سبز میتھی، کیا مزہ!
مولیاں، کھیرے، ٹماٹر کا سلاد
ساتھ لو لیموں، بڑا آئے سواد
ان میں پوشیدہ خزانے کیا سے کیا
سبزیاں ملتی ہیں ہم کو جا بجا
تندرستی اور یہ صحت کا نام
کھاؤ اور بیماریوں کو ہو سلام
دیکھ کر ان کو نہ منہ کو موڑیے
رابطہ اب سبزیوں سے جوڑیے

☆☆☆☆☆☆☆

جن بھیا کوہ قاف سے آئے

ہم ساروں کو کتنے بھائے
نائٹروجن سے دعوت کھائی
ہائیڈروجن سے ٹریٹ اڑائی
آکسی جن سے پیزے کھائے
جن بھیا کوہ قاف سے آئے

ناچتا جو اک بندر دیکھا
کھاتا ایک چقندر دیکھا
ٹھمکے، ٹھمک ٹھمک کے ہائے
جن بھیا کوہ قاف سے آئے
ہارر فلم جو انہیں دکھائی
ڈر گئے، مجھ کو پکڑا بھائی
نکلے ہال سے دوڑ لگائے
جن بھیا کوہ قاف سے آئے
ہم نے اک دن انہیں بلایا
اپنا پی سی انہیں دکھایا
انہوں نے ٹھٹھے خوب اڑائے
جن بھیا کوہ قاف سے آئے
برفی، حلوہ، دودھ، ملائی
شربت، قلفی خوب کھلائی
انہیں پسند پر آئی چائے
جن بھیا کوہ قاف سے آئے
بولے آج پکاؤں گا کھانا
لیا جو ہاتھ میں چھینی پانا
گل گئے آخر اونٹ کے پائے
جن بھیا کوہ قاف سے آئے
"دیو وہاں تو بڑے بڑے ہیں
جیسے اونچے پیڑ کھڑے ہیں"
پریوں کے بھی حال سنائے

جن بھیا کوہ قاف سے آئے

سب کو تو حیران کریں یہ

بڑے انوکھے سوانگ بھریں یہ

مینڈک کی مانند ٹرائے

جن بھیا کوہ قاف سے آئے

بچوں کے یہ ساتھ ہی کھیلیں

ریس لگائیں، ڈنٹر پیلیں

ان کو کرتب کئی دکھائے

جن بھیا کوہ قاف سے آئے

دلوں میں سب کے بڑے سمائے

آنکھ کی سب میں آنسوں آئے

کرنے لگے جو سب کو بائے

جن بھیا کوہ قاف سے آئے

خیر انہیں تو جانا ہی تھا

سب کو بڑا رلانا ہی تھا

آئے یہاں جو بھی وہ جائے

جن بھیا کوہ قاف سے آئے

ہم ساروں کو کتنے بھائے

☆☆☆☆☆☆

آندھی آئی

کھڑ کی کھڑ کے کھڑ کھڑ کھڑ

دروازہ بھی دھڑ دھڑ دھڑ

سب نے کیا ہے دھوم مچائی

اوہو ہو کیا آندھی آئی
مرغی ڈر کے دبک گئی ہے
مانو بھی تو سہمی سی ہے
ڈبو نے بھی لی انگڑائی
اوہو ہو کیا آندھی آئی
بکھری "مونگ پھلی کے چھلکے"
گری اُدھر تھی "لڈو تل کے"
رقص کرے "انمول جمائی"
اوہو ہو کیا آندھی آئی
بند بجلی ہوئی ہے فوراً
پڑا کہاں تھا میرا چورن
ڈھونڈو جا کے دیا سلائی
اوہو ہو کیا آندھی آئی
اٹھ گئے، گھوڑے بیچ کے سوئے
امی نے تھے آج ہی دھوئے
باجی جھٹ سے کپڑے لائی
اوہو ہو کیا آندھی آئی
پڑا رہے نہ کھانا کوئی
دیکھ کے آنا ذرا رسوئی
ڈھانپ کے رکھ دی ہے بالائی؟
اوہو ہو کیا آندھی آئی
صاف کیا کل اس نے اپنا
بند کیا اب فوراً کمرہ

پھرتی ارسل نے دکھلائی
اوہو ہو کیا آندھی آئی
دیکھ رہے تھے سب ہی جلوہ
مزے کا تھا گاجر کا حلوہ
بڑی فکر میں تھا حلوائی
اوہو ہو کیا آندھی آئی
خاک ہوئی ہے ہر شے ساری
دیکھو کتنی دیر سے جاری
ڈیڑھ بجا تھا اب ہیں ڈھائی
اوہو ہو کیا آندھی آئی
دھوپ میں تھی یہ کئی دنوں سے
ہم بچوں نے ساتھ ہی مل کے
کھٹ کھٹ کرتی کھاٹ اترائی
اوہو ہو کیا آندھی آئی
گھر گھر گھر گھر بادل بولے
پڑنے لگے ہیں شاید اولے
یاسر ساتھ یہ تحفہ لائی
اوہو ہو کیا آندھی آئی

عشرت زاہد بچوں کے لیے شاعری کے علاوہ بڑوں کے کہانیاں اور افسانے لکھتی ہیں۔ آپ کا اولین کہانیوں کا مجموعہ ''کہانی خزانہ'' بھی شائع ہو چکا ہے۔ آپ نے خوب صورت سی نظم پیش کی۔

جب کھانا بنایا ننھی نے

چھوٹی سی اک لڑکی تھی
چھٹی کلاس میں پڑھتی تھی

اصلی نام تھا اس کا سوہنی
گھر میں سب کہتے تھے ننھی
اک دن امی ہوئیں بیمار
ان کو چڑھ گیا تیز بخار
امی نے جب آنکھیں کھولیں
پیاری امی، ننھی بولی
میں کرلوں گی سارے کام
آپ کریں اب کچھ آرام
یہ کہ کر جھاڑو جو اٹھائی
تھوڑی دیر بھی پکڑ نا پائی
جیسے تیسے کر کے صفائی
اس نے پہلے روٹی پکائی
کہیں سے کچی، کہیں سے موٹی
نقشے جیسی تھی ہر روٹی
پھر ننھی نے دال چڑھائی
اس میں ڈالی خوب کھٹائی
چکھ کر دیکھی، بڑی مزے کی،
پھر اس کو سیلفی کی سوجھی
ٹیبل پر کھانا بھی سجایا
اور اچھا سا پوز بنایا
سیلفی لینا راس نا آیا
غلطی سے جو ہاتھ گھمایا،
گر گئی دال اور اس پر ننھی

رہ گئی اس کی سیلفی بننی
نیچے گر کے ننھی روئی
نہ بنی سیلفی، دال بھی کھوئی

کوکب مشتاق کی شاعری بچوں اور بڑوں کے رسائل واخبارات کی زینت بن رہی ہے۔ افسانوی مجموعہ ''جوئے یاس'' منظرعام پر آچکا ہے جب کہ ایک اور مجموعہ زیرطبع ہے۔آپ نے ترنم سے اپنی نظم کو پیش کیا اور داد وصول کی۔

ترکاری والا

آلو لے لو، شلجم لے لو، لے لو لال ٹماٹر
گوبھی بھی اور پالک بھی ہے ساتھ مزے کی گاجر
دھنیا اور پودینہ بھی ہے، لے لو ادرک لہسن
ٹینڈے اور مٹر بھی ہیں اور دیکھو یہ ہیں بینگن
سیم کی پھلیاں، گھیا کدّو لایا ہوں میں بھنڈی
سب کو بھائے جو بھی کھائے یہ ہے باجی ٹنڈی
لیموں، پیاز اور مولی بھی، ساتھ میں تیکھی مرچیں
چٹنی بناؤ، جیسے کھاؤ، جو بھی آئے جی میں
روز ہی سبزی لے کر آؤں، میں ہوں سبزی والا
منڈی سے گاؤں تک آؤں، ہر اک دیکھا بھالا
سبزی سے ہے کچھ بھی اچھا، میں تو نہ یہ مانوں
صحت اچھی ہے تو سب ہے میں تو بس یہ جانوں
دنیا کی ہر نعمت تو رب نے دی ہے کوکبؔ
رب کا شکر ادا کرنے سے کام بنیں گے پھر سب

مشاعرے کے دوران محمد نوید مرزا، سراج عظیم اور خان حسنین عاقب کے درمیان شاعری پر مختصر مباحثے سے نوجوان شعراء کو بہت کچھ سمجھنے کا موقع ملا۔ سراج عظیم صاحب نے اپنی اولین نظم کو بھی شرکاء کے سامنے پیش

کیا۔محفل کے اختتام پر جناب خان حسنین عاقب اور جناب سراج عظیم نے سرائے اردو کی کاوشوں کو سراہا اور کامیاب انعقاد پر مبارکباد پیش کی۔جس کے بعد راقم السطور نے تمام شرکاء کا شکریہ ادا کیا،یوں ایک خوبصورت محفل کا انعقاد اختتام پذیر ہوا۔

بشکریہ

ہفت روزہ مارگلہ نیوز،اسلام آباد

4 Mar, 2024

☆☆☆

سہ ماہی سرائے اردو، سیالکوٹ کا خاص شمارہ
”ادیب نمبر“

ادیبوں کا معاشرے کو بہتر بنانے میں اہم ترین کردار رہا ہے۔لیکن افسوس ناک امر یہ ہے کہ کئی ادیبوں کو زندگی میں سراہنے کی بجائے بعد از مرگ اعلیٰ ترین اعزازت سے نوازا جاتا ہے۔ اِس حوالے سے سہ ماہی سرائے اردو، سیالکوٹ کا یہ اقدام قابل تعریف ہے کہ نامور ادیبوں کے ساتھ نوجوان ادیبوں کی حوصلہ افزائی کے لیے پہلا قدم اٹھایا ہے۔

اِس خاص شمارے سے قبل سہ ماہی سرائے اردو کی جانب سے کتاب نمبر اور خطوط نگاری نمبر پر بھی خاص نمبرز شائع کیے جا چکے ہیں۔ اِس شمارے کے سرورق پر حکیم محمد سعید (شہید پاکستان)،سعادت حسن منٹو، احمد اقبال،سراج عظیم،خان حسنین عاقب، شفیع الدین نیئر ،اشتیاق احمد، محترمہ تسنیم جعفری اور ڈاکٹر سیما شفیع موجود ہیں تو بیک ٹائٹل پر دور حاضر کے نوجوان ادب اطفال ادیبوں عطاء السلام سحر،عرفان حیدر، فاکہہ قمر،نعمان عارف صدیقی ، بہرام علی وٹو ، یاسر فاروق ،عثمان یاسینؔ ،عیشا صائمہ اور ذوالفقار علی بخاری موجود ہیں۔

اِس رسالے کی مجلس مشاورت میں بھارت سے تعلق رکھنے والی معروف ادبی شخصیات شامل ہیں جن میں ڈاکٹر رمیشا قمر، خان حسنین عاقب اور عسکر واسطی شامل ہیں۔ یہ غالباً اولین موقع ہے جب بھارت اور پاکستان کے ادب عالیہ اور ادب اطفال ادیبوں کو بیک وقت کسی رسالے کے سرورق پر جگہ دی گئی ہے۔ یہ امر دلچسپی سے خالی نہیں ہے کہ اِن میں سے کئی ادیب ابھی حیات ہیں جو زندگی میں سراہنے کی عمدہ مثال قرار دی جا سکتی ہے۔

اداریے میں مدیر اعلیٰ لکھتے ہیں: ”سعادت حسن منٹو کے بارے میں آج کیا کچھ مشہور ہو چکا ہے۔ہم ان کی تحریروں کے پیچھے چھپے پیغام یا کرب کو محسوس کرنے کی کوشش نہیں کرتے ہیں لیکن ہم انھیں کچھ اور طرح کا ادیب بنانے میں مکمل زور لگاتے ہیں تا کہ معاشرے ویسا ہی رہے جیسا دکھائی دیتا ہے۔ ہر دور میں ادیبوں

نے قلم کے ذریعے بغاوت کی ہے اور یہ ثابت کیا ہے کہ وہ معاشرے کو بہتر بنانے کے لیے جہاد کرتے ہیں۔ ''ادیب نمبر'' اُن تمام ادیبوں کو خراج تحسین پیش کرتا ہے جو قلم اور لفظوں کی حرمت کو سمجھتے ہیں اور اپنی ذمہ داری احسن انداز میں ادا کر رہے ہیں۔''

دانیال حسن چغتائی جو کہ اِس سہ ماہی رسالے کے مدیر ہیں۔ اُن کے بقول ''خاص نمبر سامنے لانے کا مقصد یہ ہے کہ ایک ہی شمارے میں کسی خاص موضوع پر ڈھیروں مواد قارئین کو پڑھنے کو مل جاتا ہے جو عام شماروں میں ممکن نہیں ہوتا۔ اس خاص شمارے میں ادب کی مختلف اصناف، ادیبوں کے حالات زندگی، کتب پر تبصرے اور ادب سے متعلق متنوع موضوعات پر تحاریر شامل ہیں۔''

قابل احترام احمد اقبال صاحب کا فکر انگیز مضمون 'ادیب جو معاشی استحصال میں سر فہرست ہے'' آپ کو سوچنے پر مائل کرتا ہے۔ اُنھوں نے جو لکھا وہ کڑوا سچ ہے لیکن افسوس ناک بات یہی ہے کہ ادیبوں کو کئی برسوں سے نامساعد حالات کا سامنا کرنا پڑ رہا ہے۔ اور کوئی اُن کے لیے بہتری کی کوشش سنجیدگی سے نہیں کر رہا ہے۔ ''حنیف رامے کا نیا ادارہ انتظار میں کھڑا رکھ کے منٹو سے دس روپے میں افسانہ لیتا رہا۔ آج پبلشر "منٹو راما" چار ہزار میں بیچتا ہے اور اس کے نام پر انڈیا پاکستان کی فلمیں کروڑوں کا بزنس کرتی ہیں۔ لیکن اس بے بسی کی بنیادی وجہ ادیب شاعر کی یہ مجبوری ہے کہ وہ جو کچھ لکھتا ہے اسے قدر شناسوں تک کیسے پہنچائے جو اس کو داد و تحسین تو دے سکیں۔ اخبار و رسائل، ریڈیو، ٹی وی جیسے تمام وسائل پر سرمایہ دار قابض ہیں۔ عالمی یا عوامی مشاعرے کی روایت دم توڑ گئی۔ شاعر گھر گھر اور گاؤں گاؤں جا کے پڑھنے لگے۔ مشاعرے سٹیج شو بن گئے۔ لیکن افسانہ نگار تو ادبی رسائل کی بندش کے بعد کہیں کا نہ رہا۔ وہ افسانہ کہاں پڑھے اور کیسے؟''

کتاب ''مظفر حنفی کے تبصرے'' کے حوالے سے مبصر غفران حکیم (ریسرچ اسکالر شعبہ اردو دہلی یونیورسٹی، دہلی) لکھتے ہیں: ''شاعری کی طرح صاف گوئی اور بے باکی مظفر حنفی کی تنقیدی نگارشات میں بھی دیکھنے کو ملتی ہے۔ اور کیوں نہ ہو کہ یہ صفت ان کے مزاج یا فطرت کا حصہ تھی یہی سبب ہے کہ اس کی جھلک ان کے تبصروں میں بھی بجا طور نظر آتی ہے۔ انہیں کوئی بڑا نام یا بڑی شخصیت مرعوب نہیں کرتی اور صداقت کے ساتھ جہاں وہ زیر تبصرہ کتاب کے محاسن پر کھل کر داد دیتے ہیں وہیں معائب پر بے جھجک انگلی بھی رکھ دیتے ہیں۔ ڈاکٹر عطا عابدی نے درست لکھا ہے کہ ''مظفر حنفی اپنے تبصروں میں بھی اپنی انفرادیت قائم کرتے نظر آتے ہیں۔ ان کی انفرادیت کا ایک ثبوت یہ بھی ہے کہ وہ بے جا تحسین یا اعتراض نہیں کرتے اور اس سلسلے میں وہ بڑے یا چھوٹے

چہرے کی رعایت یا ان کے درمیان تفریق کیے بغیر آئینہ نمائی کی راہ اپناتے ہیں۔''
تبصرہ نگاری کے حوالے اہم باتیں پیش کی گئی ہیں۔اے کاش! اِن پر من وعمل کیا جائے تو قارئین ایسی کتب پڑھنے سے باز رہیں جو قاری کا وقت ضائع کرنے کے سوا اور کچھ اُنھیں عطا نہیں کرتی ہیں اِس میں جو اصول سمجھائے گئے ہیں وہ اپنا لیے جائیں تو بہترین کتب کا انتخاب آسان ہوسکتا ہے۔

محترمہ لائبہ شفیق (اسکالر ایم فل اردو۔لاہور) اپنے مضمون'' ڈاکٹر ایوب ندیم بطور شاعر۔۔۔شعری مجموعہ ''رات ڈھلتی نہیں'' کا تنقیدی جائزہ'' میں ایک جگہ لکھتی ہیں: "چاند میرا ہم سفر" کے بیس سال کے طویل وقفے کے بعد ڈاکٹر ایوب ندیم کا نیا شعری مجموعہ "رات ڈھلتی نہیں" کے عنوان سے ۲۰۱۷ء میں طبع ہوا۔یہ مجموعہ ایسی چونسٹھ نئی غزلوں پر مشتمل ہے جس میں دلکشی، حسن، رومانویت، احتجاج، معاشرتی مسائل، نظریہ حیات وکائنات اور مابعد الطبیعاتی تصور کو یکجا کر دیا ہے۔۱۴۴ اصفحات پر مشتمل اس شعری مجموعے کا سرورق نامور مصور اسلم کمال نے بنایا ہے۔اس میں علم بیان و بدیع کا خوبصورت استعمال کیا گیا ہے۔تشبیہات و استعارات اور امیجری کا بھی ایک جہان آباد ہے۔شعر کے پردے میں گہری باتیں کی ہیں۔''

حمادامین اپنے مضمون ''علامہ محمد اقبال کا تخلص ایک مطالعہ (مصنف: میاں ساجد علی) میں بیان کرتے ہیں:
''مصنف ہمیں اقبال کی تمام شائع شدہ نثر وشاعری کا اجمالی تعارف پیش کرتے نظر آتے ہیں جو کہ مختصر ہونے کے باجود نہایت جامع ہے۔بے شک یہ کتاب اپنی نوعیت کا تخصیصی مقام رکھتی ہے کیونکہ اردو ادب میں ایسا کام شاذ و نادر ہی نظر آتا ہے وہ بھی کسی شاعر پر مکمل نہیں تمام شعرا کے تخلص کا محض چند اشعار کا انتخاب۔''

سوچ کا دھارا بدل دینے والی خودنوشت ''جی دار'' کے حوالے سے بنتِ حوا ایس لکھتی ہیں: ''یہ کہانی ہے ایک ایسے بچے کی جو بہت شرمیلا تھا مگر وقت اور حالات کی گردش نے اسے چٹانوں کی طرح مضبوط بنا دیا۔اپنا حق حاصل کرنے کے لیے اس نے سچ کی راہ کو چنا تو پھر رستے میں بکھرے کانٹے اسے اس راہ سے موڑ نہیں سکے۔''

خان حسنین عاقب کی نظم O My Pen کا ترجمہ یاسر فاروق نے بہت عمدگی سے کیا ہے جو اِس شمارے کا حصہ ہے۔نوجوان شاعرہ طیبہ تحریم کی مختصر نظمیں بھی شامل ہیں جب کہ تجھ سے بھی حسیں ہیں غم روزگار کے (ڈاکٹر ادیب عبدالغنی شکیل)، نصیحت نامہ (دانش تسلیم)، حوصلہ افزائی (عطاء السلام سحر)، آخری کہانی (نمرہ ابرار مغل)، تکمیل آرزو (بنت احمد)، زہرہ کی توبہ (ایمان ارشد خان)، جذبہ جنون (زنیرہ عمران)، احساس جرم (بہرام علی وٹو)، آخری منزل کا مسافر (محمد مجیب احمد)، جادوئی کتاب (مہوش اسد شیخ)، تنہائی کا

کرب (کاشان صادق)، گھاس کھائے گدھا، مار کھائے جولاہا (ماہ نور خان ماہی)، بچھڑے بہن بھائی (سائحہ رشدا)، کاغذی پھول (تہنیت آفرین ملک) دل چسپ افسانے ہیں جو کہ قارئین کو بہت کچھ سوچنے اور سمجھنے پر مائل کرتے ہیں اور ادیبوں کے حقیقی مسائل اور زندگی کی بھی بہ خوبی عکاسی کرتے ہیں۔

''ادیب نمبر'' میں ادب اطفال ادیبوں عطاء السلام سحر اور فاکہہ قمر کے دل چسپ انٹرویوز قارئین کو اِن کی شخصیت کو سمجھنے میں مدد دیتے ہیں اور آگے بڑھنے کی تحریک عطا کرتے ہیں خاص کر فاکہہ قمر نے بے پناہ سچائی سے کڑوا سچ بیان کیا ہے۔ مہناز جلیل اپنے مضمون ''ادیب اور الفاظ کی دنیا'' میں لکھتی ہیں کہ ''ادیب جہاں معاشرے کی نبض پر ہاتھ رکھ کر مرض کی تشخیص کرتا ہے وہیں وہ الفاظ کے نشتر سے معاشرے کے ناسوروں کا آپریشن بھی کرتا ہے۔ یہ اس کے لئے ایک مشکل مرحلہ ہوتا ہے کیونکہ اس وقت اس کے جذبات اور احساسات الفاظ کے سانچے میں ڈھل رہے ہوتے ہیں اور اگر ترازو کا ایک پلڑا بھاری ہو جائے تو خیانت ہو جاتی ہے۔''

اردو میں ناول کا مستقبل (دانیال حسن چغتائی) میں مصنف کچھ یوں بیان کرتے ہیں:

''ناول لکھنا ہر اس آدمی کا حق ہے جس نے ایک بھر پور زندگی بسر کی ہو اور اس زندگی کو خلوص سے گزارا ہو، لوگوں کا مطالعہ کیا ہو، لوگوں کی زندگی کی کہانیاں پڑھی ہوں، بھاگتی ہوئی زندگی کی رفتار کو سمجھنے کی کوشش کی ہو۔ جو کتابوں کی دنیا میں ٹیڑھی حقیقتوں اور روحوں سے ملا ہو۔ ایسا آدمی اگر اپنی شخصیت کا اظہار کرنا چاہتا ہے تو اسے ضرور کرنا چاہیے کیونکہ زندگی کا صرف ایک ہی جواز ہے اور وہ ہے اپنا اظہار۔ ایسے شخص کے اظہار میں نیا پن ہوگا اور اسی کی اردو ادب میں ناول کو ضرورت ہے۔ کیونکہ بڑا ناول نگار کرداروں اور کہانی کے ذریعے زندگی کی ان حقیقتوں کو پیش کرتا ہے جو زندگی کے طویل سفر میں اس نے دریافت کی ہوتی ہیں۔ یہ ایک ایسی کسوٹی ہے جس سے یہ اندازہ ہو سکتا ہے کہ ناول نگار کی زندگی میں گہرے اور بڑے تجربات آئے یا نہیں۔ حقیقتیں جتنی بڑی ہوں گی ناول بھی اتنا ہی بڑا ہوگا۔ ہمارے نئے ناول نگاروں کی کہانی میں زندگی کی یہ وسعت اور یہ تجربات نہیں ملتے۔ انہوں نے جس کو پڑھا ہوتا ہے اسی کے نقش قدم پر چلتے ہوئے ناول نگار بن جاتے ہیں اور اپنے تئیں عظیم ناول نگار بن جاتے ہیں۔''

ابن آس محمد/ اک جواں حوصلہ ادیب (محمد رمضان شاکر) ایک دل چسپ معلوماتی مضمون ہے جس سے ابن آس محمد کی شخصیت کے کئی پہلو اجاگر ہوتے ہیں۔

محمد رمضان شاکر اِن کے بارے میں لکھتے ہوئے فرماتے ہیں کہ ''جواں ہمت، جواں حوصلہ اور عزم مصمم سے

لبریز ابن آس سر نے کم عمری میں ہی زندگی کی سختیوں اور تلخیوں کو جھیلنا سیکھ لیا تھا۔ زندگی کی سختیوں سے لڑتے لڑتے جوان ہوئے تو وقت کی بھٹی میں پک کر کندن بن چکے تھے۔ بچپن میں بیتے حالات و واقعات نے انہیں وقت سے پہلے سوچنے سمجھنے اور غور کرنے پہ مجبور کر دیا تھا۔ یہ غور و فکر انہیں لکھنے کی جانب راغب کر گیا اور ایک عام سے مزدور سے قلم کا مزدور بنا گیا۔''

ایک اور دل چسپ مضمون ''دور حاضر میں ادیبوں کو درپیش مشکلات (نمرہ امین)'' میں مصنفہ نے مختصر الفاظ میں گہرے پیغامات دیے ہیں۔ آپ صرف یہ جملہ پڑھ کر بہت کچھ سمجھ سکتے ہیں۔

''بعض لوگ بھری محفل میں ادیبوں کا مذاق اڑاتے ہیں اور ان پر بلاوجہ تنقید کر کے ان کی دل آزاری کرتے ہیں۔ جب کہ ہر ایک کو ادیبوں کی عزت، قدر کرنی چاہیے، ان کے لفظوں کو داد دے کر ان کو سراہا جانا چاہیے۔''

''شاعر اور ادیب'' میں سید علی تنہا نے بیان کیا ہے کہ ''شاعری یا نثر کسی مبتلائے عشق کی وارداتِ قلبی یا اپنی غربت پہ نوحہ کناء کا نام نہیں شاعر یا ادیب تو زمانے کی آنکھ ہوتا ہے اس کا آئینہ ہوتا ہے جس میں دنیا والے اپنا حقیقی عکس دیکھتے ہیں وہ ہر انسان کے جذبوں کا ترجمان ہوتا ہے۔''

''کتاب کا سفیر'' میں فریدہ گوہر صاحبہ لکھتی ہیں: ''جون 2003 میں ماہنامہ پھول کی ادارت شعیب مرزا صاحب کو دی گئی جو اسے نہایت مستقل مزاجی سے ہر ماہ نکالتے رہے۔ جون 2023 کو انہیں اس کی ادارت سنبھالے بیس سال ہو گئے۔ کسی بھی رسالے کی ادارت کوئی آسان کام نہیں ہے اور پھر بچوں کے مقبول ماہنامہ پھول کی ادارت ایک مشکل امر تھا۔ ہر عمر کے بچے کے لیے تحریریں مستقل مزاجی سے اکٹھی کیں۔ ''بچوں کا ماہنامہ پھول میگزین'' پاکستان کا سب سے زیادہ کم قیمت اور خوبصورت ترین میگزین ہے۔ اس میں اشتہارات بھی قابل تعریف ہیں۔''

''ابن آس میری نظر میں'' ایک دل چسپ اور بے حد چونکا دینے والا مضمون ہے جس میں فاکہہ قمر نے ابن آس محمد کے حوالے سے اپنے جذبات کا اظہار عمدگی سے کیا ہے اور بہت کچھ سمجھانے کی کوشش کی ہے۔ میرے خیال میں ادیبوں کو اپنے مجموعی تاثر کے حوالے سے احتیاط برتنے کی ضرورت ہے کہ دور حاضر میں بہت کچھ قارئین کے سامنے ہوتا ہے اور ذرا سی بھی بے احتیاطی مسائل کھڑے کر سکتی ہے۔ بہرحال، فاکہہ قمر نے ادیبوں کو جو تجاویز اپنانے کے لیے بتائی ہیں وہ قابل تعریف ہیں۔

''کسی ادیب کو زیب نہیں دیتا کہ وہ نہایت عامیانہ مزاج اپنائے۔ وہ تو رول ماڈل ہوتا ہے، اسے تو دوسروں

کے لیے مثال قائم کرنی ہے۔ اگر وہ خود ایسے کرے گا تو اس سے کوئی کیا سیکھے گا؟ میری نظر میں ایک سینئر ادیب کم از کم ایسا نہیں ہو سکتا جس کا ادب سے تعلق ہوتا ہے اس کا اوڑھنا بچھونا ادب ہی ہوتا ہے۔ ادیب کو ایسا ہونا چاہیے کہ دور سے دیکھ کر ہی نظر آنا چاہیے کہ یہ ادب سے وابستہ ہے نہ کہ بندہ ان کا تذکرہ کرتے ہوئے منہ چھپاتے پھریں کہ یہ ہیں ہمارے سینئر؟ ہمارے معاشرے کا المیہ ہے کہ حق بات کرنے سے لوگ ڈرتے ہیں اور جب کوئی سچ کا پرچار کرتا ہے تو وہی برا بنتا ہے تنقید کا شکار ہوتا ہے۔''

میرے ہاتھ میں قلم، میرے ذہن میں اجالا (فرحی نعیم) اور جہیز ایک لعنت (سیدہ فاطمہ) اچھے مضامین ہیں جو قاری کو کچھ سوچنے پر مائل کرتے ہیں۔ مصباح دیسنوی: باغ و بہار شخصیت (بیگم سیدہ ناجیہ شعیب احمد) ایک اہم مضمون ہے جس میں مصنفہ لکھتی ہیں: ''اردو ادب کے نامور سیرت نگار، مؤرخ، سوانح نگار، کئی قابلِ ذکر تصانیف کے مصنف اور عالم دین علامہ سید سلیمان ندوی، مصباح الھدیٰ دیسنوی کی اہلیہ سیدہ سلطانہ خاتون کے نانا کے سگے بھائی تھے۔ وہ ایک ہونہار، ذہین طالبعلم اور کہنہ مشق لکھاری تھے۔ ادبی ذوق وشوق گھٹی میں ملا تھا۔ علامہ سید سلیمان ندوی رحمہ اللہ سے خاندانی تعلق رکھنے کے ساتھ علمی و ادبی نسبت بھی رکھتے تھے۔''

ادیب کی پہچان (سحرش سلیم) اہم ترین نکات پر مبنی قابل تعریف مضمون ہے جس میں سحرش سلیم لکھتی ہیں کہ ''آپ کا قلم آپ کی سوچ کی عکاسی کرتا ہے آپ چاہے سیاست پر لکھیں، عورت پر لکھیں، انسانی حقوق پر لکھیں، معاشرتی بگاڑ پر لکھیں یا پھر مذہب پر اپنے خیالات کا اظہار کریں۔ آپ کی تحریر آپ کی سوچ کی عکاسی کرتی ہے۔ کوشش کریں کہ اپنی سوچ کے محور کو مثبت رکھیں تا کہ آپ کی تحریر میں کسی کو کہیں پر بھی آپ کی مردہ سوچ کا رنگ دکھائی نہ دے۔''

اِس خاص نمبر میں چند ناولوں اور کتب پر بھی تبصرے شامل ہوئے ہیں جن میں شیش محل، دام رنگ و بو، عشقم اور کلیسا کی مورتی شامل ہیں جو قارئین کو مطالعہ کرنے پر اکساتے ہیں۔ اِس خاص شمارے کو سرائے اردو پبلی کیشن، سیالکوٹ سے محض 200 روپے بشمول ڈاک خرچ میں منگوایا جا سکتا ہے۔

بشکریہ

ماہنامہ قومی زبان، کراچی

جولائی 2025

☆=☆

سہ ماہی سرائے اردو، سیالکوٹ کا خاص شمارہ

خطوط نگاری نمبر۔ایک جائزہ

یک زمانہ تھا جب خط لکھے جاتے تھے اور لوگ اپنے پیاروں کا حال اِسی کے ذریعے جان لیا کرتے تھے۔ڈاکیا کی آمد خوشی اور غمی کا سبب بنی بنتی تھی۔پھر وقت گزرتا گیا اور جدید دور کی سہولیات نے خطوط کا سلسلہ تقریباً ختم کر کے رکھ دیا ہے۔نصاب میں کبھی غالب کے خطوط پڑھ کر بہت مسرت ہوتی تھی لیکن اب حیرانی ہوتی ہے جب کسی ادیب کی جانب سے ہاتھ سے لکھا گیا خط موصول ہوتا ہے۔

بقول ڈاکٹر خلیق انجم:

''خط شخصی چیز ہے۔اس میں صرف ایک آواز ابھرتی ہے اور وہ ہے مکتوب نگار کی آواز جو سوفی صد ذاتی ہوتی ہے۔یہ آواز مکتوب نگار کی دوسری آوازوں سے مختلف ہوتی ہے،اس آواز سے بھی جو مکتوب نگار کی سماجی آواز ہوتی ہے اور اس آواز سے بھی جو اس کے تخلیقی فن میں گونجتی ہے۔یہ آواز ایسے انسان کی ہوتی ہے جو عظیم فن کار ہوتے ہوئے بھی ایک عام انسان ہے اور عام انسانوں کی طرح کھاتا پیتا، جاگتا اور سوتا ہے، جو خلوت کدے میں اپنے چہرے اور تہہ در تہہ شخصیت پر سے تمام پردے ہٹا دیتا ہے۔اگر مکتوب نگار کو زندگی کا فہم وادراک ہے ،اگر نبض کائنات پر اس کی انگلیاں ہیں اور اس کی ژرف نگاہی انسانی نفسیات کے پیچ وخم سے واقف ہے تو اس کی آواز آفاقی اور غیر فانی بن جاتی ہے۔''

خطوط نویسی کے دور کو یاد کرانے کے لیے سہ ماہی سرائے اردو نے ''خطوط نگاری نمبر'' لانے کا فیصلہ کیا تو یہ مشکل درپیش ہوئی کہ خطوط ہاتھ سے لکھ کر شائع کیے جائیں یا پھر جدید دور کے تقاضوں کے مطابق خطوط لکھوائے جائیں، بہر حال اِس مشکل کو آسان کر لیا گیا اور جدید سہولیات سے استفادے نے خاص نمبر کی اشاعت کو یقینی بنا دیا۔اِس خاص نمبر کو لانے کا مقصد نئی نسل کو آگاہ کرنا تھا کہ کس طرح خط لکھے جاتے ہیں اور اُن میں کیا کچھ بیان کیا جاتا تھا۔یہ کوشش بہت حد تک کامیاب رہی ہے کہ کئی احباب جن میں معروف شعراء، ادیب اور عام

قارئین شامل ہیں، اُنھوں نے دل کی باتیں بیان کیں۔ اِن میں ایک اہم بات یہ دکھائی دیتی ہے کہ خط نے آدھی ملاقات کو یقینی بنایا ہے جو کہ ایک بڑی کامیابی کہی جا سکتی ہے یعنی خطوط نے خط لکھنے والے کے جذبات و احساسات مکمل طور پر بیان کر دیے ہیں۔

سہ ماہی سرائے اردو کا یہ خاص شمار اپریل تا جون 2023 میں شائع ہوا۔

شکیل احمد (ریسرچ اسکالر، شعبہ اردو، دہلی یونی ورسٹی، دہلی) اپنے مقالے ''اردو میں مکتوب نگاری کی روایت''میں لکھتے ہیں:

''اردو میں خطوط نگاری کی جب بات کی جاتی ہے تو ایک ایسی صنف کا تصور آتا ہے جو اپنے تئیں مضبوط بھی ہے اور کشاں کشاں بڑی اصناف ادب میں بھی شمار کی جاتی ہے بلکہ اسے اردو میں ادب میں باقاعدہ ایک فن یا ادب لطیف کی حیثیت حاصل ہے۔ فنون لطیفہ میں تو اس کا شمار پہلے دن سے ہی ہے۔ خطوط میں، خط نگار، مکتوب الیہ سے اپنے ذاتی حال احوال بیان کرتے کرتے موجودہ سیاسی، سماجی، موسمی اور فطری کیفیات کا اظہار کرنے لگتا ہے اور پھر اس کے مطابق مکتوب الیہ کے تمام احوال و کیفیات موصول کرتا ہے۔ یعنی خطوط نگاری اور خطوط موصولی، شخصی اظہار کا ایک بھروسے مند اور لازوال ذریعہ ہے۔ بے شمار کلام فکر، خطوط کے ذریعے احباب و متعلقین تک چلے جاتے ہیں اور ان کے حاصل ہو جاتے ہیں۔''

اب تک کئی رسائل نے خطوط نمبر شائع کیے ہیں۔ نصرت بخاری کے مقالے ''مکتوب نگاری کی روایت میں رسائل کا حصہ''میں اِن کی کچھ تفصیل ملتی ہے:

'مثال کے طور پر ''ایشیا''، بمبئی مرتبہ ساغر نظامی، مکاتیب نمبر (روحِ ادب 1941ء)، ''آجکل''، دہلی، خطوط نمبر مرتبہ جوش ملیح آبادی 1954ء اور ''نقوش'' لاہور مرتبہ محمد طفیل، مکاتیب نمبر دو حصے، 1956ء اور خطوط نمبر، تین حصے 1968ء''۔ اِس کے علاوہ سندھ یونی ورسٹی کے مجلّہ "تحقیق'' نے چار جلدوں میں " مکتوبات نمبر'' شایع کیا۔ علامہ اقبال اوپن یونی ورسٹی کے مجلّے "تعبیر'' کی 2016 کی اشاعت" مکتوبات نمبر'' تھی۔ مجلس ترقی ادب نے "صحیفہ'' 2016 اور 2017 کی اشاعتیں "مکاتیب نمبر'' کے لیے مخصوص کیں۔ رسالہ "نقوش'' نے اپریل، مئی 1968 میں "خطوط نمبر'' شائع کیا، جو دو جلدوں پر مشتمل تھا۔ جلد اول 496 صفحات پر مشتمل تھی جب کہ جلد دوم کے 604 صفحات تھے اور مجموعی طور پر 2253 غیر مطبوعہ خط شائع کیے گئے تھے۔

سہ ماہی سرائے اردو کے ادارے میں دانیال حسن چغتائی (مدیر۔ سہ ماہی سرائے اردو) نے اپنے جذبات کا اظہار کچھ یوں کیا:

''خطوط نگاری نمبر کو سامنے لانے کا بنیادی مقصد ہی یہی ہے کہ دور حاضر میں خط لکھنے کی روایت نہ ہونے کے برابر ہے جبکہ قدیم دور میں اس کو خاص اہمیت حاصل تھی جو کہ اب ناپید ہونے کے دہانے پر ہے۔ اسی روایت کے احیا کے خیال کو مدنظر رکھتے ہوئے یہ نمبر سامنے لایا گیا ہے۔ جس میں مختلف النوع واقسام کے خطوط شامل کیے گئے ہیں۔ ہم نے پوری کوشش کی ہے کہ آپ کو معیاری خطوط نگاری پڑھنے کو مل سکے۔''

اِس خاص شمارے میں شامل خطوط میں کتنی اہم ترین معلومات، پذیرائی، تنقید اور تعریف کی گئی ہے۔ اِنھیں پڑھنے کے بعد قارئین بہ خوبی اندازہ لگا سکتے ہیں۔

رحمت عزیز چترالی اپنے پروفیسر فتح محمد ملک (محترم پروفیسر فتح محمد ملک صاحب، صدر نشین، مقتدرہ قومی زبان، اسلام آباد) کے لکھے گئے خط میں لکھتے ہیں:

''ایک لسانیات کے طالب علم اور سماجی کارکن کے طور پر، مجھے دنیا بھر سے خصوصاً چترال، کالاش اور گلگت بلتستان میں بولی جانے والی بہت سی مختلف زبانوں اور ثقافتوں کے بارے میں تحقیق کرنے اور ان زبانوں کے لیے کلیدی تختیوں کا سافٹویر بنانے کا موقع ملا ہے۔ جن مین بلتی زبان بھی شامل ہے، میں بلتی زبان کے لیے ہفت پلیٹ فارمی کلیدی تختیوں کے سافٹویر پروجیکٹ پر کام کر رہا ہوں، میں سمجھتا ہوں کہ ہر زبان کی منفرد خصوصیات کو محفوظ کرنا اور اسے فروغ دینا کتنا ضروری ہے، اور اس بلتی قاعدے کی اشاعت اس سمت میں آپ کی اور مقتدرہ قومی زبان کی ایک اہم کوشش ہے۔ بلتی زبان گلگت بلتستان اور لداخ میں لوگوں کی ایک بڑی تعداد بولتی ہے، اور اس کی اپنی ایک بھرپور تاریخ، رسم الخط اور ثقافتی اہمیت ہے۔ تاہم، بلتی زبان میں دستیاب تعلیمی نصاب کی کمی شدت سے محسوس کی جا رہی ہے، جس کی وجہ سے گلگت بلتستان کے بچوں کے لیے بلتی زبان میں لکھنا پڑھنا اور زبان کی نشو ونما مشکل ہوگئی ہے۔''

حمیرا علیم معروف ناول نگار عمیرہ احمد سے دل کی باتیں بیان کرتی نظر آتی ہیں۔

'' مجھے آپ کی یہ بات بھی اچھی لگتی ہے کہ آپ ہمیشہ اپنی ہیروین کو بالکل عام سی گرل نیکسٹ ڈور لیکن بے حد مضبوط کردار کی، جدوجہد کرنے والی اور قابل لڑکی دکھاتی ہیں۔ جو اپنی ذات پر دوسروں کو ترجیح دیتی ہے مشکلات سے لڑ کر کسی مقام پر پہنچتی ہے۔ آپ کا ہیرو بھی بہت عام سا انسان ہوتا ہے نہ کہ اور خواتین مصنفات

کے ہیروز طرح کوئی خلائی مخلوق ٹائپ چیز جس کی خوبصورتی، ذہانت، امارت اور پیشہ کم از کم اس دنیا میں تو ایک مرد کے اندر ہونا ممکن نہیں۔ آپ لوگوں کی خوشی کے لیے ہر کہانی کا اینڈ ہیپی نہیں کرتیں ہیں جس کا ثبوت آپ کے کردار عمر جہانگیر اور زینی کی موت ہے۔ آپ کی کہانیاں اور ان کے کردار ہمیشہ روزمرہ زندگی میں ملنے والے لوگوں کہ طرح ہی محسوس ہوتے ہیں یہی وجہ ہے کہ جب بھی میں آپ کی کوئی تحریر پڑھتی ہوں تو مجھے ہمیشہ ایسا لگتا ہے کہ میں اس کہانی کا حصہ ہوں اور ان کرداروں کے ساتھ رہ رہی ہوں۔''

مریم شہزاد ماہ نامہ سچی کہانیاں کی مدیرہ منزہ سہام مرزا کو دلچسپ انداز میں روداد سناتی ہیں۔

''انتہائی افسوس کے ساتھ آپ کو بتانا پڑ رہا ہے کہ نومبر میں میرا اتنا اچھا خط اور اس پہ نہلے پہ دہلا آپ کا جواب شائع ہوا مگر ستم ظریفی دیکھیئے کہ وہ میگزین راستے میں ہی کہیں گم ہو گیا اور ہم اس کے دیدار سے محروم رہ گئے، وہ تو اللہ بھلا کرے فرحی نعیم کا جنہوں نے خط اور اس کا جواب Whats app کر دیا اور ہم آپ کا جواب پا کر نہال ہو سکے۔ دوسرا افسوس کچھ یوں ہوا کہ ہم نے تو خط اس لئے لکھا تھا کہ بقول شاعر

لکھنے کے بہانے کیا کیا

لکھنے کے بہانے لکھتے

دانیال حسن چغتائی اپنے استاد محترم محمد شفیق کی پذیرائی کرتے دکھائی دیے۔

''کسی بھی انسان کی کامیابی کے پیچھے اچھے استاد کی بہترین تربیت کارفرما ہوتی ہے۔ خوش قسمت ہوتے ہیں وہ لوگ جن کی زندگی میں اچھے استاد میسر آ جاتے ہیں۔ بچے سے لے کر ایک کامیاب فرد تک سارا سفر اساتذہ کا مرہون منت ہوتا ہے۔ اور میں خود کو خوش قسمت سمجھتا ہوں کہ مجھے آپ جیسے بہترین اساتذہ ملے۔ استاد کا مقام کسی بھی معاشرے میں ریڑھ کی ہڈی کی حیثیت رکھتا ہے۔ کیونکہ کسی بھی قوم کا مستقبل اس قوم کے استاد کے ہاتھ میں ہوتا ہے، استاد ہی قوم کے افراد کو تربیت دیتا ہے، وہ افراد کو بتاتا ہے کہ اچھا کیا ہے اور برا کیا ہے۔ آپ جیسے اساتذہ میرے ملک کا فخر ہیں۔ آپ نے میری زندگی سنوارنے میں جو کردار ادا کیا ہے اس پر میں ہمیشہ آپ کا شکر گزار رہوں گا۔''

ذوالفقار بخاری نے ڈاکٹر یوسف خشک کو یوں مخاطب کیا۔

''آپ نے بطور چیئرمین (اکادمی ادبیات پاکستان) تین روزہ بین الاقوامی کانفرنس (بچوں کا ادب: ماضی، حال اور مستقبل) کا انعقاد کروا کر ادب اطفال کی تاریخ میں اپنا نام سنہری حروف میں لکھوا لیا ہے۔ میں تہہ دل

سے بطور ادب اطفال ادیب شکریہ ادا کرتا ہوں کہ ایک دیرینہ خواب کو تعبیر دی۔اس کانفرنس نے ادب اطفال میں وہ جان ڈالی ہے جو آیندہ کئی برس راقم السطور سمیت کئی ادیبوں کو نونہالوں کے لیے بہت کچھ کرنے پر مائل کرتی رہے گی۔ اس کانفرنس کے پہلے دن کے اولین اجلاس میں پہلا مقالہ پڑھنے کا اعزاز خاکسار کو اس انقلابی فیصلے کی بدولت ممکن ہو۔آپ کی زیرِ سرپرستی سہ ماہی ادبیات اطفال، اسلام آباد کے ڈائمنڈ جوبلی خاص نمبرز کی اشاعت نے بچوں کے لیے لکھنے والوں کو سرکاری طور پر ایسی شناخت دی ہے جو ہمیشہ تاریخ میں ان کو زندہ رکھے گی۔ ایسے ادیب جنہوں نے 1947 سے 1975 کے عرصے میں بچوں کے لئے لکھا، جنہوں نے 1976 سے 2000 تک کے عرصے میں بچوں کے لئے لکھا اور جو 2001 سے تاحال (2022) لکھ رہے ہیں ان کی تخلیقات پر مبنی خاص شمارے شائع ہوئے ہیں۔ 1947 سے تاحال بچوں کے لئے پیاری پیاری نظمیں لکھنے والے شعراء کی شعری تخلیقات بھی خاص شمارے میں سامنے لائی جا چکی ہے۔اس کی اہمیت نجی سطح پر کام کی بہ نسبت کئی گنا زیادہ ہے جس کی جتنی تعریف ہو، وہ کم ہوگی۔"

شاہد حبیب فلاحی نے ڈاکٹر محمد ظفر الدین (ڈائریکٹر، ڈائریکٹوریٹ آف ٹرانسلیشن اینڈ پبلیکیشنز، مولانا آزاد نیشنل اردو یونیورسٹی، حیدر آباد) سے اظہار خیال یوں کیا۔

"'اکتوبر کا شمارہ نظر نواز ہوا، آپ کے اداریے کے توسط سے علم ہوا کہ کونسل پرانی اور نادر کتابوں کی از سرِ نو اشاعت کا جامع منصوبہ بنا رہی ہے. مکتبہ جامعہ کی کتابوں کی دوبارہ اشاعت کر کے آپ نے ہم طلبا کا ایک بڑا مسئلہ حل فرما دیا تھا. اب اسی پروگرام کو آگے بڑھاتے ہوئے منشی نول کشول پریس اور دیگر اشاعتی اداروں کی کتابوں کو دوبارہ شائع کرنے کے اس منصوبے کو اگر ایمانداری سے عملی جامہ پہنایا جائے تو اس کا والہانہ استقبال ہوگا. دارالترجمہ جامعہ عثمانیہ نے بھی 1948 کے پولیس ایکشن کے بعد لائبریری میں آگ لگنے کے جانکاہ حادثے تک تقریباً ساڑھے تین سو کتابیں شائع کی تھیں. ترجیحاتی طور پہ اگر ان کتابوں کو تلاش کر کے دوبارہ شائع کیا جائے تو یقیناً یہ بڑی خدمت ہوگی. یہ انتہائی اہم کتابیں تھیں اور باکمال شخصیتوں کے ذریعے تیار کی گئی تھیں. عبدالماجد دریابادی (فلسفہ) قاضی تلمذ حسین (سیاسیات) محمد الیاس برنی (معاشیات) سید ہاشمی فرید آبادی (تاریخ) چودھری برکت علی (سائنس) قاضی محمد حسین رینگلو (ریاضی) ظفر علی خان، عبدالحلیم شرر، نظم طباطبائی، خلیفہ عبدالحکیم اور مولانا مودودی جیسی نابغہ روزگار شخصیات نے اس اہم ادارے سے جڑ کر اس وقیع لٹریچر کو تیار کیا تھا. اس لیے کونسل کے اس اشاعتی پروگرام میں ترجیح دارالترجمہ جامعہ عثمانیہ کی کتابوں کو

حاصل ہونی چاہیے۔ اسی کے ساتھ اکتوبر کے شمارے سے دوسری خوش کن خبر یہ ملی کہ کونسل سوشل سائنس کی کلاسیکی کتابوں کی اشاعت کو ترجیح دے گی، میرے جیسے سینکڑوں طلبا ہیں جو اردو ذریعہ تعلیم سے ہونے کے باوجود یو پی ایس سی جیسے باوقار سول سروسز کے امتحانات میں اردو میڈیم سے امتحان لکھنے کی ہمت نہیں کر پاتے۔ دسیوں کو تو راقم ذاتی طور سے جانتا ہے۔ وجہ ہے ہندی، انگلش کے مقابلے میں اردو میں سوشل سائنس کی معیاری کتابوں کی عدم دستیابی۔ کونسل کے اس اقدام سے تو کسی حد تک یقیناً اس کمی کی تلافی ہو جائے گی۔ ہمیں آپ کے پیشِ رفت کا شدت سے انتظار رہے گا۔"

بہرام علی وٹو۔۔۔ پرویز احمد بلگرامی کو سراہتے ہوئے لکھتے ہیں:

''افسانچہ اردو ادب کا وہ گوشہ تھا جسے پاکستان میں بالکل نظر انداز کیا جا رہا تھا۔ اس کے برعکس انڈیا میں اس پر بہت کام کیا جا رہا تھا۔ یوں منٹو کی ایجاد کردہ اردو کی صنف سے بہت سے پاکستانی لوگ ناواقف تھے۔ میں بخوبی واقف ہوں کہ آپ کی مصروفیت بے انتہا ہے۔ آپ ماہ نامہ سرگزشت جیسے پاکستان کے معیاری ترین رسالے کے مدیر ہیں لیکن آپ کا دنیا افسانچہ کے لیے روزانہ کی بنیاد پر وقت نکالنا یہ ثابت کرتا ہے کہ آپ پاکستان میں نہ صرف ڈائجسٹ کے معیار کو بنائے ہوئے ہیں بلکہ افسانچہ نگاری کو بھی زندہ رکھے ہوئے ہیں۔ آپ کے یوٹیوب چینل ''دنیائے افسانچہ'' کے توسط سے نہ صرف پاکستان میں افسانچہ نگاری کی طرف رجحان بڑھ رہا ہے بلکہ پاکستان میں نئے نئے افسانچہ نگار ابھر کر سامنے آرہے ہیں۔''

نئی قلم کارہ بینش احمد بچوں کے ادیب ذوالفقار علی بخاری کے نام لکھتی ہیں:

''ادب کی دنیا میں آپ وہ شخص ہیں جنھوں نے اس معاملے میں میری رہنمائی کی۔ میں آج فخر سے کہتی ہوں کہ میرے بچوں کے ادب کی جانب متوجہ ہونے کے پیچھے صرف اور صرف آپ ہیں۔ آپ نے نہ صرف لکھنے میں میری رہنمائی کی بلکہ مجھے اس مطلب پرستی کی دنیا کے لوگوں کے بارے میں بھی بہت واضح الفاظ میں سمجھایا۔''

عطاء السلام سحر نوجوان قلم کار سلمان یوسف سمیجہ سے راز و نیاز کرتے ہوئے دکھائی دیے۔

''پیارے بھائی! آپ کی اس کامیابی پر بیحد مسرت ہوئی۔ صاحبِ کتاب ہونے کے بعد انسان میں خود اعتمادی، جوش و جذبہ، کچھ کر گزرنے کا پھر سے ایک نیا اور پختہ عزم پیدا ہوتا ہے۔ خاموشی کے ساتھ اپنے سفر پر گامزن رہیے! اللہ پاک آپ کا حامی و ناصر ہو۔ آمین۔''

محمد شفیق اعوان نے ڈاکٹر ناصر رانا (ایڈیٹر سہ ماہی اَدبِ معلیٰ، لاہور) کی حوصلہ افزائی کچھ یوں کی ہے۔

''ایسے دَور میں جب کہ ہماری صحافت و ادب کا معیار بہت پست ہو چکا ہے، ایک اعلیٰ قسم کا جریدے کا میسر آنا بہت بڑی غنیمت ہے۔ادبِ معلیٰ نہ صرف معنوی لحاظ سے قابلِ ستائش ہے بلکہ صوری لحاظ سے بھی دوسرے رسائل سے بدرجہا بہتر ہے۔اس کا تمام لوازمہ پاکستانی ادب کی ترجمانی کرتا ہے، یہ سب آپ کے انتخاب کی برکت ہے۔اس سلسلے میں آپ کے حسنِ ذوق کی داد و تحسین نہ کرنا حسد کرنے کے مترادف ہے۔ماشا اللہ! ادبی ذوق رکھنے والوں کے لیے یہ ایک معیاری جریدہ ہے۔''

دل کھولا پوری صاحب نے منظوم خط رونق جمال (بھارت) کے نام کچھ یوں پیش کیا۔

سات سو چھیاسی کے اعداد کو کر کے رقم
پیش خدمت ہے یہ نامہ اے جناب محترم
ہے مسودہ یہ صاحب ڈیڑھ سو صفحات کا
درج جس میں ذکر ہے سب آج کے حالات کا
چند ہی اوراق بھیجے تبصرے کے واسطے
ورق گردانی کے مشکل نہ ہوتا کہ راستے
ماہنامے میں امنگ کے تھی کہانی آپ کی
جس میں تھی قائم قلم کی بھی روانی آپ کی

رونق جمال نے مظوم خط کے جواب پر دل کھولا پوری کو جذباتی خط لکھا:

''آج ابھی ابھی آپ کا ارسال کردہ مسودہ کا رجسٹرڈ لفافہ موصول ہوا۔لفافہ چاک کر کے مسودہ نکالا، مسودہ کے ساتھ آپ کا منظوم خط پڑھ کر دل باغ باغ ہو گیا۔آپکا یہ منظوم خط میری پچاس سالہ ادبی زندگی کا عظیم سرمایہ ہے۔گزرے پچاس سالوں میں مجھے سیکڑوں ادبا، شعراء اور قارئین کے خطوط موصول ہوئے ہیں۔میں کئی ادبا وشعرا کے مسودات پر مضامین رقم کر چکا ہوں۔مجموؤں پر تبصرے تحریر کر چکا ہوں، تجزیے کر چکا ہوں۔لیکن پہلی بار کسی شاعر نے مجھے منظوم خط لکھا ہے۔آپکے منظوم خط کے ہر ایک شعر کو پڑھ کر محظوظ ہوا ہوں۔''

ایک قاری سیدہ فاطمہ راقم السطور کو خط لکھتے ہوئے فرماتی ہیں:

''آپ کی تحریروں میں کتابوں کی اہمیت کی طرف توجہ دلائی گئی ہے، کتابوں سے محبت کرنے کا احساس

دلایا گیا ہے۔ کتابوں کے بارے میں یہ بات بھی اہم ہے کہ کتابیں دوست ہوتی ہیں۔ کتابیں زندگی کی بہترین ہمسفر ہوتی ہیں۔ کتابیں ادب کی پہچان ہیں۔ کتابیں منافقت سے دور رکھتی ہیں۔"

عزیز الرحمٰن مدنی، محمد فیصل شہزاد (مدیر رسالہ بچوں کا اسلام) سے مخاطب ہوئے اور فرماتے ہیں:

"بچوں کا اسلام وہ رسالہ ہے جسے ہم نے اخبار کے صفحات پر چھپتے ہوئے دیکھا اور پڑھا۔ اور اسی سے ہمیں پڑھنے لکھنے کا شوق پیدا ہوا۔ اس رسالے کا ہماری دینی، اخلاقی اصلاحی تربیت میں بہت بڑا حصہ ہے۔ اس وقت بھی جب بالکل بھی لکھنا نہیں آتا تھا لیکن شوق تھا کہ ہمارا کوئی خط اس میں شائع ہو جائے۔ اس وقت بھی بندہ نے ایک خط محترم اشتیاق احمد کو لکھا تھا۔ اور انہوں نے اس کا جواب بھی دیا تھا۔ پھر اسی رسالے میں لکھنے کا بھی شوق پیدا ہوا لیکن اتنے معیاری رسالے کے لیے تحریر بھی ایسی ہی معیاری ہونا لازمی تھی اس لیے اب پھر ہم اس میں شایع ہونے سے محروم رہے۔ لیکن ہم نے بھی ہمت نہیں ہاری۔ کہتے ہیں نا "محنت، اور شوق انسان کو کامیاب کرا دیتے ہیں۔"

نمرہ خان معروف سائنس فکشن ادیبہ محترمہ تسنیم جعفری سے حال دل بیان کرتی نظر آتی ہیں:

"آپ وہ ہستی ہیں جن کی بدولت میرے قلمی سفر کا آغاز ہوا۔ 24 جون 2022 بروز اتوار کو میں ادیب نگر گروپ میں شامل ہوئی اور وہاں جنگل کہانی مقابلہ ہو رہا تھا جس کا عنوان ماحولیاتی آلودگی تھا جو ایک حساس موضوع ہے۔ مجھے مقابلے کے بارے میں جاننا تھا کہ ذہن میں فوراً سے پلاٹ آیا اور ایک کہانی لکھ دی جس پر آپ نے مجھے سراہا اور پانچویں پوزیشن سے نوازا۔ جس وجہ سے مجھ میں ایک حوصلہ پیدا ہوا کہ میں اچھا لکھ سکتی ہوں۔"

یاسر فاروق کی دل چسپ نظم اس خاص نمبر میں شامل ہوئی جو کچھ یوں تھی:

منتظر ہوں کہ اس کا خط آئے
پھر یہ موہوم اک خلش کیسی
دل میں اٹھتی ہے جو تپش کیسی
کون اس دل کو آ کے سمجھائے
منتظر ہوں کہ اس کا خط آئے
خواب شرمندہ آرزو ہوں گے

گھاؤ یا سر! کبھی رفو ہوں گے
غم جو اپنے تھے خود ہی بہلائے

خطوں کی دنیا ایک دل چسپ نظم ہے جسے ڈاکٹر ریشا قمر، گلبرگہ کرناٹک، انڈیا نے لکھا، وہ بھی اس شمارے کا حصہ بنی ہے۔

برقی کاغذوں پر نامے
محفوظ ہو کر بھی محفوظ نہیں ہوتے
بہت پیچھے چلے جاتے ہیں
زیادہ تر تو ڈیلیٹ ہو جاتے ہیں
بلکہ کر دیے جاتے ہیں
کہ خالی جگہوں کو دوسری تحریروں سے
بھرنا ہوتا ہے
اس کے برعکس پرانے زمانے میں خط
بانس سے بنے مٹ میلے رو کھڑے کاغذ
پر تحریر کیے جاتے تھے
پھر بھی وہ اپنی چمک دمک کے ساتھ ہمیشہ کے
لیے محفوظ ہو جاتے تھے

جعفر خونپوریہ۔۔۔جاوید الرحمٰن سے فرماتے ہیں:

''میں حقیر پر تقصیر آپ کا شاگرد نالائق محمد جعفر خونپوریہ۔ مجھے میدان ادب میں لانے کا سہرا آپ کے سر سجتا ہے۔ دنیائے ادب آپ کی ہمت اور جرات پر ہمیشہ سلامی دیتا رہے گا۔ مجھ جیسے ناکام اور ناکارہ قلمکار (جس کو میرے اور آپ کے علاوہ کوئی نہیں پہچانتا) اپنا شاگرد مانتے بھی ہیں اور دوسروں سے متعارف بھی کرواتے ہیں۔ یہ آپ کی ہمت کا ثبوت ہے۔''

عثمان یاسین، فیصل شہزاد صاحب (چچا جان!) سے گفتگو کرتے دکھائی دیے۔

''چچا جان! آج بھی ہم نے ''بچوں کا اسلام'' سے تعلق استوار کیا ہوا ہے۔ آج بھی ہم اس سے بہت کچھ سیکھ

رہے ہیں۔اس میں چھپنے والی تحاریر، مضامین، مستقل سلسلے، دستک وآمنے سامنے سب بہت زبردست اور منفرد ہوتے ہیں۔ بندہ آپ کا، آپکی پوری ٹیم اور "بچوں کا اسلام" کا مشکور وممنون ہے۔"

وقاص ادبی اپنے دل کی بات فرحت عباس شاہ سے کرتے ہیں:

"ہم نے کچھ عرصہ قبل آپکا کلام پڑھا تھا۔ہمیں بہت پسند ہیں آپ کی سب غزلیں، تحریریں کمال ہوتی ہیں، آپ کا اندازِ بیاں ہے اور! مختلف پروگراموں میں حصہ لیتے بیت بازی مضمون نگاری میں ہمیشہ اول نمبر آتے ہیں. آپ کی اس قابلیت کی کیا ہی بات کروں, چند روز قبل آپ کو حکومتِ پاکستان کی جانب سے اعلیٰ سول ایوارڈ سے نوازا گیا. میں آپ کو مبارک باد پیش کرتا ہوں۔"

عسکر واسطی کا پروفیسر م۔ن۔سعید کے نام خط میں کچھ یوں عرض ہوا۔

"آپ کی ادبی فتوحات کسی ایک میدان میں بند نہیں ہیں۔آپ نے بڑے خوبصورت اور مقبول افسانے لکھے ہیں جو "پھوار" کے عنوان سے شائع ہو چکے ہیں۔ایک وقت میں قارئین کو آپ کے افسانوں کا شدّت سے انتظار رہا کرتا تھا۔دکنیات کا میدان آپ کی تخصیص ہے اور اہلِ علم اس کا برملا اعتراف کر چکے ہیں۔"خواجہ بندہ نوازؒ سے منسوب دکنی رسائل"، "قطب مشتری۔ تحسین وتخمین" اور "حضرت بندہ نواز سے منسوب رسالے "ذرالاسرار" کا تحقیقی مطالعہ اردو ادب و تحقیق کو آپ کی مستقل دین تسلیم کئے جاتے ہیں۔آپ نے مزاح نگاری میں بھی پائیدار نقش ثبت کئے ہیں۔تراجم بھی آپ کا طرّہ امتیاز رہے ہیں۔غیر اردو دانوں کو اردو سکھانے کا اہتمام کرنا آپ کی اہم مشغولیات میں شامل رہی ہیں۔قومی اور بین قومی سمیناروں میں آپ کے مقالے اور کلیدی خطبات، تحقیق، فراست، نقد ونظر اور انکشافات کے لئے اہلِ نظر کی نگاہوں میں بڑی وقعت کے حامل ہیں۔جس کسی ادبی نشست، سیمینار یا رسم اجراء میں آپ مقالہ پڑھنے یا خطاب کرنے والے ہوتے ہیں، میں اس پروگرام میں شرکت ضرور کرتا ہوں۔آپ سے دست بستہ گزارش ہے کہ کتابی صورت میں اپنے ادبی مقالات وخطبات کی اشاعت کا اہتمام فرمائیں۔اردو ادب کی تاریخ میں اس کتاب کا اپنا ہی ایک الگ اور اونچا مقام ہوگا۔"

احسان ثانی نے فاکہہ قمر سے کچھ یوں جذبات کا اظہار کیا:

"آپ کا اخلاق مجھے ہمیشہ متاثر کرتا ہے۔بات انتہائی شائستگی سے کرتی ہو۔سلجھا ہوا لہجہ، دھیما سا اندازِ تکلم، دبی دبی سی مسکان اور حاضر دماغی یہ وہ تمام اوصاف ہیں جو آپ کو میری نظر میں ممتاز کرتے ہیں۔آپ نے

کتاب بھیجی ہے یقین کر و اب تک بارہ مرتبہ پڑھ چکا ہوں۔ بہت دلچسپ کتاب ہے۔اس پر الگ سے تبصرہ لکھ کر بھیجوں گا۔ کتاب کا لمبا چوڑا ذکر اس خط میں کر کے خط کا مزہ خراب نہیں کرنا چاہتا۔اچھا یاد آیا پچھلے ہفتے میری کتاب ''تاریخ جیا بگا'' پر آپ نے جو تبصرہ لکھ کر بھیجا ہے، کیا کمال تبصرہ ہے۔''

یاسر فاروق کا کچھ کڑوا اور تلخ خط احمد حاطب صدیقی کے نام لکھا گیا جس کا کچھ حصہ پیش خدمت ہے۔

''آپ کی شاہکار نظم "یہ بات سمجھ میں آئی نہیں" نے تو ادبِ اطفال اردو میں بین الاقوامی حیثیت حاصل کر رکھی ہے۔کیا ہی رواں، منفرد اور میٹھی نظم ہے۔اسے آپ کی زبان سے تو بار بار سننے کو دل کرتا ہے۔برِصغیر پاک و ہند کے تو ہر سکول کے نصاب میں یہ نظم ضرور شامل کی جاتی ہے۔اسی طرح آپ کا لکھا ہوا منفرد مشاعرہ سبزیوں، پھلوں کا مشاعرہ جب پڑھا تھا تو ایک عجب لطف آیا تھا۔یہ اتنا دلچسپ تھا کہ اسے اسکول میں ہم دوستوں نے سٹیج پر پیش کیا تھا۔پھر آپ کی نظم "استادِ محترم کو میرا اسلام کہنا" اتنی پر اثر ہے کہ پڑھتے ہوئے آنکھیں بھیگ جاتی ہیں۔اچھا چلیں یہ باتیں تو بعد کی ہیں۔ مجھے یہ دیکھ کر بے حد دکھ ہوتا ہے کہ موجودہ دور کی چھپی ہوئی اکثر نظمیں فنی طور پر بھی پُرسقم ہیں۔ان میں جا بجا عروض اور اوزان سے روگردانی ملتی ہے۔سر اس بارے میں مجھے بڑا دکھ ہوتا ہے۔اور میری خواہش ہے کہ ادبِ اطفال کی شاعری کا وہی دور لوٹ آئے۔مجھے جہاں کہیں بھی ایسا سقم نظر آتا ہے تو میں اس کی نشاندہی کرنے کی اپنی سی کوشش کرتا ہوں۔ستم یہ ہے کہ میری بات سے کئی ادیب اور شاعر متفق ہوتے ہیں وہ مجھ سے اس بارے اکثر بات بھی کرتے ہیں۔مگر خدا جانے کسی فورم پر بات کرنے سے کیوں ڈرتے ہیں! مگر جب بھی میں نے اس بارے میں سوشل میڈیا پر بات کی، کسی بات کی نشاندہی کی تو مدیران سے بڑا ہی حوصلہ شکن جواب ملا۔ بجائے یہ کہ وہ میری بات پر غور کرتے اور اپنی اس کوتاہی کو دیکھتے، اکثر میرے ہی خلاف ہو گئے۔کچھ اس بات پر قائم مصر ہیں کہ وہ اس سے نئے لکھنے والوں کی حوصلہ افزائی کر رہے ہیں۔شاید یہی وجہ ہے کہ دوسرے لکھاری بھی جو مجھ سے متفق تو ہیں مگر کھل کر اس کا اظہار نہیں کرتے کہ وہ مدیران کی ناراضگی مول نہیں لینا چاہتے۔

صدیقی صاحب! آپ ہی بتائیں کیا اس طرح سے مدیران نئے لکھنے والوں کی حوصلہ افزائی کر رہے ہیں یا ان کے ساتھ دشمنی؟ پھر نئے لکھنے کے علاوہ بعض کئی ایسے شاعر بھی دیکھے ہیں جو دھڑا دھڑ رسالے اور اخبار میں چھپتے جا رہے ہیں اور مقابلوں میں پوزیشنیں لیتے جا رہے ہیں مگر ان میں عروض و اوزان کے سنگین مسائل ملتے ہیں۔اور ستم ظریفی یہ کہ اگر ان سے ایسی باتوں کی نشاندہی کی جائے تو وہ بتانے والے کی بات کو نظر انداز کر

کے چھپے ہوئے کوسند کے طور پر پیش کرتے ہیں۔ اخبارات و رسائل کے مدیران ایسی شاعری چھاپ کر ادبِ اطفال کی کون سی خدمت کر رہے ہیں؟ کیا کسی سماجی پلیٹ فارم معروف ہستی کی ناراضگی سے بچنے کے لئے ایسا کر رہے ہیں؟ سر یہ تو ان نونہالوں کے ساتھ بھی زیادتی ہے جنہوں نے اسے پڑھنا ہے۔''

آسیہ قمر قابل احترام سعدیہ راشد سے فرماتی ہیں:

''بحیثیت خاتون آپ کا کردار قابل رشک ہے۔ مردانہ وار ہر مرحلے پر اس ادارے کے معیار کو جس طرح آپ نے برقرار رکھنے کے لئے کوششیں کیں ہیں وہ قابل تعریف ہے۔ اکثر و بیشتر ایسے سیمینار اور کانفرنسیں منعقد کی جاتی ہیں جس میں ایسے مسائل کو زیر بحث لایا جاتا ہے جو ہمارے ملک میں تیزی سے بڑھے ہیں اور ملک کی ترقی کی راہ میں رکاوٹ کا باعث بنتے ہیں، آپ کے تمام رفقائے کار بہت قابل اور محنتی ہونے کے ساتھ ساتھ اس ادارے سے وفاداری کا جذبہ بھی رکھتے ہیں۔''

فاکہہ قمر جناب افتخار احمد عثمانی سے عرض کرتی ہیں:

''میں نے آپ کی عاجزی اور انکساری کو نہ صرف پسند کیا بلکہ خود میں بھی اپنایا اور جیسے آپ اپنے محسن اور رہنما اشفاق احمد مرحوم کو ہمیشہ اپنی ہر کامیابی میں یاد رکھتے ہیں اور ان کو وہ عزت و تکریم دیتے ہیں جس کے وہ اصل حقدار ہیں۔ آپ کی اسی ادا کو اپناتے ہوئے میں بھی اپنے محسن اور استاد کے ساتھ ویسا ہی رویہ اپنائے ہوئے ہوں۔ آپ نوجوان نسل کے لئے ایک ،شعلہ راہ ہیں۔ آپ کی باتوں اور تجربات سے آئے روز بہت سے لوگوں کی زندگیاں بدل رہی ہیں۔ یہ میری خوش قسمتی ہے کہ مجھے ایک مختصر ملاقات کا شرف ملا جس میں اپنے جذبات کے اظہار کرنے کا موقع ملا۔ امید کرتی ہوں کہ پھر ایسے ہی اچانک زندگی کے کسی دوراہے پر ہم ضرور ملیں گے آپ کے ساتھ ایک لمبی نشست کا شرف بھی حاصل ہوگا۔''

حسنین عاقب اپنے بیٹے فرمان احمد خان سے دل چسپ اور نصیحت آمیز گفتگو کرتے دکھائی دیے۔

''بیٹے، ہم تمہاری بہت سی عادتوں سے بہت مطمئن اور خوش ہیں۔ خاص طور پر اس وقت جب تم اپنی ماں اور اپنے باپ کے پاؤں دابتے ہو تو ہمیں ایسا لگتا ہے جیسے ہماری عمر بھر کی ساری تھکن اتر رہی ہے۔ تم جب ہمارے پاس آکر بیٹھتے ہو اور دنیا جہان کی باتیں کرتے ہو تو تمہاری ماں تو اس ساری گفتگو میں کھل کر حصہ لیتی ہے لیکن تمہارا باپ خاموش رہ کر بھی دل ہی دل میں مسکراتا ہے اور خوش ہوتا ہے۔ تم یہ نہ سمجھنا کہ میں خاموش رہتا ہوں تو خوش نہیں ہوتا۔ ایسا بالکل نہیں ہے۔ مجھے بہت خوشی بھی ہوتی ہے اور میں اللہ کا شکر بھی ادا کرتا ہوں

کہ اکیسویں صدی کی تیسری دہائی میں بھی اگر ہمیں تم جیسی اولاد حاصل ہے تو پھر اللہ کی کسی نعمت سے انکار کی جرات کیسے کر سکتے ہیں۔تم اچھے ہو تو کوشش کرنا کہ جو ہو اس سے بہتر بن سکو ورنہ جتنے اچھے ہو اتنی اچھائی پر قائم رہ سکو۔ دنیا میں اللہ نے صرف ایک ہی رشتہ ایسا رکھا ہے جو کسی دوسرے کو خود سے آگے جاتا دیکھ کر اور اپنے سے زیادہ ترقی کرتا دیکھ کر خوشی سے نہال ہو جاتا ہے۔ وہ رشتہ ہے والدین کا۔میری بھی خواہش ہے کہ تم اپنی زندگی کا سفر وہاں سے شروع کرو جہاں میرے سفر میں قیام کی کیفیت پیدا ہو گئی تھی۔''

شاہ رخ گل نے کچھ یوں خیالات کا اظہار کیا۔

''خطوط آدھی ملاقات ہوتے ہیں اور سہ ماہی سرائے اردو کے اس خاص نمبر ''خطوط نمبر'' کی وجہ سے نہ صرف آپ سے بلکہ اور بہت سے لوگوں سے آدھی ملاقات کرنے کا موقع مل جائے گا۔موجودہ دور میں اگرچہ خط کے متبادلات یعنی ای میل، ایس ایم ایس وغیرہ آچکے ہیں لیکن یہ جدید مشینی ذرائع محض معلومات کی ترسیل کا ذریعہ بن کر رہ گئے ہیں۔ان کے نفس مضمون میں وہ چاشنی ،مٹھاس اور رنگینی نہیں رہی جو خط لکھتے اور پڑھتے ہوئے محسوس ہوا کرتی تھی۔ سہ ماہی سرائے اردو اور آپ کی بدولت الفاظ کی مٹھاس ایک بار سے محسوس ہو رہی ہے۔''

'سزا یافتہ' ادیب کا بھائی کے نام لکھا گیا خط کو سعادت حسن منٹو نے غالباً ترجمہ کیا تھا، وہ بھی اِس خاص شمارے کا حصہ بنا ہے۔

''روس کے مایہ ناز ادیب دوستوفسکی کی سزائے موت کو جب چار سال قید میں تبدیل کر دیا گیا اور اسے سائبیریا کے یخ بستہ میدانوں میں بھیج دیا گیا، تو وہاں جانے سے پہلے اس نے اپنے بھائی کو ایک خط لکھا جو اس کے جذبات اور شدّتِ احساس کی ترجمانی کرتا ہے۔ وہ قید کے دوران صرف لکھنے کی اجازت چاہتا تھا اور اس کی سب سے بڑی آرزو یہی تھی۔ پیارے بھائی! میں بالکل افسردہ نہیں ہوں۔ میں نے غم کو اپنے پاس پھٹکنے تک نہیں دیا۔ زندگی ہر جگہ زندگی ہے، وہی ہے جو ہمارے اندر ہے نہ کہ وہ جو باہر ہے۔میرے ساتھ اور بھی بہت لوگ ہوں گے۔عوام کے درمیان معمولی انسان کی حیثیت میں رہنا، ہمیشہ اسی طرح زندگی بسر کرنا اور مصائب کی پروانہ کرنا.... یہ ہے زندگی۔یہی زندگی کا اصلی مقصد۔ میں اس چیز کو بخوبی سمجھ چکا ہوں۔ یہ خیال میرے گوشت پوست، رگ رگ اور نخ نخ میں سرایت کر گیا ہے اور یہ بالکل صداقت پر مبنی ہے۔وہ سَر، جو خیالات وافکار کی تخلیق کرتا تھا، وہ سَر، جو آرٹ کی بلندیوں میں اپنا آشیانہ بنائے تھا اور جو روح کی بلند ترین

ضروریات سے آگاہ اور ان کا عادی تھا۔ وہ سر، اب میرے شانوں سے علیحدہ ہو چکا ہے۔''

عبیداللہ علیم 12 جون 1939ء کو بھوپال میں پیدا ہوئے تھے اور 18 مئی 1998ء کو کراچی میں اُن کا انتقال ہوا۔ اُن کی اپنے ہم عصر اور باکمال شاعر جون ایلیا سے گہری دوستی تھی۔ جون نے 1968ء میں عبیداللہ علیم کے نام ایک منظوم خط لکھا تھا۔

تو بہت یاد آ رہا ہے آج
دل زدہ ہائے تیری سعی علاج
چارہ گر ہائے تیری بیماری
ہائے بیمار تیری دلداری
فرضِ یاری نبھانے والے
میرے دکھ میں کراہنے والے
شعلہ سامانِ جذبہء جاں سوز
حرم عشق کے نیاز آموز
جادہء بندگی کے تُند خرام
عشق میں خود سپردگی کے امام
میری اصلاح ہے تجھے منظور
یعنی ڈھے جائے مرا قصرِ غرور

دھرتی ماں کا خط نوجوان قلم کار عرفان حیدر نے لکھا۔

''پیارے انسانو! ایک اکائی پر مشتمل جانداروں نے مجھ پر زندگی کے دور کا آغاز کیا۔ مجھ پر ہریالی بڑھتی گئی اور یہاں بسنے والوں کی انواع بھی۔ پھر ایک بھیانک دور آیا اور ہر طرف تباہی مچ گئی۔ ایک شہابیے نے میرے مستقبل کا رخ بدل دیا۔ بڑے جانداروں کا خاتمہ ہو گیا۔ میری ہریالی ماند پڑ گئی۔ بلکہ میرا وجود اندھیروں میں ڈوب گیا۔ پھر ایک وقت آیا اور اندھیروں کو بادلوں میں روشنی کی کرن نمودار ہوئی۔

نمرہ ابرار مغل جناب شجاعت علی راہی کے نام لکھتی ہیں:

''ادب اطفال کے لئے آپ نے جو کام کیا اور کر رہے ہیں وہ قابل دید ہے۔۔ بچوں کی نظمیں، ناول،

ناولٹ لکھ کر ان میں شعور اجاگر کیا۔ انگریزی زبان میں آپ نے "دی سٹیٹ آف بونڈڈ لیبران پاکستان" کتاب لکھی جس میں آپ نے پاکستان کے مزدوروں کے حالات بیان کیے۔اس کتاب سے معلوم ہوتا ہے کہ آپ کو اپنے وطن اور اس کے باشندوں سے کتنی محبت ہے .. اردو ادب میں آپ کا ظہور واقعی ہی شان سے ہوا۔ قتیل شفائی، کے کہے گئے الفاظ آپ کے لیے بہت ہی عمدہ ہیں۔انہوں نے لکھا کہ۔" شجاعت علی راہی کا ظہور ایک مجتہدانہ شان سے ہوا ہے۔ وہ قدامت کے صحرا میں خودرو پھول ہیں۔ وہ لفظوں کے غوط میں فکر کا خوبصورت نغمہ ہے۔ وہ ایک نئی صبح کی بشارت دے رہا ہے۔محترم عزیز۔۔۔رب العزت سے دعا ہے کہ آپ کے قلم کی سیاہی کبھی ختم نہ ہو۔آپ کے دست و بازو ہمت و پیراں رہیں۔اردو ادب کے پروان کے لیے آپ نے جو محنت کی ہے وہ قابل دید ہے۔آپ کا کام بالکل آپ کی طرح دلیر ہے۔''

آپ نے اِن خطوط کے اقتباسات میں بہت کچھ محسوس کیا ہوگا اور ایک بات سمجھ آئی ہوگی کہ خط لکھنے سے دل کی بات کہنے میں آسانی ہوتی تھی وہیں ایسے لوگ جو اپنے دل کا غبار کہیں اور نہیں بیان کر سکتے تھے۔ وہ اِن کے ذریعے نکال لیا کرتے تھے۔ یہ ایک اہم ترین مشغلہ تھا جس سے دور ہو کر کئی نفسیاتی مسائل کا شکار ہو چکے ہیں کہ ایک ہی کمرے رہ کر ایک دوسرے سے گفتگو کرنے سے گریز کرتے ہیں۔ اور اسمارٹ فونز میں اپنی دل چسپی تلاش کرتے ہیں۔ یہ وہ ذہنی خلفشار پیدا کر رہا ہے جو مختلف ذہنی امراض میں مبتلا کر رہا ہے کہ دل کی باتیں اندر رہ جاتی ہیں۔ ایک اہم ترین نکتہ یہ ہے کہ ایسے لوگ جو اپنی سوچ کو لفظوں کے ذریعے عیاں کرتے ہیں وہ رفتہ رفتہ قلم کو تھام کر معاشرے کی اصلاح کا کام شروع کرتے ہیں کہ خط لکھنا آپ کو وہ صلاحیت عطا کرتا ہے جس کے ذریعے آپ مشاہدات و تجربات کو قلمی صورت میں بیان کرنا شروع ہو جاتے ہیں۔خط کی اہمیت کا اندازہ اِسی بات سے لگایا جا سکتا ہے کہ اپنوں کی دوری ایک خط دور کر دیتی تھی کہ ہاتھ کی لکھائی سے اپنائیت اور عجیب سی خوشبو محسوس ہوا کرتی تھی۔ دورِ حاضر کے نامور اور نئے ادیبوں، شعراء کرام اور قارئین سے اُن کے حقیقی جذبات کا جہاں اظہار ہوا وہیں معلومات کا تبادلہ بھی ہوا ہے۔ بدقسمتی سے خطوط لکھنے کا دور تقریباً ختم ہو چکا ہے، اگر موجودہ دور کے شعراء منظوم خطوط لکھنا شروع کریں اور ادیب اپنے قارئین بالخصوص نونہالوں کو پسندیدگی پر خط لکھا کریں تو ہو سکتا ہے کہ خط لکھنے کا دور پھر سے دیکھنے کو مل سکے۔

حوالہ جات:

ا۔ غالب کے خطوط، ج: اول، مرتبہ خلیق انجم، نئی دہلی۔ غالب انسٹی ٹیوٹ۔ 1984، ص: 123

۲۔ اردو میں مکتوب نگاری کی روایت، شکیل احمد (ریسرچ اسکالر، شعبہ اردو، دہلی یونی ورسٹی، دہلی)
یکم جنوری 2018 https://www.urdulinks.com/urj/?p=4610

۳۔ مکتوب نگاری کی روایت میں رسائل کا حصہ، نصرت بخاری۔ سہ ماہی سمت، شمارہ 43، جولائی تا ستمبر 2019

۴۔ سہ ماہی سرائے اردو، سیالکوٹ، اپریل تا جون 2023

بشکریہ
ماہ نامہ قومی زبان، کراچی
اپریل 2025

☆☆☆

سوشل میڈیا، ادیب اور ادب کا فروغ

سوشل میڈیا کی اصطلاح اُن ویب سائٹس اور ایپلی کیشنز کے لیے استعمال کی جاتی ہے جن کی بدولت لوگ باہمی رابطے نہ صرف کر سکتے ہیں بل کہ مخصوص مقاصد کے حصول کو بھی یقینی بناتے ہیں۔ سوشل میڈیا پیغام رسانی کے ساتھ ساتھ نظریات، تصاویر اور وڈیوز کا اشتراک بھی ممکن بناتا ہے۔

ایک زمانہ تھا جب لوگوں کو معلومات کے حصول کے لیے اخبارات، رسائل اور کتب خریدنی پڑتی تھیں۔ وقت نے ایسی کروٹ بدلی کہ آج ہر شخص کے ہاتھ میں موبائل ہے اور معلومات کا جہاں اُس کی دسترس میں ہے۔ اسمارٹ فون کو کئی لوگ بُرائی کی جڑ قرار دیتے ہیں لیکن اسی آلے کی بدولت سوشل میڈیا کی طاقت لوگوں کے ہاتھ میں آئی ہے۔ جس کے بعد سے ایک انقلاب برپا ہو چکا ہے۔ مصنوعات کی فروخت یا تشہیر کی بات ہو یا پھر خدمات کی، سوشل میڈیا ہر حوالے سے طاقتور میڈیم بن چکا ہے اور اِس کے بغیر بڑے پیمانے پر مقاصد کا حصول تقریباً ناممکن بن چکا ہے۔ اگر یہ کہا جائے کہ اس کی بدولت وسیع پیمانے پر لوگوں کی سوچ بدلی جا سکتی ہے اور مخصوص سوچ پیدا کی جا سکتی ہے تو بے جا نہ ہوگا۔

اگر ہم ادب کے حوالے سے بات کریں تو پہلے مختلف رسائل، اخبارات یا کتب میں اشتہارات دیکھنے کو ملتے تھے اور پتا چلتا تھا کہ کسی ادیب کی نئی کتاب سامنے آرہی ہے یا پھر کسی رسالے کا خاص نمبر شائع ہو رہا ہے۔ لیکن اب سوشل میڈیا کی بدولت فوری طور پر یہ علم ہو جاتا ہے کہ کتنے دنوں بعد اور کہاں سے کسی ادیب کی کتاب، ناول یا رسالے کا حصول ممکن ہوسکتا ہے اور کس نوعیت کے خاص نمبر منظر عام پر آرہے ہیں۔ دورِ حاضر میں سوشل میڈیا پر تشہیر کے ذریعے مختلف موضوعات پر تحریریں رسائل کے لیے منگوانے کے اعلانات کیے جاتے ہیں۔ ماضی کی بہ نسبت اب مدیران کے پاس تحریریں پہلے سے زیادہ آتی ہیں تاہم اُن کے معیار پر بات کی جا سکتی ہے کہ وہ معیار سے کچھ گری ہوئی ہوتی ہیں۔ پہلے تحریریں ڈاک بروقت نہ پہنچنے پر کھو جایا کرتی تھیں لیکن اب ای میل ایک ایسا محفوظ ذریعہ ہے جس سے بروقت تحریریں ارسال کی جا سکتی ہیں جس کی

وجہ سے رسائل کی تیاری بروقت کرنا ممکن ہو چکا ہے۔ای میل کی بدولت دنیا کے کسی کونے میں موجود ادیب اپنی تحریر فوری طور پر ارسال کر سکتا ہے جو کہ پہلے سوچا نہیں جا سکتا تھا۔کتاب میلے کی تشہیر جب بھی سوشل میڈیا کی بدولت ہوتی ہے اِس کے بعد کئی نوجوان کتب کے حصول کے لیے کتاب میلوں کا رخ کرتے ہیں یعنی کہا جا سکتا ہے کہ ادب کے فروغ میں سوشل میڈیا کا مثبت استعمال حوصلہ بخش نتائج سامنے لا رہا ہے۔

مختلف ادیب سوشل میڈیا کے بھرپور استعمال کی بدولت اپنی کتب کی تشہیر کچھ ایسے کرتے ہیں کہ اُن کی کتب کے ایڈیشنز ہاتھوں ہاتھ بک جاتے ہیں اور دوسری طرف قارئین کو باہمی رابطے میں آسانی ہو جاتی ہے۔ پہلے قارئین کو معروف ادیبوں سے بات کرنے کے لیے خط لکھنا پڑتا تھا۔سوشل میڈیا کی بدولت باہمی رابطہ آسان ہونے سے اُنھیں ادیب کی سوچ کے بارے میں فوری طور پر معلومات ملتی ہیں کہ وہ کس معاملے پر کیا نظریہ رکھتا ہے بل کہ یہ بھی پتا چلتا ہے کہ وہ ادب کے فروغ میں کس قدر سنجیدہ ہے اور دوسرے ادیبوں کے ساتھ کس طرح کے تعلقات ہیں۔کہا جا سکتا ہے کہ سوشل میڈیا کی بدولت قارئین کے لیے ادیبوں پر کڑی نگاہ رکھنا ممکن ہو چکا ہے اور ادیبوں کے لیے قارئین کی سوچ کا اندازہ لگانا آسان تر ہو گیا ہے۔تاہم یہ ذہن نشین کر لیجیے کہ سوشل میڈیا پر جو دکھائی دے رہا ہے ویسا ہونا لازم نہیں ہے کہ کئی نئے لکھنے والوں کی کتب کی تشہیر ایسے ہوتی ہے کہ قارئین کتب پر لپکتے ہیں لیکن جب ان کا مطالعہ کیا جاتا ہے تو اُنھیں بے حد مایوسی ہوتی ہے لہٰذا اِس حوالے سے چوکنا رہنا چاہیے کہ کہیں ہاتھ نہ ہو جائے تاہم نام اور ساکھ بنانے والے ادیبوں کی کتب کی تشہیر سے کبھی کبھی تاریخ ساز کتب کا حصول بے حد آسان ہو جاتا ہے اور کئی برس تلاش میں گزارنے والوں کو چند لمحوں میں کتب میسر ہو جاتی ہیں۔سوشل میڈیا پر اگرچہ منفی اور پروپیگنڈے کے حامل مواد کو زیادہ شہرت ملتی ہے۔لیکن افسوس ناک امر یہ ہے کہ سوشل میڈیا کا مثبت استعمال بہت کم ادیبوں کی جانب سے دیکھنے کو ملتا ہے۔ کچھ ادیب اپنی ساکھ کو بدترین طریقے سے مجروح کرنے میں مصروف ہیں اور اُنھیں کوئی بتانے والا نہیں ہے کہ اُن کی شناخت اور ساکھ جتنے برسوں میں کمائی گئی ہے ،وہ دوسروں کے خلاف بے بنیاد، جھوٹی اور بے سروپا الزامات اور بچکانہ مواد پیش کرنے کی بدولت رفتہ رفتہ ختم ہو رہی ہے۔اور یہی وہ عنصر ہے جو اُن کی مقبولیت میں کمی کے ساتھ ساتھ قارئین کو متنفر اور کتب کی فروخت کم کروا رہا ہے۔سوشل میڈیا سب کچھ بے نقاب کرتا ہے اور پھر ہاتھ کچھ نہیں آتا ہے۔سوشل میڈیا کی بدولت سب کی نظروں میں ''سچ'' ہوتا ہے لیکن لوگ خاموش رہتے ہیں کہ ''دیکھتے سب ہیں اور بولتا کوئی نہیں''۔اِس کا ہرگز مطلب یہ نہیں ہے کہ آپ اندھے ہیں تو باقی دیکھ نہیں

سکتے ہیں۔ادیبوں کو اپنی ساکھ کو بہتر بنانے کے لیے مثبت نظریات کا حامل مواد ہی سرعام رکھنا چاہیے تاکہ اُن کے قارئین کی تعداد بڑھے تاکہ اُن کی شخصیت متاثر کن محسوس ہو۔

ادب سے وابستگی کا تقاضا ہے کہ دوسرے ادیبوں کی سوشل میڈیا پر کہی جانے والی باتوں اور نظریات کے اختلاف کا حق آزادی رائے کے تحت احترام کیا جائے اور اُن کے تقدس کو پامال نہ کیا جائے۔اگر آسان لفظوں میں بات کی جائے تو یہی کہا جائے گا کہ اپنے مفادات کے حصول کے لیے دوسروں کی عزت کو تار تار نہ کیا جائے۔دیکھنے میں آیا ہے کہ بے بنیاد الزامات کی بوچھاڑ کے بعد مخالف فریق سے معافی طلب کر لی جاتی ہے لیکن یہ سوچا نہیں جاتا ہے کہ اس سے عام قاری پر کتنے منفی اثرات مرتب ہوں گے۔

منفی سوچ کے تابع نامور ادیب دوسروں کو طنز کا نشانہ بنانے میں مصروف عمل ہیں حالاں کہ اُنھیں اپنی ناموری کا احساس کرنا چاہیے کہ ادب سے جڑنے والوں کو کم سے کم سوچ کا احترام تو سیکھنا چاہیے۔ادیب اگر مثبت انداز میں سوشل میڈیا کا استعمال کریں تو وہ دیگر تربیت کار افراد کی مانند اپنی ایک متاثر کن شناخت بنا سکتے ہیں اور اپنے قارئین کی تعداد میں خوب اضافہ کر سکتے ہیں، لیکن اِس کے لیے شرط یہی ہے کہ سوشل میڈیا کا استعمال مناسب اور مثبت انداز میں کریں۔کچھ ادیبوں سے کسی معاملے میں سنجیدہ نوعیت کا سوال کیا جائے تب بھی وہ اُسے مذاق میں لے لیتے ہیں اور ایسا جواب دیتے ہیں جو کہ اُن کی ساکھ مجروح کرتا ہے۔لیکن اُنھیں اِس کا احساس نہیں ہے کہ اِس عمل سے کتنے لوگوں کی نظروں میں ساکھ مجروح ہو رہی ہے۔اپنی غلطی کو تسلیم کرنے کی بجائے دوسروں کے خلاف مواد پہلے پوسٹ کر دیا جاتا ہے تاکہ کسی کی تذلیل کی جا سکے اور بعدازاں ہٹا دیا جاتا ہے۔حالاں کہ اگر وہ مواد کسی کے خلاف برحق تھا تو اُسے ہٹانے کا فیصلہ غلط تھا اور اگر مواد غلط فہمی کی بنیاد پر لگا کر کسی کی عزت خراب کرنے کی کوشش کی جائے تو پھر یہ ایک عام قاری سوال کر سکتا ہے کہ آپ کیوں بطور ادیب غیر ذمے داری کا مظاہرہ کر رہے تھے۔

سوشل میڈیا نے اردو زبان کے فروغ میں اہم ترین کردار ادا کیا ہے بل کہ یوں کہا جائے کہ اس کی بدولت اُن احباب کے نظریے کی موت واقع ہوئی ہے جو کہتے تھے کہ ''کچھ عرصہ بعد اردو کہیں دکھائی نہیں دے گی'' تو بے جا نہیں ہوگا۔سوشل میڈیا پلیٹ فورمز پر اکثریت ایسے لوگوں کی ہے جو انگریزی پر پوری دسترس نہیں رکھتے ہیں تو وہ اپنا مافی الضمیر اردو زبان میں پیش کر کے فروغ کا سبب بن رہے ہیں۔سوشل میڈیا پر اگرچہ بے سروپا شاعری اور اغلاط سے بھرپور نثر بھی دکھائی دیتی ہے لیکن ایسا کرنے والوں کو روکنے کی بجائے اُن کی اصلاح کی

ضرورت ہے تاکہ وہ مزید توانائی سے ادب کے فروغ کے لیے کام کریں۔ یہ عنصر مسرت بخش ہے کہ نوجوان نسل اردو لکھنے اور پڑھنے میں کم سے کم سوشل میڈیا کی حد تک دل چسپی لے رہی ہے۔

پاکستان میں 2021 کے بعد سے ادب اطفال کا بھرپور فروغ سوشل میڈیا کی بدولت ممکن ہوا اور اب کئی نوجوان صاحب قلم اپنی تحریریں پیش کر کے تعریف اور تنقید وصول کرتے ہیں۔ کئی شاعری اور افسانوں کے مقابلے اب ادبی تنظیمیں سوشل میڈیا (بالخصوص فیس بک/واٹس ایپ گروپ) میں کروا رہی ہیں۔ معروف بھارتی واٹس ایپ محفل ''بچپن'' کا تذکرہ بے حد ضروری ہے کہ اِس وقت فروغ ادب اطفال کے حوالے سے برصغیر میں بہت سرگرم ہے۔ جس میں دنیائے ادب اطفال کے نئے اور نامور ادیب شامل ہیں اور اس محفل میں پیش کی جانے والی تحریریں بھارتی رسائل و جرائد کا حصہ بن رہی ہیں۔ اِس محفل کے ذریعے نئے ادیبوں کی رہنمائی کی جاتی ہیں اور اُنھیں آگے بڑھنے کے لیے بھرپور حوصلہ افزائی کی جاتی ہے۔ بچپن گروپ کے تحت ایک رسالہ 'بچپن پھلواری' شائع کیا جا رہا ہے۔ بچپن محفل کا ایک دل چسپ سلسلہ تحریری انٹرویو ہے جو پاکستان اور بھارت کی معروف علمی و ادبی شخصیات سے لیا جاتا ہے۔ اِس محفل کے روح رواں جناب سراج عظیم ہیں جو کہ کئی حوالوں سے شہرت رکھتے ہیں اور لاتعداد کتب کے مصنف ہیں۔

''ادیب نگر'' محترمہ تسنیم جعفری کی سرپرستی میں ادب اطفال کے فروغ میں مصروف عمل ہے۔ تسنیم جعفری صاحبہ سائنس فکشن کے حوالے سے شہرت رکھتی ہیں اور آپ کی کئی کتب اور ناولز منظر عام پر آ چکے ہیں۔ ''ادیب نگر'' کے زیر اہتمام کئی مقابلے کروائے جا چکے ہیں۔

ایک معروف نام ''سرائے اردو۔ادبی فورم'' کا ہے جس کے زیر اہتمام اشاعتی ادارہ تا حال 80 سے زائد کتب شائع کر چکا ہے جن میں نئے لکھنے والوں کی کثیر تعداد شامل ہے۔ سرائے اردو پبلی کیشن سے اس وقت دو سہ ماہی رسائل ''باغیچہ اطفال'' اور ''سرائے اردو'' شائع ہو رہے ہیں۔ لائیو گوگل میٹ پروگرامز کا انعقاد کچھ یوں منفرد رہا کہ پاکستان اور بھارت سے احباب شریک ہوئے اور مشاعرہ برائے اطفال کا انعقاد بھی ممکن ہوا۔ سوشل میڈیا کی بدولت معرض وجود میں آنے والا سرائے اردو ادبی فورم دل چسپ موضوعات پر کئی مقابلے کروا چکا ہے۔ اِن میں

☆عید کہانی مقابلہ　☆دفاع وطن۔افسانہ نگاری مقابلہ

☆جاسوسی کہانی مقابلہ　☆سفر نامہ مقابلہ　☆تشہیر کہانی مقابلہ

☆مختصر آپ بیتی مقابلہ کامیاب ترین مقابلے قرار دیے جا سکتے ہیں۔

''مختصر آپ بیتی'' مقابلے میں پچاس سے زائد اور ''عید کہانی'' مقابلے میں ستر سے زائد تحریریں محض تین دنوں میں مقابلے میں پیش ہوئیں جن میں بھارت کے ادیب بھی شامل تھے۔ دل چسپ امر یہ ہے کہ اِن مقابلوں کی بدولت کئی نوجوان قلم کار سامنے آئے ہیں جنھوں نے افسانچہ نگاری، ادب اطفال اور شاعری کے میدان میں اپنی ایک پہچان بنائی ہے۔ آخرالذکر مقابلے (مختصر آپ بیتی) میں شامل آپ بیتیوں پر مبنی خاص نمبر ''مختصر آپ بیتیاں نمبر 1'' ماہ نامہ انوکھی کہانیاں، کراچی کے دسمبر 2021 اور ''مختصر آپ بیتیاں نمبر 2'' جنوری 2022 کے شمارے میں شائع ہوئیں۔ یہ غالباً اولین موقع تھا جب سوشل میڈیا پر ہونے والے مقابلوں کی تحریریں کسی ماہ نامہ جریدے کا حصہ بنی ہیں۔ سرائے اردو نونہالوں سے لیے گئے انٹرویوز بھی یوٹیوب کی زینت بنانے کا سلسلہ شروع کر چکا ہے جو مطالعے میں دل چسپی رکھتے ہیں۔ اسی طرح کی تحریک دیگر ادارے شروع کریں تو وہ وقت دور نہیں جب نونہالوں کو کتاب بینی کی جانب مائل کیا جا سکے۔ بچوں کے لیے دل چسپ کہانیاں اور بڑوں کے لیے نامور ادیبوں کے افسانے اگر جدید تکنیکی سہولیات کو اپنا کر پیش کیے جائیں تو بڑی تعداد میں لوگ اِس کی جانب مبذول ہو سکتے ہیں۔ اردو زبان کے فروغ کے لیے سوشل میڈیا کا انسانی نفسیات کو سمجھ کر استعمال کیا جائے تو دور رس نتائج حاصل ہو سکتے ہیں لیکن اِس کے لیے باقاعدہ حکمت عملی بنانی ہوگی۔ اِس وقت کئی ادبی تنظیمیں اردو زبان کی ترویج و ترقی کے لیے سوشل میڈیا کا سہارا لے چکے ہیں اور اپنا کردار ادا کرنے میں مگن ہیں۔ سوشل میڈیا کی آمد سے قبل کئی نوجوانوں کے پاس اپنی صلاحیتوں کو منوانے کے لیے کوئی پلیٹ فورم نہیں تھا۔ انھوں نے اِس کے ذریعے اپنا آپ منوانا شروع کیا ہے جس میں افسانہ نگار اور شعراء زیادہ اہمیت کے حامل ہیں کہ اِسی کی بدولت عزت و احترام ملا ہے جس کی وجہ سے کئی ایسے ادیب اور شعراء جو سوشل میڈیا کو اپنے لیے زہر قاتل سمجھتے ہیں وہ اُنھیں پذیرائی دینے سے کتراتے ہیں۔ اِس کی مثال یوں دینا چاہوں گا کہ ایک کتاب میں ایک ادیب کا تعارف فیس بک دوست کے طور پر کرایا گیا۔ یہ پیش لفظ لکھنے والے ادیب کی سوچ کو بہ خوبی عیاں کرتا ہے۔ درحقیقت قارئین کے وسیع حلقے کو اپنی جانب مبذول کروانا اتنا آسان نہیں ہے کہ معیاری اور متاثر کن تحریریں ہی کسی کی پہچان بنتی ہیں اور اِس بات کو سمجھنے کی ضرورت ہے کہ جب قارئین کی بڑی تعداد تک لکھا ہوا پہنچتا ہے تو اُس میں ہر طرز فکر کے احباب شامل ہوتے ہیں جنھیں اپنی سوچ کے مطابق کچھ اچھا لگے گا تو وہ وہی پسند کرے گا۔ بقول سید اقبال حیدر:

''آج سوشل میڈیا پر جرات اتنی بڑھ گئی ہے مختلف تحریروں میں قرآن، بائیبل اور دوسری مقدس کتابوں کا کوئی بھی حوالہ دے کر صفحہ نمبر دے کر کچھ بھی لکھا جا رہا ہے، تو ایسے میں کتنے لوگ ہیں جو ان صفحات پر جائیں گے ،اُن حوالوں کو کتابیں کھول کر پڑھیں گے اب ایسے جعلساز لوگوں کو جواب کون دے گا، یہاں ادیبوں کی اہم اور اٹل ذمہ داری ہے کہ عوام الناس کو ان غلط حوالوں سے لکھی گئی تحریروں کے غلط ہونے کی آگاہی دیں کہ، اس طرح کی غلط قسم کی تحریروں سے انسان کا شعور یا لاشعور متاثر ہو رہا ہے، اخلاق متاثر ہو رہا ہے، نظریات متاثر ہو رہے ہیں اس کا گھر اس کا محلّہ اس کا شہر اس کا ملک متاثر ہو رہا ہے، اس کی آئندہ نسل متاثر ہو رہی ہے، ادیبوں کو چاہیے ان تمام تحریروں کے خلاف ردِ عمل نہایت نفاست اور پیار سے لکھا جائے، گالی کے عوض گالی نہیں بلکہ اظہار خیال بہت نرمی سے کرتے ہوئے بات کو سمجھانا ہے کہ یہ خبر غلط ہے جھوٹی ہے، تحقیق شدہ نہیں ہے اس کی کوئی بنیاد نہیں ہے مگر ہماری جوابی تحریر دل نشین ہونی چاہئے۔''

یہاں ایک بات کی وضاحت ضروری ہے کہ سوشل میڈیا پر وہی کامیاب ہے جس کا مواد بے پناہ متاثر کن ہوگا، آپ سوشل میڈیا پر شہرت حاصل کرنے والوں کا مواد دیکھیں تو اندازہ ہوگا کہ اُنھوں نے کچھ منفرد پیش کیا تب ہی وہ نظروں میں آئے ہیں، البتہ یہ ہرگز نہیں کہوں گا کہ سوشل میڈیا پر جتنی تحریریں (بشمول شعروشاعری، افسانے وغیرہ) پیش ہوتی ہیں وہ سب معیاری ہوتی ہیں ۔اِن کے بارے میں پڑھنے والوں کی رائے کا احترام کرنا بہت ضروری ہے۔سوشل میڈیا کی اہمیت کا اندازہ اِس بات سے بہ خوبی لگایا جاسکتا ہے کہ یہ اُن رسائل اور اخبارات سے زیادہ لوگوں تک پہنچتا ہے جتنے دور حاضر کے رسائل واخبارات کے مستقل قارئین ہیں ۔یعنی کہا جاسکتا ہے کہ اچھے اور بہترین لکھنے والوں کے پاس اب اتنے ذرائع ہیں کہ وہ اپنی صلاحیتوں کو منوا سکتے ہیں لیکن اِس کے لیے معیاری اور اچھا لکھنا ضروری ہے کہ وہی قارئین کو مائل کرے گا اور وہ اُنھیں پڑھنا پسند کریں گے۔

جن ادیبوں نے سوشل میڈیا کی طاقت کو نظر انداز کیا ہے اُنھیں سوچنا چاہیے کہ اگر وہ وقت کے ساتھ نہیں چلیں گے تو پھر ''خالی میدان'' پر کوئی اور آئے گا اور اپنی ''صلاحیتوں کا سکّہ منوا کر قارئین کے دلوں پر راج کرے گا۔سوشل میڈیا ہر باصلاحیت ادیب کے لیے ایک کھلا میدان ہے۔جس میں اپنی صلاحیتوں کو منوانے والے کامیابی حاصل کرتے ہیں۔جس طرح تخلیق کار رسائل واخبارات میں ہر ماہ اپنی تحریر شائع کروا کر نام بنا سکتا ہے اِسی طرح کوئی صاحب قلم اچھی اور معیاری تحریریں پیش کر کے شہرت کما سکتا ہے۔

ساجد حمید اپنے مضمون ''اردو زبان و ادب اور سوشل میڈیا نئے امکانات'' میں لکھتے ہیں کہ ''سوشل میڈیا کے یہ سب ذرائع اپنی بات کہنے اور آگے بڑھانے کے نئے امکانات ہیں۔ ہم سارا دن منفی باتیں کرتے ہیں اور مایوسیوں کا زہر ایک دوسرے کے کانوں میں انڈیلتے ہیں۔ سوشل میڈیا کو گٹر میڈیا اور نجانے کیا کیا کہتے رہتے ہیں۔ کیا ہی اچھا ہو کہ کبھی چند لمحوں کے لیے رک کر ان مثبت نکات پر بھی نظر ڈال لیں۔ سب کچھ غلط اور منفی نہیں ہو رہا۔ ٹیکنالوجی کا مثبت استعمال بھی ہو رہا ہے۔ ہمیں صرف اپنا حصہ ڈالنے کی ضرورت ہے۔''

سوشل میڈیا ادیبوں کے لیے ایک ایسا پلیٹ فورم ہے جہاں کوئی مدیر نہیں ہے جو کسی تحریر کو روک سکے یا نا قابل اشاعت قرار دے یا پھر اُن کی نوک پلک درست کرے یعنی جو جیسا ہے، ویسا ہی رہے گا۔ اور لکھنے والوں کو اپنے لکھے پر تعریف اور تنقید حاصل ہوگی یا پھر سبکی کا سامنا کرنا پڑے گا۔ لہذا یہ کہا جا سکتا ہے کہ جہاں سوشل میڈیا ادب کے فروغ کو یقینی بنا رہا ہے اور ادیبوں کی پہچان کا سبب بن رہا ہے وہیں وہ اُنھیں قارئین کی عدالت میں پیش کرتا ہے یعنی ادیبوں کو سوشل میڈیا کو استعمال کرتے ہوئے ذمہ داری کا مظاہرہ کرنا پڑے گا تا کہ قلم کی حرمت و تقدس برقرار رہے اور ادب کا فروغ جاری رہے۔

مآخذ:

۱۔ سرائے اردو www.facebook.com/groups/saraiurdu

۲۔ مختصر آپ بیتیاں نمبر 1، مشمولہ ماہ نامہ انوکھی کہانیاں، کراچی دسمبر 2021

۳۔ مختصر آپ بیتیاں نمبر 2، مشمولہ ماہ نامہ انوکھی کہانیاں، کراچی جنوری 2022

۴۔ سوشل اور الیکٹرانک میڈیا، ادیبوں کی ذمہ داریاں، سید اقبال حیدر

1 اکتوبر 2020 https://jang.com.pk/news/826552

۵۔ اردو زبان و ادب اور سوشل میڈیا نئے امکانات، ساجد حمید

13 ستمبر 2021 www.adbimiras.com

۶۔ ادیب نگر www.facebook.com/groups/677740402676631

بشکریہ

ماہ نامہ قومی زبان، کراچی۔ جولائی 2024

☆÷÷÷☆

انتھالوجی کتب کا رجحان۔ جواب آں غزل

13 اپریل 2024 کو روزنامہ اساس، راولپنڈی کے ادبی صفحات پر بلال محسن کا مضمون ”غیر معیاری انتھالوجی کتب کی اشاعت کا بڑھتا ہوا کاروبار“ پڑھنے کا اتفاق ہوا۔کئی باتوں سے اتفاق کیا جا سکتا ہے لیکن کچھ باتوں کو سمجھنا بہت ضروری ہے تاکہ انتھالوجی کتب کا مثبت پہلو سامنے آ سکے۔

بقول بلال محسن:

”لکھاریوں کو خوش کرنے کے لیے ان کے نام سامنے کور پر لگائے جاتے ہیں۔اور اب تو زیادہ متاثر کرنے کے چکروں میں لکھاریوں کی تصاویر بھی لگائی جا رہی ہیں۔“

قارئین کی معلومات میں اضافے کے لیے آگاہ کرتا چلوں کہ کئی ایسی کتب منظر عام پر آ چکی ہیں جن میں کئی نامور علمی و ادبی شخصیات کی تحریروں کو ایک مجموعے کی صورت میں شائع کیا گیا ہے جن میں مضامین، انٹرویوز، کہانیاں اور آپ بیتیاں شامل ہیں۔

اردو شارٹ سٹوریز (اے سلیکشن)۔ایس ایم شاہد، محمد سلیم الرحمان کی انتھالوجی دی نیکڈ ہین، جے رتن کی دو انتھالوجیاں ”ماڈرن اردو شارٹ سٹوریز (1987)اور ”کنٹمپریری اردو شارٹ سٹوریز (1991)، محمد عمر میمن کی ”دی ٹیل آف دی اولڈ فشر مین“ قابل ذکر کتب ہیں۔اِن کتب کی اشاعت کا مقصد مجموعے میں شامل ادیبوں کی مزید تخلیقات کی جانب مبذول کروانا تھا۔اگر ایسی انتھالوجی کتب جو اپنے حقیقی مقصد سے ہٹ کر شائع کی جائیں گی، اُن کی اہمیت و افادیت پر سوالیہ نشان ہوگا۔جن بھی اداروں یا افراد کی جانب سے ایسی کتب سامنے لائی گئی ہیں کیا اُن کی بدولت قارئین نے ادیبوں کی مزید تخلیقات کو پڑھنے میں دل چسپی ظاہر کی تھی، اِس حوالے سے جامعات کو سنجیدگی سے کام کرانے کی ضرورت ہے۔دورِ حاضر میں انتھالوجی کتب شائع کرنے والوں کو احتیاط برتنے کی ضرورت ہے کہ جس موضوع پر کتاب سامنے لائی جا رہی ہے، کیا اُس میں شامل تمام تر مواد قارئین کو متاثر کرنے کی طاقت رکھتا ہے۔

فاضل مضمون نگار کی معروضات کو سامنے رکھا جائے تو کیا یہ ممکن ہے کہ شخصیات کے کارہائے نمایاں کی بجائے

اُن کی خوشنودی کے حصول کے لیے کتب کے سرورق پر نام اور تصاویر پیش کی گئیں؟ اِس حوالے سے گزارش ہے کہ جنھوں نے ایسی کتب شائع کرتے وقت اگر یہ سوچا تھا کہ وہ ناموں یا تصاویر کی بنا پر اپنی کتب کی فروخت زیادہ کر پائیں گے تو یہ نامناسب عمل ہے۔ دوسری جانب اہم ترین بات یہ ہے کہ اگر اِن کتب میں شامل مواد کسی بھی طور اہمیت کا حامل ہے تو وہ از خود تاریخ میں یاد رکھی جائیں گی۔ وہ محض ناموں یا تصاویر کی اشاعت سے کبھی اہمیت کی حامل نہیں ہوں گی۔ جو احباب ذاتی تشہیر کی خاطر کچھ ایسا کر رہے ہیں اُنھیں اگر روکا نہیں جا سکتا ہے تو اُن کی حوصلہ افزائی بھی نہیں کی جا سکتی ہے کہ اِس طرح سے ایک غلط روایت قائم ہوگی اور سستی شہرت کا رواج فروغ پا جائے گا۔

قیام پاکستان سے آج تک جتنی کتب کے مجموعے شائع ہوئے جن میں مختلف ادیبوں کی تحریریں شامل تھیں، اُنھیں کس قدر قارئین میں پذیرائی حاصل ہوئی؟ اگرچہ اِس حوالے سے ضرور شہرت حاصل کر پائی ہیں کہ اِن میں فلاں، فلاں کی تحریریں شامل ہیں اور یہ اتنے برسوں کا انتخاب ہیں۔ اِس انتخاب میں مرتب کرنے والے نے کتنی غیر جانبداری کا مظاہرہ کیا ہے، اِس حوالے سے جامعات کی سطح پر تحقیقی کام کیا جائے تو بہت کچھ عیاں ہوسکتا ہے۔ دل چسپ بات یہ ہے کہ جس طرح سے انتھالوجی کتب کے معیار کو نشانہ بنایا جاتا ہے وہیں کسی کے برسوں کے انتخاب پر بھی انگلی اٹھائی جاسکتی ہے کہ منتخب کردہ مواد کا انتخاب کس بنیاد پر کیا گیا ہے۔

ایک اہم سوال یہ ہے کہ کسی ادارے یا فرد کی بجائے لکھنے والوں کی جیب سے ادا کی گئی رقوم سے منظرِ عام پر آنے والی کتب کو کسی طور ادب کا قیمتی خزانہ قرار دیا جاسکتا ہے؟

بلال محسن کا یہ بھی کہنا ہے کہ ”پھر بغیر رجسٹرڈ ادارے سے چھپوانے کے بعد کتاب لکھاری کے پتے پہ پوسٹ کر دی جاتی ہے۔“

موصوف یہاں یہ بات بھول گئے ہیں کہ انتھالوجی کتب معروف ادارے بھی شائع کرتے رہے ہیں تاہم وہ جسارت کا مظاہرہ کر کے نام نہیں لے سکے ہیں۔ راقم کے علم میں ہے کہ کچھ اداروں نے ایسی کتب شائع کی ہیں جن میں مختلف ادیبوں کی تحریریں شامل ہوئی ہیں۔ اگر کسی نان رجسٹرڈ ادارے نے کتاب کسی کو ارسال کر دی تو یہ ہمارے دائرہ اختیار سے باہر ہے کہ ایک ذاتی نوعیت کے معاملے پر رائے زنی کریں۔ اِس بات کو تسلیم کیا جا سکتا ہے کہ مضمون نگار نے اہم نکات کی جانب متوجہ کیا ہے کہ ایسی کتب جن میں کئی لکھنے والوں کی تحریریں شامل ہوتی ہیں، اُن میں رموز و اوقاف کا خیال رکھا جائے اور خاص کر پروف خوانی پر توجہ دی جائے۔

ایک اہم عنصر یہ بھی ہے کہ کئی لکھنے والے انتھالوجی کتب کو اپنی ملکیت سمجھتے ہیں درحقیقت وہ مرتب کرنے والوں سے منسوب ہوتی ہیں اور قومی کتب خانے میں محفوظ ہوتی ہیں تو اُن کے مرتبین کے ناموں سے ریکارڈ پر لائی جاتی ہیں، اِس غلط فہمی کو دور کر لینا چاہیے۔

کسی اہم نوعیت کے موضوع پر کتاب بطور حوالہ پیش ہوگی تو یقینی طور پر بطور قلم کار اُن کا تذکرہ بھی ہوگا جن کی تحریریں اِس مجموعے کا حصہ ہوں گی۔ اگر ایسی کتب شائع کرنی ہیں تو جو احباب ادب کے فروغ میں سنجیدہ ہیں اُنھیں معیاری ادب کے فروغ کے لیے اپنا کردار ذمہ داری سے نبھانا چاہیے تا کہ اُن کی کتب پر انگلی نہ اٹھائی جا سکے۔

☆÷÷÷☆

آپ بیتیاں اور آپ بیتی نمبر: حقائق کے آئینے میں

تحقیق حقائق کو بے نقاب کرتی ہے اور جب سچائی سامنے آتی ہے تو عقل بھی بسا اوقات دنگ رہ جاتی ہے۔ایک زمانہ تھا جب اولین آپ بیتی کے حوالے سے متضاد نظریات سامنے آئے لیکن جب سچائی سامنے آئی تو سب اچھل پڑے۔

ہمارے ہاں دل چسپ بات یہ ہے کہ سب لکھنے والے اپنے اپنے کارہائے نمایاں کو تاریخ ساز قرار دیتے ہیں۔لیکن جب وہ تحقیق کی بھٹی پر پرکھے جاتے ہیں اور کچھ ''کندن'' بن کر سامنے آتا ہے تو سب کے لیے قابل قبول ہو جاتے ہیں۔

مبشر علی زیدی کے بقول:

''کالا پانی کے نام سے مشہور جعفر تھانیسری کی کتاب تاریخ عجیب کو سو سال تک اردو کی اولین آپ بیتی سمجھا جا رہا۔اس کا پہلا حصہ 1879 اور دوسرا 1884 میں شائع ہوا۔''اس کی وجہ یہ تھی کہ پتمبر سنگھ کی لکھی گئی بیس صفحات کی یاداشتوں کو اردو زبان میں لکھا ہوا سمجھا گیا تھا۔پتمبر سنگھ (پتمبر اسمہار کارترا) کی آپ بیتی مغالطے کی بنا پر اردو زبان کی اولین آپ بیتی کہی گئی۔لیکن بعدازاں وہ بنگالی زبان کی تحریر نکلی جسے اردو سمجھا جا رہا تھا۔عبدالغفور نساخ اس حوالے سے سامنے آئے تھے کہ انھوں نے آپ بیتی لکھی تھی لیکن اسے 1986 میں ڈاکٹر عبدالسبحان نے مرتب کر کے شائع کیا۔اُن کے بقول یہ 1886 میں لکھی گئی تاہم شہر بانو بیگم کی خود نوشت ''بیتی کہانی''اردو زبان میں کسی خاتون کی جانب سے لکھی جانے والی اولین آپ بیتی ہے۔

جناب راشد اشرف کا ایک مضمون ''دستاویز،قطر کا''اردو کی اہم آپ بیتیاں نمبر'' مطالعے میں آیا ہے جس میں وہ لکھتے ہیں کہ:

''یہ ایک طے شدہ بات ہے کہ نقوش کے آپ بیتی نمبر (1964ء) اور اسی کی دہائی میں شائع ہوئے صابر دت

مرحوم کے فن اور شخصیت کے اہم نمبروں کے بعد اردو کی اس اہم ترین صف ادب میں کوئی قابل ذکر کام ہوا ہی نہیں تھا۔''

راقم السطور کو اِنھی کے مضمون سے علم ہوا کہ دوحہ (قطر) کے ادبی مجلّے دستاویز کا ''اردو کی اہم آپ بیتیاں نمبر'' فروری 2016 میں شائع ہوا۔ جس کا پہلا حصہ نقد ونظر، دوسرے حصے میں اہم خودنوشتوں کا تعارف و انتخاب جب کہ تیسرے حصے میں سوانحی مضامین بھی شامل ہوئے ہیں۔

جریدہ ''نقوش'' 1948 میں لاہور سے جاری ہوا اور ''نقوش'' نے جون 1964 میں آپ بیتی نمبر نکالا، دو جلدوں پر محیط اِس خاص نمبر کے صفحات 1880 تھے۔ یہ امر دل چسپ ہے کہ یہ نقوش کا 100 واں شمارہ تھا۔ جس میں شعراء، ادباء، سیاسین، مورخین، علماء اولیا کرام، صوفیاء کرام، سربراہ مملکت کی مختصر آپ بیتیاں شامل تھیں جن کی تعداد 244 ہے۔ اُس وقت نقوش کے مدیر محمد طفیل تھے۔

رسالہ ''فن اور شخصیت'' بمبئی (بھارت) کا آپ بیتی نمبر مارچ 1980 میں شائع ہوا۔ جس کے مدیر صابر دتؔ، معاون مدیر کلیم راہیؔ اور نگران کالیداس گپتا رضا تھے۔

راشد اشرف کے مذکورہ مضمون کی اشاعت سے قبل ایک رسالہ آپ بیتیوں کو متواتر شائع کر رہا تھا لیکن اُن کے علم میں نہیں آسکا۔ راشد اشرف کی تحریر پڑھنے پر علم ہوا کہ ایک اور خاص نمبر جو کہ آپ بیتی کے حوالے سے تھا اُس کے بارے میں علم نہیں رکھتے ہیں جو کہ سہ ماہی الزبیر، بھاول پور نے دسمبر 1964 میں شائع کیا تھا۔

اِس میں مختصر آپ بیتیاں، تاریخی آپ بیتیاں، مشاہیر کی آپ بیتیاں، اپنی کہانی' اپنی زبانی، خاص آپ بیتیاں، آپ بیتیاں: تنقید کے آئینے میں، تراجم، ادبائے بہاول پور کی آپ بیتیاں شامل کی گئیں تھیں۔ اُس وقت رسالے کے مدیر مسعود حسن شہابؔ تھے اور اِس خاص نمبر کے صفحات کی تعداد 626 تھی۔

یاد رہے کہ سہ ماہی الزبیر، بھاول پور کا اولین شمارہ جناب سید شبیر بخاری کی زیر ادارت میں 25 جنوری 1961 کو منظر عام پر آیا۔ مزید براں سہ ماہی الزبیر، بھاول پور کی ادبی خدمات کے حوالے سے ایم فل اردو کی سطح کا ایک تحقیقی و تنقیدی مقالہ لکھا جا چکا ہے اور ایک مقالہ ''نقوش اور الزبیر کے آپ بیتی نمبروں کا تحقیقی و تنقیدی مطالعہ'' جامعہ کراچی کے ریسرچ جرنل ''امتزاج'' میں شائع ہو چکا ہے۔

اِس ''آپ بیتی نمبر'' کے علاوہ سہ ماہی الزبیر کا غیر ملکی افسانے نمبر، اردو سفرنامے نمبر، کتب خانہ نمبر، ادبی معرکے نمبر، علامہ اقبال نمبر، اصناف نمبر، بہاول پور نمبر، سوسالہ صحافت نمبر، خواجہ غلام فرید نمبر، انتقادیت نمبر،

وزیر آغا نمبر، شہاب دہلوی نمبر، دیوان فرید نمبر، سفر نامہ نمبر، طارق محمود نمبر اور دیگر موضوعات پر خاص نمبرز شائع ہو چکے ہیں۔

ایک خودنوشت کتاب شفیع عقیل صاحب نے مرتب کی جس کا نام ''نامور ادیبوں اور شاعروں کا بچپن'' تھا۔ اِسی طرح ڈاکٹر فوزیہ خانم کی'' آپ بیتیاں: ٹیڑھی پسلیوں کی''، محمد حامد سراج کی پاک وہند کے شاعروں اور ادیبوں کی مختصر خودنوشتیں ''نامور ادیبوں کی آپ بیتیاں'' کے نام سے منظر عام پر آ چکی ہیں۔

ماہ نامہ انوکھی کہانیاں، کراچی کئی برسوں سے مختلف ادبی وعلمی شخصیات کی آپ بیتیاں شائع کر رہا ہے، جب کہ الہی پبلی کیشنز، کراچی آپ بیتیاں۔ حصہ اول اور آپ بیتیاں۔ حصہ دوم کی صورت میں کئی نامور مدیران اور ادیبوں کی آپ بیتیوں کو منظر عام پر لا چکا ہے۔

مختصر آپ بیتیوں پر مبنی خاص نمبر ماہ نامہ انوکھی کہانیاں، کراچی ''مختصر آپ بیتیاں نمبر 1'' دسمبر 2021 اور ''مختصر آپ بیتیاں نمبر 2'' جنوری 2022 میں شائع کر چکا ہے۔ عیشاء صائمہ کی ''میرا قلم، میری کہانی'' کے نام سے مئی 2023 اور بہرام علی وٹو کی ''پہلا قدم'' جنوری 2024 میں پاکٹ سائز کتب کی صورت میں آپ بیتیاں شائع ہوئی ہیں یعنی اردو ادب میں آپ بیتیوں کے مجموعے، رسائل کے آپ بیتی نمبر، انفرادی خودنوشت کتب اور پاکٹ سائز کتب منظر عام پر آ چکی ہیں۔

سوانحی ادب کا ترجمان'' آپ بیتی'' نئی دہلی (بھارت) سے شائع ہو رہا ہے جس کے مدیر شاہ عمران حسن اور مدیر اعزازی ڈاکٹر محمد سلیم ہیں۔ برصغیر میں اِس کے علاوہ کوئی جریدہ شائع نہیں ہو رہا ہے جو اِس نوعیت کے موضوعات کا احاطہ کر رہا ہو، یہ اپنی نوعیت کا منفرد مجلّہ ہے۔ اب تک اِس جریدے کے تین شمارے منظر عام پر آ چکے ہیں۔

سرائے اردو پبلی کیشن، سیال کوٹ سے شائع ہونے والا سحرش اعجاز کا کہانیوں کا مجموعہ'' مریم کا عزم'' اِس حوالے سے منفرد ہے کہ اُن کی مختصر آپ بیتی بھی شامل ہے۔ اردو ادب کی تاریخ میں ایسا بہت کم ہوا ہے جب کہانیوں کے مجموعے میں کسی کی خودنوشت حصہ بنی ہو۔ ادب اطفال کی بات کی جائے تو معروف ناول نگار اشتیاق احمد کی'' میری کہانی'' اور ذوالفقار علی بخاری کی سرگزشت ''جی دار'' منظر عام پر آ چکی ہیں۔

راقم یہاں وضاحت کرنا ضروری سمجھتا ہے کہ مذکورہ بالا آپ بیتیوں کی کتب سے ہٹ کر بھی مختلف ادبی، علمی اور سیاسی شخصیات کی سرگزشت کتابی صورت میں شائع ہو رہی ہیں تاہم اِن کی تعداد آٹے میں نمک کے برابر

ہے کہ اپنی ذات کی اچھائیوں اور برائیوں کو من وعن لکھنا ہر کس و ناکس کے بس سے باہر ہے۔ اِسی وجہ سے اِس جانب کم توجہ دی جارہی ہے تاہم کامیاب افراد کو اپنی زندگی کو دوسروں کے سامنے رکھنے کی جسارت کرنی چاہیے تاکہ دوسروں کو تحریک مل سکے۔ نونہالوں اور نوجوانوں کو ایسی کتب تحفے کے طور پر دینے کا رجحان قائم ہونا چاہیے جس میں وہ مختلف ادیبوں کی سرگزشت پڑھ سکیں۔ اِس سے اُنھیں مستقبل کو بہتر انداز میں گزارنے کے لیے بہترین تحریک مل سکے گی۔

حوالہ جات:

۱۔نقوش اورالزبیر کے آپ بیتی نمبروں کا تحقیقی وتنقیدی مطالعہ، ڈاکٹر غلام اصغر، رحمان سرور باجوہ
ریسرچ جرنل ''امتزاج''، جامعہ کراچی، شمارہ 17، جلد 19 جون 2022

۲۔دستاویز قطر کا ''اردو کی اہم آپ بیتیاں نمبر''، راشد اشرف
18 فروری 2016 www.urduweb.org

۳۔سو سال تک اردو کی اولین آپ بیتی، مبشر علی زیدی
20 اگست 2022 www.dailyswail.com

☆÷÷÷☆

فن، فنکار اور ناقدین

کہا جاتا ہے کہ ''فن کی کوئی سرحد نہیں ہوتی۔''

اگر آپ کی تحریر کسی اخبار، ویب سائٹس یا ڈائجسٹ میں شائع ہوتی ہے تو اپنی جگہ ایک مصدقہ ثبوت ہوتی ہے۔ آپ اُسے بطور مثال یا حوالہ کہیں بھی پیش کر سکتے ہیں۔

تحریر کی اثر پذیری تب زیادہ ہوگی جب آپ نے مضبوط دلیل کے ساتھ لکھا ہوگا۔آپ کی تحریر کو زیادہ شہرت تب ملتی ہے جب وہ حقائق عیاں کرتی ہے، اُس کے لیے ضروری نہیں ہے کہ وہ ملک میں شائع ہو یا بیرون ملک۔راقم الحروف کی اولین تحریر دس برس قبل جرمنی کے اردو جریدے ''احساس'' میں شائع ہوئی۔جس نے بے پناہ خوشی دی کہ تحریر میں اِس قدر 'دم' ہے کہ وہ کسی اور ملک کے رسالے میں جگہ بنا پائی ہے۔آج کئی احباب کو رشک ہوتا ہے کہ کسی کی تحریریں بیرون ممالک میں قابل تعریف سمجھی جا رہی ہیں۔

آن لائن جریدوں نے تحریر کی اشاعت کو بے حد آسان بنا دیا ہے۔لیکن معیاری جریدے میں شائع ہونا قابل تعریف سمجھا جاتا ہے تاہم اگر کسی کی تحریریں ذاتی عناد پر رد کی جاتی ہیں تو وہ قابل مذمت ہے۔اگر تخلیقات کسی اخبار یا رسالے میں معیار کی بنیاد پر جگہ پاتی ہیں تو یہ لکھنے والوں کا نہ صرف حوصلہ بڑھاتی ہیں بل کہ اُسے قارئین کا وسیع حلقہ بھی عطا کرتی ہیں۔اور اخبار، رسالے یا ڈائجسٹ کو بھی قارئین میں معتبر بناتی ہیں۔

آپ کی تحریر اگر مقامی اخبارات میں کئی برسوں سے شائع ہو رہی ہیں تو آپ کی شناخت علاقائی سطح پر زیادہ ہوگی۔اگر آپ قومی سطح کے رسائل اور اخبارات میں لکھ رہے ہیں تو پھر قومی سطح کے قلم کار کہلائیں گے۔اگر آپ کی تحریریں مختلف ممالک کے اخبارات اور رسائل میں شائع ہو رہی ہیں تو آپ بین الاقوامی قلم کار کہلانے کے مستحق ہیں۔آپ خود کو بطور قلم کار کس سطح پر رکھنے کے خواہاں ہیں۔اِس کا تعین کسی اور کو نہیں۔۔۔بل کہ آپ کو کرنا ہے، لہذا اِس میں کوتاہی نہ کیجیے۔

چند برس قبل ایک موصوف کی رائے پڑھی کہ ملک سے باہر شائع ہونا اہمیت کا حامل نہیں ہے۔دل چسپ امر یہ

ہے کہ سنہ 2026 میں وہی صاحب اطلاع دیتے ہوئے پائے گئے کہ ہماری اولین کتاب ہمسایہ ملک میں شائع ہوئی ہے۔

یہ عنصر ظاہر کرتا ہے کہ کسی تخلیق کار کو اپنے وطن سے باہر پزیرائی ملنا کسی طور معمولی قرار نہیں دیا جا سکتا ہے۔ دور حاضر میں سوشل میڈیا کی بدولت سرحد پار شائع ہونا ناممکن نہیں رہا لیکن اِسے بھی ناقدین قابل گرفت سمجھتے ہیں۔ حالاں کہ کسی تخلیق کار کو اپنی صلاحیتوں کے بل بوتے پر مواقع مل رہے ہیں تو اِس پر شکوہ جائز نہیں ہے۔ تخلیق چاہے ملک میں شائع ہو یا پھر بیرون ممالک میں، وہ اپنی اثر انگیزی کا دائرہ وسیع کرتی رہتی ہے اور قلم کار کو وہ مقام عطا کرتی ہے، جس کا وہ مستحق ہوتا ہے۔ اِس حوالے سے یہ سمجھنا بے حد ضروری ہے کہ آپ کی تحریریں 'سفارش' نہیں بل کہ 'معیار' کی بنیاد پر شائع ہونا ضروری ہیں۔

اگر آپ تعلقات استعمال کرنے میں دل چسپی رکھتے ہیں تو اِس کا مطلب ہے کہ آپ کے 'قلم' میں وہ دم خم نہیں ہے جس کی بنیادوں پر کئی برس تک قارئین کے دلوں پر راج کر سکیں۔ کسی کی سفارش سے آپ کو موقع مل سکتا ہے لیکن کئی حقداروں کے لیے'' جگہ خالی نہیں رہے گی۔'' اور یوں آپ اُن کو پیچھے رکھنے والوں میں شمار ہوں گے۔ بطور تخلیق کار آپ کا فرض بنتا ہے کہ کچھ ایسا لکھیں جن پر بحث ہو سکے، بصورت دیگر آپ لکھتے رہیں گے، لیکن کہیں تذکروں میں نہیں آئیں گے۔ حیران کن طور پر قلم کار تب پریشان ہو جاتے ہیں جب اُن کی تحریر پر جائز و ناجائز تنقید کی جاتی ہے۔ حالاں کہ کسی نہ کسی شکل میں وہ تحریر اپنے موثر ہونے کا ثبوت دے رہی ہوتی ہے لیکن تخلیق کار حوصلہ پست کر جاتا ہے۔ بطور مدیر کسی خاص تخلیق کار کو زیادہ مواقع دینا ایک جرم قرار پائے گا۔ اِس کی وجہ سے کئی لکھنے والوں کو موقع نہیں مل پاتا ہے اور مخصوص ادیبوں کا کام ہی قارئین کے سامنے اُجاگر ہوتا رہتا ہے۔ کبھی کبھی سالوں بعد عیاں ہوتا تھا کہ ہمارے درمیاں کوئی خاص تخلیق کار موجود تھا، لیکن خبر نہیں ہوتی ہے کہ ہم نے کئی لکھنے والوں کو نظر انداز کر دیا ہوتا ہے۔

ایک معروف صحافی ناصر مغل کے بقول'' تحریر کا زیر بحث ہونا ہی ثابت کرتا ہے کہ آپ منفرد کام کر رہے ہیں۔'' آپ سچ لکھیں گے تو انگلیاں اُٹھ سکتی ہیں لیکن آپ کی ساکھ مجروح نہیں ہوگی۔ سچائی پر کچھ لوگ'' طنز'' کریں گے، ایسا کیوں ہوگا؟ اِس پر سوچنا آپ کی ذمہ داری نہیں ہے، لوگوں کو سوچنے دیں اور آگے بڑھتے رہیں۔ یاد رکھیں کہ جھوٹ کبھی بھی ننگا ہو سکتا ہے لہذا سچائی کو تھام کر لکھتے رہیں۔ اسٹیج پر ناچنے والا ہو یا اسکرین پر اداکاری کرنے والا یا پھر قلمی جہاد کرنے والا فنکار۔۔۔ دونوں کو ناقدین اپنے نشتر چلا کر کندن بنا دیتے ہیں اور پھر وہی

لوگ جو کبھی تنقید کی بارش کرتے تھے۔۔۔وہی آپ کے ''فن پارے'' کو تاریخ ساز قرار دیتے ہیں۔
افسوس ناک بات یہ ہے کہ چند ادیبوں کو یوں مقدس بنا دیا گیا ہے کہ ہم اُن کی تخلیق پر گفتگو نہیں کر سکتے ہیں کہ اُن کا مخصوص روپ دیکھنا پسند کرتے ہیں یعنی ناقدین نہیں چاہتے ہیں کہ کسی کا ادبی قد کسی اور حوالے سے اونچا ہو سکے۔اشتیاق احمد مرحوم نے افسانے بھی لکھے ہیں لیکن اُنھیں صرف اور صرف ناول نگاری کی وجہ سے ہی یاد کیا جاتا ہے جو کہ المیہ ہے۔
ناقدین کی نظر میں جو معتوب ٹھہرتا ہے، وہی سمجھ لیجیے کہ کچھ ''اعلیٰ'' کر رہا ہے کہ جو کچھ نہ کر رہے ہوں، اُنھیں بھلا کون گھاس ڈالتا ہے۔سعادت حسن منٹو کے افسانوں پر آج بھی بحث ہوتی ہے اور سمجھا جاتا ہے کہ شاید وہ گمراہی کی غرض سے لکھے گئے۔لیکن معاشرے میں پائے جانی والی بُرائیوں کو یکسر فراموش کر دیا گیا۔
منٹو کا فن کئی سالوں کے بعد بھی زندہ ہے اور رہے گا کہ اُس نے جو لکھا وہ معاشرے کی تلخ حقیقت تھی۔پس ثابت ہوا کہ ناقدین بے شک اپنا راگ الاپتے رہیں جب تک فنکار کا فن بولتا رہے گا وہی اُس کے تحفظ کی ضمانت بنے گا۔کیوں کہ فن خداداد صلاحیت ہے اور کسی ناقد کے قلم کی جنبش سے ختم نہیں ہو سکتا ہے اور وہی اُس کا مقام رفتہ رفتہ متعین کرتا رہے گا۔

☆===☆

نونہالوں کے لیے خاص نمبر، انفرادیت پسندی اور ادب اطفال

بچوں کے لیے رسائل خاص نمبر شائع کرتے رہتے ہیں۔ جن کا مقصد کسی خاص موضوع پر معلومات کی فراہمی ہے۔ نونہالوں کو رسالے کا سرورق اور خاص نمبر کا عنوان دیکھ کر اندازہ ہو جاتا ہے کہ اُنھیں اِسے کیوں پڑھنا ہے۔ سوال یہ ہے کہ کیا مدیران اِس جانب توجہ مبذول کرتے ہیں کہ خاص نمبر کی اشاعت کا بنیادی مقصد نونہالوں تک معلومات کی فراہمی، تفریح اور شعور بیداری ہے۔

خاص نمبر کا مقصد صرف یہ نہیں ہوتا کہ عنوان پُرکشش رکھ کر بچوں کو رسالہ خریدنے پر مائل کیا جائے۔ بچوں کو عنوان دیکھ کر اپنائیت محسوس ہوتی ہے تب ہی خاص رسالہ پڑھنے کی ضد یا فرمائش کرتے ہیں یا پھر والدین اُن کے لیے خریدنا پسند کرتے ہیں۔

خاص نمبر کا عنوان کئی بچوں کے لیے مطالعے کا سبب بنتا ہے اور وہ دل چسپی سے متعلقہ موضوع پڑھتے ہیں۔ بچوں کے تقریباً تمام رسائل خاص موضوعات پر شمارے منظر عام پر لا چکے ہیں جنھیں بے حد مقبولیت حاصل ہوئی ہے۔ اِن کے حوالے سے یہ کہنا کہ وہ انفرادیت کے حامل نہیں تھے، یہ کسی طور مناسب ردعمل نہیں ہوگا۔ کیوں کہ مدیران کی خواہش ہوتی ہے کہ اُن کا مرتب کردہ خاص نمبر ایسا ہو جسے برسوں یاد رکھا جائے۔ اِس کے لیے بہترین تحریروں کا انتخاب اِسی مقصد کو مدنظر رکھتے ہوئے کیا جاتا ہے۔

خان حسنین عاقب (شاعر، محقق، نقاد، کہانی نویس، مترجم، مدرس) اِس حوالے سے فرماتے ہیں:

''بچوں کے رسائل کے خاص نمبر (Issues Special) اپنے آپ میں ایک جہان سمیٹے ہوئے ہوتے ہیں۔ یہ خصوصی نمبر یک موضوعی ہوتے ہیں یعنی ایسا کوئی موضوع جس کے اردگرد پورے شمارے کا مواد گردش کرتا ہے۔ ایسے کسی خصوصی نمبر کا عنوان ایسا ہونا چاہیے جو بچوں کی نفسیات، ان کی طبعی عمر کے تقاضوں اور ان کی پسند ناپسند سے ہم آہنگ ہو۔ عنوان موجود زمانے میں بچوں کی تعلیم و تربیت، پرورش اور اصلاح کے مقاصد

کو سامنے رکھ کر طے کیا جانا چاہیے۔"

خاص نمبر کے عنوان کی خصوصیات ملاحظہ کر لیجیے۔

بچوں کے رسائل کے خصوصی شماروں کے عنوانات:

دلچسپ اور تجسس پیدا کرنے والے ہونے چاہئیں مثلاً ہماری دنیا اور سائنس، جانوروں کی کہانی بچوں کی زبانی، خلا کے مسافر، ہماری پیاری دھرتی، ہمارے قومی ہیرو وغیرہ۔

ایسے عنوانات جو بچوں کو فوری طور پر اپنی جانب متوجہ کریں۔

سادہ، واضح، آسان فہم

مشکل یا بہت ادق الفاظ سے پرہیز۔

بچوں کی عمر کے مطابق

چھوٹے بچوں کے لیے ہلکے پھلکے عنوان،

بڑے بچوں کے لیے زیادہ معلوماتی، تحقیقی یا موضوعاتی عنوان۔

تخلیقی اور رنگین تاثر رکھنے والے عنوانات

عنوان ایسا ہو کہ عنوان پڑھ کر بچے کے ذہن میں تصویر ابھر آئے۔ تعلیمی، اخلاقی یا سرگرمی پر مبنی عنوانات مثلاً ماحول کی حفاظت، روبوٹس کا زمانہ، کھیل اور کھلاڑی، اسلامی قصے وغیرہ۔ رہی بات یہ کہ بچوں کے رسائل کے خصوصی شماروں کے لیے مواد کیسا ہونا چاہیے، تو اس سوال کا جواب تلاش کرنے کے لیے آپ کو دوبارہ بچوں کی نفسیات سے رجوع کرنا ہوگا۔ یہ مواد وہ عنصر ہے جو بچوں کی دلچسپی، تعلیم، ذہنی نشوونما اور تفریح کو ایک ساتھ لے کر چلتا ہے۔ اس لیے مواد کے انتخاب میں خاص احتیاط اور منصوبہ بندی ضروری ہے۔ خاص نمبروں کے لیے مواد کے انتخاب میں کن عوامل کا خیال رکھنا چاہیے؟ تو جواب ہے کہ عمر اور ذہنی سطح کو دھیان میں رکھنا چاہیے۔

6–9 سال کے بچوں کے لیے مختصر، سادہ کہانیاں، رنگین تصاویر، سرگرمیاں، پہیلیاں وغیرہ پر مشتمل مواد ہونا چاہیے۔ 10–14 سال عمر کے بچوں کے لیے معلوماتی مضامین، سائنسی دلچسپی سے بھری تحریریں، تخلیقی تحریریں ہونی چاہیے۔ 15–16 سال کے بچوں کے لیے تحقیقی مضامین، کیریئر گائیڈنس، بلند سطح کی کہانیاں جیسے مواد کا انتخاب ہونا چاہیے۔

دلچسپی اور مشغلوں پر مبنی مواد: بچوں کی پسندیدہ چیزوں کو شامل کیا جائے مثلاً جانور، خلا، کھیل، بہادری، ٹیکنالوجی، جادوئی کہانیاں، ایڈونچر وغیرہ۔

تعلیمی اور اخلاقی پہلو: مواد نہ صرف تفریحی نوعیت کا ہو بلکہ کچھ نہ کچھ سکھائے بھی۔

اخلاقی اقدار، مثبت رویّے، دوسروں کی مدد، محنت اور ایمانداری جیسے پیغامات پر مشتمل ہو۔

زبان کی سادگی:

مواد کی زبان شستہ، رواں اور بچوں کی سمجھ کے مطابق ہو۔

مشکل الفاظ کی جگہ آسان اور دلچسپ طرزِ اظہار کا استعمال کیا جائے۔

محفوظ اور مثبت مواد:

کسی بھی قسم کا تشدد، خوف، نفرت انگیزی یا ناگوار مواد شامل نہ ہو۔

بچوں کی نفسیات کا خاص خیال رکھا جائے۔

بصری خوبصورتی: بچوں کے رسائل کے خاص شماروں کے مواد کے انتخاب میں آنکھوں کی جمالیات یعنی خوبصورتی کا لحاظ رکھتے ہوئی رنگین تصاویر، طویل تحریر کے ساتھ دلچسپی برقرار رکھنے کے لیے گرافکس، کارٹون، خاکے، نقشے وغیرہ شامل ہوں۔

موضوع کی ہم آہنگی:

تمام مواد اس خصوصی شمارے کے مرکزی موضوع کے ساتھ ہم آہنگ ہو۔

سرگرمیوں اور عملی مواد کی شمولیت:

سرگرمی اساس افعال

معمے، پزلز، رنگ بھرنے کے صفحے

سائنسی تجربے

سوال جواب کا سیکشن

ثقافتی اور مذہبی حساسیت:

مقامی اقدار، روایات اور تہذیب کو مثبت انداز میں پیش کرنا۔

ایسی چیزوں سے گریز کرنا جو کسی طبقے یا مذہب کے لیے حساس ہوں۔

نئی معلومات:

جدید ٹیکنالوجی، سائنسی دریافتیں، عالمی حقائق، بچوں کا ادب وغیرہ۔

فاکہہ قمر (کہانی نویس، مدیر) اِس ضمن میں فرماتی ہیں کہ "خاص عنوان بچوں کی دلچسپی کو ملحوظ خاطر رکھ کر منتخب کرنے چاہئیں۔ مواد بچوں کی دلچسپی اور رجحان کے مطابق ہونا چاہیے۔"

دانیال حسن چغتائی (کہانی نویس، تبصرہ نگار، مدیر) کہتے ہیں:

''بچوں کے لیے کسی خاص نمبر کی کامیابی کا انحصار اس کے عنوان اور مواد کے محتاط انتخاب پر ہوتا ہے تاکہ وہ بچوں کی دلچسپی، سمجھ اور تعلیمی ضروریات کو پورا کر سکے۔ انتخاب کرتے وقت تین اہم عوامل کا خاص خیال رکھنا چاہیے۔ عمر کا گروپ اور نفسیاتی ضروریات سب سے اہم اور بنیادی عامل ہے۔ مواد اور عنوان کو ہدف بنائے گئے عمر کے گروپ (مثلاً: 3-5 سال، 6-8 سال، 9-12 سال) کی ذہنی سطح اور سمجھنے کی صلاحیت کے مطابق ہونا چاہیے۔ بہت پیچیدہ یا بہت سادہ مواد دونوں ہی غیر مؤثر ہو سکتے ہیں۔ بچوں کی تجسس (Curiosity)، تخیل (Imagination) اور جذباتی وابستگی کو مدنظر رکھیں۔ کہانیاں، نظمیں، اور سرگرمیاں ایسی ہونی چاہئیں جو انہیں محفوظ اور مثبت احساسات فراہم کریں۔ عنوان کو ایسا ہونا چاہیے جو فوری طور پر توجہ کھینچ لے۔ بچوں کا ادب اور میگزین معلومات فراہم کرنے کا ذریعہ نہیں ہوتے بلکہ تفریح اور دلچسپی کو بھی مرکز میں رکھتے ہیں۔ تحاریر کا عنوان چنچل، سوالیہ یا پراسرار ہونا چاہیے۔ اس میں عمل (Action) اور جذبہ (Emotion) جھلکنا چاہیے۔ مواد میں کہانیاں، معلوماتی مضامین، پہیلیاں، ڈرائنگ، اور سرگرمیوں کا توازن برقرار رکھا جائے۔ یہ توازن پڑھنے کے عمل کو بوریت سے بچاتا ہے اور مختلف مہارتوں کو پروان چڑھاتا ہے۔ مواد میں اخلاقی اسباق، سائنسی حقائق، ثقافتی آگاہی، یا زبان کی مہارتیں شامل ہونی چاہیے لیکن انہیں کہانیوں میں گوندھا ہوا ہونا چاہیے۔ مواد کی کامیابی کے لیے پیشکش (Presentation) بھی اتنی ہی ضروری ہے۔ جملے مختصر، سادہ اور براہِ راست ہونے چاہئیں، روزمرہ کی بول چال کے قریب ہوں۔ پیچیدہ یا بھاری بھرکم الفاظ سے گریز کرنا چاہیے۔ روشن رنگوں، بڑی تصاویر، واضح فونٹس کا استعمال لازمی ہے۔ ہر صفحہ بصری طور پر دلکش ہونا چاہیے۔ مواد کو ہر قسم کے تعصب سے پاک ہونا چاہیے اور سماجی طور پر ذمہ دارانہ اور مثبت پیغامات کو فروغ دینا چاہیے۔ ان عوامل کا خیال رکھنے سے ایسا خاص نمبر تیار کیا جا سکتا ہے جو یقیناً بچوں کو پسند آئے گا بلکہ ان کی ذہنی نشوونما میں بھی معاون ثابت ہوگا۔''

محمد علم اللہ (صحافی) کے بقول: ''بچوں کے لیے خاص نمبر تیار کرتے وقت سب سے پہلے عنوان کا انتخاب بہت اہم ہوتا ہے۔ عنوان ایسا ہونا چاہیے جو بچوں کی عمر، ذہنی سطح اور دلچسپی کے مطابق ہو، آسان اور یاد رہنے والا ہو، اور بچوں کے ذہن میں مثبت جذبات پیدا کرے۔ چھوٹے بچوں کے لیے خوش رنگ، سادہ اور دلکش الفاظ بہتر ہوتے ہیں، جبکہ بڑے بچوں کے لیے تجسس پیدا کرنے والا اور معنی خیز عنوان مؤثر رہتا ہے۔ عنوان میں کہانی کا پہلو، راز یا سوالیہ انداز بچوں کو پڑھنے کی طرف راغب کرتا ہے اور ان کی دلچسپی برقرار رکھتا ہے۔ مواد کے انتخاب میں بھی بہت احتیاط ضروری ہے۔ بچے کی ذہنی اور نفسیاتی سطح کے مطابق مواد ہونا چاہیے تاکہ وہ آسانی سے سمجھ سکے اور اس کے جذبات پر منفی اثر نہ پڑے۔ مواد میں اخلاقی اور تربیتی پہلو شامل ہونا ضروری ہے، لیکن یہ کسی لیکچر نما انداز میں نہ ہو بلکہ کہانی، پہیلی، نظم یا کھیل کے ذریعے بچوں کو سکھائے۔ مواد دلچسپ اور متنوع ہونا چاہیے تاکہ کہانیاں، نظمیں، معلوماتی گوشے، تصویریں اور سادہ سائنسی سوالات بچوں کو بور نہ کریں۔ زبان صاف، رواں اور مختصر جملوں پر مشتمل ہونی چاہیے تاکہ بچے خود کو بات چیت میں شامل محسوس کریں۔ بصری مواد بھی بچوں کی توجہ اور سمجھ کے لیے اہم ہے، اس لیے تصاویر رنگین، واضح اور تحریر سے ہم آہنگ ہونی چاہئیں۔ سب سے اہم بات یہ ہے کہ مواد بچوں کے تخیل کو پروان چڑھائے، انہیں سوچنے اور سوال کرنے کی تحریک دے، اور مثبت سماجی اقدار جیسے ہمدردی، سچائی، احترام اور ماحول کے شعور سے روشناس کرائے۔''

پطرس بخاری اپنے مضمون 'لاہور کا جغرافیہ' میں عام اور خاص نمبر کے حوالے سے لکھتے ہیں:

''اشتہاروں کے علاوہ لاہور کی سب سے بڑی صنعت رسالہ بازی اور سب سے بڑی حرفت انجمن سازی ہے۔ ہر رسالے کا ہر نمبر عموماً خاص نمبر ہوتا ہے اور عام نمبر صرف خاص خاص موقعوں پر شائع کیے جاتے ہیں۔ عام نمبر میں صرف ایڈیٹر کی تصویر اور خاص نمبروں میں مس سلوچنا اور مس کجّن کی تصاویر دی جاتی ہیں۔ اس سے ادب کو بہت فروغ نصیب ہوتا ہے اور فن تنقید ترقی کرتا ہے۔''

کچھ بچوں کے رسائل ایسے ہیں جو صرف خاص نمبر شائع کرتے ہیں تاکہ بچوں کے لیے اہم موضوعات پر مواد پیش کیا جا سکے جو کہ اِن خاص نمبرز کو سامنے لانے کا حقیقی مقصد ہوتا ہے۔ اِس حوالے سے سہ ماہی ''باغیچہ اطفال''، سیالکوٹ قابل ذکر ہے کہ اِس کے تمام شمارے (تاحال) خاص موضوعات پر منظرعام پر آئے ہیں۔ جن میں جھوٹ نمبر (جولائی تا ستمبر 2023)، دوست نمبر دو حصوں میں (اکتوبر تا دسمبر 2023 اور جنوری تا مارچ 2024)، بچپن نمبر (اپریل تا جون 2024)، اسکول نمبر (جولائی تا

ستمبر 2024)، پھول نمبر دو حصوں میں (اکتوبر تا دسمبر 2024 اور جنوری تا مارچ 2025)، نظم نمبر (اپریل تا جون 2025) اور لوری نمبر (جولائی تا ستمبر 2025)، ب۔ فارم اور شناختی کارڈ کے حوالے سے 'شناخت نمبر' (جنوری تا مارچ 2026) اور 'روبو کہانی نمبر' (اپریل تا جون 2026) شامل ہیں۔

بچوں کے کئی رسائل خاص نمبرز شائع کر چکے ہیں جیسا کہ پریوں کا دیس نمبر (سہ ماہی 'بچوں کا پرستان'، لاہور)، آس وا ُمید نمبر (ماہنامہ 'گلبل')، جاسوسی کہانی نمبر (ماہنامہ 'کرن کرن روشنی'، ملتان)، کھیل نمبر (ماہنامہ 'ساتھی'، کراچی)، خطوط نمبر (ماہ نامہ 'مسلمان بچے'، لاہور)، انوکھی کہانیاں نمبر (دو ماہی 'مہک')، شاہکار کہانی نمبر (ماہ نامہ 'انوکھی کہانیاں'، کراچی)، پاکستان ڈائمنڈ جوبلی نمبر (ماہ نامہ 'پھول'، لاہور)، اے آئی نمبر (ماہ نامہ 'بچوں کا باغ'، لاہور)، سفر کہانی نمبر (ماہ نامہ ماہ نامہ 'جگنو'، لاہور)، بھوت نمبر (ماہ نامہ 'بچوں کی دنیا'، لاہور) لوری نمبر (سہ ماہی 'باغیچہ اطفال'، سیال کوٹ)، کہاوت کہانی نمبر (گلدستہ ٹوٹ بٹوٹ جوئنیر)، لائبریری نمبر (گلدستہ ٹوٹ بٹوٹ)۔ فلسطین نمبر (سہ ماہی 'ادبیات اطفال'، اسلام آباد)، پڑھاکو نمبر (ماہ نامہ 'ذوق وشوق'، کراچی)، چھوٹو نمبر (سہ ماہی چاند سورج)، الف نمبر (ہفت روزہ بچوں کا اسلام)۔

درج بالا خاص نمبرز کے عنوانات ایسے ہیں جنھیں نونہالوں کے لیے قابل قبول سمجھا جا سکتا ہے۔ اِن عنوانات کو دیکھ کر محسوس ہوتا ہے کہ نونہالوں کی ذہنی استطاعت کو مدنظر رکھا گیا ہے۔ راقم الحروف یہاں یہ واضح کرنا ضروری سمجھتا ہے کہ چوں کہ بچوں کے لیے رسائل شائع ہوتے ہیں اِس لیے مدیران کو اُن کی ذہنی استطاعت اور دورِ حاضر کے تقاضوں کو بھی مدنظر رکھتے ہوئے خاص نمبر شائع کرنے چاہئیں۔ لیکن اُن کے سرورق ایسے ہوں جو بچوں کے لیے دل چسپی کا سامان پیدا کریں بصورت دیگر وہ اُنھیں پڑھنا پسند نہیں کریں گے۔ اِس حوالے سے ماہ نامہ انوکھی کہانیاں کا ''حنیف سحر نمبر'' بطور مثال پیش کیا جا سکتا ہے۔ آپ بچوں کو مذکورہ سرورق دکھا کر رائے جان سکتے ہیں کہ کیا وہ اِس کا مطالعہ کرنا پسند کریں گے۔ ماہ نامہ انوکھی کہانیاں کئی دل چسپ سرورق شائع کرتا رہا ہے۔ ادیبوں پر خاص نمبر شائع کرتے ہوئے بھی سرورق متاثر کن رکھا گیا ہے جس کی ایک مثال ''نوشاد عادل نمبر'' اور ''نذیر انبالوی نمبر'' ہے۔

ماہ نامہ ''ہمدرد نونہال''، کراچی کئی خاص نمبرز شائع کر چکا ہے۔ ماہ نامہ ''ہمدرد نونہال'' کا ایک خاص نمبر جو کہ جون 1961 میں منظر عام پر آیا، اُس کے موضوع نے بہت حد حیران کیا۔ یہ خاص شمارہ بچوں کی پیدائش، پرورش اور دیکھ بھال پر جدید ترین معلومات اور تازہ تحقیقات کی روشنی میں ضروری ہدایات، بچوں کی عام

بیماریوں کا علاج، پرہیز، خوراک وغذا اور احتیاطی تدابیر کے حوالے سے مرتب کیا گیا۔ اُس وقت رسالے کے مدیر محمد یٰسین تھے۔ اِس خاص نمبر کی تحریروں کو دیکھنے کے بعد اہم سوالات ذہن میں آتے ہیں۔

کیا اِس موضوع کو بچوں کے رسالے کا حصہ بنانا درست عمل تھا؟

کیا والدین کے لیے معلومات کتابچے کی صورت میں الگ پیش نہیں کی جا سکتی تھیں؟

کیا بچوں نے اِسے مکمل توجہ اور یکسوئی سے پڑھا ہوگا؟

کیا بچوں کے نام پر ایسی معلومات جو بڑوں کے لیے ہوں، وہ رسالے کا حصہ بنانی چاہئیں؟

یہ ایسے سوالات ہیں جن کے جوابات سنجیدگی سے تلاش کرنے ہوں گے تا کہ مستقبل میں کوئی غلط رجحان کی جانب نہ بڑھ سکے۔ اِس خاص نمبر کا اداریہ بچوں کے رسائل کی اشاعت کا بنیادی مقصد عیاں کرتا ہے۔

''ہمدرد نونہال'' کے اجرا کا مقصد یہ ہے کہ بچوں کو پڑھنے کے لیے درسی کتابوں کے علاوہ پاکیزہ ادب مل سکے اور وہ اِدھر اُدھر کی نقصان دہ کتابیں یا رسالے پڑھنے پر مجبور نہ ہوں۔ ''ہمدرد نونہال'' نے کبھی ایسے مضامین، کہانیاں یا نظمیں شائع نہیں کیں جو بچوں کی صحت یا اخلاق کو نقصان پہنچائیں۔ ''ہمدرد نونہال'' میں ایسے مضامین و معلومات شائع ہوئی ہیں جو بچوں کی تفریح اور تعلیم میں مفید ثابت ہوں۔''

درج بالا سطور دورِ حاضر کے مدیران کو یاد رکھنے کی ضرورت ہے تا کہ وہ غیر معیاری مواد کی اشاعت سے باز رہ سکیں۔

☆......☆

کیا رسالے کو انفرادیت کے نام پر نونہالوں کے جذبات سے کھیلنا چاہیے؟

یہ سوال دورِ حاضر اور مستقبل کے مدیران کو خود سے کرنا چاہیے تا کہ وہ خاص نمبرز کے عنوانات کا انتخاب سوچ سمجھ کر سکیں۔ بچوں کے لیے کئی موضوعات ایسے ہیں جن پر خاص نمبرز کی اشاعت ممکن ہو سکتی ہے۔ جیسا کہ:-

سوشل میڈیا نمبر:

دورِ حاضر میں سوشل میڈیا کا جس طرح سے غلط استعمال کیا جا رہا ہے اور آمدن کے لحاظ سے نفع حاصل ہو رہا ہے۔ اِسی تناظر میں سوشل میڈیا نمبر نہ صرف بچوں بل کہ نوجوانوں کے لیے بے حد کارآمد ثابت ہو سکتا ہے۔ افسوس ناک بات یہ ہے کہ سوشل میڈیا پر غلط فہمی کی بنیاد پر جس طرح پاکستان میں دوسروں کی تذلیل کی جا رہی ہے اُس کی روک تھام وقت کی اہم ضرورت ہے۔ جب بچوں کو آگاہ کیا جائے گا کہ کس نوعیت کا مواد

پیش کیا جاسکتا ہے اور آن لائن ہراسمنٹ کے ساتھ ساتھ سائبر کرائمز سے بچاؤ کیسے ممکن ہوسکتا ہے، تب ہی صورت حال میں بہتری دکھائی دے گی۔ سوشل میڈیا پر ایسے احباب ہیں جنھیں علم نہیں ہے کہ اصلاح اور تذلیل کے درمیان کیا فرق ہے۔

سوشل میڈیا کے درست استعمال سے نہ صرف ملکی قوانین بل کہ معاشرتی رسم و رواج کو بھی اُجاگر کیا جا سکتا ہے۔ بچوں کو قبل از وقت سوشل میڈیا پر بے جا تنقید و تعریف سے آگاہی دینی چاہیے تاکہ ناقدین کی سازش اور مخلص لوگوں کی تعریف کو پہچان سکیں۔ سوشل میڈیا کی طاقت کا اندازہ ادیبوں کو نہیں ہوا ہے کہ وہ مخصوص حلقے میں مقید ہیں۔ جب دائرہ وسیع ہوگا تو علم ہوگا کہ لوگ سراہنے کے لیے تیار ہیں۔ سوشل میڈیا کا تواتر سے منظر عام پر آنا نونہالوں کی سوچ کو بدل سکتا ہے، لہٰذا اِسے نظر انداز نہ کیا جائے۔

تشہیر کہانی نمبر:

تشہیر کہانی نمبر کی اشاعت وقت کی اہم ضرورت ہے۔ افسوس ناک بات یہ ہے کہ تشہیری کہانیوں پر ابھی تک کسی رسالے نے ''خاص نمبر'' شائع نہیں کیا ہے۔ اِس خاص موضوع پر کام کیا جائے تو کئی اداروں کے اشتہارات بچوں کے رسائل کو مل سکتے ہیں اور ''خاص نمبر'' کی اشاعت کے بعد بھی وہ تعاون کر سکتے ہیں۔ دل چسپ بات یہ ہے کہ کئی ادارے اشتہارات کی بدولت رسائل کے ساتھ تعاون کرتے ہیں لیکن اُس کا نفع کم ہی ادیبوں تک پہنچتا ہے کہ انھیں اعزازی شمارے یا اعزازیہ بہت کم دیا جاتا ہے۔

آپ بچوں کے لیے شائع ہونے والے رسائل کو دیکھ لیجیے، ہماری بات سچ دکھائی دے گی۔ ''تشہیر کہانی نمبر'' کی بدولت ادارے رسائل سے متعارف ہوں گے تو یقینی طور پر اعزازیہ دینا آسان ہوسکتا ہے کہ وہ اپنے اشتہارات جاری کر سکتے ہیں اور سرکولیشن میں بھی یقینی اضافہ ہوسکتا ہے۔ اشتہارات کی بدولت کم قیمت رسالہ نونہالوں تک پہنچ سکتا ہے اور مطالعے کا رجحان بڑھ سکتا ہے۔

بچوں کے لیے نئے رسائل کی اشاعت اہمیت کی حامل ہے لیکن ادب اطفال کی بقاء کے لیے اقدامات کرنے ہوں گے اور نئے رجحانات متعارف کروانے ہوں گے۔ جن سے نہ صرف بچوں کو مطالعے کی رغبت کیا جاسکے گا بل کہ ادیبوں کو بھی عزت و احترام دیا جاسکے۔ تشہیر کہانی نمبر میں ادیبوں، کتب اور رسائل کے حوالے سے تشہیری کہانیاں لکھی جاسکتی ہیں جو دوررس نتائج کا پیش خیمہ ثابت ہوگا۔

نوادرات اور ثقافتی ورثہ نمبر:

بچوں کو تاریخ، تہذیب اور فکری ارتقاء سے روشناس کروانے کے لیے رسائل کو نوادرات اور ثقافتی ورثہ کے حوالے سے بھی خاص نمبرز لانے چاہئیں۔ ہم صرف اُن موضوعات پر کام کرنے کے عادی ہو چکے ہیں جس پر لکھنا آسان ہو اور مواد کے لیے تگ و دو نہ کرنی پڑے۔ ہم اُن موضوعات پر بھی کام کر رہے ہیں جن کی خاص ضرورت نہیں ہے لیکن انا کی تسکین کے لیے سامنے لائے جاتے ہیں۔ بچوں کے ادیبوں کو تب شناخت ملے گی جب اُن کا کام ہر خاص و عام کی نگاہوں میں دکھائی دے گا۔ "نوادرات اور ثقافتی ورثہ" ایک ایسا اہم موضوع ہے جس پر کام سنجیدگی سے کام کیا جائے تو بین الاقوامی سطح پر پاکستانی ادب اطفال پیش کیا جا سکتا ہے۔

ذخیرہ اندوزی نمبر:

کسی بھی مسئلے کو جڑ سے ختم کرنے کے لیے وجوہات جاننا بے حد ضروری ہوتا ہے۔ آپ منہ اٹھا کر کچھ بدلنے کی کوشش کریں گے تو ناکامی کا سامنا کریں گے۔ ذخیرہ اندوزی کے حوالے سے جب تک بچوں کے رسائل خاص نمبر شائع نہیں کریں گے تب تک آپ اِس سنگین مسئلے کو جڑ سے ختم یا کم نہیں کر سکتے ہیں کہ جب بچے کچھ غلط بچپن میں دیکھیں گے تو وہی بعد ازاں کریں گے۔ اگر نونہالوں کو ذخیرہ اندوزی کے حوالے سے متواتر کہانیاں اور خاص نمبر پڑھنے کو ملیں گے تو یہ مسئلہ ختم نہ بھی ہوا تو ذخیرہ اندوزی کی شرح کم ہوگی۔ ادیبوں کو اِس حوالے سے لکھنا چاہیے، بے شک دیے گئے آئیڈیاز کو نام بدل کر پیش کیا جائے لیکن ادب اطفال کے لیے موضوعات کی تبدیلی بچوں کی تعلیم و تربیت میں اہم کردار ادا کرے گی۔

ادیبوں کے فن و شخصیت پر مبنی 'خاص نمبر' ہوں یا پھر 'آپ بیتیاں'، اُن پر سنجیدگی سے تحقیق کرنے کی ضرورت ہے کہ جن رسائل نے اِس پر کام کیا ہے۔ اُس کے بعد نونہالوں کی کتنی بڑی تعداد نے قلم کاروں کی تحریروں یا کتب کا مطالعہ کیا ہے اور ادیبوں کی خدمات سے متعارف ہوئے ہیں۔ اگر انفرادیت کے نام پر 'خاص نمبر' کی اشاعت جاری ہے اور بچوں کو اُن کے 'کام' میں دل چسپی نہیں ہے تو ایسے میں یہی کہا جا سکتا ہے کہ 'خاص نمبرز' کی اشاعت کا مقصد کچھ اور ہے۔ مثال کے طور پر اگر 'اشتیاق احمد نمبر' یا 'مظہر کلیم ایم اے نمبر' کسی رسالے نے شائع کرنا ہو اور وہ سرورق پر مذکورہ ادیبوں کی تصاویر پیش کریں۔ کیا ہم نونہالوں سے توقع کریں گے کہ وہ خاص نمبر کو خریدیں۔ یہ اُس وقت تک ممکن نہیں ہوگا جب تک وہ اشتیاق احمد یا مظہر کلیم ایم اے کے نام یا ادبی تخلیقات سے واقفیت نہیں رکھتے ہوں گے۔ اِن خاص نمبرز کی اشاعت سے رسائل ادیبوں کو خراج تحسین تو پیش کر سکتے ہیں اور بچوں کو ادیبوں سے متعارف کروا سکتے ہیں۔ لیکن اگر سرورق اُن کی دلچسپی سے مطابقت نہیں

رکھتا ہوگا تو وہ پڑھنے سے گریزاں رہیں گے۔اور یہی وہ نقطہ ہے جس پر مدیران کو غور وفکر کرنے کی ضرورت ہے کہ دور حاضر میں نونہالوں کو کئی اہم چیزوں نے اپنی جانب مائل کیا ہے جس کے بعد اُنھیں مطالعے سے جوڑنا بے حد دشوار دکھائی دیتا ہے۔

ذیشان افضل (مدرس، مضمون نویس) کے بقول ''خاص نمبر میں کہانیاں، معلوماتی مضامین، سائنس اور تعلیم سے متعلق آسان مواد شامل ہونا چاہیے تا کہ بچے خود پڑھ کر فائدہ اٹھا سکیں۔ اشاعت میں علم کے ساتھ ساتھ اخلاقی تربیت ہونی چاہیے تا کہ بچے اچھی عادات، تعاون اور ایمانداری جیسے رویے سیکھ سکیں۔ زبان سادہ اور رواں ہونی چاہیے۔ مشکل الفاظ اور پیچیدہ جملوں سے گریز کیا جائے تا کہ بچوں کی توجہ برقرار رہے۔ تصویریں، کارٹونز، گرافکس اور سرگرمیوں کے صفحات بچوں کی دلچسپی بڑھانے میں مدد دیتے ہیں۔ چھوٹے اور بڑے بچوں کے لیے مواد مختلف ہونا چاہیے۔ چھوٹے بچوں کے لیے تصویری کہانیاں اور بڑے بچوں کے لیے معلوماتی مضامین اور تفصیلی کہانیاں شامل کی جائیں تا کہ ہر عمر کے بچوں کے لیے مواد موجود ضرور ہو۔ بچوں کے لیے اشاعت صرف تفریح کے لیے نہیں بلکہ تعلیم، اخلاقی تربیت اور شخصیت سازی کے لیے بھی ہو۔''

کوکب مشتاق (شاعرہ، ادیبہ) فرماتی ہیں: ''بچوں کے لیے خصوصی شمارہ تیار کرتے وقت عنوان اور مواد کا انتخاب نہایت سنجیدگی اور حکمت کے ساتھ کرنا ضروری ہے کہ کیونکہ بچے ذہنی، جذباتی اور تخلیقی سطح پر تیزی سے سیکھنے اور متاثر ہونے کی صلاحیت رکھتے ہیں۔ سب سے پہلے عمر اور ذہنی سطح کو مدنظر رکھنا چاہیے۔ جو موضوع چھوٹے بچوں کے لیے دلچسپ ہو وہ بڑے بچوں کے لیے سطحی محسوس ہوسکتا ہے لہٰذا مواد نہ زیادہ مشکل ہو نہ بہت عام فہم بلکہ مناسب اور سمجھنے میں آسان ہو۔ دوسرا اہم عنصر دلچسپی اور رجحان ہے۔ بچے جانوروں کی دنیا، کھیل، تجربات، کہانیوں اور تصوراتی کرداروں میں زیادہ دلچسپی رکھتے ہیں۔ اس لیے ان موضوعات کی بنیاد پر عنوان اور مواد زیادہ اثر پیدا کرتا ہے۔ اس کے ساتھ تعلیمی اور تربیتی پہلو کو نظر انداز نہیں کیا جا سکتا۔ مواد اخلاقی قدروں، تعاون، صفائی، محبت، سچائی، وطن سے لگاؤ اور علم کی قدر جیسے مثبت اصولوں کی آبیاری کرے۔ علاوہ ازیں زبان کی سادگی، دلکشی اور صحت خاص اہمیت رکھتی ہے۔ جملے مختصر، رواں اور سلیس ہوں۔ مشکل الفاظ کم سے کم استعمال کیے جائیں اور اگر ناگزیر ہوں تو ان کی وضاحت بھی فراہم کی جائے۔ تصاویر، خاکے اور دیدہ زیب ڈیزائن بچوں کی دلچسپی بڑھاتے ہیں لہٰذا رنگین اور واضح تصویری مواد شامل کرنا ضروری ہے۔ آخر میں ثقافتی اور مذہبی حساسیت کو ملحوظ رکھا جائے تا کہ کوئی ایسا مواد شامل نہ ہو جو بچوں کے ذہن پر منفی اثر چھوڑے یا

انہیں اپنی اقدار سے دور کرے۔ مختصراً یہ کہ بچوں کے خاص نمبر کا عنوان اور مواد ایسا ہو جو علم بھی دے، سوچ بھی بیدار کرے اور دلچسپی بھی برقرار رکھے۔''

'خواتین رائٹر نمبر' یا 'مرد رائٹر نمبر' یا 'نونہال رائٹر نمبر' کے عنوان سے بچوں کا رسالہ خاص نمبر شائع کرے تو کیا وہ درست عمل تصور ہوگا؟

راقم الحروف ایسی تجویز کو ادب اطفال کی بجائے ادب عالیہ کے لیے بہتر تصور کرتا ہے کیوں کہ بہت کم نونہالوں کو ایسے موضوعات میں دل چسپی ہوگی۔ ادیبوں کی زندگی یا شخصیت اور اُن کے کام پر خراج تحسین پیش کرنے کے لیے ادبی جرائد کو پیش رفت کرنی چاہیے۔ کیوں کہ نوعمری میں بچوں کو کسی ادیب کی شخصیت وفن کو سمجھنے میں دشواری کا سامنا کرنا پڑ سکتا ہے، البتہ تخلیقات سے لطف اندوز ہونا الگ معاملہ ہے۔ اِس نظریے کو سمجھنے کے لیے درج ذیل مثالوں کو سمجھنا بے حد اہم ثابت ہوسکتا ہے:

1996 میں کشور ناہید کی مرتب کردہ کتاب 'خواتین افسانہ نگار: 1930 سے 1990 تک' منظر عام پر آ چکی ہے۔ ''علی گڑھ میگزین'' (علی گڑھ مسلم یونی ورسٹی) کا خاص شمارہ ''خواتین نمبر'' 2001 میں شائع ہو چکا ہے جس کے ایڈیٹر نوید انجم تھے۔ ماہ نامہ ''روحانی ڈائجسٹ'' کا 'خواتین نمبر' مارچ 2022 میں منظر عام پر آ چکا ہے۔ سہ ماہی ''رنگ'' دھنباد (بھارت) کے زیر اہتمام 'عالمی خواتین ادب نمبر'' 2023 میں شائع ہو چکا ہے جو کہ سہ ماہی 'رنگ' کا 100 واں شمارہ تھا۔ جس کے مدیر اعلیٰ ڈاکٹر اقبال حسن اور مہمان مدیرہ ڈاکٹر صابرہ خاتون حنا تھیں۔

سہ ماہی ''رنگ حنا''، سیال کوٹ کا اولین شمارہ اکتوبر 2025 میں منظر عام پر آیا۔ جس کی مدیر اعلیٰ عیشاء صائمہ، مدیرہ مہوش اسد شیخ اور نائب مدیران میں بنت مسعود احمد اور صاعقہ علی نوری شامل ہیں جن کا ادب اطفال سے گہرا تعلق ہے تاہم رسالہ کا مواد ادب عالیہ سے تعلق رکھتا ہے۔

خواتین کا پہلا رسالہ ''رفیق نسواں'' 5 مارچ 1884 میں لکھنو سے جاری ہوا۔ جب کہ اولین خاتون مدیرہ محمدی بیگم تھیں اور رسالے کا نام تھا ''تہذیب نسواں''، جس کا آخری شمارہ 1949 میں شائع ہوا۔ ڈاکٹر صبیحہ کے مضمون ''خواتین اردو صحافت کی سوا سو سالہ کہانی: تہذیب نسوان سے ہادیہ تک'' سے علم ہوا کہ 'علی گڑھ سے راشدہ خلیل کی زیر ادارت ''بزم ادب'' اُن چنندہ رسالوں میں سے ایک ہے۔ جسے ہم مخصوص طور پر خواتین کا، خواتین کے ذریعے اور خواتین کے لیے شائع ہونے والا جریدہ کہہ سکتے ہیں'۔ اِسی تناظر میں سہ ماہی ''رنگ

حنا‘‘ کو بھی دیکھا جا سکتا ہے جو کہ مذکورہ تعریف کے عین مطابق شائع ہوا ہے۔

یہ مثالیں ظاہر کرتی ہیں کہ خواتین کے حوالے سے کام ہوتا چلا آ رہا ہے اور وہ کسی طور ادب اطفال کے تحت سرانجام نہیں دیا گیا یعنی ’خواتین رائٹر نمبر‘ کا عنوان محض مخصوص جنس کے قلم کاروں کی پذیرائی کے لیے تو مناسب قرار دیا جا سکتا ہے لیکن بچوں کو ایسے عنوان سے خاطر خواہ نفع نہیں پہنچے گا۔

دورِ حاضر میں خواتین ادب اطفال کے فروغ میں اہم ترین کردار ادا کر رہی ہیں۔ اگست اور ستمبر 2025 کے ماہ نامہ ’’پھول‘‘، لاہور میں خواتین قلم کاروں کی کثیر تعداد دکھائی دیتی ہے جو قابلِ رشک ہے، اِسی وجہ سے پھول کے کئی عام شماروں کو ’خواتین رائٹر نمبر‘ کا نام دیا جا سکتا ہے۔ ہم کہ سکتے ہیں کہ ماہ نامہ ’’پھول‘‘، لاہور دورِ حاضر میں خواتین کی بھرپور حوصلہ افزائی کرنے والا جریدہ ہے۔

’خواتین رائٹر نمبر‘ کے عنوان سے اگر خاص نمبر شائع کیا جائے اور بچوں کے لیے لکھنے والی خواتین کو خراج تحسین پیش کیا جائے گا تو قابلِ تعریف قرار دیا جا سکتا ہے۔

لیکن ایسا کرنا کیوں ضروری ہے کہ کیا بچے مذکورہ عنوان کو دیکھ کر رسالہ پڑھنا چاہئیں گے؟

سوال یہ بھی ہے کہ کیا رسالے کے قارئین میں خواتین یعنی لڑکیاں شامل ہیں؟

کیا بچے (لڑکے) رسالے کے قاری نہیں ہوں گے؟

کیا اُنھیں نظر انداز کرنا نامناسب عمل نہیں ہوگا؟

انفرادیت کا ہرگز مطلب یہ نہیں ہے کہ آپ کچھ ایسا پیش کریں جو نادانستگی میں بچوں کے ذہنوں کو گمراہ کرے یا اُنھیں جنس مخالف سے کم تر ثابت کرے۔ ’خواتین رائٹر نمبر‘ کا عنوان ادب عالیہ کے حوالے سے مناسب اور عمدہ محسوس ہوتا ہے۔ اگر ایسا خاص نمبر شائع کیا جائے تو پھر نونہالوں کو خواتین قلم کاروں سے متعارف کروانا چاہیے کہ دورِ حاضر میں کون اور کس انداز کا مواد لکھ رہی ہیں تاکہ وہ اُنھیں پڑھنے کی جانب مائل ہوں۔

سوال یہ ہے کہ ’خواتین رائٹر نمبر‘ بچوں کے لیے کس قدر نفع بخش ثابت ہوگا؟

یہ اہم سوال ہے جسے نظر انداز نہیں کیا جا سکتا ہے۔

’خواتین رائٹر نمبر‘ کی بجائے ’بیٹی نمبر‘، ’ماں نمبر‘ یا ’بہن نمبر‘ کا عنوان دیا جائے تو بچوں کو یہ سمجھنا آسان ہوگا کہ ایک عورت (بہن، ماں، بیٹی) سے منسوب شمارہ ہے جسے پڑھ کر وہ اُن کی اہمیت کے بارے میں جان سکیں گے۔ خواتین قلم کاروں سے منسوب ’خاص نمبر‘ بے شک بچوں کی تحریروں پر مبنی ہوگا۔ لیکن سوال پھر وہی ہے کہ

کیا بچے رسالے کا مذکورہ عنوان دیکھ کر خریدنا چاہئیں گے۔ ’خواتین رائٹر نمبر‘ سے کسی طور واضح نہیں ہوتا ہے کہ اُنھیں کیا پڑھنے کو دیا جائے گا؟

کیا خاص نمبر کی تعریف پر مذکورہ عنوان پورا اُترتا ہے، یہ بھی ملحوظ خاطر رکھنا ہوگا۔

بہرام علی وٹو (افسانچہ نگار، کہانی نویس) فرماتے ہیں کہ:

’’بچوں کو اِس بات سے کوئی غرض نہیں ہوتی ہے کہ تحریر کس کی ہے۔ وہ جس نے بھی لکھی ہو، اُسے پڑھتے ہیں چاہے وہ مرد قلم کار ہو یا پھر خاتون کہانی نویس۔‘‘

بچے کئی رسائل میں خواتین قلم کاروں کی تحریریں پڑھ رہے ہیں، ایسے میں اُن کے ناموں سے ناواقف نہیں ہوں گے۔ ’خواتین رائٹر نمبر‘ کا عنوان ماسوائے خواتین قلم کاروں کو خراج تحسین پیش کرنے کے اور کیا مقصد حاصل کر پائے گا؟ سردست یہی محسوس ہوتا ہے کہ نونہالوں کو مذکورہ عنوان نظر انداز کر کے رسالے کے نام پر توجہ مرکوز کرنی ہوگی اور رسالے کا مطالعہ کرنا ہوگا۔ ہمیں نونہالوں کی نفسیات اور اُن کے رجحانات کو سمجھنے پر کام کرنے کی بجائے پہلے ادب اطفال کی حقیقی روح کو سمجھنا ہوگا۔ کیوں کہ ادب اطفال ایسے موضوعات کا متحمل نہیں ہوسکتا ہے جو ایک خاص عمر کے بعد قابل قبول قرار دیے جاسکتے ہیں۔ ادبی رسائل کی جانب سے ’خواتین رائٹر نمبر‘ یا ’مدیران خاص نمبر‘ کا اعلان سمجھ میں آتا ہے۔ لیکن بچوں کے لیے اِس نوعیت کے موضوعات سمجھ سے بالاتر ہیں۔ نونہالوں کو مذکورہ عنوان بتا کر اگر سروے کیا جائے تو بہت کچھ عیاں ہو جائے گا اور انفرادیت کے نام پر دوسروں کے کام کو کم تر ثابت کرنے والوں کا حقیقی رنگ سامنے آجائے گا۔

افسوس ناک بات یہ ہے کہ بچوں کے ادب پر تحقیق کرنے والے غیر جانبداری سے کام نہیں کر پائے ہیں، بصورت دیگر کسی کو ایسی جرات نہ ہوتی کہ وہ ایسے موضوعات کو نونہالوں کے لیے پیش کر سکتے جو غیر دل چسپ ہوں۔ جب بچوں کے لیے لکھنے والوں اور رسائل شائع کرنے والوں کو اندازہ نہ ہو کہ وہ کیا چاہتے ہیں تو ایسے میں ادب اطفال کو کس طرح بھرپور ترقی مل سکتی ہے۔

بہرحال، ادب اطفال کو انفرادیت کے نام پر نامناسب رجحانات سے پاک رکھا جانا ضروری ہو چکا ہے۔ ایسے عنوانات پر خاص شمارے، کتب اور کہانیوں کو منظر عام پر لایا جائے جو بچوں کے لیے سمجھنا آسان ہوں اور وہ دل چسپی سے مطالعہ کرنے پر مائل ہوں۔ ایسے عنوانات جو عموماً ادب عالیہ کے خاص نمبرز کے لیے رکھے جاتے ہیں، اُن سے اجتناب برتا جائے۔ ادبی رسائل کو ادب عالیہ کے ساتھ ساتھ ادب اطفال کے ادیبوں پر

خاص شمارے شائع کرنے چاہئیں تا کہ بچوں کے رسائل کی جانب سے ایسی کوشش نہ ہو۔فی زمانہ ایسا رجحان ادب اطفال کے لیے زہر قاتل ہے جسے سنجیدگی سے سمجھنے کی ضرورت ہے، بصورت دیگر تاریخ ساز رسالہ یا کتب 'کتب خانے' اور 'گھر' میں محفوظ پڑا رہ جائے گا اور بچے مطالعے کی بجائے دیگر سرگرمیوں میں مشغول ہوتے رہیں گے۔

حوالہ جات:

ا۔'لاہور کا جغرافیہ'، پطرس بخاری

https://chunida.com/tanzo-mizah/lahore-ka-geographia

۲۔ ماہ نامہ ہمدرد نونہال، کراچی جون 1961

۳۔خواتین افسانہ نگار: 1930 سے 1990 تک، مرتب: کشور ناہید، سنگ میل پبلی کیشنز، لاہور سن اشاعت 1996

۴۔محمدی بیگم: اردو کی پہلی خاتون مدیرہ، ڈاکٹر تہمینہ عباس

https://www.humsub.com.pk/462824/tehmina-abbas-9

۵۔ پریوں کا دیس، کتابی سلسلہ نمبر 27، سہ ماہی بچوں کا پرستان، لاہور 2025

۶۔آس و اُمید نمبر، ماہ نامہ گلبل۔جون 2023

۷۔جاسوسی کہانی نمبر، ماہ نامہ کرن کرن روشنی، ملتان۔اکتوبر 2025

۸۔کھیل نمبر، ماہ نامہ ساتھی، کراچی۔دسمبر 2020

۹۔انوکھی کہانیاں نمبر، سہ ماہی مہک۔ستمبر 2023

۱۰۔شاہ کار کہانی نمبر 1، ماہ نامہ انوکھی کہانیاں، کراچی۔نومبر 2024

۱۱۔ پاکستان ڈائمنڈ جوبلی نمبر، ماہ نامہ پھول، لاہور۔اگست 2022

۱۲۔اے۔آئی نمبر، ماہ نامہ بچوں کا باغ، لاہور۔جولائی 2024

۱۳۔سفر کہانی نمبر۔ماہ نامہ جگنو، لاہور۔جون 2025

۱۴۔بھوت نمبر، ماہ نامہ بچوں کی دنیا، لاہور۔دسمبر 2025

۱۵۔لوری نمبر، سہ ماہی باغیچہ اطفال، سیالکوٹ۔جولائی تا ستمبر 2025

۱۶۔کہاوت کہانی نمبر،گلدستہ ٹوٹ بٹوٹ جونیئر ۔2022

۱۷۔لائبریری نمبر،گلدستہ ٹوٹ بٹوٹ ۔نومبر 2021

۱۸۔فلسطین نمبر،سہ ماہی ادبیات اطفال،اسلام آباد

(جلد اوّل:شمارہ 28،جنوری تا مارچ 2024۔جلد دوم:شمارہ 29،اپریل تا جون 2024)

۱۹۔پڑھاکو نمبر،ماہ نامہ ذوق وشوق،کراچی۔دسمبر 2023

۲۰۔الف نمبر ہفت روزہ بچوں کا اسلام،3 اکتوبر 2021

۲۱۔حنیف سحر نمبر،ماہ نامہ ''انوکھی کہانیاں'' کراچی۔دسمبر 2025

۲۲۔نوشاد عادل نمبر،ماہ نامہ ''انوکھی کہانیان'' کراچی۔جولائی 2021

۲۳۔نذیر انبالوی نمبر،ماہ نامہ ''انوکھی کہانیان'' کراچی۔جون 2021

بشکریہ

ماہنامہ قومی زبان،کراچی

فروری 2026

☆==☆

رسالہ بیتی: ماہ نامہ انوکھی کہانیاں کی سرگزشت
(تنقیدی و تجزیاتی مطالعہ)

'رسالہ بیتی' بچوں کے معروف رسالے ماہ نامہ انوکھی کہانیاں، کراچی کی سرگزشت ہے۔
اگست 1991 سے شائع ہونے والا رسالہ گزشتہ تیس سالوں سے ادبی حلقوں میں زیرِ بحث ہے۔
رسالہ بیتی کی صورت میں ماہ نامہ انوکھی کہانیاں کی تاریخ منظرِ عام پر آئی ہے جو نہ صرف لکھنے والوں بل کہ مستقبل کے مورخ کے لیے بھی اہم دستاویز قرار دی جاسکتی ہے۔
بقول نوشاد عادل (ادیب، ڈراما نگار، ناول نگار):
''آپ بیتیاں تو آپ سنتے پڑھتے رہے ہیں، لیکن کسی رسالے کی 'آپ بیتی' پہلی مرتبہ منظرِ عام پر کتاب کی صورت میں شائع ہورہی ہے، کوئی مانے یا نہ مانے، لیکن حقیقت اپنی جگہ مسلمہ ہے۔''
رسالہ بیتی کا انتساب خلائی سائنس دان، معتبر شاعر، نامور علمی، ادبی شخصیت 'خیام الپاک ظفر محمد خان ظفر' اور علمی، ادبی اور سماجی شخصیت 'سید محمد شاہ نواز اعظم' کے نام ہے۔ رسالہ بیتی میں کئی انکشافات موجود ہیں جو قاری کو حیران کرتے ہیں۔ نوشاد عادل کی تجویز پر ماہ نامہ انوکھی کہانیاں میں 'آپ بیتیاں' شائع کرنے کا سلسلہ 2012 سے شروع ہوا۔ جس کے تحت اولین آپ بیتی پروفیسر ظریف خان کی شائع ہوئی جب کہ نوشاد عادل کی اپنی سرگزشت نومبر/دسمبر 2015 میں شائع ہوئی۔
ماہ نامہ انوکھی کہانیاں نئے لکھنے والوں کی حوصلہ افزائی کرنے میں پیش پیش رہا ہے جس کی ایک مثال نوشاد عادل ہیں۔ نوشاد عادل کے بقول 'اگر اس وقت ان کی انوکھی کہانیاں اتنی حوصلہ افزائی نہ کرتا تو وہ لکھنا چھوڑ چکے ہوتے۔'
درج بالا فقرے نے راقم الحروف کو احساس دلوایا کہ اگر مدیران ادیبوں کے ساتھ اختلاف کو پیشہ ورانہ حدود میں مقید کرلیں اور ذاتی رنجش کا سبب نہ بنائیں تو کئی لکھنے والے ادب سے دوری اختیار نہ کریں۔ نئے لکھنے

والوں کو رسائل کے مدیران کو سراہنا چاہیے تاکہ وہ ادب اطفال سے جڑے رہیں۔

ایک اور انکشاف پڑھ کر حیرت ہوئی، وہ کچھ یوں ہے:

''اسی طرح ایک اور بچوں کے ادب کے بڑے اور مہان ادیب اپنے آپ کو کہتے ہیں۔ ہر دم نذیر انبالوی اور نوشاد عادل کو اپنا مقابل سمجھتے ہیں۔ ان کو بھی نیشنل بک فاؤنڈیشن سے متعدد انعامات ہماری رہنمائی کی وجہ سے ملے۔ مگر موصوف اس کے کچھ عرصہ بعد 'انوکھی کہانیاں' کے زبردست مخالف بن کر سامنے آئے۔''

اگر راوی (محبوب الٰہی مخمور) دلیری کا مظاہرہ کرتے ہوئے ادیب کا نام عیاں کر دیتے تو رسالہ بیتی کی اشاعت ہنگامہ خیز ہو سکتی تھی۔

اگست 1991 سے مئی 2025 تک جنھوں نے ماہ نامہ انوکھی کہانیاں کے لیے لکھا۔ اُن کے ناموں کی تفصیلات رسالہ بیتی کا حصہ ہیں جو ظاہر کرتا ہے کہ کتنی محنت سے معلومات کو یکجا کیا گیا ہے جو کہ قابل تعریف ہے۔ کچھ معلومات کو درج ذیل عنوانات کے تحت رسالہ بیتی میں پیش کیا گیا ہے۔

☆ انوکھی کہانیاں کے خاص نمبرز، ایوارڈز اور اعزازت

☆ انوکھی کہانیاں کے خاص شمارے ایک نظر میں

جن ادیبوں کی زیادہ تحریریں شائع ہوئی ہیں، اُن میں نوشاد عادل کا نام نمایاں ہے جن کی 208 تحریریں رسالے کا حصہ بنی ہیں۔ آصف جاوید نقوی کی 126، محمد مشتاق قادری کی 117، ضیاء الحسن ضیاء کی 115، رضیہ خانم کی 109، الطاف حسین کی 108 اور امان اللہ نیئر شوکت کی 101 تخلیقات شامل ہوئی ہیں۔

جن کی سو سے کم لیکن پچاس سے زائد تخلیقات شائع ہوئی ہیں اُن میں محمد انوار احمد، محمد سعید عباس، حکیم خان حکیم، سہیل اختر ہاشمی، محبوب الٰہی مخمور، قمر جہاں علی پوری، امین بابر، محمد عادل منہاج، ڈاکٹر عمران مشتاق، احمد عدنان طارق، آصف جاوید سکندر، اشرف بیتھوی شامل ہیں۔ اشتیاق احمد کی صرف ایک تحریر رسالے کا حصہ بنی ہے۔ جب کہ کئی ادیبوں کی صرف ایک تخلیق ہی تیس برسوں میں رسالے میں شامل ہوئی ہے جو کہ باعث حیرت ہے۔ رسائل میں مخصوص ادیبوں کو مسلسل جگہ دینا ایک اہم معاملہ ہے جس پر نظر ثانی کرنے کی ضرورت ہے۔ کسی بھی رسالے کی سرکولیشن میں اضافہ کرنے کے لیے نئے ناموں کی ضرورت ہوتی ہے تاکہ قارئین کو منفرد مزاج کی تخلیقات پڑھنے کا موقع ملے۔

محبوب الٰہی مخمور نے رسالہ بیتی کے ذریعے نہ صرف تعاون کرنے والوں کو سراہا ہے بل کہ اُن افراد کو بھی عیاں

کیا ہے جنھوں نے اشتہارات کے لیے تعاون نہیں کیا۔ڈان بریڈ سے تعلق رکھنے والے موصوف کا نام اشتہار جاری نہ کرنے پر اُجاگر کرنا حیران کن محسوس ہوا ہے۔

اُن ادیبوں کا تذکرہ بھی ہے جنھوں نے قلمی تعاون کے ذریعے رسالے کو مقبولیت بخشی۔رسالے کے مختلف سلسلوں اور تحریروں کے حوالے سے معلومات پیش کی گئی ہیں۔رسالہ بیتی کو تنقیدی نگاہ سے دیکھنے سے محسوس ہوا کہ رسالہ بیتی کو مزید بہتر انداز میں پیش کیا جا سکتا تھا۔رسالے کے خاص نمبرز کے آئیڈیاز کن کی جانب سے پیش ہوئے، اِس حوالے سے آگاہ نہیں کیا گیا۔اگر رسالہ ازخود داستان بیان کرتا تو قارئین کے لیے زیادہ دلکشی محسوس ہو سکتی تھی۔اشتہارات کے حوالے سے مفصل اظہار خیال قاری کو بوریت کی جانب مائل کرتا ہے، اگرچہ کچھ واقعات دلچسپ ہیں۔

تیس برسوں میں کن ادیبوں اور سماجی شخصیات کو اداریے میں خراج تحسین پیش کیا گیا، اُسے بیان کرنے سے گریز کیا گیا ہے۔حالاں کہ رسالہ بیتی کا یہ اہم حصہ بن سکتا تھا۔ادیبوں کی رسالے پر کی گئی تنقید اور شکایات کو اُجاگر کیا جاتا تاکہ تصویر کا دوسرا رخ دیکھنے میں آسانی ہوتی۔اُن احباب کا تذکرہ ہوتا جنھیں 'ناقابل اشاعت' قرار دیا گیا اور اُنھوں نے بعدازاں قلم چھوڑ دیا۔

تحریر کے ناقابل اشاعت کے حوالے سے وجوہات سے آگاہ کیا جاتا تاکہ نئے لکھنے والوں کو اصلاح کا موقع ملتا۔اور ایسے قلم کاروں کے بارے میں بھی انکشاف کیا جاتا جنھیں ذاتی عناد کی بنیاد پر رسالے میں شائع کرنے سے گریز کیا گیا ہے۔یہ ایسے حقائق ہیں جو رسالہ بیتی کو خاص اہمیت کا حامل بنا سکتے تھے۔

محبوب الٰہی مخمور پیش لفظ میں لکھتے ہیں:

''یہ بھی ذکر آیا ہے کہ ستمبر 2025 تک کن کن قلمکاروں کی کتنی تحریریں انوکھی کہانیاں کی زینت بنیں، چاہے وہ صرف ایک ہی تحریر کیوں نہ ہو۔ادب اطفال کے کچھ اہم واقعات کی بازگشت بھی اس کتاب میں محفوظ ہے۔یوں 'رسالہ بیتی' نہ صرف ایک دستاویزی ریکارڈ ہے بلکہ اپنے موضوع پر پہلی جامع کتاب ہونے کا اعزاز بھی رکھتی ہے۔''

راقم الحروف کی مئی 2021 میں بے ایمانی (کہانی)، جولائی 2021 میں مضمون 'طویل ترین ناول (آگ کا بیٹا)'۔نوشاد عادل کا انٹرویو، اکتوبر 2021 میں کہانی (شریف آدمی)، نومبر 2021 میں کہانی (ایسا کب تک چلے گا)۔عظیم انسان (کہانی)، چور کے نام خط (مضمون) دسمبر 2021، بازی گر (کہانی) اپریل

2022، نصف ایمان (کہانی) اکتوبر 2022 رسالے کا حصہ بنی ہیں۔ اگست 1991 تا ستمبر 2025 تک لکھنے والوں کی جو فہرست پیش کی گئی ہے، کیا اُس میں راقم کا نام درج ہے؟

مذکورہ فہرست میں حرف 'ذ' کے تحت ذاکر حسین ڈاکٹر، ذاکر حسین چشتی، ذکیہ بلگرامی، ذوالفقار علی شیراز، ذیشان بن صفدر، ذیشان خالد، ذیشان شیرازی، ذیشان صفدر کے نام جلوہ گر ہیں۔ یہ آپ کو بہت کچھ سوچنے اور سمجھنے پر مائل کرے گا کہ راقم الحروف کیا سمجھانا چاہ رہا ہے۔

رسالہ بیتی کا مطالعہ کرنے والوں کو اِس حوالے سے تحقیق کرنی چاہیے۔ کیوں کہ معلومات کو مخفی رکھنا 'رسالہ بیتی' کی ساکھ کو مجروح کرے گا اور سرگزشت لکھنے والے کی غیر جانبداری مشکوک ٹھہرے گی۔ دل چسپ امر یہ ہے کہ راقم الحروف کی 'نوشاد عادل نمبر' میں تحریر کا عنوان دیا گیا، لیکن نام لکھنے سے گریز کیا گیا جو کسی سنگینی کی جانب اشارہ کرتا ہے۔ جب کہ نذیر انبالوی نمبر (جون 2021) میں مضمون اور اگست 2021 میں 'آپ بیتی' کی اشاعت کو ریکارڈ پر رکھا گیا ہے۔ علی اکمل تصور کا نام پچاس سے زائد تخلیقات لکھنے والوں کی فہرست میں دکھائی نہیں دیا۔ لیکن اُن کی رسالے میں ستر تحریریں شائع ہو چکی ہیں جو کسی کوتاہی کی جانب اشارہ کرتی ہے۔

بہر حال، رسالہ بیتی کئی خامیوں کے باوجود ایک بہترین دستاویز قرار پا سکتی ہے، اگر ماہ نامہ انوکھی کہانیاں میں شائع ہونے والے حقائق/ریکارڈ سے منافی نہ ہو۔ رسالہ بیتی اپنی خوبیوں اور خامیوں کے ساتھ ماہ نامہ انوکھی کہانیاں، کراچی کے حوالے سے اہم معلوماتی ہے۔ اِس مجموعے میں محبوب الٰہی مخمور کی انتھک محنت دکھائی دیتی ہے جس پر وہ بجا طور پر قابلِ تعریف ہیں۔

☆==☆

ادب اطفال کی مقبولیت، ناول نگاری اور نونہالوں کی دل چسپی

ناول ''ہولوکاسٹ، غزہ اور ٹائم پورٹل'' سے پیدا شدہ سوالات پر بحث

پاکستان میں ادب اطفال کی مقبولیت کا عالم یہ ہے کہ کچھ احباب فرماتے ہیں کہ لکھنے والے کم ہیں۔ اِس کی وجہ یہی ہے کہ وہ اخبارات میں بچوں کے صفحات، بچوں کے رسائل اور نئی کتب سے واقفیت نہیں رکھتے ہیں۔

دل چسپ بات ہے کہ کئی احباب نامور ادیبوں کے ناموں سے واقف نہیں، حالاں کہ اُنھوں نے اپنی عمر ادب اطفال کو دی ہے۔ ادب عالیہ سے تعلق رکھنے والے کئی احباب بچوں کے ادیبوں کو اہمیت نہیں دیتے ہیں جس کی بہت سی وجوہات ہیں۔ تاہم کچھ بچوں کے ادیب ایسے ہیں جنھیں ادب عالیہ کی معتبر ہستیاں سراہتی ہیں، اِنھی میں سے ایک نعمان فاروق ہیں۔ اِس کی وجہ اُن کی بھرپور قابلیت ہے۔ نعمان فاروق ادب اطفال کے میدان میں بھی قدم رکھ چکے ہیں۔ اِن کے نئے ناول ''ہولوکاسٹ، غزہ اور ٹائم پورٹل'' کی اشاعت نے چونکا دیا ہے، جس کی بنیادی وجہ موضوع ہے۔ سرورق دیکھ کر حیرانی ہوئی کہ کیا اِسے ہاتھوں ہاتھ لیا جائے گا؟

ہاشم ندیم کا ''خدا اور محبت'' ایسا ناول ہے، جو یہودیوں کے ''ہولوکاسٹ'' مفروضے کی حقیقت بھی بیان کرتا ہے اور مسلمان اور یہودیوں کا تعلق بھی۔

لیکن سوال یہ ہے کہ ہولوکاسٹ کا مفروضہ نونہالوں کو سمجھنا کیوں ضروری ہے؟

ہاشم ندیم کی سمجھ آتی ہے کہ اُنھوں نے بڑوں کے لیے لکھا، اِسے بچوں کے لیے کیوں اہم تصور کیا گیا ہے؟

کیا دیگر متنازعہ معاملات بھی نوعمری میں بچوں کو آگاہ کیے جائیں گے، دورِ حاضر میں چوں کہ وہ سب جانتے ہیں اور دیکھتے ہیں، لہٰذا ادب اطفال کو اِس سے روشناس ہونا چاہیے۔

محمد شاہد حمید جو کہ کئی حوالوں سے معتبر ہیں، آپ کی رائے ناول کے بیک ٹائٹل پر موجود ہے۔ جسے پڑھنے کے بعد یہ محسوس ہوا کہ نونہالوں کے لیے اِس ناول کی اشاعت کیوں ضروری تھی۔ ایک ایسے ملک میں جہاں عملی طور پر نوجوانوں کو سیاست میں دل چسپی لینے سے باز رکھا جاتا ہے، اُنھیں کس وجہ سے تاریخ اور سیاسی حوالے سے

باشعور بنانے کی جسارت ہوئی ہے کہ وہ حقائق کو جانیں۔

کیا نوعمروں کے لیے ایسے موضوعات مناسب ہیں؟

کیا ایسے موضوعات کو انیس برس کی عمر کے بعد پڑھنے کی اجازت نہیں ہونی چاہیے۔ہم کس وجہ سے خاص موضوعات کو وقت سے قبل پڑھا کر بچوں کو خاص رخ پر مائل کرنے کی کوشش کرر ہے ہیں۔اگر یہ ٹین ایجرز کے لیے لکھا گیا ہے تو کیا ناول نگار نے اُن کا نقطہ نظر جانے کی کوشش کی ہے۔

اِس حوالے سے ایک تلخ تجربہ بتانا ضروری ہے۔راقم الحروف کو نمل یونی ورسٹی،اسلام آباد کے کتاب میلے میں جانے کا اتفاق ہوا۔جس میں ایک والد نے بچے کو''خونی جیت'' نامی کتاب محض لفظ''خونی'' لکھا ہونے کی وجہ سے خریدنے نہیں دی۔اُس والد نے کیا سوچ کر کتاب نہیں خریدنے دی ہوگی،یہ ناول نگار کو سمجھنے کی ضرورت ہے۔کیوں کہ اُن کے ناول کا نام پہلی نظر میں کسی نونہال کو متاثر نہیں کرے گا اور سرورق پر خون کے چھینٹے بچوں کے لیے خوف و ہراس پیدا کر سکتے ہیں،ایسے میں ناول کی خریداری مشکل ہوسکتی ہے،یہ ایک تکنیکی معاملہ ہے جسے سنجیدگی سے سمجھنے کی ضرورت ہے۔

کسی بھی ناول نگار کے لیے اولین ترجیح نونہالوں کی پسند ہونی چاہیے،اگر مخصوص احباب کی رائے زیادہ اہم ہے تو پھر ناول نگار کی خواہش کا احترام سب پر لازم ہے۔اِس حوالے سے معتبر ماہر نفسیات،والدین اور بالغ نظری رکھنے والے افراد جو تحقیقی حوالے سے شناخت رکھتے ہیں،اُن کی رائے سامنے آنی چاہیے۔یہ ادب اطفال کے فروغ کے حوالے سے اہم ترین قدم ثابت ہوگا،اگر اِیسے موضوعات کو مستقبل میں درست انداز میں عیاں کیا جاتا ہے۔ناول کے بارے میں محمد شاہد حمید فرماتے ہیں:

''نعمان فاروق کی کئی تخلیقی جہتیں ہیں۔ان ہی میں سے ایک جہت کی عطا یہ ناول ہے:ایک عجیب ناول۔اس ناول میں پولینڈ پر جرمنی کے حملے اور اس پر قبضے کے بعد یہودیوں پر ٹوٹنے والی قیامت کو انسانی سطح پر برتا گیا ہے۔عین آغاز ہی میں پڑھنے والے کو اس کہانی کے مرکزی کردار شارون کے دُکھ درد کا ساتھی بنا دیا جاتا ہے۔ کہانی اس عہد کے کئی پہلو سہج سہج لے کر چلتی ہے اور اچانک ایک نئی کروٹ بدل کر بوڑھے برگد کے نیچے پراسرار ہی کشش رکھنے والے کٹاس راج کے یوگی گورکھ ناتھ کو اس کا ایک کردار بنا لیتی ہے۔یہیں ہٹلر کا تابوت سکینہ حاصل کرنے کا مشن سامنے آتا ہے۔میں کہانی کا خلاصہ نہیں بتانا چاہتا لیکن اتنا عرض کر دینا چاہتا ہوں کہ کہانی ماضی میں ہی بھٹک کر نہیں رہ جاتی۔وقت کے اس پارچے میں جست لگاتی ہے جہاں سے

اسرائیل اور غزہ کو دیکھا جا سکتا ہے۔ شارون دہیں ہے اور بھلے یہودی ہے مگر وہ مظلوم فلسطینیوں کے ساتھ جا کھڑا ہوا ہے۔ وہاں، جہاں روشنی کا ایک دائرہ ہے اور اس دائرے کے اندر اُسے ازلی نفرت کے خاتمے کے خواب کی تعبیر جھلک دینے لگتی ہے۔ اس ناول کی بنت خوب ہے۔ بیانیہ رواں دواں اور سہل ہے۔ ایک ایک کردار کو بہت قرینے اور مشاقی سے بُنا گیا ہے اور انسانی نفسیات کو بہت گہرائی میں جا کر بیانے کے اندر گوندھ لیا گیا ہے۔ مجھے یقین ہے کہ یہ ناول اپنے پڑھنے والوں میں بہت مقبول ہوگا۔''

قارئین اور سنجیدہ احباب محترم شاہد حمید کی رائے جاننے کے بعد آگاہ کریں گے کہ اگر نونہالوں نے درج بالا تاثرات پڑھے تو کیا وہ ناول کو خریدنا پسند فرمائیں گے۔ کسی بھی ناول نگار کی مقبولیت خود ادیب نہیں، بل کہ قارئین کی مرہون منت ہوتی ہے۔ کیا ہی اچھا ہوتا کہ ناول نگار عہد حاضر کے ادیب الاطفال کی رائے حاصل کر لیتے۔ ناصر عباس نیر کے تاثرات نے بے پناہ دُکھی کیا ہے۔ آپ لکھتے ہیں:

''اردو میں بچوں کا ادب، معیار اور مقدار دونوں حوالوں سے قابل فخر روایت نہیں رکھتا۔۔۔۔۔۔۔ اگر چہ اردو کے کچھ ممتاز ادیبوں نے بچوں کے لیے شاعری اور کہانیاں لکھی ہیں اور ان کی تحریروں کے مطالعے سے احساس ہوتا ہے کہ ایک ممتاز ادیب، بچوں کے لیے بھی کوئی اہم اور یادگار تحریر لکھے، لازمی نہیں ہے۔ بچوں کے ادیبوں کی اکثریت اوسط درجے کا ادب لکھتی ہے اور ایک وجہ یہ ہے کہ وہ ہدایت آموزی اور تفریح کو بچوں کے ادب کی شعریات کے بنیادی عناصر تصور کرتی ہے۔''

یہ سوچنے اور سمجھنے کی بات ہے کہ کیا قیام پاکستان سے تا حال اور پہلے، بچوں کے ادب کا واقعی قابل فخر ذخیرہ موجود نہیں ہے یا نئیر اُس سے واقفیت نہیں رکھتے ہیں۔ اگر اُن کی بات درست ہے پھر تو بچوں کے ادیبوں کے لیے شرمساری کی بات ہے۔ ہم نے کوئی خاص کام نہیں کیا اور حیران کن طور پر اکثریت اوسط درجے کا ادب لکھتی ہے، یہ کچھ زیادہ تلخ اعتراض ہو گیا ہے۔ اِس جملے نے اُن تمام لکھنے والوں کی حوصلہ شکنی کی ہے، جو بغیر صلے کے معیاری مواد سامنے لا رہے ہیں۔

گزشتہ پانچ برسوں کے تجربات ہیں کہ ادب اطفال کی بہ نسبت ادب عالیہ میں اوسط درجے کا ادب لکھ گیا اور لکھا جا رہا ہے، سوشل میڈیا بھی ایسے مواد سے لبریز ہے۔ بچوں کے رسائل میں اگر چہ غیر معیاری تحریریں شائع ہوتی ہیں، لیکن وہ آٹے میں نمک کے برابر ہیں۔ دل چسپ بات یہ ہے کہ جس ناول میں اُن کے تاثرات شامل ہیں، وہ ادب اطفال سے تعلق رکھتا ہے اور وہ ناول نگار کو سراہتے ہیں۔

یہ بات تسلیم کی جا سکتی ہے کہ ہر ممتاز ادیب بچوں کے لیے شاہکار ادب پیش کرے، اگر نفسیاتی اعتبار سے جائزہ لیا جائے تو ایسی بے شمار کہانیاں مل سکتی ہیں جو نونہالوں کے لیے تھیں، لیکن وہ ادب عالیہ قرار پا سکتی ہیں۔ تقریظ میں آگے چل کر لکھتے ہیں:

''نعمان فاروق کا یہ ناول قاری کو حیران کرتا ہے۔ دوسری عالمی جنگ سے موجود زمانے تک پھیلا ہوا یہ ناول تاریخ، پالولزم کی سیاست، صہونیت اور فلسطین کے مسئلے کو نہایت عمدہ انداز میں پیش کرتا ہے۔ شارون ایک یہودی کردار ہے جو نازی ازم کی بربریت کا سامنا کرتا ہے اور تاریخ سے سبق سیکھ کر تاریخ کو بدلنا چاہتا ہے مگر نیتن یاہو اور ٹرمپ کی سیاست اسے سبق سکھاتی ہے اور امیہ کا یہ چراغ، صہونیت کے آگے نہیں ٹھہر پاتا۔ بچوں کے عام پاپولرم ناولوں کے برعکس، اس ناول کا انجام ڈسٹوپیائی ہے مگر حقیقت پسندانہ ہے۔ ناول کا اسلوب سادہ تخلیقی اور رواں ہے۔ پلاٹ اور کردار نگاری، فضا بندی میں ناول کی فکشن پر مہارت قابل رشک ہے۔ اسے بڑے بھی پڑھیں تو مجھے یقین ہے وہ مایوس نہیں ہوں گے۔''

اردو ادب کی معتبر ہستیوں کی رائے نے یقینی طور پر نعمان فاروق کے ناول کو شہرت بخشی ہے اور قارئین کو پڑھنے پر مائل کیا ہے۔ لیکن یہ قارئین کم سے کم ٹین ایجرز تو نہیں ہوں گے، بل کہ وہ ہوں گے جنھیں نوعمری سے مخصوص سوچ کے تابع ایسا مواد پڑھنے پر اُکسایا گیا ہوگا جو من پسند اقدام کی جانب مائل کرے۔

دنیا بھر کے ادیب الاطفال ''ہولوکاسٹ، غزہ اور ٹائم پورٹل'' کا مطالعہ کریں، جامعات اِس پر سنجیدگی سے تحقیقی کام کروائیں تاکہ ایسے موضوعات پر مستقبل میں ناول لکھنے کی یا تو راہیں ہموار ہو سکیں یا پھر حوصلہ شکنی کی جا سکے۔ اِس حوالے سے یہ بھی دیکھنے کی ضرورت ہے کہ کیا ادب اطفال ایسے موضوعات کا متحمل ہے جو بادی النظر میں نونہالوں کی سوچ سے بالاتر ہو۔ معتبر ماہر نفسیات اگر اِس ناول کو نونہالوں کی عمر کے اعتبار سے دیکھ کر رائے پیش کریں تو ادب اطفال درست راہ پر گامزن ہو سکتا ہے۔ نعمان فاروق اگرچہ اپنی جانب سے بچوں کے لیے منفرد کام کرنے کا سوچ رہے ہیں، لیکن اُنھیں دور حاضر کے تقاضوں کو سمجھنے کی ضرورت ہے۔ ہم جس خطے میں رہ رہے ہیں، ہمیں اُس کا بھی احساس کرنا ہوگا اور ملکی تقاضوں کا بھی، ہمیں نونہالوں کو ایسی راہ پر گامزن کرنے کی ضرورت ہے جس کا کوئی نفع ہو، نوعمری میں نونہالوں کو ایسا مواد پیش کرنے کی ضرورت ہے جس سے وہ لطف اندوز ہو سکیں اور بچپنے کو وقت سے پہلے نہ کھوئیں۔

☆==☆

ادب اطفال میں ہندو پاک ادبا کا کردار

ماہ نامہ امنگ ، بھارت کے فروری 2025 کے شمارے میں فوزیہ اختر ردا کا مضمون ''ادب اطفال میں ہندو پاک ادبا کا کردار'' پڑھنے کا اتفاق ہوا۔جس میں اُنھوں نے ادب اطفال کے حوالے سے کئی اہم نکات کو بیان کیا ہے جو کہ قابل تعریف ہے۔ مضمون پڑھ کر احساس ہوا کہ کئی اہم معلومات شامل ہونے سے رہ گئی ہیں بالخصوص گزشتہ چند برسوں میں ہونے والی اہم پیش رفت کا تذکرہ نہیں کیا گیا ہے۔اِسی حوالے سے کچھ اہم معلومات پیش کی جارہی ہیں تاکہ ادب اطفال میں دل چسپی رکھنے والے آگاہ ہوسکیں۔

ماضی وحال میں بچوں کے لیے لکھنے والوں کی بات کی جائے تو اُن میں محمد حسین آزاد،الطاف حسین حالی، راشد الخیری، نذیر احمد، صوفی غلام تبسم،اسماعیل میرٹھی،علامہ محمد اقبال،احمد ندیم قاسمی، ابن انشا، قتیل شفائی،محشر بدایونی، قیوم نظر، خاطر غزنوی،سلیم فاروقی،محمدی بیگم، احسن مارہروی، تاجور نجیب آبادی، اختر شیرانی، پریم چند، عبدالمجید سالک، چراغ حسن حسرت، حامد اللہ افسر، شفیع الدین نیر، امتیاز علی تاج، عصمت چغتائی، الیاس احمد مجیبی، حفیظ جالندھری، ہاجرہ مسرور، اشرف صبوحی، میرزا ادیب، الطاف فاطمہ، مقبول جہانگیر، کمال احمد رضوی، سعید لخت، ذوالفقار تابش، جبار توقیر، اے آر خاتون، مسلم ضیاء، اشتیاق احمد، جمیل جالبی، ثاقبہ رحیم الدین، رضیہ بٹ، ساحر لدھیانوی، خان حسنین عاقب، محمد شعیب مرزا، محمد فہیم عالم، کاوش صدیقی، محبوب الٰہی مخمور، نوشاد عادل، حیدر بیابانی، انصار احمد معروفی، نعیمہ جعفری پاشا، خیال انصاری، ڈاکٹر رونق جمال، ریحان کوثر، علی اکمل تصور، محمود شام، کشور ناہید، عارف محمود کسانہ، مظہر کلیم ایم اے، رضیہ فصیح احمد، مسلم ضیائی، انور عنایت اللہ، عبدالوحید سندھی، ڈاکٹر عمران مشتاق، امان اللہ نیئر شوکت، شاہ تاج خان، حکیم محمد سعید، مسعود احمد برکاتی اور تسنیم جعفری کے علاوہ کئی ایسی شخصیات ہیں جنھوں نے سفرنامے، ناول، کہانیاں، نظمیں اور ڈرامے بچوں کے لیے لکھے ہیں۔

فوزیہ اختر ردا نے پاکستان میں ہونے والی تین روزہ بین الاقوامی کانفرنس ''بچوں کا ادب: ماضی، حال

اور مستقبل‘‘ جو کہ 31 اکتوبر تا 2 نومبر 2022 منعقد ہوئی، کا ذکر کیا ہے۔ یہ پاکستان میں سرکاری سطح پر ہونے والی اولین بین الاقوامی ادب اطفال کانفرنس تھی۔ جو کہ اکادمی ادبیات پاکستان کے اُس وقت کے صدر نشین جناب ڈاکٹر یوسف خشک کی بدولت ممکن ہو پائی۔ اِسی کانفرنس کے پہلے دن کے اولین اجلاس میں راقم کو ’’موجودہ عہد میں بچوں کے ادب کی اہمیت و افادیت‘‘ پر مقالہ پڑھنے کا اعزاز حاصل ہوا، یہ تین روزہ کانفرنس کا اولین مقالہ تھا۔

مزید براں اکادمی ادبیات پاکستان کے سابق صدر نشین ڈاکٹر یوسف خشک، ڈاکٹر ریاض عادل، اختر رضا سلیمی و دیگر کا کردار اِس لحاظ سے اہمیت کا حامل ہے کہ اُنھوں نے بچوں کے لیے لکھنے والوں کو سرکاری طور پر ایسی شناخت دی جو ہمیشہ تاریخ میں زندہ رکھے گی۔ ایسے ادیب جنھوں نے 1947 سے 1975 تک ، 1976 سے 2000 تک لکھا اور 2001 کے بعد (2022 تک) لکھنے والوں کی تخلیقات خاص شماروں ڈائمنڈ جوبلی نمبر (شمارہ نمبر 18,19,20) کی صورت میں شائع کیے، جب کہ 20 واں شمارہ اِسی دور کے شعری ادب پر مبنی تھا۔

ماہنامہ الفاظ ہند، کامٹی (بھارت) نے جنوری، فروری 2023 میں سو لفظی کہانیوں پر ایک خاص شمارہ شائع کیا جس میں برصغیر کے سو قلم کاروں کی تحریریں شامل ہوئیں، اُن کے نام سرورق پر خوب صورت انداز میں پیش کیے گئے۔ مضمون نگار بین الاقوامی کانفرنس جو کہ " Children's Literature: Classics to Contemporary" کے عنوان سے علی گڑھ مسلم یونی ورسٹی (بھارت) میں 4 نومبر تا 5 نومبر 2023 ہوئی، اِس کو زیرِ بحث نہیں لائیں۔ جب کہ اِس کے بعد ہونے والی ورکشاپ پر گفتگو کی ہے۔

مضمون ہذا میں قابل احترام سراج عظیم کا تذکرہ ہوا۔ نامور بھارتی ادیب اور برصغیر کے معروف واٹس ایپ ’’بچپن گروپ‘‘ کے بانی سراج عظیم نے کئی اہم نوعیت کے کاموں سرانجام دیا ہے۔ جس میں اہم ترین پیش رفت ’’بچپن گروپ‘‘ کی ہے۔ جس کی بدولت کئی نامور اور نئے ادیبوں کو آگے بڑھنے کا موقع ملا ہے۔ نئے ادیبوں میں نوعمر مصنفین شامل ہیں جن کا تعلق پاکستان اور بھارت سے ہے۔ اِن میں رقیہ مظفر پوری، شمائل عبداللہ، مدیحہ وغیرہ کے نام قابل ذکر ہیں۔ مضمون نگار نے بچپن گروپ کے یوم تاسیس کا تذکرہ کیا ہے۔ جس میں آن لائن (بذریعہ گوگل میٹ) نشستوں کا انعقاد اہم تھا جس نے یوم تاسیس کو یادگار بنا دیا کہ کئی کہانیاں اور بچوں کے لیے نظمیں پیش کی گئی تھیں۔

5 جنوری 2024 کو آن لائن مشاعرے کا انعقاد کرایا گیا جس میں معروف پاکستانی اور بھارتی شعراء نے خوب صورت نظموں اور غزلوں سے شاعری کے دلدادہ احباب کو محظوظ کیا۔ اِس کے کامیاب انعقاد پر فیصلہ کیا گیا تھا کہ عالمی مشاعرہ برائے اطفال کا انعقاد کرایا جائے۔

ادب اطفال کی تاریخ کا غالباً یہ اولین موقع تھا جب سرائے اردو ادبی فورم اور واٹس ایپ محفل ''بچپن'' کے باہمی اشتراک سے 2، 3 اور 4 فروری 2024 کو آن لائن (بذریعہ گوگل میٹ) عالمی مشاعرہ برائے اطفال منعقد کرایا گیا۔ اِن مشاعروں میں پیش ہونے والی شاعری کو نونہالوں نے براہ راست سنا۔ اِن مشاعروں کی نشستوں نے طویل عرصے کے جمود کو توڑا۔ سرائے اردو ادبی فورم، پاکستان کے زیر اہتمام 5 فروری 2024 کو عالمی مشاعرہ برائے اطفال کا انعقاد کروایا گیا۔ اِس کی مکمل روداد ہفت روزہ مارگلہ نیوز، اسلام آباد کے 4 تا 10 مارچ 2024 کے شمارے میں شائع ہو چکی ہے۔ جب کہ وڈیو ریکارڈنگ یوٹیوب پر دستیاب ہے۔ بچپن گروپ کی بدولت کئی پاکستانی اور بھارتی ادیب مختلف رسائل اور اخبارات تک رسائی حاصل کر سکے ہیں۔

محترمہ فوزیہ اختر ردا نے ''لوری ایونٹ'' کا تذکرہ کیا جو کہ ایک یادگار لمحہ ہے کہ بچپن گروپ کی بدولت مردہ ہوتی صنف میں جان پڑی اور نہ صرف نئی لوریاں سامنے آئیں، بل کہ خان حسنین عاقب نے ''لوری کہانی'' کو بطور موضوعاتی صنف متعارف کروایا ہے۔ محترمہ تسنیم جعفری کی سرپرستی میں فیس بک گروپ ''ادیب نگر'' بچوں کے ادب کو فروغ دینے کے لیے کوشاں ہے۔

بچوں کے ادیبوں سراج عظیم، تسنیم جعفری، ڈاکٹر سیما شفیع اور شفیع الدین نیر کو سہ ماہی سرائے اردو کے خاص شمارے ''ادیب نمبر'' کے سرورق پر جگہ دی گئی۔ جب کہ یاسر فاروق، عرفان حیدر، نعمان عارف صدیقی، دانیال حسن چغتائی، بہرام علی وٹو، عیشا صائمہ، فاکہہ قمر، علیزہ آصف، سیدہ اقراء اعجاز، عطاء السلام سحر، عثمان یاسین اور راقم الحروف کو بیک ٹائٹل کی زینت بنایا گیا۔ یہ سراہنے کا ایک منفرد انداز تھا جسے ادبی حلقوں میں بے پناہ پذیرائی حاصل ہوئی۔

° محترمہ فوزیہ اختر ردا نے مضمون میں ایک ایسے رسالے ''شاہین اقبال'' کا تذکرہ کیا جس کی اشاعت بند ہو چکی ہے۔ پاکستان سے شائع ہونے والے کئی رسائل بچوں کا باغ، بچوں کی دنیا، انوکھی کہانیاں، ادبیات اطفال، ذوق وشوق، ہلال برائے اطفال، مسلمان بچے، بچوں کا قلندر شعور، چاند سورج، پکھیرو، بقعہ نور اور

باغیچہ اطفال کا تذکرہ نہیں کیا جو ابھی شائع ہو رہے ہیں۔ بھارت سے شائع ہونے والے رسائل میں بچوں کا ہلال، گلشن اطفال، اچھا ساتھی، نیا کھلونا، بچوں کا پھول، الفاظ ہند، انسپائریشن، جنت کا پھول اور فیتھفل چلڈرن کے نام پڑھنے کو نہیں ملے۔ بچوں کے لیے 1987 سے شائع ہونے والے بھارتی ہفت روزہ اخبار ''خیر اندیش'' اور پاکستان سے شائع ہونے والے ہفت روزہ ''بچوں کا اسلام''، کراچی کا ذکر خیر نہیں ہوا۔

ماہ نامہ انوکھی کہانیاں، کراچی کئی خودنوشت شائع کر چکا ہے جو کہ ''آپ بیتیاں'' کے نام سے منظر عام پر آئی ہیں، یہ رسالہ بچوں کے ادیب محبوب الٰہی مخمور شائع کرتے ہیں۔ نذیر انبالوی ایک ہزار ایک کہانیوں کو 'بچوں کے ادب کی الف لیلہ' کے تحت بیس کتب کی صورت میں پیش کر چکے ہیں۔ نوشاد عادل اور محبوب الٰہی مخمور ''آپ بیتیاں'' اور ''قلم کتاب'' کو منظر عام پر لا چکے ہیں جس میں بچوں کے ادیبوں/مدیران کی آپ بیتیاں اور اُن کی ہاتھ سے لکھی گئی تحریریں شائع ہوئی ہیں۔ ماہ نامہ انوکھی کہانیاں اور ماہ نامہ پھول پر تحقیقی مقالے لکھے جا چکے ہیں ہفت روزہ ''بچوں کا اسلام'' پر بھی جامعاتی تحقیق کی گئی ہے۔

سرائے اردو پبلی کیشن، سیالکوٹ نے عالمی ادیب اطفال اردو ڈائریکٹری دو حصوں میں 2024 میں شائع کی۔ جس میں دورِ حاضر کے دو سو ستر سے زائد حیات بچوں کے شعراء اور کہانی نویس کی معلومات فراہم کی گئی ہیں۔ جن کا تعلق جموں کشمیر، بھارت، پاکستان، سعودی عرب، قطر اور امریکہ سے ہے۔ ادب اطفال کی تاریخ میں عالمی سطح کی ڈائریکٹری اس قبل شائع نہیں ہوئی۔ جس میں کئی ممالک کے شعراء/ کہانی نویس شامل ہوئے ہیں۔ دل چسپ امر یہ ہے کہ مضمون نگار فوزیہ اختر ردا ڈائریکٹری کا حصہ ہیں لیکن وہ اِسے یکسر فراموش کر گئیں۔ مذکورہ ڈائریکٹری سے قبل پاکستان اور بھارت میں بھی بچوں کے ادیبوں کی ڈائریکٹریاں شائع کی گئی ہیں لیکن اِن میں مقامی ادیبوں کی معلومات شامل کی گئی تھیں۔ اِسی ادارے سے سہ ماہی باغیچہ اطفال شائع ہو رہا ہے جس کے مدیران میں بچوں کے ادیب (عیشا صائمہ، دانیال حسن چغتائی، فاکہہ قمر) شامل ہیں۔

☆=☆

موضوعاتی صنف 'تشہیر نظم': ماضی و حال کے آئینے میں

تشہیر کیا ہے؟

کسی چیز، خیال، خدمت، شخصیت، کتاب، ادارے یا پیغام کے بارے میں لوگوں کو آگاہ کرنے کا عمل تشہیر کہلاتا ہے۔ یعنی ہم کہ سکتے ہیں کہ کسی چیز کو عوام الناس میں متعارف اور مقبول کرنے کے عمل کو تشہیر کہتے ہیں۔

ہمیں تجارتی، تعلیمی، سماجی، سیاسی، ادبی، مذہبی اور ڈیجیٹل تشہیر اکثر دکھائی دیتی ہے۔

تشہیر اچھی یا بُری دونوں حالتوں میں اپنا اثر ڈالتی ہے۔

تشہیر کا فن جدید دور کی پیداوار ہے جو کہ بیسوی صدی میں ایسے بیدار ہوا کہ آج مقبولیت حاصل کر چکا ہے۔ آپ کو کوئی ایسا کاروباری ادارہ دکھائی نہیں دے گا جو تشہیر کی بدولت صارفین کی نگاہوں میں نہ پہنچ رہا ہو۔ مثال کے طور پر کیلنڈر اور ڈائریوں کی تقسیم کرتے ہوئے ادارے اپنی تشہیر کرتے ہیں تا کہ لوگوں کو خدمات کے بارے میں علم ہو سکے یا اُن کی مصنوعات خریدنے میں دل چسپی ظاہر کریں۔

دورِ حاضر میں مصنوعات کی فروخت کے لیے تشہیر لازم و ملزوم ہو چکی ہے۔ اِس کے بغیر گزارہ ناممکن ہے، کیوں کہ مصنوعات نہ تو عوام الناس میں مقبولیت حاصل کر سکتی ہیں اور نہ ہی اُنھیں خریدا جا سکتا ہے۔ تشہیر کا بسا اوقات مقصد صرف فروخت نہیں ہوتا ہے بل کہ معلومات کی فراہمی ہوتا ہے۔ دورِ حاضر میں کئی ادارے اخراجات کے خوف سے تشہیر سے گریز کرتے ہیں جس کے نتیجے میں اُنھیں مالی نقصان برداشت کرنا پڑتا ہے کہ وہ تشہیری مقاصد کے لیے رقم خرچ کرنے کو تیار نہیں ہوتے ہیں تاہم کچھ کاروباری شخصیات اور ادارے کاروبار کو فروغ دینے کے لیے اشتہارات نہ صرف اخبارات و رسائل میں شائع کرواتے ہیں۔ بل کہ سوشل میڈیا پر وائرل ہونے کے لیے مختلف انداز اپناتے ہیں تا کہ زیادہ سے زیادہ صارفین کی توجہ حاصل کی جا سکے۔ بقول احمد اقبال (ناول نگار/مصنف):

''ایک زمانہ تھا۔ 70ء میں جب اشتہارات ایڈ ایجنسیاں بناتی تھیں۔ اورینٹ، ایشیاٹک، کریسنٹ، ایم

این جے، مین ہٹن کئی نام تھے۔ ہر ایک میں میڈیا مینیجر ہی سکرپٹ کا ذمے دار ہوتا تھا۔ اب کوئی نہیں، سب کام کمپیوٹر کر لیتا ہے۔ ایک سلوگن پر پراڈکٹ چلتی تھی جیسے 'جہاں ماں تا۔ وہاں ڈالڈا' آج تک ہے۔ پی آئی اے کا 'کامیاب لوگ، لاجواب پرواز' فیض صاحب نے 1956 میں لکھا تھا تو دس ہزار دیئے گئے تھے۔''

دورِ حاضر میں تشہیر کہانی کے ساتھ ساتھ تشہیری نظمیں اہمیت کی حامل ہو چکی ہیں جس سے بے پناہ نفع حاصل کیا جاسکتا ہے اور مخصوص مقاصد کے حصول کو یقینی بنایا جاسکتا ہے۔

آپ نے دیکھا ہوگا کہ کئی ادارے تشہیر کے لیے معروف شخصیات کا سہارا لیتی ہیں تا کہ اُن کی وساطت سے مصنوعات کو صارفین میں متعارف کروایا جاسکے۔ تجارتی ادارے اپنی کامیابیوں کی تشہیر 'کہانی' اور گیتوں پر مبنی 'اشتہارات' کی صورت میں کرتے ہیں تا کہ ساکھ بہتر بنائی جائے اور لوگوں کا اعتماد حاصل ہو۔ ماضی میں کئی شعراء شاہی دربار میں مدح سرائی کر کے انعام حاصل کرتے تھے۔

☆..........☆

نثری ادب، شعری ادب، تنقیدی ادب، مذہبی ادب، بچوں کا ادب، مزاحیہ وطنزیہ ادب اور داستانی ادب کے بارے میں سب جانتے ہیں۔ لیکن تشہیری ادب کے لیے کسی نے جسارت نہیں کی ہے کہ اُسے قبول کیا جائے اور ایک الگ حیثیت دی جائے۔

دورِ حاضر میں تشہیری ادب کے لیے رکاوٹ کھڑی کی جارہی ہے تا کہ وہ اپنی الگ شناخت نہ بنا سکے۔ دورِ حاضر کے کئی رسائل و جرائد اور ناقدین اِسے قبول کرنے سے گریزاں ہیں تو دوسری طرف پاکستان اور بھارت میں کہیں نہ کہیں بھرپور پزیرائی دی جارہی ہے جو کہ قابلِ تعریف ہے۔

اہم سوال یہ ہے کہ ناقدین کیوں 'تشہیر کہانی' یا 'تشہیر نظم' کو ادب کی ایک اور بنیاد بننے سے روک رہے ہیں۔ تشہیری ادب کو قبول کرنا وقت کی اہم ضرورت ہے کہ عصرِ حاضر میں اِس کی اہمیت بڑھ رہی ہے اور یہی وجہ ہے کہ تشہیری مزاج کی کہانیوں اور نظموں کو 'تشہیر کہانی'، 'تشہیری نظم' کا نام دیا گیا ہے تا کہ موضوعاتی صنف کا درجہ حاصل کر سکیں۔ جس طرح ایک اشتہار دلکش، قائل کرنے والا، معلوماتی، واضح اور سادہ، مخصوص صارفین کی توجہ حاصل کرنے والا، تخلیقی، جذباتی اثرات کا حامل، عمل کی جانب مائل کرنے والا اور سچائی پر مبنی ہوتا ہے بالکل اُسی طرح 'تشہیر نظم' یا 'تشہیری نظم' کو ہونا چاہیے، یہی بہترین تشہیری نظم قرار پائے گی۔

تشہیری نظم کی خصوصیات تشہیر کہانی سے مماثلت رکھتی ہیں جسے مضمون ''موضوعاتی صنف تشہیر کہانی: ایک

جائزہ‘‘ میں تفصیل سے بیان کیا جا چکا ہے۔

☆......☆

’ادیب کی محبوبہ‘ راجہ مہدی علی خان (مصنف، شاعر، نغمہ نگار) کی ایک مزاحیہ نظم ہے۔ جس میں شاعروں اور ادیبوں کا بڑے دل چسپ انداز میں تذکرہ کیا گیا ہے۔ حیران کن طور پر اِس نظم میں تشہیر کا پہلو دکھائی دیتا ہے کہ تخلیق کاروں کے بارے میں معلومات قارئین تک پہنچتی ہیں، ذرا ملاحظہ کیجیے:

ادیب کی محبوبہ

تمہاری الفت میں ہارمونیم پہ میرؔ کی غزلیں گا رہا ہوں
بہتر ان میں چھپے ہیں نشتر جو سب کے سب آزما رہا ہوں
بہت دنوں سے تمہارے جلوے 'خدیجہ مستور' ہو گئے ہیں
ہے شکر باری کہ سامنے اپنے آج پھر تم کو پا رہا ہوں
لحاف 'عصمت' کا اوڑھ کر تم فسانے 'منٹو' کے پڑھ رہی ہو
پہن کے 'بیدی' کا گرم کوٹ آج تم سے آنکھیں ملا رہا ہوں
تمہارے گھر ن۔م راشدؔ کا لے کے آیا سفارشی خط
مگر تعجب ہے پھر بھی تم سے نہیں میں کچھ فیضؔ پا رہا ہوں
بہت ہے سیدھی سی بات میری نہ جانے تم کیوں نہیں سمجھتیں
قسم خدا کی کلام غالبؔ نہیں میں تم کو سنا رہا ہوں
تمہاری زلف سیہ پہ تنقید کس سے لکھواؤں تم ہی بولو
'شری عبادت بریلوی' کو میں تار دے کر بلا رہا ہوں
میں تم پہ ہوں جاں نثار اخترؔ قسم ہے 'منشی فدا علی' کی
بہت دنوں سے میں تم پہ ساحرؔ سے جادو ٹونے کرا رہا ہوں
اگر ہو تم 'ہاجرہ' تو پھر مجھ سے مل کے 'مسرور' کیوں نہیں ہو
تمہارے آگے 'اوپندر ناتھ اشک' بن کے آنسو بہا رہا ہوں
حسیں ہو زہرہ جمال ہو تم مجھے ستا کر نہال ہو تم

تمہارے یہ ظلم 'قرۃ العین' کو بتانے میں جا رہا ہوں
مری محبت کی داستاں سن کے رو پڑے جوشؔ ملسیانی
سکھا کے پنکھے سے ان کے آنسو ابھی وہاں سے میں آ رہا ہوں
مری تباہی پہ چھاپ دیں گے نقوش کا ایک خاص نمبر
طفیلؔ صاحب کے پاس سارے مسودے لے کے جا رہا ہوں
وزیر آغا پٹھان ہیں ساتھ ساتھ یاروں کے یار بھی ہیں
پکڑ کے وہ تم کو پیٹ دیں گے میں کل انہیں ساتھ لا رہا ہوں
'حکیم یوسف علی' نے جب میری نبض دیکھی تو رو کے بولے
جگر ہے زخمی تباہ گردے یہ بات تم سے چھپا رہا ہوں
ملیح آباد آج جا رہا ہوں میں جوشؔ لاؤں کہ آم لاؤں
ہیں دونوں چیزیں وہاں کی اچھی میں لاؤں کیا تلملا رہا ہوں
جو حکم دو 'واجدہ تبسم' کا کچھ تبسم میں تم کو لا دوں
تمہارے ہونٹوں پہ غم کی موجوں کو دیکھ کر تلملا رہا ہوں
فسانہ عشق مختصر ہے قسم خدا کی نہ بور ہونا
فراق گورکھپوری کی غزلیں نہیں میں تم کو سنا رہا ہوں
مری محبت کی داستاں کو گدھے کی مت سرگزشت سمجھو
میں 'کرشن چندر' نہیں ہوں ظالم یقین تم کو دلا رہا ہوں
پلاؤ آنکھوں سے تا کہ مجھ کو کچھ آل احمد سرورؔ آئے
بہت ہیں غم مجھ کو عاشقی کے بنا پئے ڈگمگا رہا ہوں

راجہ مہدی علی خان کی مذکورہ نظم کو مزاحیہ قرار دیا جاتا ہے لیکن جس طرح 'نقوش نمبر' کی اشاعت اور تخلیق کاروں کا تذکرہ کیا گیا ہے، وہ تشہیری مزاج کے سبب پڑھنے والے کو چونکا دیتا ہے۔

ناقدین اِس نظم کو تشہیری قرار دینے سے گریزاں ہیں۔ حالاں کہ ادیبوں کے بارے میں جس انداز سے خیالات کا اظہار کیا گیا ہے، وہ تشہیر کے زمرے میں آتا ہے کہ کئی اہم ہستیوں کو قارئین سے متعارف کروانے

کی کوشش کی گئی ہے۔

راجہ مہدی علی خان کی مانند محمد رمضان شاکر نے تخلیق کاروں کو اپنی نظم 'ادبی نگینے' کے ذریعے خراج تحسین پیش کیا ہے۔ادبی نگینے اول میں دوسوستانوے اور ادبی نگینے دوم میں 202 تخلیق کاروں کا تذکرہ کیا گیا ہے۔'ادبی نگینے' اول 3484 اور دوم 3595 الفاظ پر مشتمل ہے۔ادبی نگینے اول نومبر 2021 میں اور ادبی نگینے دوم، ماہ نامہ 'انوکھی کہانیاں'، کراچی کے مئی 2023 کے شماروں میں شائع ہوئی ہیں۔

نظم 'ادبی نگینے'۔اول میں شامل چند اشعار ملاحظہ کیجیے۔

سیدھے سادھے اور بھلے مانس
لکھاری ہیں پیارے فاروق دانش

☆......☆

انسان بڑے ہی معقول تھے اشتیاق احمد
گلشن کے مہکتے پھول تھے اشتیاق احمد

☆......☆

سو باتوں کی ایک ہی بات
فخر ادب ہے نوشاد عادل کی ذات

☆......☆

لکھتی ہیں نظمیں پوری پوری
شاعرہ ہیں عمدہ صاعقہ نوری

☆......☆

نظم 'ادبی نگینے'۔دوم میں شامل چند اشعار ملاحظہ کیجیے۔

افسانہ نگار، کالم نویس اور کہانی کار ہیں قانتہ رابعہ
ادب نگری میں مثل جھونکا بہار ہیں قانتہ رابعہ

☆......☆

پروان چڑھائیں ادب دوستی اور ادب اطفال

رحیم رضا نکال کر ماہنامہ ترجمان اطفال

☆......☆

ادب اطفال میں چھائے ہوئے ہیں آج کل خوب
بچوں کی پیاری نظمیں لکھ کر محمد ایوب

☆......☆

شعروادب میں بڑھ کر ہیں فوزیہ ردا اختر
مشہور و معروف اور برتر ہیں فوزیہ ردا اختر

☆......☆

"تشہیر نظم یا تشہیری نظم کی تعریف کیا ہوگی؟

تشہیر نظم اُس تخلیق کو قرار دیا جائے گا جو کہ 'ایک منظّم اور سوچی سمجھی منصوبہ بندی کے تحت لکھی جائے اور تشہیری تقاضوں پر پورا اترتی ہو۔"

تشہیری نظموں کے حوالے سے اہم ترین دعوا یاسر فاروق کا سامنے آیا جو کہ 28 دسمبر 2023 کو فیس بک پر پیش کیا گیا۔ اِن کے بقول:-

"راقم نے 2022 میں تشہیری نظم کی بنیاد رکھی اور 2023 میں بہت سی کتابوں پر تشہیری نظمیں لکھیں، جن میں سے بیشتر کو ملک گیر شہرت ملی۔"

اِس میں کوئی شک نہیں ہے کہ یاسر فاروق کی لکھی گئی نظموں میں تشہیری رنگ جھلکتا ہے۔ لیکن حقیقت یہی ہے کہ اُن کی نظموں نے تشہیری نظم کو بطور موضوعاتی صنف مقبولیت عطا کی ہے۔ نظموں کے منفرد مزاج کی بناء پر راقم الحروف نے اُنھیں تشہیری قرار دیا تھا۔ اگر چہ کئی رسائل نظم کے عنوان کے ساتھ لفظ تشہیر یا تشہیری لکھنا پسند نہیں کرتے ہیں جو ایک اعتبار سے نامناسب ہے کہ جب مزاحیہ اور سنجیدہ ادب کے لیے شناخت الگ رکھی جا سکتی ہے تو پھر تشہیری ادب کو بھی قبول کرنا چاہیے۔

جو یہ کہتے ہیں کہ تشہیری کہانیاں اور نظمیں پہلے لکھی جاتی تھیں تو وہ تشہیری ادب (Advertising literature) کے حوالے سے آگاہ کریں کہ کس قدر منظر عام پر آچکا ہے۔ تشہیری ادب، تشہیری نظم اور تشہیر کہانی کی اصطلاحات بھرپور کام کے باوجود ہر خاص و عام کے علم میں کیوں نہیں ہیں۔ تشہیری نظموں کی

فراہمی کے مطالبے پر ایک شاعر نے حمد، نعت اور منقبت فراہم کی ہیں۔ جو ظاہر کرتا ہے کہ وہ موضوعاتی صنف کے بارے میں معلومات نہیں رکھتے ہیں اور ناقدین کی جانب سے گمراہ کن تاثر عام کیا جاتا ہے کہ وہ پہلے سے ہی ادب کا حصہ ہیں۔

یاسر فاروق نے جن کتابوں اور رسائل پر تشہیری نظمیں لکھی ہیں، اُن کی تفصیل ملاحظہ کیجیے۔

انمول خزانہ۔۔۔۔۔۔۔۔۔۔۔۔۔۔۔۔فاکہہ قمر

مارخور۔۔۔۔۔۔۔۔۔۔۔۔۔۔۔۔۔فاکہہ قمر

جی دار۔۔۔۔۔۔۔۔۔۔۔۔۔۔۔ذوالفقار علی بخاری

آخری وار۔۔۔۔۔۔۔۔۔۔۔۔۔ذوالفقار علی بخاری

لاجوردی۔۔۔۔۔۔۔۔۔۔۔۔۔۔صاعقہ علی نوری

طلسمی پنجرہ۔۔۔۔۔۔۔۔۔۔۔۔صاعقہ علی نوری

انٹیک کار۔۔۔۔۔۔۔۔۔۔۔۔۔۔راج محمد آفریدی

فرزین نامہ۔۔۔۔۔۔۔۔۔۔۔۔۔۔۔۔فرزین لہرا

مقتول کی تلاش۔۔۔۔۔۔۔۔۔۔۔احمد نعمان شیخ

صدیوں کے آسیب۔۔۔۔۔۔۔۔۔احمد رضا انصاری

عشرہ مبشرہ۔۔۔۔۔۔۔۔۔۔۔۔۔دانیال حسن چغتائی

خوابوں کا جزیرہ۔۔۔۔۔۔۔۔۔۔۔۔عائشہ حنا

تیسرا خواب۔۔۔۔۔۔۔۔۔۔علیشاء شوکت راجپوت

مہر النساء۔۔۔۔۔۔۔۔۔۔۔۔۔۔مہوش اسد شیخ

جنگل میں دنگل۔۔۔۔۔۔۔۔۔۔سلمان یوسف سمیجہ

مونگ پھلی کے چھلکے۔۔۔۔۔۔۔۔۔عرفات ظہور

کہانیوں کا حملہ۔۔۔۔۔۔۔۔۔۔۔۔۔۔فیصل علی

اناروں والا گھر۔۔۔۔۔۔۔۔۔۔میمونہ ارم مونشاہ

دام رنگ و بو۔۔۔۔۔۔۔۔۔۔۔۔۔۔۔نورین عامر

خواب نگر۔۔۔۔۔۔۔۔۔۔۔۔۔۔۔۔۔تنزیلہ احمد

قرضے کی گائے۔۔۔۔۔۔۔۔۔۔۔۔۔رمشاء جاوید

گلبل۔۔۔۔۔۔۔۔۔۔۔غلام زادہ نعمان صابری

داستان عشق وسفر۔۔۔۔۔۔۔۔۔۔۔فرح مصباح

پروفیسر بوگنسٹائن۔۔۔۔۔۔۔۔۔۔مہوش اسد شیخ

نامکمل زندگی۔۔۔۔۔۔۔۔۔۔۔۔حنا سرور

کیسا جذبہ۔۔۔۔۔۔۔۔۔۔۔۔۔۔۔ابومحمد خفی

کامیابی کی سیڑھی۔۔۔۔۔۔۔۔۔۔۔جنید صدیقی

کونپلیں۔۔۔۔۔۔۔۔۔راج محمد آفریدی کا ایڈیشن

انوکھی کہانیاں۔۔۔۔۔۔مہک میگزین کے انوکھی کہانیاں نمبر کے لیے

بچوں کا کہکشاں۔۔۔۔۔۔۔۔۔۔۔۔۔مدیر، شیخ فرید۔کوئٹہ

ساتھی کے چھیالیس سال۔۔ماہنامہ ساتھی سالنامہ

جوئے یاس۔۔۔۔۔۔۔۔۔۔۔۔۔۔۔کوکب مشتاق

میاں وہمی۔۔۔۔۔۔۔۔۔۔۔۔۔۔۔محمد توصیف ملک

ننھا سلطان۔۔۔۔۔۔۔۔۔۔۔۔۔شمیم عارف

جادوئی پتا۔۔۔۔۔۔۔۔۔۔۔۔۔۔۔عاطف شاہ

ہائے دل۔۔۔۔۔۔۔۔۔۔۔۔۔۔۔حسن ابن ساقی

جادوئی گیند۔۔۔۔۔۔۔۔۔۔۔۔ملک نعمان حیدر حامی

یاسر فاروق کے بقول 'پاکستان ٹیلی کمیونیکیشن کمپنی لیمیٹیڈ (PTCL) کے لیے تشہیری نظم / نغمہ لکھ چکے ہیں۔ یہ نظم مذکورہ ادارے کی مرکزی ٹریننگ اکیڈمی، میں آویزاں ہے۔'

محمد فیصل علی کے مجموعے ''کہانیوں کا حملہ'' پر لکھی گئی تشہیری نظم کو ملاحظہ فرمائیں، اِس میں آپ کو ایک تشہیری نظم کی تمام خصوصیات دکھائی دیں گی۔

" کہانیوں کا حملہ "، کس پہ ہوا ہے دیکھو

کیسا یہ خوبصورت تحفہ ملا ہے دیکھو
کتنا حسین اس کا سرورق ہے بنایا
ہیں شوخ رنگ اس کے کیا خوب ہے سجایا
عنوان جو ہے اس کا سب سے جدا ہے دیکھو
" کہانیوں کا حملہ "، کس پہ ہوا ہے دیکھو
"فیصل علی" نے لکھا دن رات ایک کر کے
رکھیں گے یاد برسوں اس میں ہیں ایسے قصے
کون اس میں ہے بتاتا، کس نے کیا ہے دیکھو
" کہانیوں کا حملہ "، کس پہ ہوا ہے دیکھو
اس میں رچی محبت، اس میں ہے بھائی چارہ
اس میں عیاں دیانت، اس میں چھُپا سہارا
اچھا ہے کون اس میں، کیسا برا ہے دیکھو
" کہانیوں کا حملہ "، کس پہ ہوا ہے دیکھو
ساری کہانیاں ہی دلچسپ اور مزے کی
یاروں کے ساتھ محفل پڑھنے میں کیا سجے گی
ہے کون اس میں آیا، کس سے سجا ہے دیکھو
" کہانیوں کا حملہ "، کس پہ ہوا ہے دیکھو
قیمت ہے پانچ سو ہی، ناشر "سرائے اردو"
کیا خاص اس میں ہے کہ اس کا ہے چرچا ہر سو
منگواؤ جلد بچو! کیا کیا لکھا ہے دیکھو
" کہانیوں کا حملہ "، کس پہ ہوا ہے دیکھو
کیسا یہ خوبصورت تحفہ ملا ہے دیکھو

سہ ماہی باغیچہ اطفال کے 'شناخت نمبر' میں محمد رمضان شاکر کی نظم شائع ہوئی ہے جس میں تشہیری رنگ دکھائی دیتا

ہے۔

من بھاتا اک آیا پرچا
سب کے دل پر چھایا پرچا
پرچا کتنا پیارا ہے یہ
کتنا دلکش نیارا ہے یہ
لکھنے والوں کی ہے شان
ابھرا ہے بن کر پہچان
سب ہی کو موقع ملتا ہے
لفظوں سے غنچہ کھلتا ہے
پیاری سب تحریریں اس کی
رنگیں سب تصویریں اس کی
ہر جا ہی اس کا چرچا ہے
کیا ہی پیارا یہ پرچا ہے
زلفی بھائی اس کو لائے
سارے جگ میں اب وہ چھائے

محمد قاسم سرویا کی تشہیری رنگ میں نظم 'باغیچہ اطفال' اور محمد مشتاق حسین قادری کی 'بچوں کا پرستان' کا حصہ بنی ہیں ۔لیکن دل چسپ بات یہ ہے کہ اِسے عام نظموں کی مانند شائع کیا گیا۔

نظموں میں چوں کہ رسائل کی تشہیر کی گئی ہے لہٰذا اِشاعت کے وقت مدیران کو احتیاط برتنے کی ضرورت ہے تا کہ عام نظم اور تشہیری نظم میں فرق برقرار رہے۔

ماضی میں تشہیری رنگ میں نظموں کی اشاعت ہوئی لیکن تب تشہیر نظم کے لیے کوئی اصطلاح متعارف نہیں ہوئی تھی، لہٰذا اُنھیں عام نظموں کی مانند شائع کیا جاتا رہا۔ یہ سلسلہ آج بھی کئی رسائل میں جاری ہے۔

حیران کن طور پر آج اُنھی نظموں کو تشہیری قرار دیا جاتا ہے حالاں کہ اِنھیں موضوعاتی صنف کے طور پر جداگانہ حیثیت دی جانی چاہیے تھی، لیکن اُس کے لیے کسی نے جسارت نہیں کی اور نہ ہی اُنھیں مخصوص نام دیا گیا۔

میرے من کو بھاتا ہے باغیچہ اطفال
ہر ماہ ڈاکیا لاتا ہے باغیچہ اطفال
دل خوش ہو جائے پڑھ کے اچھی نظم کہانی
نئے دور کی ہو یا چاہے ہو وہ بہت پرانی
اچھے سے سکھلاتا ہے باغیچہ اطفال
سب کے من کو بھاتا ہے باغیچہ اطفال
بچے اس کو پا کر فوراً ہو جاتے ہیں راضی
پڑھ کے اور پھر سن سنا کے تحریریں سب تازی
سب کو ادب پڑھاتا ہے باغیچہ اطفال
سب کے من کو بھاتا ہے باغیچہ اطفال
بچے جو بھی پڑھتے ہیں اب اچھے خوب رسالے
بچپن میں بھی اچھے بنتے، اچھے لڑکے بالے
قاسم یہ فرماتا ہے باغیچہ اطفال
سب کے من کو بھاتا ہے باغیچہ اطفال

☆......☆

یہ دل کی جلا ہے بچوں کا پرستان
یہ سب کو بھلا ہے بچوں کا پرستان
جس نے بھی پڑھا ہے تو دل باغ بنا ہے
جس کو بھی ملا ہے بچوں کا پرستان
نئیر مدیر ہیں خود بے نظیر ہیں
ہر گھر میں سجا ہے بچوں کا پرستان

ناقدین کی خواہش ہے کہ ماضی میں شائع ہونے والی تشہیری رنگ کی کہانیوں اور نظموں کو تشہیری نظمیں اور کہانیاں قرار دیا جائے۔ لیکن وہ اِس نکتے پر گفتگو کرنے کو تیار نہیں ہیں کہ کس نے تشہیری نظم یا تشہیر کہانی کو

بطور موضوعاتی صنف منظر عام پر لانے کی سعی کی اور کس نے تشہیری نظم کو مخصوص نام سے منسوب کیا، جو کہ اپنی جگہ ایک سنگین جرم ہے۔ دل چسپ امر یہ ہے کہ جب لکھنے والوں کو علم نہیں ہے کہ وہ کیا پیش کر رہے ہیں تو کیا اُنھیں کسی خاص موضوع یا صنف کا موجد قرار دے دیا جاسکتا ہے۔ کہا جاتا ہے کہ سائنسی ایجادات جتنی ہوئی ہیں، اُن کے لیے پہلے پہل کوشش کسی اور نے کی ۔ لیکن کامیابی کسی ایک سائنس دان کے نام منسوب ہوئی۔ سوال یہ ہے کہ جب کامیابی کسی خاص سائنس دان کے نام ہوئی اور ایجاد اُسی کی بدولت شہرت حاصل کر پائی ہے، ایسے میں اُنھیں بانی قرار دینا کیا ناانصافی ہوگی۔ اِس حوالے سے کم از کم اخلاقی جرات کا مظاہرہ کرتے ہوئے یہ اعتراف تو کیا جانا چاہیے کہ مخصوص رنگ (تشہیری کہانیاں/ تشہیری نظموں) کی تخلیقات کو جداگانہ حیثیت دینے والوں کو سراہا جائے۔ اگر تاریخ میں موضوعاتی صنف کے طور پر تشہیر کہانی یا تشہیری نظم کا وجود نہیں ملتا تب اصطلاح وضع کرنے والوں کو تسلیم کرنا جرم نہیں ہوگا۔

ایک اہم سوال یہ ہے کہ تشہیری ادب کی اصطلاح کبھی دنیائے ادب میں سنی گئی ہے؟

☆......☆

جویریہ عبدالرزاق (کراچی) کی کہانی 'اور ہم جیت گئے' میں ایک رسالے (آنکھ مچولی) کا تذکرہ ہے۔

راقم کے علم میں نہیں ہے کہ اُن کی کتنی کہانیاں رسائل میں شائع ہوچکی ہیں۔

اگر اُن کی کہانی پر یہ کہا جائے کہ تشہیر کہانی کی بانی ہیں تو کیا یہ انصاف ہوگا؟ جب کہ اُنھیں یہ علم ہی نہ ہو کہ تشہیر کہانی کا بنیادی مقصد اور تعریف کیا ہے۔ اگر حادثاتی طور پر کوئی دوڑ میں کامیابی حاصل کرلے تو کیا اُسے ایتھلیٹ قرار دیا جائے گا؟

جنھوں نے ماضی میں تشہیری نظمیں یا کہانیاں لکھی ہیں، کیا اُنھوں نے اعتراف کیا کہ وہ ایک نئی موضوعاتی صنف کو متعارف کروا رہے ہیں؟ دوسری طرف ناقدین موضوعاتی صنف (تشہیر کہانی/ تشہیر نظم) کو متعارف کروانے والوں کو سراہنے کے حق میں نہیں ہیں۔ لیکن تلخ حقیقت یہ ہے کہ ماضی اور حال کی کئی ادبی شخصیات مذکورہ اصطلاحات سے واقف نہیں تھیں اور نہ ہی کبھی مخصوص عنوان کے تحت کہانیوں یا نظموں کی اشاعت ممکن ہوئی۔ دل چسپ اور تلخ حقیقت یہ ہے کہ ''تشہیر کہانی'' اور ''تشہیری نظم'' کی اصطلاح کبھی دنیائے ادب میں بالخصوص منظر عام پر نہیں آئی اور نہ ہی کوئی تعریف یا قوانین مرتب کیے گئے کہ کن اہم نکات کو مدنظر رکھ کر تخلیقات منظر عام پر لائی جائیں گی۔ اگر تشہیری نظموں اور کہانیوں کو ماضی میں مقبولیت حاصل تھی یا وہ باقاعدہ منصوبہ

بندی کے ساتھ پیش ہو رہی تھیں تو کیا وجوہات ہیں کہ ان پر جامعات میں تحقیقی کام نہیں کروایا گیا۔

ایک تلخ المیہ یہ ہے کہ شعراء نے اِس جانب توجہ نہیں دی کہ وہ مخصوص موضوع کی بنیاد پر تشہیری نظموں کو الگ حیثیت دیں۔افسوس ناک امر یہ بھی ہے کہ دورِ حاضر میں کئی مدیران ایسے ہیں جو تشہیری نظموں کی اشاعت کو قابلِ تعریف قرار نہیں دیتے ہیں۔حالاں کہ تشہیری نظموں کی بدولت نونہالوں کو کسی خاص رسالے کی جانب مائل کیا جا سکتا ہے اور یوں کسی رسالے کی اشاعت بڑھائی جا سکتی ہے۔

سوال یہ بھی ہے کہ اگر تشہیری نظمیں ماضی میں شائع ہو رہی تھیں تو پھر آج کون سے عوامل ہیں جن کی بنیاد پر تشہیری کہانیوں اور نظموں کی اشاعت کو روکا جا رہا ہے تا کہ اُنھیں موضوعاتی صنف کے طور پر مقبولیت حاصل نہ ہو سکے۔اگر کسی نے اصطلاحات متعارف کروا دی ہیں تو اصولی اور قانونی اعتبار سے اُنھیں تسلیم کرنا چاہیے تا کہ اردو ادب کو پھلنے پھولنے کا موقع مل سکے۔لیکن تشہیری ادب کو پہلے تسلیم تو کیا جائے تا کہ تشہیری مواد لکھنے والوں کا حوصلہ بلند ہو۔

☆......☆

فاکہہ قمر کے اولین کہانیوں کے مجموعے ''انمول خزانہ'' پر سات بند پر مشتمل تشہیری نظم 'کیسی ہے انمول خزانہ' لکھی جا چکی ہے، اِسے یاسر فاروق نے لکھا ہے۔اِسے مکمل تشہیر نظم قرار دوں گا کہ تشہیری قوانین کے تمام اہم عناصر شامل کیے گئے ہیں۔

کیسی ہے انمول خزانہ

اسے خریدو، پڑھو مزے سے، یاروں کو بھی تحفہ دو
کیسی ہے انمول خزانہ، کیا ہے اس میں آؤ سنو!
لکھا اسے کیا محنت سے ہے آپ کی فاکہہ آپی نے
چھپی ہوئی ہے کتنی پیاری یہ سرائے اردو سے
پڑھے اسے پھر بار بار اک بار اسے تو پڑھ لے جو
کیسی ہے انمول خزانہ، کیا ہے اس میں آؤ سنو!
سبق لیے ہر ایک کہانی، نیکی کا یہ رستہ ہے
کل چوبیس ہیں پوری، یہ تو پھولوں کا گلدستہ ہے

کیا اچھا سرورق ہے اس کا، صفحے ہیں یہ تقریباً سو
کیسی ہے انمول خزانہ، کیا ہے اس میں آؤ سنو!
لگن، توجہ، فری کا گولڈی، اصلی نیکی اور تلوار
بڑی رواں ہیں، بڑی ہی شستہ، پڑھ کے خوش ہو جائیں یار
کیا پیارا پیغام ہے ان میں تھوڑا سا جو غور کرو
کیسی ہے انمول خزانہ، کیا ہے اس میں آؤ سنو!
فرض، دفاع، اقبال کے شاہیں، جاگتی سی آنکھوں کے خواب
حب الوطنی کو سمجھائے کیا اچھا یہ خاص کتاب
جذبہ، جوش بڑھائے اک دم اسے اگر تم پڑھ لو تو
کیسی ہے انمول خزانہ، کیا ہے اس میں آؤ سنو!
رنگیں انڈوں کا جادو، آزادہوں میں، ببلی کی ببل
کئی مسائل اٹھے اس ان میں، کئی مسائل کا ہے حل
ہر اک فقرہ گندھا ہوا ہے پڑھ کے کوئی بھی بور نہ ہو
کیسی ہے انمول خزانہ، کیا ہے اس میں آؤ سنو
اس میں ہے اک خاص کہانی سب سے الگ ہی دِکھتی ہے
لکھا نہ پہلے کسی نے اس موضوع پہ، نمایاں لگتی ہے
صفحہ ستاسی پر موجود ہے جلدی سے اس کو کھولو!
کیسی ہے انمول خزانہ، کیا ہے اس میں آؤ سنو!
اس کا نام ہی دیکھو سارے! کتنی ہے انمول کتاب
چھپا ہوا ہے ایک خزانہ اس میں، ڈھونڈو آپ جناب
جلدی آؤ سارے بچوں! دیر ذرا نہ کچھ بھی ہو
اسے خریدو، پڑھو مزے سے، یاروں کو بھی تحفہ دو
کیسی ہے انمول خزانہ، کیا ہے اس میں آؤ سنو!

صاعقہ علی نوری کے جیبی سائز ناول ''لاجوردی'' پر یاسر فاروق ایک تشہیری نظم لکھ چکے ہیں، ملاحظہ کیجیے۔

دلچسپ اور مزے کی ہے "نوری" کی "لاجوردی"
کیسا طلسم ہے یہاں "نوری" نے حد ہی کر دی
پریاں، دیو ہیں اور ہے جادوگری کی بات
ماحول آج کا بھی ہے ایسی ہے یہ کتاب
کتنی ہیں پیاری پیاری سی نظمیں بھی جن سے بھر دی
دلچسپ اور مزے کی ہے "نوری" کی "لاجوردی"
اس میں پری ہے پیاری اور ہمدردسی بڑی
لیکن بے چاری ایک مصیبت میں تھی پڑی
اک تھا برا دیو وہاں جس کی تھی غنڈہ گردی
دلچسپ اور مزے کی ہے "نوری" کی "لاجوردی"
کیا کیا! کِیا ہے ارسل وزارا نے جا کے واں
کس کس سے وہ ملے ہیں وہاں، کیا ہے پرستاں
پہنا لباس کس نے ہے کیسا، ہے کیسی وردی!
دلچسپ اور مزے کی ہے "نوری" کی "لاجوردی"
کیا خوب ہے قدیم اور جدت کا امتزاج
جلدی کرو، نہ دیر کرو تم پڑھو ہی آج
ملنے نہ پائے گی یہ کہانی جو دیر کردی
دلچسپ اور مزے کی ہے "نوری" کی "لاجوردی"
چھوٹی سی یہ کتاب ہے آجائے جیب میں
قیمت جو ایک سو بیس میں چونسٹھ صفحے پڑھیں
کمرے میں بیٹھ کے پڑھو بچوں، کہ آئی سردی
دلچسپ اور مزے کی ہے "نوری" کی "لاجوردی"

کیسا طلسم ہے یہاں "نوری" نے حد ہی کر دی

مذکورہ نظم کا ماضی میں لکھی گئی نظموں (جنھیں تشہیری قرار دیا جاتا ہے) کے ساتھ موازنہ کیا جائے تو کئی اہم انکشافات ظاہر ہوں گے۔ جو احباب تشہیری نظمیں لکھنے کے خواہش مند ہیں وہ اِس نظم کو اپنے لیے مشعل راہ بنا سکتے ہیں۔ ''فرزین نامہ'' فرزین لہرا کی دل چسپ کتاب ہے، اِس پر بھی تشہیری نظم لکھی گئی ہے جو بہترین تشہیری نظموں میں شمار ہوتی ہے۔

بریانی اور براؤنیوں کی اس میں ریسے پی
کیسی بنائے جائے گی، ہے دال بھی لکھی
گر بن سکے بناؤ اسے آپ بھی جناب
نٹ کھٹ سی چلبلی سی ہے فرزین کی کتاب
"ویسے بڑا ہی پیارا ہے یہ پرس آپ کا"
بھابھی کو سٹپٹا دیا فرزین جی واہ
اور بعد میں بجائی ہے امی نے کیا رُباب
نٹ کھٹ سی چلبلی سی ہے فرزین کی کتاب
اک بار جب شروع کرو آجائیں گے مزے
قصے بڑے لذیز ہیں کھانوں کے چٹ پٹے
پلاؤ، بیریانیاں، سموسے اور کباب
نٹ کھٹ سی چلبلی سی ہے فرزین کی کتاب
اس میں ہیں ایک نیک سی امی کے جیسی ساس
اکثر ہی دیکھ پائیں وہ کچن کا ستیاناس
کھلائے اپنی بہن نے ہیں کیا سے کیا گلاب
نٹ کھٹ سی چلبلی سی ہے فرزین کی کتاب
دوستیں بھی اس میں اور ماسیاں بھی ہیں
چالاکیاں بھی اس میں بدحواسیاں بھی ہیں

سادا بھی اس کو پڑھتے ہیں اس کو پڑھیں نواب
نٹ کھٹ سی چلبلی سی ہے فرزین کی کتاب

ساری کتاب میں ہی تبسم ہے زیرِ لب
آئی اسی سطر میں ہنسی آئی، آئی اب
پڑھتے چلے ہی جائیں کھلکھلائیں بے حساب
نٹ کھٹ سی چلبلی سی ہے فرزین کی کتاب

الماری دیکھیں کمرے کی کپڑے نہیں ہیں چند
بند ہو نہ پائے باندھا ہے اوپر ازار بند
اچھلے، پکارتا ہوا اس کا ہر ایک باب
نٹ کھٹ سی چلبلی سی ہے فرزین کی کتاب

لہریں ٹھاٹھیں مارتی، دھارے بھی اس میں سب
ہیں پانچ پانیوں کے نظارے بھی اس میں سب
راوی، بیاس، ستلج و سندھ اور چناب
نٹ کھٹ سی چلبلی سی ہے فرزین کی کتاب

"فرزین نامہ" عمدہ، کیا ہے ہارڈ سا کور
ہے ڈیڑھ سو صفحے کی یہ، ناشر "کتاب گھر"
مبادی ختم ہو نہ یہ، آرڈر کرو شتاب
نٹ کھٹ سی چلبلی سی ہے فرزین کی کتاب

محشر بدایونی کی نظم 'فجو میاں' کے بارے میں ناقدین فرماتے ہیں کہ وہ تشہیری نظم ہے۔ نظم پر گفتگو سے قبل یہ آگاہ کرنا ضروری ہے کہ اگر تشہیری نظم 'صابن' کے بارے میں ہے تو اُس میں اُسی کی تشہیر کی جائے گی نا کہ صابن استعمال کرنے والے کی شان میں قصیدہ لکھا جائے گا۔ مذکورہ نظم میں ماسوائے ایک شعر کے تمام اشعار فجو میاں کے لیے ہیں اور ایک اشعار میں رسالے کا تذکرہ ہے۔ اگر آخری شعر پڑھنے والا از خود سمجھ سکے کہ مذکورہ نظم تشہیری ہے تو الگ بات ہے بصورت دیگر اِسے تشہیری نظم تصور نہیں کرے گا کہ وہ محض 'فجو میاں' کے

عنوان سے شائع کی گئی ہے۔

اگر آخری شعر کی بنیاد پر پوری نظم کو تشہیری قرار دیا جائے تو یہ تشہیری قوانین کے تحت نامناسب ہوگا کہ جس شے کی مشہوری کرنی تھی اُسے محض ایک مصرعے میں بیان کیا گیا ہے۔ اُس شعر کو باشعور فرد مکمل نظم کو سمجھنے پر جان سکتا ہے کہ کس جانب اشارہ ہے لیکن نونہالوں کے لیے بے حد مشکل ہے۔

مذکورہ نظم کے ابتدائی اشعار ظاہر نہیں کرتے ہیں کہ وہ کس شے کی تشہیر کر رہے ہیں۔ جب کہ آخر میں عیاں کیا جا رہا ہے کہ رسالے کی بدولت شخصیت میں تبدیلی لائی گئی ہے۔ تشہیر میں واضح پیغام ہونا چاہیے کہ کیا کہا جا رہا ہے، اگر صارفین نہ سمجھ پائیں تب تشہیری کاوش کا مقصد فوت ہو جاتا ہے۔ مذکورہ نظم کو یاسر فاروق کی لکھی گئی تشہیری نظموں کے مقابلے میں رکھا جائے تو نمایاں فرق دکھائی دے گا اور یہی تشہیری نظم کی حقیقی روح ہوگی۔

آج اتنی اچھی جوان کی اُٹھان ہے

سارے کرشمے ہیں یہ نونہال کے

محمد رمضان شاکر کی نظم ''بچوں کا میگزین'' ایسی نظم ہے جس میں تشہیری رنگ جھلکتا ہے، لیکن دل چسپ بات یہ ہے کہ تشہیری نظم کی اصطلاح سنہ 2022 میں ادبی حلقوں میں گونجی۔ جب کہ مذکورہ نظم سنہ 2021 میں 'بچوں کا میگزین'' کے عنوان سے شائع ہوئی اور وہ بھی عام نظموں کی مانند۔ اِسی طرح 'آنکھ کا تارا' میں تشہیری رنگ ہے لیکن جس وقت اِسے رسالے میں شائع کیا گیا تب شاعر کو علم نہیں تھا کہ اِسے مستقبل میں تشہیری نظم قرار دیا جائے گا۔ مذکورہ نظم میں نوشاد عادل کے فن و شخصیت کے حوالے سے جذبات کا اظہار کیا گیا ہے۔

آنکھ کا تارا نوشاد عادل

ہے رائیٹر پیارا نوشاد عادل

ادب میں دھوم مچانے کو

رب نے اتارا نوشاد عادل

رمضان شاکر کے اِس شعر کو دیکھیں کہ کس طرح سے ایک ادارے کی خدمات پر سراہتے ہوئے داد دے رہے ہیں۔

عزت، عظمت، شان بنے گا سرائے اردو

ادب کی پہچان بنے گا سرائے اردو

'مزاحیہ کردار نمبر' کے عنوان سے شائع ہونے والی نظم کے درج ذیل اشعار میں تشہیری جلوہ گری دکھائی دیتی ہے۔

دل بہلانے آرہا ہے مزاحیہ کردار نمبر
دُھوم مچانے آرہا ہے مزاحیہ کردار نمبر
کہانی کی لذت اور لیے مزاح کا تڑکا
ہنسنے ہنسانے آرہا ہے مزاحیہ کردار نمبر

محمد رمضان شاکر تسلسل سے ایسی نظمیں لکھ رہے ہیں جن میں تشہیری رنگ ہے۔لیکن دل چسپ بات یہ ہے کہ اُنھیں تشہیر نظم کے طور پر کہیں نمایاں کر کے شائع نہیں کیا گیا ہے۔تشہیر نظم چوں کہ ایک الگ مزاج رکھتی ہے اور نونہالوں کو اِسے سمجھنے میں دشواری پیش آسکتی ہے لہذا اِس کو شائع کرتے ہوئے لفظ 'تشہیر' عنوان کے ساتھ لکھا جائے تاکہ پڑھنے والا پہلی نظر میں سمجھ جائے کہ وہ کیا پڑھ رہا ہے۔

ماضی میں ایسی نظمیں لکھی اور شائع کی گئی ہیں، لیکن وہ باقاعدہ تشہیری مقصد کو سامنے رکھ کر نہیں لکھی گئی ہیں۔اگر ایسا ہوتا تو یقینی طور پر تشہیر نظم بطور موضوعاتی صنف رسائل کا حصہ بنتی۔لیکن ایسا نہیں ہوا ہے جو ظاہر کرتا ہے کہ اِسے یکسر فراموش رکھا گیا ہے اور کسی نے تشہیری نظموں کو بطور موضوعاتی صنف الگ کر کے ایک خاص حیثیت دینے کا نہیں سوچا۔

نظم 'روشن تارے'، 'پی ایچ ڈی نمبر'، 'مہک' اور 'شاعر نمبر' کے اشعار دیکھیں۔

اچھی اِس میں باتیں ہیں
نظمیں پیاری لایا ہے

☆......☆

جہد مسلسل سے انوکھی کہانیاں نے مقام یہ پایا ہے
اسی بات نے اسے پی ایچ ڈی مقالے کا حامل بنایا ہے
محبوب الٰہی کی برسوں کی محنت رنگ لائی ہے
تبھی تو ملک بھر میں چرچا اس کا ہی چھایا ہے

☆......☆

باتیں بھی سمجھاتا ہے

سب کے دل کو بھاتا ہے

پورے سو کا خرچہ ہے

کتنا پیارا پرچہ ہے

'مہک' نامی اِس نظم میں رسالے کے بارے میں معلومات دی گئی ہیں۔لیکن ماسوائے عنوان کے اشعار میں کہیں رسالے کا تذکرہ نہیں ہے۔سوال یہی پیدا ہوتا ہے کہ کیا قارئین از خود تصور کریں گے کہ یہ تشہیری نظم ہے۔جس طرح مزاحیہ نظموں کے لیے الگ عنوان دیا جاتا ہے، اِسی طرح تشہیری نظموں کو جداگانہ حیثیت دی جائے تاکہ تشہیر نظم موضوعاتی صنف کا درجہ پا سکے اور مقبولیت حاصل کرے۔

تشہیری نظموں میں جس چیز کی تشہیر کرنی ہے، اُس کے بارے میں قارئین کو آگاہ کرنا ضروری ہے بصورت دیگر نظم متاثر کن ثابت نہیں ہوگی۔

ہر اک لب پر اس کی باتیں

لایا ہے کیا کیا سوغاتیں

دیکھو چھایا شاعر نمبر

خوشیاں لایا شاعر نمبر

نظم 'ادب کا دلدادہ' میں بچوں کے معروف تخلیق کار احمد عدنان طارق کا تذکرہ کیا ہے۔

ادب کا ہے دلدادہ انسان

احمد عدنان بس احمد عدنان

سب سے اعلا ذوق ان کا

کتابیں ہیں ان کی پہچان

دو ماہی 'مہک' نے ماہ نامہ انوکھی کہانیاں نمبر شائع کیا تو اُس میں ایک خاص نظم تشہیری خصوصیات کے ساتھ دکھائی دی ہے جسے یاسر فاروق نے لکھا ہے۔

ہوئے سال بتیس یہ ہے چٹاں

رسالے میں مخمور کی دیکھ جاں

کھڑا یہ جو تن کے اسی کے سبب
مہک نے کیا کام سب سے عجب
پی ایچ ڈی پہ اس پہ ہوئی ہے ابھی
مبشر سعید باجوہ نے ہے کی
مہک بھی پزیرائی پہ آیا اب
مہک نے کیا کام سب سے عجب

ماہ نامہ ہمدرد نونہال، کراچی میں نظم 'یہ ہے میرا نونہال' شائع ہوئی۔ جس میں ایک 'شربت' ہمدرد نونہال کی خصوصیات بتائی گئی ہیں۔ اِسے تشہیری نظم قرار دیا جاتا ہے کہ اِس میں تشہیری رنگ جھلکتا ہے۔ دل چسپ بات یہ ہے کہ رسالے میں مذکورہ نظم کو ایک اشتہار کے طور پر شائع کیا گیا اور نظم کے اختتام پر لفظ 'اشتہار' واضح دکھائی دیتا ہے۔ اِسے نظم قرار دیا جائے یا اشتہاری نظم، اِس پر ناقدین بہتر روشنی ڈال سکتے ہیں۔

لیکن سوال یہ ہے کہ جب اِس نظم کو شائع کیا گیا تو کیا اُس وقت مدیران یا شاعر کے وہم وگمان میں تھا کہ یہ ایک تشہیری نظم ہے یا اِسے تشہیری نظم کی اصطلاح متعارف ہونے کے بعد تشہیر نظم کہا جا رہا ہے، اِس پر جامعات کو تحقیقی کام کروانا چاہیے۔

نونہال ہر ایک بچے کو پلانا چاہیے
فائدہ اس اچھے ٹانک سے اٹھانا چاہیے

آر سی رؤف نے نازیہ نزی کے شعری مجموعے ''مکس اچار'' کے حوالے سے تشہیری رنگ میں نظم لکھی ہے، نظم کے اشعار پیش خدمت ہیں۔

کرنی ہو جب سوچ بچار
پڑھ لو بیٹا" مکس اچار"
عمدہ تر نظموں کی کتاب
پڑھنا اس کے سارے باب
ترش بہت نہ یہ پھیکی ہیں
تھوڑی تھوڑی تیکھی ہیں

نظمیں اس میں جتنی ہیں

کاغذ پر وہ سجتی ہیں

خواب نئے گر بننے ہیں

سیپ سے موتی چننے ہیں

کرنی ہے جو سوچ بچار

پڑھ لو بیٹا" مکس اچار"

راقم الحروف کا ماننا ہے کہ جب ایک اصطلاح ادب میں رائج ہی نہیں تھی تو اُسے کیوں ماضی سے جوڑ کر گمراہ کیا جارہا ہے کہ وہ پہلے سے وضع کردہ تھی۔ جب کہ 'تشہیر کہانی' یا 'تشہیری نظم' کبھی موضوعاتی صنف کے طور پر ادب میں جذب نہیں ہو پائی اور نہ ہی تشہیری ادب کے بارے میں جامعات نے تحقیقی کام کیا ہے۔

اگر ماضی میں پیش کی گئی تخلیقات کو آج 'تشہیر نظم / تشہیر کہانی' کے طور پر مقبولیت مل رہی ہے تو اُن کرداروں کو بڑے دل کے ساتھ سراہنا چاہیے، جنھوں نے موضوعاتی صنف کے طور پر 'تشہیر کہانی یا نظم' کو دورِ حاضر میں حوالہ بنا دیا ہے اور تشہیری مواد کو ایک پہچان دی ہے۔ تشہیری نظموں اور کہانیوں پر جامعاتی سطح پر تحقیق کی جانی چاہیے اور ساتھ ہی ساتھ ماضی و حال کی تخلیقات کو تشہیر مزاج کے مطابق دیکھنا چاہیے تاکہ محض غلط فہمی کی بنیاد پر ہر تخلیق تشہیری تصور نہ کی جائے۔

حوالہ جات:

1. شناخت نمبر، سہ ماہی باغیچہ اطفال، سیال کوٹ۔ جنوری تا مارچ 2026

2. نظم نمبر، سہ ماہی باغیچہ اطفال، سیال کوٹ۔ اپریل تا جون 2025

3. ماہ نامہ 'آنکھ مچولی'، لاہور۔ اپریل 2001

4.. 'انمول خزانہ'، فاکہہ قمر۔ ناشر: سرائے اردو پبلی کیشن، سیال کوٹ۔ سن اشاعت 2022

5. 'کہانیوں کا حملہ'، محمد فیصل علی۔ ناشر: سرائے اردو پبلی کیشن، سیال کوٹ۔ سن اشاعت 2022

6. 'فرزین نامہ'، فرزین لہرا۔ نیشنل بک فاؤنڈیشن، اسلام آباد۔ سن اشاعت 2024

7. 'تشہیر نظم'، یاسر فاروق

https://www.facebook.com/photo/?fbid=7113839335346622&set=a.853416024722349

8. 'فجو میاں'، محشر بدایونی، ماہ نامہ ہمدرد نونہال، کراچی۔ جون 1956

9. 'یہ ہے میرا نونہال'، رضیہ برکاتی، ماہ نامہ ہمدرد نونہال، کراچی۔ جولائی 1956

10. بچوں کا میگزین، ، محمد رمضان شاکر، 'بچوں کا میگزین'، کراچی۔ جنوری 2021

11. آنکھ کا تارا، محمد رمضان شاکر، 'بچوں کا میگزین'، کراچی۔ اگست 2021

12. مزاحیہ کردار نمبر، ، محمد رمضان شاکر، 'ماہ نامہ جگنو'، لاہور۔ جون 2021

13. شاعر نمبر، دو ماہی 'مہک'، کراچی / محراب پور۔ نومبر / دسمبر 2024

14. پی ایچ ڈی نمبر، ماہ نامہ 'انوکھی کہانیاں'، کراچی۔ فروری 2023

15. مہک، دو ماہی 'مہک'، کراچی / محراب پور۔ مارچ / اپریل 2024

16. ادب کا دلدادہ، ماہ نامہ 'انوکھی کہانیاں'، کراچی۔ مئی 2021

17. انوکھی کہانیاں نمبر، دو ماہی 'مہک'، کراچی / محراب پور۔ ستمبر 2023

18. 'ادیب کی محبوبہ'، راجہ مہدی علی خان

https://www.rekhta.org/mazahiya/adiib-kii-mahbuuba-raja-mehdi-ali-khan-mazahiya-1?lang=ur

19. 'موضوعاتی صنف تشہیر کہانی: ایک جائزہ'، ماہ نامہ قومی زبان، کراچی۔ اپریل 2024

20. 'ادبی نگینے (نظم۔ اول)'، ماہ نامہ 'انوکھی کہانیاں'، کراچی۔ نومبر 2021

21. 'ادبی نگینے (نظم۔ دوم)'، ماہ نامہ 'انوکھی کہانیاں'، کراچی۔ مئی 2023

22. 'مکس اچار'، نازیہ نزی، ناشر: پریس فار پیس۔ سن اشاعت 2025

23. بچوں کا پرستان، 'بچوں کا پرستان'، لاہور۔ ۔ سن اشاعت 2025

☆===☆

ایک لمحہ ہے تمہارے پاس"۔ایک جائزہ

نور ظہیر رہبر ہمہ جہت ادیب، شاعر، افسانہ نویس اور کالم نگار ہیں، آپ کی شاعری اور افسانوں کے کئی مجموعے شائع ہو چکے ہیں۔ انور ظہیر رہبر کو اعزاز حاصل ہے کہ برلن میں سب سے پہلا مشاعرہ 1987 میں منعقد کروایا۔ سید انور ظہیر کئی برسوں سے جرمنی میں رہائش پذیر ہیں۔ انور ظہیر جرمنی کے محکمہ وزارت داخلہ سے منسلک ہیں۔ ایک اہم ادارے "ایک چھت کے نیچے" کے بانی اور ڈائریکٹر ہیں، جہاں رنگ ونسل کی تمیز کے بغیر اُن کو مادری اور دوسری زبانوں میں تعلیم دی جا رہی ہے۔ آپ جرمنی میں علم و ادب کے حوالے سے فعال ہیں اور کئی زبانوں پر عبور بھی حاصل ہے۔ مثبت سرگرمیوں کے فروغ میں دل چسپی رکھتے ہیں۔ اِسی جذبے نے اِنھیں فعال رکھا ہوا ہے اور کئی اہم علمی و فلاحی اداروں سے وابستگی ہے اور کئی ادبی تنظیموں سے وابستہ ہیں۔ آپ کو ہند و پاک اور عالمی کانفرنس دوحہ کی ادبی تنظیموں نے کئی ایوارڈز و اسناد سے نوازا ہے۔ آپ نے ابتدائی تعلیم کراچی سے حاصل کی۔ انٹر آدم جی سائنس کالج، بی ایس سی ڈی جے سائنس کالج، کراچی اور ماسٹر میڈیسن فزکس اپلائیڈ یونیورسٹی برلن سے کیا۔

انور ظہیر رہبر کے نئے شعری مجموعے "ایک لمحہ ہے تمہارے پاس" نے راقم کو چونکا دیا ہے جس کی وجہ متاثر کن موضوعات ہیں۔ اِس مجموعے کا انتساب 'دوست اور دوستی کے نام' کے نام کیا گیا ہے۔ انور ظہیر رہبر نے اپنے دوستوں خاور سلیم، کامران شمیم، عامر مشہود، ضیا السلام صدیقی، مقصود الظفر، زبیر جعفر (مرحوم) اور دیگر کو یاد کیا ہے۔ جو اِس اعتبار سے قابل تعریف ہے کہ ہمارے ہاں لوگ مشہور ہو جاتے ہیں تو وہ اپنے اچھے دنوں کے ساتھیوں کو یکسر فراموش کر دیتے ہیں۔ انور ظہیر نے اپنے دوستوں کو پردیس میں رہنے کے باوجود یاد رکھا ہے جو اِن کی شخصیت کی بہترین خوبی قرار دی جا سکتی ہے۔ اُنھوں نے اپنے پیش لفظ میں سرورق آرٹسٹ مایا کو بھی سراہا ہے جو قابل تعریف ہے۔

انور ظہیر رہبر 'پیش لفظ' میں لکھتے ہیں:

''کچھ نظموں میں شاعر پیچھے یا دوسرے لوگوں یا واقعات میں چھپا ہوا نظر آتا ضرور ہے لیکن جو کچھ ہو رہا ہوتا ہے اس کا اندازہ لگا کر الفاظ کے مناسب انتخاب کے ذریعے جذباتی موقف اختیار کر کے اسے نظم میں ڈھال دیتا ہے۔نظموں میں جملے کے ڈھانچے کو ہمیشہ نحو کے اصولوں پر عمل کرنے کی ضرورت نہیں ہوتی ہے یہاں شاعر کو کچھ آزادی بھی حاصل ہوتی ہے۔نظم کی تال جملے کی ساخت اور اظہار کے انداز میں پوشیدہ ہوتی ہے۔نظم کی تشریح کرنے کا کام کتاب کے قاری کے ذمے ہوتا ہے اُسے نظموں میں شاعر کو تلاش کرنا ہوتا ہے اور شاعر کے خیالات واحساسات کے ساتھ اُس کے مزاج اور تاثرات کو سمجھنا اور پھر اُس کے پیغام، اُس کے بیان کو لافانی بنانا۔''

نثری نظموں کے بارے میں محترمہ نازیہ نزی کا نظریہ کچھ الگ ہے۔آپ کے بقول:

تخیل کو قرطاس پر منتقل کرنے کے دوطریقے ہیں:۔

نظم اور نثر

نظم اور نثر دونوں کو قواعد کے اعتبار سے سمجھنا ضروری ہے۔شعبہ نظم کی بہت سی شاخیں ہیں؛ جن میں پابند نظم، آزاد نظم، غزل، قصیدہ، مرثیہ، منقبت، مثنوی، ہائیکو، ثلاثی، حمد ونعت کے علاوہ بھی بہت کچھ شامل ہے۔نثری نظم کو ادب میں اختلاف کے باوجود جگہ مل گئی ہے۔اور بہت سے لوگ اس پر طبع آزمائی کر رہے ہیں۔اور کافی داد سمیٹ رہے ہیں اور ان میں سے کچھ کے نثری مجموعے آچکے ہیں اور کچھ کے آرہے ہیں۔ان کا کہنا ہے تخیل کو قواعد کی قید سے آزاد ہونا چاہیے؛ کیوں کہ ُن۔م۔راشدؔ اور ُمیراجیؔ نے بھی تو کمال لکھا۔اب یہاں وُہ ن۔م۔راشدؔ اور ُمیراجیؔ کا حوالہ دے کر مطمئن ہو جاتے ہیں کہ انھوں نے مستند حوالے دے کر اپنی نثری شاعری کی جگہ بنالی ہے؛ لیکن وہ شاید یہ بھول جاتے ہیں کہ ُن۔م۔راشدؔ اور ُمیراجیؔ قواعد جانتے تھے اور وہ مستند غزل گو شاعر تھے۔اور جب قواعد کی سمجھ انسان کو ہو گی تو وہ اپنی نثری شاعری میں بھی مرکبات، فقرے، مصرع کی درستی کا خیال رکھے گا؛ کیوں کہ اسے زبان وبیان پر گرفت ہوگی اور فصاحت اور بلاغت کے مفاہیم اس پر عیاں ہوں گے، جس کے تحت وہ اپنی نثری شاعری میں بھی ان باتوں کو ملحوظ رکھے گا؛ لیکن جس کو ترتیبات اور تعقید لفظی کا علم نہ ہو تو وہ اپنے تخیل کو بے ربط ہی لکھتا رہے گا اور بے ربط چیز چاہے نثر میں ہو یا نظم میں، ہر صورت اسے درستی کی ضرورت ہوگی۔یہ بات سب سے اہم اور سمجھنے کی ہے کہ ہر بے تکی بات لکھنا، شاعری نہیں کہلاتا۔نثری شاعری میں بھی خیال کی تابانی ایسی تو ہو جو دلوں کو متاثر کر سکے؛ یہاں میری مراد

''عوام''نہیں ''خواص'' کو متاثر کرنا ہے؛ کیوں کہ عوام کو قواعد کا علم نہیں ہوتا۔اور نثری شاعری کرنے والوں میں بھی ان ہی لوگوں کی بہتات ہے جو سیکھنے کے چور ہیں۔''

زیب اذکار حسین کے بقول:''انور ظہیر رہبر کے اس مجموعے "ایک لمحہ ہے تمہارے پاس" میں شامل ان کی اپنی نظمیں اس طور پر منفرد اور تازگی کا احساس لئے ہوئے ہیں کہ ان میں برجستگی، سچے تجربے کی آنچ، انسان دوستی کی تڑپ اور بامعنی مزاحمت کے رنگ نظر آتے ہیں۔انور ظہیر رہبر کی یہ نثری نظمیں اپنے اظہار، موضوع اور اسلوب کی مُناسبت سے کسی دوئی کا شکار نظر نہیں آتیں۔ یہ سچے جذبوں، سادگی، پُرکاری اور بے ساختگی سے اپنا رشتہ قائم رکھتے ہوئے اُس مزاحمتی توانائی کا بھی پتا دیتی ہیں کہ جو شاعر کے اپنے پختہ سماجی و تخلیقی شعور کا جزوِ لاینفک ہے۔''

مہ جبین آصف لکھتی ہیں:''"قلم ابھی زندہ ہے"، "بھوک کی خاطر" جیسی نظمیں عالمی امن کی سبوتاژی کا نوحہ ہیں۔ جہاں غربت باقی رہ جاتی ہے، غریب مرجاتے ہیں۔آپ کا قلم اس نوع کے سانحات لکھنے، انہیں تاثیر بخشنے کی بھرپور صلاحیت رکھتا ہے، جس مقام پر سوچیں زہرآلود ہو جاتی ہیں اور قلم کی نوک سے لہو ٹپکنے لگتا ہے۔ "سچا سچ"، "نئے سال میں" ایسی نظمیں ہیں جن سے انکی شاعری کا تعلق انسانی زندگی کی حقیقی سچائیوں سے جڑ جاتا ہے۔نظموں کے ساتھ ہی اس مجموعہ میں ہورسٹ ریمن، گاڈفریڈ، خلیل جبران جیسے عالمی ادب کی شاہکار نظموں کے تراجم بھی بہت خوبصورتی کے ساتھ کیے ہیں۔''

ماریہ مہ وش نے انور ظہیر رہبر کو سراہتے ہوئے لکھا ہے:

''سب سے خوبصورت اور دل گداز نظم 'امی' ہے یہ نظم رہبر صاحب کے کتنے نزدیک ہوسکتی ہے یہ ہر وہ شخص محسوس کرسکتا ہے جس کی ماں دور جا چکی ہو۔اور میں اس لیے بھی اس کی گہرائی محسوس کر رہی ہوں کہ جن دنوں رہبر صاحب کی والدہ یہاں کراچی میں علیل تھیں۔اور رہبر صاحب وہاں جرمنی میں زمینی فاصلوں کی وجہ سے ماں کے لیے تڑپ رہے تھے اور جب وہ ملنے پہنچے تو گویا آخری ملاقات کے لیے پہنچے تھے، یہ سب بہت درد دینے والا ہے۔اور اس نظم کو لکھنا کتنا دشوار رہا ہوگا، یہ بھی محسوس کیا جاسکتا ہے۔''

میری پیاری امی!

بظاہر آپ ہماری زندگی سے دور چلی گئی ہیں

مگر ہمارے دلوں سے آپ کو کوئی دور نہیں کرسکتا

کبھی بھی نہیں

آپ اب وہاں نہیں ہیں

جہاں آپ رہتی تھیں

لیکن

آپ ہر اُس جگہ ہیں

جہاں ہم ہیں!

انور ظہیر کی ایک آزاد نظم ہمیں بہت کچھ سوچنے اور سمجھنے پر مائل کرتی ہے۔ ہم سب اِرد گرد کے ماحول سے متاثر ہوتے ہیں۔ لیکن شاعر چوں کہ زیادہ حساس ہوتے ہیں لہذا وہ اپنے کرب کو لفظوں میں یوں عیاں کرتے ہیں کہ وہ اُن کا اپنا نہیں بلکہ ہر خاص و عام کے دل کی دھڑکن محسوس ہوتا ہے۔

والیء ملک نے

ملک کے باشندوں کو

کہیں

بیوروکریسی میں

کہیں جس کی لاٹھی اُس کی بھینس جیسے ننگے قانون میں

کسی کو مہنگائی کے گرم لاوے میں

گرفتار کیا ہوا ہے

تو کسی کو

روٹی غربت اور مفلسی کے چاک پر

نچایا ہوا ہے

کون آزاد ہے یہاں

کیسے میں پھر

کوئی آزاد نظم لکھوں

کیسے

کوئی مجھے یہ سمجھا دے

میرے ان سوالوں کا جواب دے کر

نظم ''قید کردیا ہے'' ایک عام آدمی کے دُکھ بڑے ہی دردناک انداز میں اُجاگر کرتی ہے۔کسی بھی معاشرے میں ظلم وزیادتی کے خلاف آواز بلند کرنے خاموش ہونے لگتے ہیں تو پھر 'ظلم' کرنے والوں کا راج ہوتا ہے۔لوگ سمجھتے ہیں کہ ظالم ظلم کرنے والے ہی ہیں، لیکن کبھی کبھی 'سہنا' بدترین جرم بن جاتا ہے۔انور ظہیر رہبر وطن سے دور رہ کر ہم وطنوں کا کرب محسوس کرتے ہیں اور اِن کی نظمیں گواہی دیتی ہیں کہ مزاحمت کرنا ہر انسان کا بنیادی حق ہے۔آپ نے جس خوب صورتی سے شعور بیدار کرنے کی کوشش کی ہے، وہ قابل تعریف ہے۔

روز کچوکے لگواتے ہو

مظلوم ہو یا جابر ہو؟

روز تُم درد سہتے ہو

مظلوم نہیں تُم جابر ہو

ہر روز زخم سجاتے ہو

مظلوم نہیں تُم بھی جابر ہو

کیونکہ

جبر سہنا

ظلم برداشت کرنا

جابر اور ظالم کو

جبر اور ظلم کے مواقع دینا بھی

اک جرم ہے

ایک اور خوب صورت تخلیق ''کیا تُم میری ہوسکتی ہو؟'' ایک محبوب کے دل کی آواز محسوس ہوتی ہے۔

کیا تُم اپنے گھر کے

سورج چاند ستاروں سے

نکل کر

میری دہلیز کو چھو سکتی ہو؟

کیا تُم میری ہو سکتی ہو؟

''قلم زندہ ہے'' ایک ایسا نوحہ ہے جو ہمیں بہت کچھ سمجھاتا ہے۔ اگر ادیبوں اور شاعروں سے یہ حق چھین لیا جائے کہ وہ غلط کو غلط نہیں کہہ سکتے ہیں تو پھر قلم کی حرمت و تقدس کیسے برقرار رہ سکتی ہے۔ قلم کو زندہ رہنا ہوگا تاکہ باطل کو مٹایا جاسکے کہ جب تک سچائی کو عیاں نہیں کریں گے تب تک معاشرہ بھی نہیں بدلے گا۔ ہمیں سچ کو سامنے رکھنے کے لیے قلم میں ضمیر کی سیاہی محفوظ رکھنی ہوگی کہ قلم بکتا ہے تو معاشرے تباہ ہو جاتے ہیں۔ ناقدین کو بھی حقائق کو اُجاگر کرنا ہوگا جو سچائی کو چھپانے کی کوشش کرتے ہیں وہ یہ بات بھول جاتے ہیں کہ سچ اچانک طلوع ہوتا ہے اور جھوٹ کو برباد کر دیتا ہے۔

لکھنے کی سیاہی کبھی مہنگی ہو ہی نہیں سکتی

اہم یہ ہے کہ آپ ظلم کو ظلم لکھتے ہیں

اندھیرے کو اندھیرا لکھتے ہیں

اور وقت دیکھ کر

قلم کا کوئی سودا نہیں کرتے

قلم ابھی زندہ ہے

اور اسے زندہ ہی رہنا ہوگا

جرمن شاعر گوئٹے کی ایک نظم کا ترجمہ ''نئے سال میں'' کے عنوان سے مجموعے میں شامل ہے۔ ''نیا سال'' اک نئی امید دلاتا ہے۔ لیکن کبھی کبھی ماضی ذہن پر بوجھ بنتا ہے تب نئے سال کا دن اداس کر دیتا ہے۔

نیا سال

پرانے اور نئے کے درمیاں

خوش رہنے کا اک بہانا ہے

ماضی کو یاد کر کے

اگر کوئی خوشی نہ ملے

تب بھی

اک اعتماد کے ساتھ

آگے دیکھنے کے لیے

نیا سال آیا ہے

لیکن!

گزرے دنوں کو بھی ذہن سے نہ بھلانا

کہ

طاعون کے اوقات میں

بدقسمتی، مصائب

بے وفائی کی ہوس نے

ہمیں قدم قدم پر ڈسا ہے

تب بھی

اچھے دن

ہمیں دوبارہ جمع کرنے ہوں گے

جرمن شاعر جان کرسٹوف فریڈریش شیلر کی ایک نظم کا ترجمہ ''امید'' سمجھاتا ہے کہ ہمیں مایوسی سے باز رہنا چاہیے۔

بہت سے لوگ خواب دیکھتے ہیں

آنے والے خوبصورت دن کے لئے

اور بہت سے لوگ

بھاگتے دوڑتے نظر آتے ہیں

ایک سنہری منزل کو پانے کے لئے

یہ دنیا بوڑھی ہوتی ہے

لیکن پھر جوان ہو جاتی ہے

پر انسان کو ہمیشہ

بہتری کی امید باقی رہتی ہے

''قید'' کے عنوان سے شامل نظم کئی حوالوں سے متاثر کن محسوس ہوئی ہے۔ جب تک ہم خود کو مخصوص دائروں میں مقید رکھیں گے تب تک حقیقی آزادی کے حامل فرد نہیں بن سکیں گے۔ ہمیں ذہنی غلامی سے نجات کے لیے سوچنا ہوگا کیوں کہ جب تک ہم مفادات کے غلام رہیں گے، تب تک ہم قیدی بنے رہیں گے اور جبر سہتے رہیں گے۔

جیل سے باہر جو لوگ ہیں
وہ کیا آزاد ہیں
نہیں وہ تو
سرکار کی بے رحمی میں قید ہیں
بھوک افلاس اور غریبی میں قید ہیں
قسمت کی بھٹکتی راہوں میں قید ہیں
خواہشوں کے پھیلے ہوئے ہاتھوں میں قید ہیں

نظم ''امام ضامن'' آپ کو اُس لمحے میں لے جاتی ہے۔ جب آپ کے پیارے احساس دلوایا کرتے تھے کہ وہ کس قدر حساس ہیں کہ آپ زندہ سلامت رہیں۔

مخملی سرخ
گوٹا ٹکے
چھوٹے سے کپڑے میں
لپٹا سوا روپیہ
ماں
ماتھے سے لگا کر
سفر سے پہلے
آیت الکرسی کا ورد کر کے
سفر کی ضمانت کا

ایک سرٹیفکیٹ جاری کر دیتی ہے

میری ماں

مجھے امام ضامن باندھ دیتی ہے

آنسو کے نام سیہورسٹ ریمن (جرمنی) کی نظم کا ترجمہ بھی دلکش ہے۔ترجمے کی خوبصورتی تب محسوس ہوتی ہے جب وہ ایسے انداز میں پیش کیا جائے جیسے طبع زاد تحریر کا حسن ہو۔انور ظہیر رہبر نے جن نظموں کا ترجمہ کیا ہے وہ اُن کے مشاہدات اور تجربات کی بھرپور عکاسی کرتا ہے، وہیں قارئین کو اپنے ساتھ جوڑتے ہیں کہ اُن کا موضوع ایسا ہے جو ہر انسان کو اپنائیت کا احساس دلاتا ہے۔

آنسو اور بارش کے قطرے

دونوں ایک جیسے ہوتے ہیں

پہلے ہلکے سے تھپتھپائیں

بعد میں تیز سمندر بن جائیں

روح جب زخمی ہو

پھر دل کے خون کا

اور درد کا اعلان

کون کرتا ہے

آنسو اور بارش کے قطرے

دونوں میں آدمی اکیلا ہی رہتا ہے

درد دینے والے کی یاد میں

کبھی رخسار تو

کبھی جسم بھگوتا رہتا ہے

''چاند پر'' جیانی روڈاری (اٹلی) کی نظم کا ترجمہ متاثر کن ہے لیکن موضوع بے پناہ حساس محسوس ہوتا ہے۔انور ظہیر رہبر کے اندر مزاحمت کا جذبہ توانا دکھائی دیتا ہے جو اِن کی شاعری اور انتخاب دونوں میں جھلکتا ہے۔

چاند پر مہربانی کرنا
کسی فوجی جنرل کو مت بھیجنا
ورنہ وہ اسے ایک بیرک میں تبدیل کر کے
جنگ کا میدان بنا دے گا

''مفاد کے غلام'' ایک ایسی نظم ہے جو ہمیں اپنے اردگرد کے ماحول کو سمجھنے میں مدد دیتی ہے۔ اِس میں پیش کیے گئے حقائق کسی طور جھٹلائے نہیں جا سکتے ہیں۔

جب سیاست دان سیاست شروع کرتے ہیں تو سب سے پہلے اپنی
خودداری بیچتے ہیں
پھر
اپنی وضعداری بیچتے ہیں
پھر
اپنی تہذیب وتمدن بیچتے ہیں
پھر
اپنا کردار بیچتے ہیں
پھر
وعدہ واقرار بیچتے ہیں
پھر
رشتہ داری اور دوستی بیچتے ہیں
اور آخر میں
اپنی وفادری بیچتے ہیں
اور یہ سب بیچ چکنے کے بعد
قومی اسمبلی کی ایک سیٹ
خرید لیتے ہیں

کراچی میں ہوائی جہاز کے گرنے کا واقعہ انور ظہیر رہبر سے پوشیدہ نہیں رہ سکا۔ اُنھوں نے اِسے عمدگی سے پیش کیا ہے اور ایک سبق قارئین تک پہنچایا ہے کہ گرنے والا جہاز گر تو گیا تھا۔ لیکن حقیقت تو یہی ہے کہ مٹی میں ملنے والوں کا اصل مقام تو یہی تھا جہاں وہ پہنچے ہیں۔ موت برحق ہے لیکن ہم اِسے نظر انداز کرتے ہیں اور ایک وقت ایسا آتا ہے جب اِسے تسلیم کیے بغیر کوئی چارہ نہیں رہتا ہے۔

اور جہاز ہوائی اڈے سے کچھ فرلانگ پہلے ہی
زمیں بوس ہو جاتا ہے
مٹی میں مل جاتا ہے
ہمیں یہی بتاتا ہے
کہ یہی تو آخری منزل ہے مسافروں کی
اور یہیں ہوتا ہے ہر سفر ختم

چند برس قبل ایک ایسا واقعہ شہر اقبالؒ میں پیش آیا تھا جس نے ہر شخص کو رنجیدہ کر دیا تھا۔ انور ظہیر رہبر نے ''سیالکوٹ'' کے نام سے لکھی گئی نظم میں اِسے بے حد خوب صورتی سے پیش کیا ہے۔ سوال یہ ہے کہ کیا معاشرے میں ایسے واقعات کی روک تھام کے لیے سنجیدہ کوششیں ہو رہی ہیں جس میں معصوم لوگوں کی جانیں ضائع نہ ہوں۔

شہر گاؤں اور ہر قصبے کی
عدالتوں کو بند کر دو
کہ فیصلے اب سڑکوں پر ہوں گے
کہ فیصلے اب جنونی ہجوم کرے گا
شہر گاؤں اور ہر قصبے کی
عدالتوں کو بند کر دو
کہ وہاں اندھے جج اور اندھے وکیل ہیں
نہ پہلے ضرورت تھی ان کی نہ اب ہے

نظم ''مصروفیت'' نے بے حد متاثر کیا ہے۔ دورِ حاضر میں جس طرح ہم اپنوں سے دور ہو رہے ہیں اور محض

موبائل فون کی وساطت سے رابطہ کرنا من پسند مشغلہ بن رہا ہے۔ یہ بے حد خطرناک عمل ہے جو ثابت کر رہا ہے کہ ہم بے جا مصروفیت کو اہم سمجھ کر انسانیت کی بجائے 'مشینیت' کے ہو کر رہ گئے ہیں اور ہمارے جذبات 'ٹھنڈے' پڑ گئے ہیں۔ کبھی کبھی ایسا لگتا ہے کہ ہمیں خدا کو یاد کرنے کا وقت نہیں ملے گا اور الہامی کتب کو تھامنے کی بجائے محض سننے کو ہی 'ثواب' سمجھیں گے۔

مزدوری، نوکری اور دفتری مصروفیات
وقت کے بہتے سمندر کے یہ تھپیڑے
بڑی خامشی سے
ہمیں دور لیے جا رہے ہیں
ملنے، باتیں کرنے یا صرف آواز سُننے کے لیے
ہمارے پاس اب وقت کہاں ہے
اور اگر وقت کبھی مل بھی جاتا ہے
شکوے شکایت کا ہم بازار سجا لیتے ہیں
اور ایسے میں
ایک دوسرے کے بارے میں جاننا بھول جاتے ہیں

زندگی میں خواب دیکھنا جرم نہیں ہے۔ لیکن اِس کے لیے کچھ طے کرنا ضروری ہے کہ کچھ خواب جاگتی آنکھوں سے دیکھے جاتے ہیں جن کے لیے تہیہ کرنا پڑتا ہے کہ ہمیں کچھ حاصل کرنا ہے اور عطا بھی کرنا ہے۔ اِس تناظر میں مجموعے شامل دل چسپ نظم کے درج ذیل اشعار سے لطف اُٹھائیں۔

محبت اور پیار سے
گزارو!
گزرے خواب
اور آنے والے خواب
میں مت اُلجھو!
یہی

ایک لمحہ ہے تمھارے پاس

اسی میں رہو

اسی کو امر بناؤ!

'موبائل فون' ایک دل چسپ نظم ہے جو ایک سنگین المیے کی جانب اشارہ کرتی ہے جسے ابھی ہم محسوس نہیں کر رہے ہیں۔ لیکن ایک دن ایسا آ سکتا ہے جب انسان، انسانوں کی کمی محسوس کرے گا اور تب علم ہوگا کہ ترقی ''انسانیت'' کو کھا چکی ہے۔

ہم دونوں ساتھ رہتے ہیں

اک چھت کے نیچے

لیکن دونوں تنہا

اپنے اپنے موبائل فونوں میں

لگے رہتے ہیں

''مستقبل کا سورج''، ہر اُس تخلیق کار کا نوحہ ہے جسے اپنے عہد میں بھرپور پذیرائی حاصل نہیں ہوئی۔ اور مدتوں بعد اُس کی تخلیقات نے عیاں کیا ہے کہ وہ 'شاہ کار' تھیں لیکن ہم عصر قلم کاروں نے بے اعتنائی اور نظرانداز کر کے ایک باصلاحیت شخص سے ناکردہ گناہوں کا حساب لیا ہے۔ دورِ حاضر کے ناقدین ہوں یا پھر کہانی نویس یا شاعر، یہ سب اپنی من مانی اور مخصوص دائرے میں مقید ہونے کی بناء پر حد سے تجاوز کر کے احساسات کا خون کرتے ہیں اور اُن کا کرتے ہیں جو بے حد حساس ہوتے ہیں۔ ''مستقبل کا سورج'' اگرچہ یقین دلاتی ہے کہ وقت آئے گا اور تخلیق کار کو بھرپور پذیرائی ملے گی مگر بعد از موت، یہ طمانچہ ہے ہر اُس فرد کے لیے جس نے کسی 'سورج' کو طلوع ہونے سے روکا، لیکن وہ 'چمکا' اور خوب روشن ہوگا۔

آج اقربا پروری کے سیاہ بادل کے باعث

روشنی میری

کم کم آ رہی ہے

آج اہلِ ادب

صرف اُن کو جانتے ہیں

جنہیں وہ جاننا چاہتے ہیں
صرف اُن کو
جن سے اُن کی شہرت کو مزید دوام ہو
لیکن کیا وہ
قلم و تحریر میں فرق جانتے ہیں
کیا وہ جانتے ہیں کہ
منزل کے راستے ہمیشہ ہی دشوار ہوتے ہیں
لیکن ناممکن نہیں
کل جب مستقبل کا سورج چمکے گا
تو لوگ
میری تحریروں کی روشنی حاصل کر سکیں گے
کہ اُس وقت تک اقربا پروری کے
سیاہ بادل یقیناً چھٹ چکے ہوں گے
اور میری تحریر ہر جگہ موجود ہوگی
بس ہم کہیں نہیں ہوں گے!!

انور ظہیر رہبر کے مجموعے کا مطالعہ کرنے پر باصر سلطان کاظمی کی بات درست معلوم ہوتی ہے۔آپ فرماتے ہیں:

''انور ایک سوچنے والا ذہن رکھتے ہیں اور قارئین کو بھی غور و فکر کی دعوت دیتے ہیں۔''

منفرد مزاج کی شاعری ہو، افسانے ہوں یا پھر مضامین وہ قارئین کو کچھ سوچنے پر مائل کرتے ہیں اور تب ہی سوچ بدلتی ہے اور معاشروں میں تبدیلیاں رونما ہوتی دکھائی دیتی ہیں۔انور ظہیر رہبر نے اپنی حقیقت پسندانہ سوچ کو عیاں کر کے سمجھا دیا ہے کہ وہ کس قدر حساس ہیں۔اگرچہ آج کل سچائی بیان کرنے والے کم ہیں۔لیکن انور ظہیر کی جرات کو سلام پیش کرتا ہوں جنھوں نے من و عن معاشرے کی بُرائیوں کو عیاں کیا ہے۔دور حاضر میں حقیقت پسندی کو قبول کیا جا رہا ہے اور راقم الحروف کو یقین کامل ہے کہ قارئین کو اِن کی تخلیقات سے بہت

کچھ حاصل ہوگا۔اس شعری مجموعے''ایک لمحہ ہے تمہارے پاس''کو پاکستان میں سرائے اردو پبلی کیشن ،سیالکوٹ(03338631428)سے خریدا جاسکتا ہے۔

☆......☆

حوالہ:

انور ظہیر رہبر، ایک لمحہ ہے تمہارے پاس،سرائے اردو پبلی کیشن،سیالکوٹ

سن اشاعت: 2025

ایڈیشن:اول

☆=☆

دل دریا سمندر اور واصف علی واصفؒ

واصف علی واصفؒ کا شمار اُن ہستیوں میں ہوتا ہے جنھوں نے ہمیشہ بھلائی کا سوچا اور اپنی ذات سے دوسروں کو نفع دیا۔ ایسے لوگ دنیا میں بہت کم دکھائی دیتے ہیں جو دوسروں کو اُس مقام تک لے جائیں جو کسی کے اپنے وہم و گمان میں نہ ہو۔ اُنھوں نے کئی لوگوں کی زندگیوں کو عملی طور پر جہاں بدلنے میں اہم کردار ادا کیا وہیں اِن کے افکار نے لاکھوں افراد کو جینے کا حوصلہ دیا۔ واصف علی واصفؒ کے افکار زندگی بدل رہے ہیں، اُن کی زندگی کے واقعات بے راہ کو راہ ہدایت پر لاتے ہیں۔ واصف علی واصفؒ کی کتب ہمارے لیے وہ خوشبو ہیں جن کی مہک سے ہم تاقیامت لطف واندوز ہوتے رہیں گے۔

بقول عینی ملک:

''واصف علی واصف 15 جنوری 1929ء کو ضلع خوشاب میں پیدا ہوئے، ابتدائی تعلیم خوشاب میں حاصل کی وہ ایک ذہین طالب علم تھے۔ میٹرک تک اپنے اسکول میں اول پوزیشن لیتے رہے، اسلامیہ کالج اور پھر پنجاب یورنیورسٹی سے انھوں نے انگریزی ادب میں ایم اے کیا۔ ایک ہونہار طالب علم کی حیثیت سے ساتھ ہی دیگر سرگرمیوں میں حصہ لیتے رہے۔ ہاکی بہت اچھی کھیلی یورنیوسٹی سے ایوارڈ آف آنرز سے نوازا گیا۔ 1954ء میں سول سروس کا امتحان پاس کیا، پولیس ٹریننگ حاصل کی لیکن ان کی طبیعت تعلیم وتدریس کی جانب مائل تھی۔ اس لیے استاد کی حیثیت سے کیریئر کا آغاز کیا۔ ایک مقامی کالج میں بحثیت استاد پڑھانے لگے لیکن جلد ہی انھوں نے اپنا کالج کھول لیا، جہاں علم کی روشنی ہر خاص و عام کے لیے تھی۔''

واصف علی واصفؒ کے کلام کو انگریزی اور دیگر زبانوں میں ڈھالا جا رہا ہے۔ آپؒ پر مقالے بھی تحریر کیے گئے ہیں۔ آپ کی چار کتابیں اردو نثر، جب کہ دو اردو شاعری اور ایک پنجابی شاعری کی کتاب ہے۔ اِن کے علاوہ دو کتابوں کا انگریزی زبان میں ترجمہ ہو چکا ہے۔ واصف علی واصفؒ کی شخصیت پر لکھی گئی کتابوں کی تعداد اِس کے علاوہ ہے۔ آپؒ کی ریکارڈ شدہ گفتگو پر مرتب شدہ کتابوں کی تعداد 28 ہے۔

واصف علی واصف کی کتب کی تفصیل یہ ہے: کرن کرن سورج، دل دریا سمندر، قطرہ قطرہ قلزم، حرف حرف حقیقت، شب چراغ، شب راز، بھرے بھڑولے، دی بیمنگ سول، اوشین اِن ڈراپ۔

واصف علی واصفؒ 18 جنوری 1993ء کو خالق حقیقی سے جا ملے۔ بقول واصف علی واصفؒ کچھ لوگ زندگی میں مردہ ہوتے ہیں اور کچھ مرنے کے بعد بھی زندہ رہتے ہیں۔'

☆=☆

'دل دریا سمندر'' کے مجموعے نے بے پناہ متاثر کیا ہے۔ خواہش ہے کہ اِس کتاب کو ہر گھر میں رکھا جائے کیوں اسے پڑھنے سے زندگی خوش گوار گزاری جا سکتی ہے۔''دل دریا سمندر'' کے پیش لفظ میں واصف علی واصفؒ اِس مجموعے میں شامل مضامین کو پرانے چراغ سے تشبیہ دیتے ہوئے فرماتے ہیں کہ شاید اِن میں نئی روشنی ہو۔ راقم کی نظر میں اِس کتاب میں اتنی تیز روشنی ہے جو دل کی آنکھ سے دیکھنے والوں کو صاف دکھائی دیتی ہے۔ اِن کی کہی گئی باتوں کی تاثیر کا اپنا ایک لطف ہے۔ اِن کو علم و حکمت سے اللہ تعالیٰ نے نوازا اور دلچسپ بات یہ ہے کہ اِن کا شجرہ نسب حضرت علی کرم اللہ وجہہ سے ملتا ہے جن کو باب العلم (علم کا دروازہ) کہا جاتا ہے۔

واصف علی واصفؒ کی باتیں ایسی ہیں جو سنی یا پڑھی جائیں تو بہت کچھ خود بخود واضح ہو جاتا ہے اور عمل کر لیا جائے تو پھر زندگی سنور جاتی ہے۔ اِس مجموعے میں جن موضوعات پر بات ہوئی ہے، اِن میں محبت، خوف، صاحب حال، یہ کائنات، اے اہمدم دیرینہ، صداقت، وعدہ، اسلام + فرقہ = صفر، رفاقت، تقدیر بدل جائے تو، تلاش، دعا، چہرہ، علم، اضطراب، سکون قلب، تضاد و اضداد، خوشی اور غم، میں اور میں، آرزو، فیصلہ، رات، تنہائی، ہر شے مسافر، انتظار، کامیابی، عمل، ابتلا، بڑھاپا، گمنام ادیبوں کے نام، نیند، وقت، یاد، آرزو اور حاصل آرزو، مقابلہ، زمین و آسماں، طاقت، پردیسی، ٹھہرتا نہیں کارواں وجود، عبادت، خوش نصیب، اختلاف، السلام علیکم، رزق، پیلو پکیاں اور صبر شامل ہیں۔

☆=☆

ہمارے معاشرے میں تیزی سے جھوٹ کی لعنت پھیل رہی ہے اور سچائی کو بہت کم تسلیم کیا جاتا ہے۔ سچ بولنے اور سچائی کے حوالے سے چند خوب صورت پیغامات ''دل دریا سمندر'' میں شامل ہیں۔ ذرا ملاحظہ کیجیے کہ واصف علی واصفؒ نے کس انداز میں تربیت فرمائی ہے۔

''کاذب ماحول میں صادق کی زندگی ایک کربلا سے کم نہیں۔''

''صداقت آفتاب کی طرح ہے، جسے کسی کاذب اندھیرے کا ڈر نہیں ہوتا۔''

'''''کوئی جھوٹا آدمی سچ بولنے لگے، تو سمجھ لینا چاہیے کہ سچ خطرے میں ہے۔ سچ وہی ہے جو سچے کی زبان سے نکلے۔''

ہم اکثر وعدوں کو پورا کرنے میں ناکام رہتے ہیں اور اِس ناکامی کو کئی رنگ دیتے ہیں۔ اِس حوالے سے قول دیکھیں:

''اپنے وعدوں کا پاس کرنے والے لوگ عظیم ہوتے ہیں۔''

درج ذیل قول کو پڑھیں اور سمجھیں کہ کس قدر گہری بات ایک جملے میں کہہ دی گئی ہے۔ اگر ہم اِس پیغام پر من و عن عمل کریں تو ہمارے تعلقات شاندار بن سکتے ہیں کہ بدگمانی ختم ہوتی ہے تو رشتے حسین ہو جاتے ہیں۔

''انتخاب رفیق سے پہلے تحقیق کر لینا جائز ہے، لیکن کسی کو دوست کہہ لینے کے بعد اسے کسی آزمائش سے گزارنا بددیانتی ہے۔''

ہم آج محبت کرنا چاہتے ہیں اور محبت کے بدلے محبت کے خواہاں ہیں۔ لیکن اکثر لوگ محبت کو سمجھنا نہیں چاہتے ہیں کہ یہ کیا ہے۔

واصف علی واصفؒ محبت کے حوالے سے فرماتے ہیں:

''محبت کوشش یا محنت سے حاصل نہیں ہوتی، یہ عطا ہے، یہ نصیب ہے بلکہ یہ بڑے ہی نصیب کی بات ہے۔ زمین کے سفر میں اگر کوئی چیز آسمانی ہے تو وہ محبت ہی ہے۔ محبت کی تعریف مشکل ہے۔ اس پر کتابیں لکھی گئیں، افسانے رقم ہوئے، شعراء نے محبت کے قصیدے لکھے، مرثیے لکھے، محبت کی کیفیات کا ذکر ہوا، وضاحتیں ہوئیں، لیکن محبت کی جامع تعریف نہ ہو سکی۔ واقعہ کچھ اور ہے، روایت کچھ اور۔ بات صرف اتنی سی ہے کہ ایک چہرہ جب انسان کی نظر میں آتا ہے تو اس کا انداز بدل جاتا ہے۔ کائنات بدلی بدلی سی لگتی ہے، بلکہ ظاہر و باطن کا جہاں بدل جاتا ہے۔''

ہم اکثر کسی نہ کسی وجہ سے ڈرتے ہیں اور یہ ڈر ہمیں کہیں کا نہیں چھوڑتا ہے۔ خوف میں مبتلا افراد کے لیے بھی پیغام ''دل دریا سمندر'' میں موجود ہے۔

''خوف پیدا ہونے کے لیے خطرے کا ہونا ضروری نہیں۔ خوف انسان کے اندر پیدا ہوتا ہے، حالات سے بھی اور خیالات سے بھی۔ جب انسان اپنی کسی خواہش کا جواز اپنے ضمیر میں نہیں پاتا، تو خوف زدہ ہونا لازمی ہے۔

خوف ناروا خواہش کا اولیں سگنل ہے۔''

میں کتنی صدیوں سے اس انتظار میں گم ہوں
الٰہی اب تو مسیحا کو آسمان سے اتار

صاحب حال کے حوالے سے ایک واقعہ بھی پڑھنے کو ملا ہے، ملاحظہ کیجیے:

ایک صاحب حال مولانا رومؒ سے ملا۔ بولا: ''مولانا! یہ علم کیا ہے؟''

مولانا نے کہا: ''اسے آپ نہیں جانتے۔''

صاحب حال نے اپنا علم ظاہر کیا۔

مولانا بولے: ''یہ کیا علم ہے؟''

صاحب حال بولا: ''جسے تم نہیں جانتے۔''

اس کے بعد مولانا رومؒ، غلام شمس تبریزؒ ہو کر رہ گئے۔ مولانا بھی صاحب حال ہو گئے، صاحب مثنوی ہو گئے، ایسی مثنوی کہ قلوب کی خشک زمین پر عشق حقیقت کی نورانی برسات ہے۔ مثنوی صاحب حال بناتی ہے۔ پیر رومیؒ کی محبت میں ''مرید ہندی'' صاحب حال ہو گیا، بلکہ صاحب اقبال باکمال ہو گیا۔

☆=☆

مجھے جن سطور نے اپنی گرفت میں کیا۔ اِن میں کچھ ایسا ہے جو بہت خاص ہے۔ مجھے یقین ہے کہ پڑھنے والے پیغام سمجھ جائیں گے۔

''گمنام ادیبوں اور گمنام شعراء کی کاوشیں کسی نہ کسی نام سے شائع ہوتی رہیں، خوش بختی نے بدبختی سے اس کا فن خرید لیا۔ یہ کس کا حق تھا، دینے والے کا یا لینے والے کا؟ اس کا فیصلہ مشکل ہے۔ کہتے ہیں کہ ایک گمنام ادیب کے مرنے سے کئی نامور ادیب مر جاتے ہیں۔ اس سماج میں کتنے ساغر صدیقی لٹتے رہے اور وہ اس لیے خاموش رہے کہ انہیں بولنے سے کچھ حاصل ہوتا دکھائی نہ دیتا تھا۔ صاحب تخلیق کوئی اور ہے صاحب دیوان کوئی اور گمنام ادیب غریب نہ ہوتا، تو گمنام کیوں ہوتا؟

''زندگی میں جن ادیبوں کا کوئی پُرسان حال نہیں ہوتا، مرنے کے بعد ان کے دن منائے جاتے ہیں، بڑی دھوم دھام سے لنگر تقسیم ہوتے ہیں۔ مقالے پڑھے جاتے ہیں۔ ان کے مزار پر چادریں چڑھائی جاتی ہیں۔ گمنامی میں مرنے والے ادیبوں کو مرنے کے بعد دانشکدے کا معزز رکن نامزد کر دیا جاتا ہے۔ یہ اس ادیب کی

عزت افزائی ہے یا توہین؟

’’کیا گمنام ادیب، ادیب نہیں؟ کیا بے دیوان شاعر، شاعر نہیں؟ کیا مشاعروں میں پہلے پڑھنے والے شعراء کے شعر کمزور ہوتے ہیں؟ ادیب کے وزن سے اس کا ادب تو وزنی نہیں ہو جاتا؟ کیا ادب صرف ٹی ہاؤس میں پیدا ہوتا ہے؟ کیا ادیب صرف رسائل، اخبار اور ٹی وی تک ہی ہے، کیا شہروں سے باہر ادیب نہیں ہیں؟‘‘

’’گمنام ادیبوں کو سرپرست چاہئیں، ان کا ہاتھ پکڑا جائے۔ ان کے پاس تازہ واردات کی تاثریں ہیں۔ انہیں پیرایہ اظہار درکار ہے۔ آج کے نئے اور گمنام ادیب کو بڑے مسائل سے دوچار ہونا پڑ رہا ہے۔‘‘

’’آج کا المیہ یہ ہے کہ پرانا ادیب نہ بوڑھا ہوتا ہے، نہ ریٹائر ہوتا ہے۔ جب تک بزرگ ادیب بوڑھا نہ ہو، نیا ادیب جوان نہیں ہو سکتا۔ جب تک بزرگ ادیب ریٹائر نہ ہو، نیا ادیب فائز نہیں ہو سکتا۔ اسی طرح پرانا خیال، جو اپنے زمانے میں نیا تھا، آج کے زمانے میں نیا پن اختیار کرنا چاہتا ہے اور یوں نامور ادیب صرف گمنام ادیب ہی پیدا کرتے رہیں گے اور نئے تخلیق کار شہر سے دور شہر یار سے دور اپنے فن کی سسکیوں کو ہمیشہ کی نیند سلادیں گے۔‘‘

واصف علی واصفؒ نے ’’دل دریا سمندر‘‘ میں جو لکھا وہ ایسا ہے جو ہر دور کے انسان کے لیے کارآمد رہے گا۔ اِن کی باتیں کسی خاص وقت کے لیے نہیں ہیں، اِن سے وہی فائدہ حاصل کرے گا جو اپنی زندگی کو بہتر کرنا چاہتا ہے۔ اگر آپ اپنی سوچ کے زاویے بدلنے کے خواہاں ہیں تو پھر آپ کے لیے اس کتاب ’’دل دریا سمندر‘‘ سے بہترین اور کوئی چیز کارآمد ثابت نہیں ہوگی۔

حوالہ جات:

’میں واصف علی ہوں، عینی ملک

https://www.express.pk/story/1958783/myn-wasf-aly-hwn-1958783

☆=☆

www.ingramcontent.com/pod-product-compliance
Lightning Source LLC
LaVergne TN
LVHW050843051026
849532LV00006BA/2088
* 9 7 8 9 3 6 9 0 8 0 0 9 0 *